中共中央南方局与
伟大的抗日战争

中共重庆市委党史研究室 编

下卷

重庆出版社

《中共中央南方局与伟大的抗日战争》编委会

顾　问：杨明伟

主　任：姚　红　陈兴芜

副主任：唐春林　周廷勇　别必亮　刘向东　刘　华

委　员：简　奕　黎　余　文　俊　黄亚丽　徐　飞　吴　昊

主　编：唐春林

副主编：简　奕　黎　余

编　辑：简　奕　黎　余　文　俊　黄亚丽　王　举

四、深入群众　扎根群众
——中共中央南方局的群众工作

习近平总书记指出，"时刻不忘我们党来自人民、根植人民，人民群众的支持和拥护是我们胜利前进的不竭力量源泉"。在全民族抗战时期，以国民党统治区广大工人、农民、青年、妇女为主要对象的群众工作，是南方局及所属各级党组织的一项经常的、基本的工作，是发展抗日民族统一战线的重要基础。

深入群众开展抗战宣传，激发群众爱国热情。南方局领导人利用公开合法身份经常参加各种群众集会，发表讲演，与各界群众接触交谈，激励群众抗战救国。其中，周恩来1937年12月31日在《现阶段青年运动的性质和任务》中指出，"我们中国的青年，不仅要在救亡的事业中复兴民族，而且要担负起将来建国的责任"。南方局领导的《新华日报》开辟《青年生活》《工人园地》《妇女之路》等专栏，及时发表社论或文章，帮助广大群众了解时局真相和中共的主张，明确前进方向。1940年1月11日《新华日报》刊发《两年来本报所组织的几种主要群众运动》，总结了新华日报社积极投身于组织群众开展慰劳抗日伤兵难民、捐助防毒用具、募集捐献棉衣、编写慰劳信、组织义卖献金等抗日救亡运动。南方局还通过党领导和影响的群众团体、学校阵地、新闻报刊、图书出版和文艺活动，积极宣传抗战，对人民群众进行广泛的爱国主义教育，坚定民众抗战到底的信心。

转变群众工作方法，积蓄抗战建国力量。从1939年到1941年，在国民党顽固派日益加紧反共、一再掀起反共高潮的严峻形势下，南方局及所属各级党组织根据中共中央指示，贯彻"荫蔽精干"的方针，实行"三勤""三化"，建立"据点"，其中南方局青年组在1945年《关于据点工作的内容与经验》一文指出，"坚持抗战、争取民主、加强团结、为人民服务的四个原则成为据点工作的主要精神与内容"。"三勤""三化"的实施，不仅使党组织得到了更好的隐蔽，而且培养和积聚了一大批密切联系群众、有一定群众工作经验的积极分子和骨干力量，从而为抗战后期群众性的民主运动的兴起、许多党的外围组织的建立作好了思想、组织准备。

开展工人、青年、妇女、农民工作，凝聚群众抗战力量。1939年4月

12日《中共中央关于开展职工运动与"五一"工作的决定》指出"我们党在工人运动中基本的方针,是与各抗日党派各抗日团体的工人运动进行统一战线,在统一运动中把工人组织起来,积极参加战争的各方面工作"。南方局积极贯彻这一方针,加强党对职工运动的领导,正如《一九三八至一九四三年川东职工运动的情况》所反映的川东地区的职工运动,利用合法的形式和群众习惯的方式,在各行业中普遍成立了工会组织,积极开展了支援前方抗战的组织工作,促进了职工运动的蓬勃开展。青年是抗战最积极最活跃的力量。1939年4月5日《中共中央青委关于大后方纪念"五四"青年节工作给南方局、中原局、东南局的指示》指出,要广泛宣传五四运动的救国精神,"坚持持久抗战,坚持全国团结,反对妥协投降",动员青年坚持抗战,反对投降。1940年3月8日《中共中央青委关于第二届中国青年节工作的指示》又强调"应以击破日寇、顽固派对青年新的进攻,从政治上、思想上争取青年"。为争取青年、赢得青年,周恩来带领南方局通过"春风化雨""润物细无声"般细致的工作,成为青年们的知音、良友,使之汇聚于党的周围,团结、引导他们服务于全民族抗战大局。妇女大众是抗战中不可缺少的重要力量。1939年中共中央和中共中央妇委先后发出《中共中央关于开展妇女工作的决定》《中共中央妇委关于目前妇女运动的方针和任务的指示信》指出"目前妇女运动的基本任务是:动员与组织更广大的妇女参加抗战建国各方面的工作,以便坚持抗战到底与争取最后胜利"。在南方局的领导和影响下,国民党统治区广大妇女积极参加抗战活动,特别是在募集寒衣、组织献金、慰劳前线、安抚伤员和抗属、抢救保育难童、发展生产等方面为抗战作出了积极贡献。加强农村工作,1945年1月28日《中共中央关于开展大后方农村工作给周恩来的指示》提出"为了准备可能的日本对于云、贵、川的进攻以及将来国内的重大事变,我们必需在大后方的农村中建立可靠的基础,南方局及大后方各地党的组织应以农村工作为主要工作"。按照中央的指示,周恩来号召大后方"知识青年到农村去",到敌后去参加抗日战争,到各地乡村去,为人民服务,并指示南方局青年组采取"公开号召和秘密进行组织工作相结合"的方针,先后组织了500多名知识青年到中原解放区,90余名大学生英语人才去晋察冀军区,160多名青年积极分子到农村去开展武装斗争。

  全民族抗战时期,周恩来带领南方局在理论与实践上创造性贯彻党的群众路线,通过开展大量的、深入的群众工作,与国民党统治区各阶层群众建立起血肉联系,发展和壮大了人民抗日力量,为抗战胜利奠定了深厚的社会基础。

（一）历史文献

现阶段青年运动的性质和任务

（一九三七年十二月三十一日）

周恩来

今日青年运动的性质

根据今天抗战的形势，我们来说一说目前青年的环境。

今天，无疑是个变动的战斗的历史上从未有过的大时代。敌人要我们每个人、每个人的子子孙孙都做亡国奴。我们要求生路，便只有抗战，便只有坚持抗战到底。这时代是战斗的。这时代不能与过去"五四"、"五卅"、一九二五年大革命时代相比。过去是对内的局部的政治斗争，这一次却是对外的全面的反法西斯侵略的抗战。现在是整个被压迫、被屠杀、被奸淫、被侵略的中华民族的人民起来反抗的时候，所以现在的形势全变了。在国家环境整个的变动下，青年在这时代里所占的地位是最困难而又最重要的。如今我们青年再不能如过去那样地学习，找工作，结婚……再也不能依照平常的生活程序过日子了。战争了，我们再不能安心求学了。文化中心的京、沪、平、津、粤、汉，已去其四；后方的学校，也多半停了课，成千成万的青年人无家可归，无学可求，尤其是东北的青年朋友，一再地飘泊流浪，一再地尝受人世间的惨痛。一支名叫《松花江上》的歌曲，真使伤心的人断肠。然而我们应该骄傲，应该自豪。我们这一代青年应该庆幸恰好生活在这样的大的动乱的时代里。我们要在这时代里学习得充实起来，锻炼得强健起来。

我们青年不仅仅有今天，而且还有远大的未来。他不仅管自己的一生，而且还要管及他的子孙，他的后代。今天的青年不仅要问，怎样争取抗战最后的胜利；而且要问，在抗战的胜利取得后，怎样改造中国，使它成为一个自由的、民主的、共和的国家。

因此，我们想，在积极方面，这是一个最好的时期。它可以把我们这一辈的青年锻炼得更伟大，前程更远。这机会在平常是很难找到的。

今日青年运动的任务

我们中国的青年，不仅要在救亡的事业中复兴民族，而且要担负起将来建国的责任。救国、建国，我想"任重道远"这四个字，加在中国青年的身上是非常恰当的。

我们今天应努力的方向是什么？我贡献给诸位青年朋友的有四个：

第一，到军队里去——这是在今天挽救民族危亡的最有效的方法。建立生力军，充实我们的旧队伍，责任都在我们青年朋友的肩上。我想，一个人不能自卫，便不能做人，国家也是这样。所以我们最好受正规的军事训练，随时到直接杀敌的战场上去。

第二，到战地服务去——战地的民众缺乏组织，到处在流浪着，彷徨着。要起来自卫，要起来斗争，却没有人领导。我们得去把他们组织起来，武装起来，领导着他们去打游击战，去配合正规军的行动，去封锁消息，坚壁清野，破坏敌人必经的交通线……至少也得做到军民合作，使汉奸活动不易。

第三，到乡村中去——我们虽然失去了许多地方，但后方还有广大的城乡。今天的后方民众，有许多还不知道抗日是什么一回事。我们要继续作战，继续加强军队的战斗力。必须动员起广大的群众到军队中来。我们要改良过去那种不合理的动员方式。有作为的青年们，因此必须有组织地、直接地下乡动员群众，使农村壮丁勇敢地、自动地到前线去。在工作的时候，我们得注意优待抗日军人家属的问题。最好能够做到有钱的出钱，有力的出力，让乡下有钱而不愿当兵的人切实负责赡养抗日军人的家属，使他们没有后顾之忧。这样，我相信会造成政府与人民的合作，减去许多磨擦的。再，我们还可以进行许多人民自卫的工作，准备将来配合着政府军的抗战。

第四，到被敌人占领了的地方去——我们再不能让华东、华南象东北四省一样，给敌人安安稳稳地拿去了。我们要艰苦地在那残暴的统治之下锻炼我们自己，秘密地把我们的救国组织发展起来，把我们被压迫的同胞暗地里武装起来，准备迎接我们正规军的反攻，与我们的正规军取得里应外合。

我们的青年朋友们分散到群众中去，分散到全国各个角落里去，那我们的力量是无比的！

工作和学习是分不开的。如今我们只有在不断地学习中，我们的工作才能够顺利地展开。我相信，只要我们肯，在任何地方都可以学习的。我们要各找一个适合于自己的地方，去发扬我们自己的长处，去学习，去工作。

这并不是说我们得抛弃以往的学习，而是根据以往的那点根基，去发扬光大，去使理论适合于实际，去把知识活用。

中国的青年运动有着最光荣的传统。今天，我们青年面对着民族解放斗争，我们的使命是伟大的。

我们去工作，我们要克服任何的困难，我们要解除任何的疑团。我们是勇敢的，沉毅的，艰苦的，深刻的……我们是抗战的支柱。

我们的前程是光明的，远大的。

青年朋友们，努力去争取抗战的最后的胜利，努力去争取独立的自由的幸福的新中国的来临！

选自《周恩来选集》上卷，人民出版社1980年版

中共中央关于开展妇女工作的决定

（一九三九年二月二十日）

为了开展全国各地的妇女工作，中央有如下决定：

一、用各种方法解释妇女大众在抗战建国及将来社会主义建设中的重要作用，坚决消灭党的一切组织与党员中对于妇女及妇女运动所存在的那种陈旧的、庸俗的及中世纪的态度的各种残余，纠正一切对于妇女工作的轻视、忽视与消极的态度。

二、立刻建立与健全各级党的委员会下的妇女部与妇女运动委员会，认真的经常检查与帮助其工作，使之成为各级党的委员会内最重要的工作部门之一。其中的工作人员，不应经常调动，以造成真正熟悉妇女运动的干部，使妇女运动的经验能够不断积蓄起来。

三、动员全党女干部与女党员，起来担任妇女工作，鼓励她们，使她们对于妇女工作发生兴趣，相信妇女自己的力量，帮助她们切实解决工作中的困难，并用同志的态度耐心地纠正她们的弱点与可能发生的错误。

四、注意对女党员的吸收及女干部的培养。

五、很好的根据中央妇女运动委员会关于三八妇女节及一般妇女工作的指示，准备将要到来的三八节工作及切实开展一般的妇女工作。

二十八年二月二十日

选自中央档案馆编：《中共中央文件选集》第十二册（一九三九——一九四〇），中共中央党校出版社1991年版

中共中央妇委关于目前妇女运动的方针和任务的指示信

(一九三九年三月三日)

一、目前妇运的总方针

根据党六中全会的决议,根据党中央书记处的决定,在坚持抗战,扩大与巩固抗日民族统一战线的总方针下,目前妇女运动的基本任务是:动员与组织更广大的妇女参加抗战建国各方面的工作,以便坚持抗战到底与争取最后胜利;为了克服困难,准备反攻,缩短到抗战胜利去的过程,抗战建国的大业,假使没有占人口半数的妇女积极参加,成功是不可能的。

二、现阶段妇运的特点

(一) 目前客观环境特别有利于妇运的开展,由于:

第一,日寇的加紧进攻,烧杀抢夺,尤其是对于妇女的奸淫侮辱,激动了全中国的妇女,从大城市到穷乡村,把大批的妇女从家庭中赶出来;而十九个月的抗战,更使无数妇女觉醒,走上抗日的政治舞台。这个中国历史上空前的全民抗战大时代,给中国妇女运动以从来未有过的突飞猛进发展的机会。

第二,由于日寇实行灭亡全中国的计划,侵犯了每个阶层的利益和生存,半殖民地中国的大多数妇女本来已是最受帝国主义、封建势力、资本家、家庭、法律等压迫和剥削的阶层,而日寇对于妇女更是不分贫富,无恶不作,这样就造成了现阶段妇运从未有过的广泛的社会基础,造成了目前特别有利于妇女抗日统一战线的建立。

第三,由于日寇的破坏,许多城市中的女工和职业妇女流落到乡村,而武汉、广州失守后,抗战的中心亦由大城市转入广泛的乡村,占全国妇女最大多数的农村妇女底作用，日益重大。目前抗战，需要广大农村妇女有组织的帮助，比任何时候更为迫切。这样就给了动员农村妇女以必要的前提和有利的时机，使中国妇女运动大踏步地深入到有最广大妇女群众的农村去。

第四，由于以上好的客观条件，加上各阶层先进妇女的努力，所以抗战以来中国妇运已有了很大的进步。这主要表现于：甲，妇女对抗战的贡献，如：慰劳救护，努力生产，战地服务，救济难民，保育儿童，锄奸警戒，宣传教育等等。乙，妇女本身开始走上团结和组织，如庐山妇女谈话会之召集，确定新运总会妇女指导委员会为全国总机构，并吸收一部分先进妇女的代表参加委员会和工作，以及开始与各地妇女团体的联络，开始妇女生产教育等工作。同时，各地妇女，为了参加抗战，组织了许多不同名称、不同工作性质的团体，使妇女组织从来未有的多样化，从先进的知识分子、女工、农妇到闺房中的小姐、太太，从年幼的小孩到高龄的婆婆，都有参加到工作和组织中来的。虽然由于种种原因，使妇女的团结和组织，还离抗战的需要和客观可能作到的程度很远，但现在已有的团结，不能不成为今后更向前开展妇运的主要因素之一。而在有些地方——如陕甘宁边区和晋察冀边区等地——现有的妇女组织已成为全国妇女团结和组织的模范。丙，妇女参政的开始获得，亦开有史以来的先例，虽然比起抗战需要来，还远不能令人满意，但在国民参政会上，妇女占百分之五，在陕甘宁边区参议会内，妇女占百分之二十，以及在晋察冀边区许多妇女已开始被选为区长、乡长等等，都是由于妇女斗争与妇运开展的结果。

所有以上这些好的开展工作条件，都是抗战以前所未有的。但是——

（二）妇女运动还有许多困难阻碍及本身的弱点和缺点。

虽然目前有上述好的开展妇运的客观条件和已有的基础，但如果不用更大的努力冲破种种困难、阻碍和克服许多点、缺点，那末，再好的客观条件，也不能变成为抗战的力量，对于抗战是莫大的损失！

目前妇运的主要困难和阻碍是：

第一，最大多数的妇女，在政治上、经济上、社会生活上处于非人的地位；

第二，不仅在敌人占领区内，敌寇对中国同胞——尤其是妇女的任何解放运动，加以最野蛮的摧残；同时，即在敌未占领区域的许多地方，还有不少顽固、落后、反动的力量，障碍和反对妇女运动之开展；

第三，宗法社会的传统和家庭困苦情形，烦琐事务的压迫，使妇女大众很少参加社会生活和社会活动的可能。

中国妇女要打碎这三条捆在自己身上的铁练［链］，首先要靠自己的力量。要有力量，必须使自己壮健起来；壮健起来的要素，是克服本身的弱点和缺点，是充实和发展自己的组织。

目前妇运本身的主要弱点和缺点是：

第一，最大多数的妇女仍是无组织，少觉悟。

第二，妇女干部的缺乏，和许多知识妇女本身甚至有轻视妇女工作的倾向，尤其是有一部分人特别轻视在妇女基本大众——劳动妇女中工作的有害倾向的存在。

第三，妇女本身的团结不够，特别有一部分上层妇女，为私有财产、党派偏见、或奢侈享乐的腐化性所限制，不能把抗战利益放在第一位，以致她们之中不仅有些人至今不热心抗战和动员妇女，而且还时时对动员劳动妇女抗战的工作，加以仇视和阻碍。

第四，许多地方的妇女运动，至今还未得着共产党的有力领导，这一方面是由于党的妇女干部异常缺少，同时也由于全党对妇女工作注意得非常不够，这是党中央在其最近指示中已经指明了的。这些弱点和缺点能否克服和克服的程度，首先要看我们共产党——中国工人和劳动者的先锋队的各个党部和每个党员以及一切先进战士在妇运方面的努力如何而定。

三、对目前工作的意见

（一）建立广大妇女群众的抗战建国工作的统一战线问题——一切妇女工作的干部必须注意在抗战建国的基本原则下，团结各党派、各阶级的妇女群众，同时，不仅须注意下层妇女的思想上、组织上和实际工作上的统一战线的建立，而且须注意上层妇女统一战线之建立，和有系统地吸引上层妇女参加抗战及妇运的工作，因为根据中国社会环境的特点及过去工作的经验，这种上层妇女的参加运动的积极和统一战线的建立，时常大大地便利于妇运工作的开始和发展，以及广大妇女群众统一战线的建立。为达到建立妇女统一战线的目的，不应轻视或放弃任何性质任何形式的实际工作的机会与可能，如慰劳、救护、自卫、宣传、教育、保育儿童、办合作社、开手工厂、帮助军队服务等实际作，都应看作是组织和接近妇女大众以及建立妇女上下层统一战线的机会。

（二）妇女大众的组织问题——虽因地域、习惯、客观可能和妇女主观接受程度各有不同而异其趣，但原则上应向着达到使各地组织的群众性、统一性，和民主性的目标前进，不管开始时用何种姿态出现，主要地要使这一组织形式和工作内容，能为广大群众所了解、所爱护和乐意于参加组织生活和工作。同时，统一组织绝不应了解为组织和工作的单纯化，相反地，只有广大妇女加入到种种不同的组织和工作中去，才能把不同阶层不同地域不同能力和志趣的妇女组织起来。所以各地除现存的妇女会、妇联会、妇救会、新运总会及其分会，或其他名称的妇女组织应大量发展会员外，并在这些基本组织的周围，把会员和非会员组织在各种不同的战时工作队中，这样来建立会员的日常生活和吸收积极分子入会。没有基本组织的地方，也只有经过发展各种工作形式的妇女小组（会或队等）来达到统一组织的目的。应当反对那些脱离群众，借统一为名，而拒绝广大妇女群众于任何组织之外，或借统一为名，而实行并吞以至封闭解散各种妇女团体的言论和行动。加入现存的一切公开合法的妇女团体，有必要与可能的地方，建立各种各样适合当地当时妇女需要的新的妇女团体，是当前重要的任务。"组织就是力量"，谁妨害和轻视这个工作，谁就是动员妇女抗战和争取妇女解放的罪人！

（三）妇女大众的教育问题——要动员妇女抗战，要达到妇女解放，必须提高她们的文化水准、政治觉悟和培养她们的工作能力。一方面向政府机关和民众团体建议，要求给妇女大众建立免费教育的学校，同时，用群众自己的力量和热诚，尽可能地设立识字班、夜校、小组、救亡室、话剧团等，以便经常的进行广泛的识字启蒙运动，启发妇女的民族意识、民主思想和基本的政治觉悟。设立各种训练班，同时，在各种实际工作中培养与提拔妇女干部和领袖。利用一切机会灌输抗战常识、社会科学、防空防毒、医药卫生、救护保育等常识；同时必须尽可能地使妇女受职业教育，妇女受武装训练，学习射击等等。同时，在妇女中用说服教育的方法逐渐达到放足，破除迷信及改变恶习惯，还是重要的工作之一。

（四）妇女大众的生活改善问题——极端痛苦的妇女生活是动员妇女时最大障碍之一，相当改善妇女生活是抗战和妇运的需要。

第一，在消极方面是赈济、慰劳、募捐，向政府或地主资方要求减租减息、改良待遇及津贴抚恤，实行有钱出钱和合理负担的原则等，都依不同条件和可能程度而定。

第二，积极方面是动员妇女参加生产运动，如学习耕种，开办手工厂，参加合作社、互助社及设法办保育院，解决一部分人的育儿困难等事，这些虽主要的要看所在地的政府能否实行初步的民权民生政策，但同时也看群众的组织和力量如何而定；用群众自己的力量和互助，不仅能达到自己生活的初步改善，而且可以帮助妇女的教育和团结工作。

第三，改善妇女生活，必须首先注意到改善抗日军人家属的生活，要求和督促政府彻底实行《优待出征军人家属条例》；发动群众优待、尊敬、帮助、慰劳抗属，组织和教育抗属，是目前妇女工作主要任务之一。在这方面应发扬和学习陕甘宁边区和晋察冀边区等的工作经验。

第四，必须注意妇女的家庭问题，适当的帮助她们解决困难，正确的处理她们的家庭纠纷，也是妇女团体的任务。要恰当的运用晋察冀边区的经验——提出"家庭和睦"的口号（或其他口号），和陕甘宁边区的经验——经过群众同意和大会奖励模范婆婆，批评（必要时处罚）打媳妇的婆婆，开婆媳的联欢会，家庭座谈会等，此外如拜寿聚餐、新婚晚会或遇模范老人死时，发动群众吊孝、送纸，必要时募捐抚恤其家属及治丧等机会教育与团结妇女。

但妇女团体和妇女干部，绝不应过于干涉她们的家庭细事，而应熟悉她们的情况，尽力帮助她们排难解纷，同时应耐心的利用家庭日常生活问题，启发她们的思想觉悟和引导她们注意政治问题。

（五）提高妇女地位问题——与一切轻视妇女、侮辱妇女的行动和言论作坚持的严肃的恰当的斗争，用以逐渐克服封建和顽固的思想制度，是动员妇女的必要条件。要求政府禁止打骂、虐待、侮辱妇女和童养媳，并颁布明令禁止买卖妇女和杀婴的法令，颁布禁止缠足及保护孕妇、产妇和儿童等法令。这里我们不应空口反对"贤妻良母"的口号，而应作新的解释，应创造无数抗日革命的模范妻子（贤妻）、模范母亲（良母）以至模范女儿、媳妇、婆婆等。

在进行上述各项妇女工作中，必须注意：（甲）首先动员和组织知识界的妇女及女学生，培养和训练她们成为妇运的干部，使她们不仅成为在妇女知识分子中进行工作的主力，而且成为到女工、农妇及家庭妇女中去工作的桥梁和先锋。（乙）妇女工作的范围，不能长期停留在知识妇女方面；应该向广大劳动妇女——目前尤其是广大农村妇女中去进行艰苦复杂的教育工作，动员和组织工作。必须认清：目前关于兵役问题，生产问题及帮助军队和反对敌寇汉奸等问题的有效解决，离开广大农村妇女的动员和组织是不可能的。

四、加强全党对妇女工作的注意

（一）只有加强全党对妇女工作的注意和克服党内许多党员轻视妇女工作的现象，才能把妇女工作提高到应有的地位，才能转变党内工作最薄弱的这一环。共产党是要解放全人类的政党，首先是代表最受压迫最受剥削的一切人民利益的政党。因此，共产党对于妇女解放事业的同情、忠实和有办法，是任何其他党派所不及的。在苏联，在过去的苏区和现在的边区的事实都已证明了这一点。正因为如此，中国广大的劳动妇女和一切先进的妇女对于共产党才热烈的爱戴和拥护。但今后需要我们更加倍的注意和努力，如果我们轻视妇女工作，实际上将拖延革命和抗战胜利的到来。

因此，忽视妇女工作的党员（不论男女）就不是好的共产党员。

说服和纠正党内外轻视妇女工作的观念和意识，及有些女同志不愿作妇女工作的现象。要在党内进行广泛的教育和转变。女党员除因特殊工作需要外，均应作妇女工作。

（二）扩大党在妇女群众中的政治影响，经常不断的［地］用马列主义教育妇女，大量吸收觉悟、积极的女工农妇及女知识分子入党，把这个工作看作各级党部日常重要工作之一。

（三）有计划地、大批地培养、提拔和爱护党和非党的妇女干部，是解决一切困难的枢纽，除了党的训练班应尽量的吸收女党员外，应办专门的女干部训练班，特别注意训练女工、农妇的党员。不要忽视妇女工作的人材，不要轻易调动妇女工作的干部，各级党应指令负责同志特别负责帮助各个女干部和女党员，要更多的关心她们，尽可能地帮助她们解决工作上生活上的困难问题（如疾病生育等），但同时对女同志的错误不应"客气"或采取自由主义的态度，应说服教育和进行必要的斗争

（四）各局、各省、县、区委，应设立妇女部，除部长外，设干事；工作多时，部外可设妇女运动委员会，吸收各方面妇女工作干部参加，同时各级党部的负责同志（不论男女），应有二人参加此委员会。不论部或委员会开会时，局、省、县、区委负责人必须有人参加。支部则设妇女干事。各省、县党部与省、县妇女部、妇委（以及各重要区和支部）应共同负责定期向中央妇委作报告。

（五）尽可能出版通俗的妇女读物，帮助推销先进的妇女刊物，并经常供给她们稿件，女同志应多练习写作能力，经常给党报（解放、新华、新中华及其他地方报纸等）投稿，应看成各地妇女部和妇委及女同志的日常工作之一，晋察冀和陕甘宁边区的妇委，应负责于短期间把已有的工作经验整理出来（要多写具体例子和经验），供给其他各地，同时今后各局、各省、各县、区妇委应负责经常不断的记载各地的妇女工作经验，以纠正过去各地参加妇女工作的同志不愿写文章报告，以致工作经验不能交换不能积累的缺点。

这一指示信是经中央书记处讨论和通过的，希望各级妇委接信后除本身讨论外，并立即提到各级党部（直到支部）详细讨论，按照各地不同条件具体执行，并请速将你们讨论的结果和意见告诉我们。

致同志的敬礼，并祝健康和努力！

中共中央妇女运动委员会
三月三日

选自中央档案馆编：《中共中央文件选集》第十二册（一九三九——一九四〇），中共中央党校出版社1991年版

中共中央青委关于大后方纪念"五四"青年节工作给南方局、中原局、东南局的指示

(一九三九年四月五日)①

南方局中原局东南局并告各局省委：

[甲] 我们对"五四"工作有下列意见。请你们参考：

（一）联合青年团体召集"五四"纪念会，并积极参加校内外的各种活动，依据当地的可能，组织（的）抗战团体劳动群众团体组织各种劳动服务与社会服务等等。

（二）广泛宣传"五四"运动的救国精神，联系到坚持持久抗战，坚持全国团结，反对妥协投降，破坏团结的阴谋活动。

（三）利用精神总动员的积极方面去扩大救国运动，以达到实际上反对某些反对我们的企图。

（四）利用"五四"扩大全国学联会号召的活动，扩大其影响，取得全国学联进一步的合法地位。

（五）在"五四"纪念中，以各种形式组织青年，扩大已有团体。

（六）西北青救已提议"五四"为中国青年节，请在各青年团体中宣传和讨论。

[乙] 对于三民主义青年团：

（一）动员革命青年参加进去，尤其是拉人及强迫加入的地方，帮助三青团内进步分子。

（二）对于某些省区比较进步的青年团体，应积极参加，进行帮助他

---

① 原件无年代，此年代是根据本文内容判定的。

们反对顽固分子。

（三）参加各种团体所号召的群众运动。在其中进行我们的工作，我们的青年团体尽量在救国运动上与其各地参加①。

[丙] 要求各地：

（一）领导青年团体布置"五四"的工作。

（二）健全青年的组织。

[丁] 请将你们的意见及各地情况告诉我们。

中央青委

选自南方局党史资料征集小组编：《南方局党史资料·群众工作》，重庆出版社1990年版

---

① 原文如此。

中共中央关于开展职工运动与"五一"工作的决定

(一九三九年四月十二日)

第一,中国工人阶级过去现在都站在民族解放运动的先锋地位。抗战以来,工人阶级虽然遭受空前的牺牲,但是他们英勇参战,忍受饥寒退出日本工厂,在敌人的飞机大炮下,日夜维护交通运输,积极生产保障军队与居民的供给,购买公债,募捐慰劳等等,这些都证明中国工人阶级是最觉悟的,并且是抗战中重要力量之一。但是由于许多地方对于工人组织之歧视,由于许多厂主资本家只顾私利,不明大义,对工人运动之压制,由于工人内部统一运动的努力不够,还由于我们党在工人运动中的工作还未达到必须的程度,所以工人阶级在抗战中的作用还没有达到应有的高度。组织工人阶级并发挥其力量到最高度,是争取抗战胜利最重要工作之一。

第二,我们党在工人运动中基本的方针,是与各抗日党派各抗日团体的工人运动进行统一战线,在统一运动中把工人组织起来,积极参加战争的各方面工作,在抗战中去解决工人失业、饥饿的问题与改善工人阶级政治、经济、文化的地位,以增加抗战建国的力量。

第三,组织工人的方式上,应该依据各地不同的情况,运用一切可能去参加或组织各种工人的团体,进行各方面组织与教育工人的工作。

(一)在敌人占领的大城市,党必须运用各种方法与方式加强在产业工人中的工作,组织工人阶级,教育他们,善于保持力量,积蓄力量,巩固和扩大已有的阵地,准备最后驱逐日本帝国主义出中国。

(二)在某些将被敌人占领的城市产业中,党应该在短时期内准备动员最大部分的工人去参加乡村的游击战争,留下的应该只是必要与可能存在继续工作的力量，以便继续的在群众中工作。

（三）在华北及一切可能组织工会的地方，应该尽可能的把工会组织起来，吸收最大多数的工人于工会之内，与农民及一切抗日团体结成亲密的关系，使工会成为抗日政权下有力的团体。

（四）对于各地抗日各党派所领导的工会，我们党应该赞助他们。领导工人去参加这些工人团体，赞助他们的扩大与充实，尽我们一切可能去提高这些工人的政治觉悟。

第四，在准备今年"五一"的工作中，各地党部应该根据这一决定，按照各地不同的情况，参加或组织"五一"的大会、纪念会、座谈会，解释"五一"的意义与工人阶级在抗战中的作用，进行组织工人及领导工人参战的各种工作。

第五，为了开展职工运动，在党的组织上应该：

（一）立即建立与健全各级党委员会下的职工部与职工运动委员会，或民运部中的职工科；在产业工人集中的地方，职工部与职委应成为地方党委员会的重要工作部门之一。

（二）各级党的组织应该用最大力量去建立工厂支部，发展工人党员，经常吸收因日寇进攻而由城市工厂散到乡村中的觉悟的工人入党，吸收乡村中觉悟的雇农入党。

（三）加强对工人党员的马克思列宁主义的教育，注意培养工人干部，吸引工人干部来参加适当的工作，并经常在政治上、工作上教育他们。

（四）各地党部应经常的向中央作该处职工运动的报告；"五一"的工作报告，必须迅速送来，使中央有可能根据各地具体情形给各地和全国职运以指示。

民国二十八年四月十二日

选自中央档案馆编：《中共中央文件选集》第十二册(一九三九——一九四〇)，中共中央党校出版社1991年版

中共中央书记处关于
与国民党共同进行反汪运动给南方局的指示

（一九三九年五月二十八日）

南方局：

关于与国民党共同进行反汪运动问题，我们基本上同意恩来向叶楚伧表示的意见，同时有下列两点意见请你们注意：

（赵）利用反汪运动机会广泛的进行反对一切投降派的运动，并着重指明反共与投降问题的密切联系，证明反共是投降派的阴谋，是亲日恐日分子准备投降的一种步骤，因为只有打击共产党和破裂国共合作，投降派才能达到破坏抗战和降日卖国的目的。在反对汪派汉奸斗争中，我们应更亲密的加强与一切主战爱国的进步分子及国民党群众的联系，与他们一起动员群众共同进行反对一切投降派及反共分子的斗争，以达到巩固国共合作和巩固及扩大抗日民族统一战线的目的。

（钱）必须向蒋及国民党中坚决主战的军政人员公开说明汪在国民党内及政府中还有不少同情的分子，日寇及汪逆正用一切力量企图使他们作里应外合的勾当，其主要方法为倒蒋反共，因此不仅在政治上须尽量揭露和孤立一切同情汪派汉奸主张的分子，而且在实际上采取必要办法防止他们倒蒋反共的一切阴谋，我们决定根据恩来与叶所谈各点及我们上述补充意见之方针，在延安及通令全党进行大规模的反汪及反一切妥协投降的群众运动。你们对此问题还有何意见，及你们在这方面所进行的工作以及与国民党继续谈判情形，切望随时见告。

中央书记处

选自南方局党史资料征集小组编：《南方局党史资料·统一战线工作》，重庆出版社1990年版

南方局和南方局妇委关于目前南方妇女运动问题致粤、湘、赣等省委妇委并报中共中央书记处转中妇委电

（一九三九年七月十九日）

我们收到粤湘川省妇委工作报告并讨论了目前南方妇女运动，兹择要电示如下：

甲、二期抗战的妇运，由于敌人的进攻、战争的继续、战区的扩大，更广的妇女群众受到战争的影响更提高了民族的觉悟和抗敌的积极性，发展到武装斗争抗敌的要求；更由于各省委执行中央的指示，转知对妇运的作风，加强了领导，在比较更广大的区域发展了妇运，建立了新的工作基础；在这时期的妇运中比前更普遍的［地］开展了。但党对妇运的注意还赶不上客观的发展，不大重视，帮助不够，仍多自发的［地］工作。

乙、妇运由小规模的走上大的群众运动，包括更多阶层的妇女，扩展了工作的内容，组织了更多的妇女。

丙、工作主要缺点与困难在于：

子、妇女团体的基础一般的仍很薄弱而多流动性，缺乏经常性的工作，有计划的建立；

丑、妇女团体中党员不懂得善于培养与团结干部；

寅、整个统线的情况反映到妇运方面也受到限制、防止、排挤和反对、抵压左的份［分］子与共产党员；

卯、未能坚持与正确运用统线，表现着关门、狭隘、对立、宗派的观念，甚至去支持顽固份［分］子，以及急躁不耐烦的情绪，或者在事实上的消极现象，影响着各地妇运团结的不够；

辰、党的女干部非基本缺少，而是不调剂和保守，提拔和培养不够。

丁、今后的工作方针：

（1）坚持统线，加强正确妇运，用统线的教育和马列主义的教育；

（2）工作的重心应移到各大城市及女生中女之集中的场所、农村妇运开展的老区；

（3）收集和创造新的工作方法和经验，用各种更多方式去组织与发展妇运；

（4）要培养和团结非党的女干部及领导。各省委及妇运（如）要认真的［地］认识现有的女干部，适当的［地］分配和调剂，并勇敢的［地］提拔，将统计干部的材料用妥当秘密方法报告我们。

戊、南方局妇委主要在研究妇运总的方针上，思想上给省委的指导。各省妇委须提高、培养自己的领导能力，自力更生，能独立工作。

己、各地党的组织和妇委将当地妇女刊物按期收集寄来，并经常帮助与有关系的刊物。

庚、湖南、广东另给个别的指示，江西报告另寄详细指示，参阅颖超同志的文章。渝十九日。

选自南方局党史资料征集小组编：《南方局党史资料·群众工作》，重庆出版社1990年版

中共中央青委关于大后方纪念国际青年节的指示

（一九三九年八月十九日）①

南方局、东南局、中原局、凯转南翔、项转丕显、理治转邦治②及各省青年部：

九六国际青年节二十五周年纪念，中央青委的意见，以反对国际侵略，坚持抗战，为青年统一战线奋斗为主要内容，请考虑，可否与国际反侵略分会合作或独立在各地布置以下的群众工作：

一、国际反侵略的集会讲演，尽量吸收各国人士参加。

二、反汪派反和平空气的宣传。

三、抗议英日谈判。

四、电美拥护罗斯福政策，要求禁止军火原料运日。

五、写信给国际的及各国的青年团体加强联系。

六、应依据各地各团体具体情况去工作，一方面与其他青年团体联合进行，同时不要暴露我们力量避免打击。

七、这次运动中，扩大青年的联系及组织为目的。

八、在《新华日报》《群众》及各青年刊物上，写纪念文章，扩大宣传如介绍少共国际，庆祝墨西哥青统胜利等。

中央青委　八月十九日

选自南方局党史资料征集小组编：《南方局党史资料·群众工作》，重庆出版社1990年版

---

① 原件无年代，此年代是根据本文内容判定的。
② 姓名全称是凯丰、蒋南翔、项英、陈丕显、朱理治、谢邦治。

中共中央关于深入群众工作的决定

（一九三九年十一月一日）

（一）共产党必须进一步依靠群众，必须深入群众工作，才能克服投降与反共危险，巩固统一战线，争取继续抗日，争取民主政治，准备反攻力量，否则是不可能的。同样共产党必须深入群众工作，获得广大群众的拥护，才能在投降与反共危险没有克服以致发生突然事变时，使党与抗战避免意外的损失，否则也是不可能的。抗战以来，共产党领导的群众工作，有了相当广大的发展，因此扩大了党的武装力量，创造了游击根据地，生长了全国的进步因素，坚持了两年多的抗日战争。但同时严重的存在着几种错误倾向，这就是：（甲）注意了上层统一战线工作，忽视了下层群众工作，许多党的领导机关，或者根本不把群众工作列入议事日程内，不去指导下级如何做群众工作，或者讨论与指示的很少。许多支部，许多党员，脱离群众，有根本不做或不知如何做群众工作的。（乙）在初步发展了群众工作的地方，许多党的领导机关没有深入群众工作的讨论与指导，使群众工作陷于停顿状态，中央责成各级党部立刻纠正这些错误现象，使全体党员懂得，共产党只有进一步依靠群众，深入群众工作，才能克服当前时局的危机，争取抗战的胜利，并在可能发生的不利于党与抗战的突然事变中，不使党与抗战遭受意外的损失。

（二）在国民党统治区域，党的各级领导机关必须用全力研究并指导下级直至支部如何在当地进行工人、农民与小资产阶级的群众工作，利用政府已经颁布的纲领法令及当地习惯许可的方式，尽其可能地使党的支部与当地工人、农民、小资产阶级群众接近起来，把他们一步一步地组织起来，并领导他们进行各种有利于群众，同时有利于抗战的政治，经济与文化的生活改善运动，那怕是从极微小的改善开始，也是好的。对于下级地方政府机关（保甲与联保）、地方文化机关（小学及教育会）、地方经济机关（合作社等）、地方武装力量（自卫队及民团），应尽其可能使之掌握在共产党员、左派人员与公正士绅的手中。这一切，必须在同当地左派人员与公正士绅结成统一战线的基础上，在当地环境许可的条件下，在估计到可以长期保存党的力量积蓄党的力量而不破坏的条件下进行之。在国民党区域，必须使党的群众工作利用一切公开合法的可能，才能进行，才有效果；而党的组织工作则须使之极端秘密起来，才能保存，才能巩固。必须使党的公开工作与党的秘密工作严格区别而又适当联系，极力避免过去内战时期白区工作失败经验的重复。因此，一切国民党区域的共产党，必须有步骤地、有深远计划地、既不懈怠又不冒进地，利用一切公开合法可能而不使党的公开工作与党的秘密工作相混同的去进行群众组织工作、群众教育工作与群众生活改善工作。以群众工作之好坏作为判断当地党的工作之好坏的主要标准。一切不了解群众，不接近群众、不关心群众的党部与党员，都不是好的党部与党员。关于沦陷区域工作，除应依照沦陷区特殊环境之外，原则上适用上述规定。

（三）在八路军、新四军活动区域，必须实行激进的有利于广大抗日民众的经济改革与政治改革。在经济改革方面，必须实行减租减息、废止苛捐杂税与改良工人生活。凡已经实行的，必须检查实行程度。凡尚未实行的，必须毫不犹豫地立即实行。在政治改革方面，必须实行民选制度。凡一切阻碍民众运动发展的人首先是地主阶级，必须在群众拥护的基础上，有步骤地排除于各级政府机关之外，而采取孤立他们的政策。只有工人、农民、抗日知识分子、及不阻碍群众运动的人，才能加入政府办事。尤须注意区、乡、村三级政府的整理，因为地主及坏分子，最易冒称抗日，躲藏于区、乡、村三级政府机关之中。这样使政权民众化，并不妨碍我们与一切公正士绅及还能帮助抗日的地主商人进行一定程度的统一战线，例如鼓励他们捐钱、捐粮、捐枪帮助抗日及和他们保持必要的联络等。所有各级政府的组织成份及其政治经济设施，各级党部必须认真加以检查。至于地方民众团体，必须由党员领导，深入群众内面去发动为着群众自己利益而斗争的群众运动，依照自愿原则，将最大多数群众一步一步的组织于工会、农会、妇女团体、青年团体、儿童团体及民众武装团体（自卫军少先队）之中，为参加抗日改善生活提高文化而斗争。这些民众团体，负责教育民众，发动民众积极性的重大责任。当地党部，必须认真检查民众团体的工作。党的支部，必须以群众工作为基本工作，每一支部必须变成每一个乡村每一个市镇所有群众的核心，变成一切群众运动、一切群众斗争的宣传者、组织者与领导者。八路军、新四军政治委员与政治部，有积极帮助上述政府工作与群众工作的责任，并须教育八路军、新四军的指挥员、战斗员，不得有任何脱离群众的行为，不得有不尊重地方党政机关、不尊重地方民众团体的行为，必须纠正把党政机关与群众团体看成军队办差机关的错误观念。地方党部与军队政治部必须在一定时期之中总结群众工作的经验，以其结果指导下级的群众工作。

（四）在目前时期中，共产党认真的研究群众生活、群众情绪，群众要求，根据上述方针，在不同的环境，不同的时间，不同的具体口号之下，一步一步的组织他们，教育他们，领导他们改良生活，发动他们的积极性，对于克服投降反共危险具有最后决定的意义。对于巩固共产党，对于建设一个全国范围的，广大群众性的，思想上、政治上、组织上完全巩固的布尔塞维克的中国共产党，也只有深入群众，并领导群众进行长期的艰苦的斗争，才有可能。中央希望各级党部及全体同志，对此加以严重注意。

选自中央档案馆编:《中共中央文件选集》第十二册（一九三九——一九四〇），中共中央党校出版社1991年版

两年来本报所组织的几种主要群众运动

（一九四〇年一月）

西　民

本报创刊于神圣的民族解放战争之间，其主要使命乃促进全民族的亲密团结，争取抗日战争之彻底胜利，完成自由幸福新中国的实现。在这一重大任务之下，本报同人深怀本报的责任，不仅在报道翔实的消息，而要站在抗战的最前线，真正做到"集体的宣传者"和"集体的组织者"。现在本报创刊瞬已及两载。我们要细察两年来与读者关系究竟如何，借此机会略一回顾过去两年来本报所发起以及响应的最主要的群众运动所得的结果，对解答上述问题，颇多帮助，而其经验教训亦甚值本报今后工作之参考。

一、节省春节费用慰劳伤兵难民运动

本报于民国二十七年[①]一月十一日正式创刊于汉口。届时正值天寒，大江南北数百万卫国健儿犹在澈骨风雪中，与日寇奋战。首都保卫战甫告结局，由于战斗之激烈，前线负伤战士源源输来后方，华北华东各战区不甘屈居日寇铁蹄下之难民，成千成万汇集武汉，际此天寒地冻，后方居民，自应对卫国负伤战士与千里奔波之爱国难民，加以慰劳。是月二十八日，本报收到湖北省非常时期宣战委员会寄来"发起节省春节费用捐款慰劳伤兵救济难民运动"的宣言和办法，并委托本报代收捐款。本报接到这

[①] 民国二十七年，即1938年，余类推。

一通知以后，对此项有益于抗战的运动立即响应，首先从社论中第四版撰文宣传，号召读者来拥护和参加，本报同人更捐薪一日，连同本报同人捐款共得四十余元，并于国际反侵略运宣传周中，又抽出报纸定价百分之四十来响应这一慰劳运动。

本报虽当创办伊始，但这一号召马上就获得读者响应，总计自一月二十八日起迄二月二十七日止，一个月中所收各救亡团体各机构民众捐款共计八百九十七元以上，其他捐来物品不计其内，本报读者大都是中下层同胞，零星捐款，占大多数，上项数目虽不云巨，但参加的人数甚多，故亦难能可贵。

二、响应朱彭总副司令通电捐助防毒用具运动

二十七年三月。日寇因我华北游击战异常活跃，特别痛恨八路军，据所获敌方文件内称图以飞机载微菌弹飞山西陕北投掷。十八集团军（即八路军）总司令朱德同志，副总司令彭德怀同志，于三月二十九日发出通电，向全国同胞以及全世界主张正义人士暴露日寇毒计，吁请发动舆论，抗议日寇残暴阴谋并予我抗战士兵以及该区民众以防毒防疫的物质帮助。本报对朱彭总司令通电首先发表，并号召全中国全世界广大人士来拥护这一通电，努力粉碎日寇的阴谋。

由于广大爱国同胞的拥护抗战最英勇的将士，本报的号召，立刻便得到有力的回响。值得指出的是国际友人，日本反战作家鹿地亘，池田幸子夫妇首先响应这一运动，捐助法币十元，托本报代转十八集团军将士，购防毒用具，接着各救亡团体，各界同胞，特别是许多清寒的工友，妇女学生乃至小孩们都热烈的来信一致痛斥日寇暴行，并捐助款项，总结四个月的成绩（四月至八月），响应的读者以个人计算达千余人，团体一百二十余个，包括的人数最少在数千以上，所捐款项达九千四百余元。本报这一运动，在读者热烈支持之下，终于获得了成绩。

三、募集棉衣与捐款购报运动

二十七年九月正当大武汉保卫战最激烈进行之际，本报热烈响应×战区动员委员会徽募百万件棉背心运动。并指出组织这一运动除了宣传鼓动之外更应通过群众团体的组织活动，只有这样才能动员广大的人民来参加。由于本报的响应，各界人士踊跃输将，总计本报代收款项达三千八百余元，在这一次捐款中，以工友最为踊跃，捐款人数除团体不计外，也达一千二百余人。

本报因常接各战区前方将士文化食粮缺乏的呼吁。深感报纸输送前线的重要，特于二十七年九月间又发起"要求读者及各界人士捐款购报赠送前方将士"的运动。其办法是由读者出钱，本报依照最低成本估价，代购本报赠送前方，并在报上披露捐者台衔及捐款数目。这一运动，也获得广大读者支持，总计捐款，不下八百三十余元。

四、三十万封慰劳信运动

三十万封慰劳信运动是二十七年八月间，由武汉各界慰劳前线将士委员会发起的。当时正值保卫大武汉战争最激烈之际，动员后方民众写信鼓励杀敌战士的士气，是一种有意义的工作，认定"对前线将士的安慰是巩固前线将士斗志保卫武汉方法之一"，同时，这一慰劳信运动，"又是后方广大群众运动与前线联系方法之一"，所以本报同人努力参加并号召读者都来写信，早日完成这一工作。

基于我们的认识，本报特别号召每一救亡团体，每一革命青年，以突击精神，踊跃参加，并提出几种方法上的意见，希望成立劝写队，在工厂附近，通衢大街设立代写台等意见。自八月十三日起至十月十日止，本报所得到成绩为五万一千四百余封，占总数六分之一有余，写信的成份包括各界。

五、本报义卖献金运动

自我军放弃武汉以后，本报总馆，迁来重庆。本报于二十七年年底发起义卖献金运动。我们认为义卖的方式，是达到"有钱出钱，有力出力"这一原则最好的办法之一，所以规定以十二月的十八日那一天举行义卖一天，将全部收入献作抗战之用。

本报义卖的办法，是将那一天的报纸订价与零售价格以及本馆所出书籍价格提高一倍，广告栏另辟荣誉广告五种以投标方式，决定等次。这一次的义卖参加本报义卖队的共达三千余人，分十三个大队，在十三个地区工作，工人学生学徒、小店员、妇女各界都有人热烈参加。题字和文章更美不胜收，总计一天成绩所得共达五千四百余元全数献给政府。

六、援助香港反汪罢工运动

去年自"五四"敌机大轰炸后，重庆各报出联合版。至"八一三"各报始行复刊。本报于复刊之后，自当加倍为抗战服务。正在这个时候，汪逆为了遂其投降卖国的勾当，在香港利用《华南》《天演》《自由》等报纸，大肆亡国投降宣传，激动了三报八十余工友，他们不甘心做汉奸傀儡，自"八一三"起先后罢工。这是对汪逆最无耻勾当一个极大的打击，本报自悉香港三报工友罢工消息以后，便决定以最大努力来支持他们英勇的斗争，我们报纸复刊之后，正当香港反汪工友罢工之时，便尽量刊载他们英勇斗争的消息和通讯，并号召全国同胞以精神上和物质上的援助来支持他们的伟大行动。

本报援助香港反汪罢工工友的号召，深深地影响到广大读者，从本报复刊迄今，各地域各阶层读者援助他们的来信和捐款，不断地汇流到本报来，许多的工友，对于援助自己的英勇兄弟，表示特别热心，他们写信和捐款最多。许多沉痛真挚的来信，使我们看了万分的感动。这一运动现在仍未结束而把去年十二月底以前的总算计算起来，参加的计个人有二千五百三十人，集体的有八十九个单位包括人数很多无法统计。各方捐款第一批三千三百元。已于去年十月二十四日汇港，托宋庆龄先生代转，所收捐款，共达六千七百十七元余。

从本报创刊两年来所发动的这次运动中，使我们很兴奋的，便是，每一次运动的成绩都很可观，而且愈来愈好，这证明了广大的读者是相信我们的，拥护我们的报纸的。这一点，在今日回想起来，固然值得欣幸。但也更增加我们对爱护本报的读者的责任。

我们对于过去这一点点成绩决不沾沾自喜，我们深深知道，过去的成绩，不完全是我们的劳绩，主要的是由于读者诸君与各界人士热烈爱护祖国忠诚的表示。不过从这几次运动中，表现着有广大的读者是与我们亲密地联系着的，这一点是我们认为最可宝贵的收获。抗战正在艰巨阶段，我们的努力还要加紧，本报同人今后，当更努力与读者保持密切的关系，并盼亲爱的读者时时不惜赐教！

选自《新华日报》1940年1月11日

中共中央书记处关于积极参加国民党区的小学教育与社会教育的指示

（一九四〇年二月十八日）

（一）近十年来特别自统一战线成立以后，国民党积极推行其教育政策，其基本内容如下：

（甲）教育的"最高原则"是一个党、一个主义。

（乙）把"管、养、卫、教"的"建国政策"运用到教育方面来，确定"政教合一"（"管之教"）、"建教合一"（"养之教"）、"文武合一"（"卫之教"）的基本方针。所谓"管之教"，即是孔子的伦理教育（忠孝仁爱信义和平八德与礼义廉耻四维）。所谓"养之教"，即生产劳动的与生产技术的教育。所谓"卫之教"，即军事训练。总结的说，这是一种半封建半殖民地专制主义的教育政策。

（丙）以学制的划一，课程教材的划一，人事的统治，经费的限制，以及导师制度，军事管理制度等等办法来实现上面的"最高原则"与基本方针。

（二）国民党正在把上述教育政策厉行到小学教育与社会教育方面来，并已采用和推行以下的办法：

（甲）小学校注重乡土教育，童子军制，并采用中央教育部所编制（正在编制中）的统一的教材。

（乙）实行政教合一的乡保小学制，每保一个国民小学，保长兼小学校长，乡建中心小学，校长由乡长兼任。

（丙）小学教师必须是国民党员或强迫加入国民党。实行小学教师"受训"制度，实行督学制度。

（丁）推行社会教育（即民众教育），以识字教育、道德教育（"管之教"）与军事训练为主要目标，并使保长兼壮丁队长。

（戊）使小学教育、社会教育、家庭教育密切联系和打通起来，而以小学校为中心。

（三）国民党对小学教育与社会教育的统治办法，由于它的统治力量与我们党的组织在这方面注意的不够与工作薄弱，已经达到了部分的目的。

但是，也由于以下的原因，使得国民党的教育政策不容易实现和不能完全实现。

第一，国民党缺乏下层组织，对下层行政机构（保甲）还不能完全统治。

第二，小学教师的生活极其艰苦，特别在抗战时期中，国民党的忠实信徒，不肯干这种苦事，因此小学教师不能"清一色"。

第三，抗战的影响与共产党八路军的影响，小学教师的觉悟程度增高，他们不满意于国民党的统治办法，不满意于强迫入党与强迫受训的办法。

第四，许多比较先进的青年到民间去、到农村去从事抗战动员与文化教育的活动，国民党不能完全统治他们，特别在战区，国民党还不能不利用他们。

第五，在战区的民众不愿接受国民党的教育。

第六，有许多在教育界有历史有地位而又比较前进的教育派系，如生活教育社派，平民教育促进会派，中华职业教育社派，乡村教育派等等，他们之中有一些比较先进的干部，在各地从事于小学教育与民众教育的活动，国民党还不能完全排斥他们。

这些条件使得国民党的教育政策不容易实现，使得我党有参加进去活动的绝大可能。

（四）各级党的组织特别是县、区委，必须认识小学教育与社会教育是密切和巩固党与群众联系的主要关键之一，重视这方面的工作，并且积极参加进去。为此必须注意下列各点：

（甲）无论在小学教育方面或社会教育方面，必须利用国民党所规定的形式，否则就不能参加进去。

（乙）务力争取小学教师和小学教师的位置，因为小学教师是小学教育、壮丁教育，社会教育与家庭教育的主要环节，为此目的须选择一些适宜而且可能当小学教师的党员，使之固定在小学教育的战线上，同时努力去接近和争取小学教师中的同情分子在党的周围.他们应当去参加国民党所办的小学教师训练班，在不得已时可以加入国民党（党员须在党的许可下）。

（丙）争取在农村中活动的青年，和回乡学生，帮助他们利用国民党的形式从事社会的小学的教育。

（丁）与国民党的进步分子与地方上有正义感的绅士与一切非国民党的教育派系，在这方面建立共同合作的统一战线，联合最大多数，向教育界的顽固分子做斗争。

（戊）所有参加小学教育和社会教育的党员和同情分子，地方党的组织须从各方面帮助他们能够长期的［地］工作，不被发现革职或驱逐；他们自己必须忠于职守，必须善于联络地方绅士，必须善于应付联保主任与保甲长，必须与民众及学生家庭建立亲切的关系（但不是领导他们做公开的斗争），取得在当地各界各阶层中深厚的信仰。

（己）县、区委经过党的支部与党所领导和影响下的群众团体。启发群众和士绅等倡办小学教育与社会教育事业。

（庚）动员党员参加夜学、补习学校和冬学等听课，以提高自己的文化水平。

（五）各级党的组织应经常研究国民党的教育政策及其实施情况，而适时的提出自己的对策，应该经过各种刊物对国民党的教育政策实行适当的批评与提出自己的教育主张。

中央书记处

选自中央档案馆编:《中共中央文件选集》第十二册(一九三九——一九四〇),中共中央党校出版社1991年版

中共中央青委关于第二届中国青年节工作的指示

（一九四〇年三月八日）

各局、各省委：

（甲）根据目前情况，今年"五四"中国青年节纪念中，应以击破日寇、顽固派对青年新的进攻，从政治上、思想上争取青年，加强对青年的文化政治教育，坚持青年的团结进步、民主、统一。巩固扩大现有青年组织基础，创立独立的强大的青年运动为中心任务。

（乙）力争青年民主权利，改善青年生活，要求国民政府命令释放被捕青年，减低参政年龄，重选国民大会代表，结束一党专政，尽可能组织青年宪政促进会、研究会，扩大民主运动。

（丙）在大后方及国民党统治区，除上述任务外：

（一）参加三青团所召开的"五四"中国青年节纪念大会，或在不暴露力量的条件下，可联合各青年团体召开之。

（二）积极参加校内外各种公开合法的活动（如劳动服务、社会服务）。

（三）积极参加劳军优待抗属运动，发动写信鼓动前方抗战到底，反对投降妥协。

（四）广泛宣传"五四"运动与中国青年节的意义，宣扬救国和追求真理的精神，要求民主进步，发［反］对分裂青运与倒退，发［反］对腐化堕落。

（五）利用一切刊物报纸出版专号，请参加过"五四"运动的前辈报告当时热烈情形，启发青年的革命觉悟。

（丁）在华北及战区除上述甲乙两项及参照去年关于"五四"意见外：

（一）积极建立青年半军事性组织，如青抗先、青年游击队，动员青年加入军队，并发动以武装扰敌、破路、割线等比赛，举行大规模扰敌参战运动。

（二）进行劳军优待抗属礼拜运动（如写信慰问、联欢、建立联系制度等）。

（三）在"五四"举行纪念大会外，可否进行青年营、旅行、野营、少儿检阅等。

（四）为了更有力的［地］推动全国青运的发展，打破进步的障碍，促进真正青运的统一，请考虑可否提议筹备华北、西北青年代表大会，建立统一青年组织。

（五）积极开展文化教育运动，使消灭文盲及教育提高青年文化成为各青年组织的基本任务，并规定每年青年节举行识字大测验。

（六）巩固扩大现有青年组织基础，从青年日常生活利益出发，建立真正青年自己独立的团体，建立各青年组织的日常工作，使之成为青年军队，家庭学校。

（七）参照去年西青救关于选举模青决定，进行选举模范青年运动。

（戊）表扬青年英勇事迹，除用口头文字表扬外，请汇集送我们以扩大国内外宣传。

（己）上述意见请各局、各省委、青委依照当地当时实际情况考虑执行，并要求将布置经过结果报告我们。

（庚）八路军中请参考上述意见，自行规定任务和工作。

中央青委

三月八日

选自《中共中央南方局历史文献选编》上，重庆出版社2017年版

中共中央书记处关于"五一"工作的指示

（一九四〇年四月十六日）

中央对于"五一"工作有以下的指示：

一、处于投降分裂危险的严重关头的今天来纪念"五一"，应当使五一节成为工人阶级检阅和总结自己执行抗战任务和继续组织与发挥力量坚持团结抗战反对投降分裂的节日。

二、应利用一切可能动员党的力量去加强敌我后方中心城市职工运动，把教育和组织大城市中的工人看成中心工作，为开展中心城市职工运动，必须克服一切轻视职工运动倾向。

三、物价与工资剪刀式的发展，使工人生活陷于极痛苦状态。目前改良工人生活成为迫切的中心问题，党应在团结抗战原则下，力谋工人生活改良。

四、采取公开合法的斗争形式，应避免提出过高过多的条件以便易于胜利，并随时严防汉奸托派顽固派利用工人愤闷情绪作破坏团结抗战的阴谋煽动。

五、应利用现有合法的组织形式去团聚广大工人群众，一切斗争活动均应以维持合法存在与积蓄力量培养优秀工人干部为主。

六、必须在工人中揭破日寇汉奸汪精卫托派及顽固分子引导工人到分裂和反共路上的阴谋，党应力谋工人组织的团结与统一。

七、在游击区域及边区区域应广泛的［地］动员工人到八路军新四军去，扩大与巩固工救会，发扬生产热忱提高生产。

八、在各种党和非党的学校和训练班中应特别注意培养工人干部的工作。

九、各地党应依此指示布置"五一"工作并检查一年来执行去年四月十二日中央关于开展职工运动决定的程度报告中央。

中央书记处
四月十六日

选自南方局党史资料征集小组编：《南方局党史资料·群众工作》，重庆出版社1990年版

中共中央书记处关于目前国民党区学生工作的几个决定

（一九四〇年六月三日）

虽然青年学生对政治现状继续不满与苦闷，但国民党对学生运动，采取极端压迫的反动政策；因此，我们今后在国民党区学生运动的根本方针，应是长期的潜伏发展，积蓄力量，争取人心。故工作中心应由校外救亡工作，立即转为校内学生工作；各重要的大、中学及地方教育界有地位的学校，应设法建立短小精悍的支部；并应在工作中遵守以下的原则：

（甲）党员应首先注意功课、操行。开会每月不可超过两次，环境恶劣时少开或在一个时期内停开。参加群众组织不可超过一种。加强党员对马列主义学习，但以有领导的个别进行为主。暴露的党员应离校，或停止小组生活，暂时不活动。支部组织不应超过十人；学生党员多的学校，设平行支部，但必须注意在各年级学生中发展，使每学期能保持有党的支部。

（乙）争取大多数的同学，应以思想的启发为主，其有效方法，是提倡尊重人格，研究学术，暴露社会黑暗，介绍文艺作品和不违禁的较进步的刊物。但并不放弃适当的共产主义教育。可能时，可组织学术性、生活性、友谊性的团体。

（丙）团结积极群众，应指定支干会以外的少数党员与他们个别联系，或形成无定形组织，若组小团体则应防止突出。

（丁）关于学生合法团体如同学会、女同学会、系会、级会、同乡会、青年会、音乐会、球队等，应以环境可能的程度进行组织，多注意学生福利事业及民主作风。这类团体一般不要与学校当局对立，可能时进行各种校外合法活动。

（戊）应接近教员，争取好教员对我们的同情，麻痹坏教员对我们的敌视。

（己）经过一定积极分子，参加与领导学生群众的斗争，但不可制造斗争，遵守有理、有利、有节的原则，在斗争中须向高级当局及各种报纸杂志揭露真相，并须注意适时的［地］结束之，在斗争中绝对避免支部及支部负责人的暴露，支部及支部负责人应站在暗中推动、旁边赞助的地位，他们应深深的［地］埋藏在学生群众中间。

（庚）毕业出路，党员升学应尽量升入地位高、人数多或出路便于接近群众的学校和院系，就业时应尽量选择教育、实业、行政等机关，并应继续联络校友，参加与组织毕业同学会，扩展我在社会各部门、各阶层的影响和工作。

（辛）领导学校支部的各县、区青委，应由详细考察过的并熟悉学校情形的干部组织之，并尽可能入校读书，已暴露的青年干部坚决撤退。

中央书记处
六月三日

选自中央档案馆编：《中共中央文件选集》第十二册(一九三九——九四〇)，中共中央党校出版社1991年版

中共中央宣传部、中央青委
关于反对顽固派反动教育的指示

（一九四〇年十一月十一日）

一、目前顽固派的教育政策益趋反动腐败，在中学与大学尤甚，其主要方法是：（1）撤换好的教职员，而代以顽固贪污、不学无耻的党官党棍，收买强迫中立的教职员入党，成立师范学院，专门训练教职员以为统制工具；（2）统制课程教材，加强考试制、军训制、导师制，普遍进行反民主和反共的宣传；（3）剥夺学生权利，压迫、开除、逮捕进步的学生，强迫招收国民党员、三青团员，任其荒废学业，干涉校政，毕业后并留校以积蓄反共力量与经验；（4）于正规学校外办大批政治和技术的训练班，以实行彻底的统制，这种政策对青年教育前途和抗战革命前途极端有害，我党和一切教育界公正人士，必须严重注意，坚决反对之。

二、由于国民党的政权、财权，由于战争使学校更依赖政府，由于教育界公正人士的消极无组织，由于我党工作不够和不善，顽固派政策已逐步实现，但亦引起反面的结果，如：（1）因学校设施不良教育质量与师生生活不断下降，造成各地学潮；（2）教育界舆论界公开表示不满，即国民党与教育部自己的出版物亦有反映；（3）国民党中央，尤其CC与各中间势力及其他派别矛盾加剧；（4）国民党当局因此不能不作某些让步、改良，以为敷衍，可见顽固派政策目前虽不会改变，但在一定程度内予以抵抗，不但必要且是可能的。

三、我党的基本教育方针是适合于抗战与新民主主义的教育，为此应广泛宣传边区、华北、苏联教育革命与教育建树，宣扬马列主义的教

[育] 理论与欧美民主教育中好的思想，指出现行教育的根本错误，赞助各种改革现行教育的讨论与尝试，但估计到今天国民党区域的条件，我党的中心任务应是建立保卫教育的统一战线，即一切真正办教育的校长、教育家，真正有学问的教员，真正求知识靠知识谋生活的学生，真正需要好学校好教员希望造就和任用好学生好人才的家长及社会各界人士团结起来，无论其教育见解是革命的、改良的、三民主义的、自由主义的、抗战的、建国的、学术的、道德的、乃至为教育行政利益或国民党三青团打算的，都应共同维护教育的尊严，要求物质上人事上的改善，鼓励一切有益教育的正当努力，批评阻止一切有害教育的黑幕丛生、败类横行的现象，我党这种态度应以各种面目各种方式在各种报章各种场所（特别在中间派及国民党的报章和场所）中表现出来，以期造成最广大的潮流。

四、为实现上述方针，应采取以下的组织步骤：

（1）坚持巩固扩大我党及公正人士在教育界的地盘。

甲、争取并长期妥慎保护党员及同情者的校长教职员位置，他们应成为精明强干有成绩、信誉、人缘的学者教育家，必要时并应善于利用同学、同乡及私人派系关系，掩护或提高其地位。他们的学校应办得大而好，在教育界起模范领导作用，但在政治上不可过于与众不同。

乙、在各大、中学生中应保持一定数量的党员与广大的同情者，他们应有计划的［地］以才学及交际努力，准备其未来职业中，尤其在教育界中的优越地位。

丙、积极支持一切公正的及不热心反共的校长、教职员的地位和事业，规劝匡正其缺点，帮助其应付困难，耐心的推动其进步，但不应有不负责任的利用心理及过高的苛求与幻想。

（2）发挥现行教育可能的积极方面，并输入新的内容，从实际上降低顽固派在学生中的影响。

甲、正课教材注意科学的求真精神，客观态度，文学的人道、同情、向上心、正义感、旧道德的气节，近代中外革命史，帝国主义的没落与苏联的兴起，孙中山先生的生平与思想，欧美各派进步的人生思想、社会思想、教育思想等。

乙、课外活动注意造成读书风气，领导时事与文艺的研究，领导体育与壁报游艺会等。

丙、接触现实，注意参观调查、实习、民校及校内偶发事件的讨论等。

（3）对顽固派的正确策略：

甲、为掩护自己，了解对方，首先应广泛的［地］和国民党、三青团的师生交朋友。

乙、国民党、三青团不尽是顽固派，好的应启发之，坏的应麻痹之。

丙、顽固派不尽是做坏事，好事应赞助之，坏事应阻挠之。

丁、与顽固派斗争应有各种手腕，如转移其视线，分化其内部，削弱其威信，抓住其弱点向同学揭露或告发等，皆应灵活运用，只在必要时并可能胜利时，方可在大多数要求下，由少数同志间接领导群众合法斗争，以打击其最坏及较弱的个别分子。

（4）要与文化运动合流：

甲、教育应尽量发展到学校以外，进步的教育界人士应倡办与推广民校补习学校、民教馆、图书馆、体育会、音乐会、剧团、学术团体、刊物、书店、出版社等附属事业。

乙、文化应尽量发展到学校以内，进步的文化界人士，应多设法取得教育界的位置，以影响更广大的青年，应多与中立的教职员学生联系，在出版物上多登他们所写、所关心、所需要的作品，使文化运动能有更雄厚的基础和势力。

选自南方局党史资料征集小组编：《南方局党史资料·群众工作》，重庆出版社1990年版

中共中央青委
关于国民党区域青年统一战线工作的指示

（一九四〇年十二月一日）

（一）根据中央历次指示，今天国民党区域青年工作基本务，一是长期埋伏，积蓄力量；一是开展统一战线，扩大政治影响，两者不可偏废，而其统一的中心一环，就是党员必须加强社会活动，取得社会的地位。只有如此，才能保证党的力量不受损失，并使挽救时局的努力，得以尽量实现。

（二）今天青年工作中统战主要对象，应该首先选择青年易于接近和关心青年者：

1. 学校当局，包括最大多数的校长教职员。
2. 教育、军政、文化、舆论、工商各界名流，公正人士与学生家长。
3. 各种能容纳青年的合法社团，如青年会、女青年会、新运总会、伤兵之友社、妇委会、学术团体、同乡、同学团体及各种官办的民运动员团体。
4. 国民党、三青团之各级机关，尤其是下级的干部和团员。
5. 广大的中立青年。

（三）今天统战工作的主要办法是：

1. 赞助上述各种人的一切有益或无害的活动，纠正过去各种苛责、对立、漠视、旁观、自绝于人的政策，加入他们的社团，提高其工作与声誉，但必须谨慎保持其原有色彩，以巩固其合法地位，防止突出和关门主义。

2.在党员及同情分子所进行的各种活动及组织中,应尽量争取上述人士的指导、赞助、参加与合作,扩大社会基础而不使孤立。

3.统战工作的中心,在于广交朋友。交朋友是今日国民党区域最重大的革命工作。学校中的党员及同情分子,尤须注意与国民党、三青团及学校当局交朋友,诚恳帮助,鼓励其做好人,干好事,走好路,转移及隐蔽其反共特务工作的目标。

4.交朋友必须对于对象之历史与思想情性做个别的深入的研究,必须自己有使人钦佩与亲近的长处,必须重视社会关系与自己的社会地位,纠正孤独清高,轻弃自己社会地位的错误。

5.在交朋友工作中,绝对不得暴露自己的政治关系,应以有爱国心、道德心、求知心及同情三民主义,热心学校、社会公益,忠于私人友谊的公正人士的面目出现,对朋友的说服批评应估计对象,而有一定分寸和适当方式,对于对方正确的批评亦应虚心诚恳接受,以求保持友谊。

6.(略)

(四)目前青年统战工作具体内容,是反对亲日派的降日、"剿共"、倒蒋阴谋,但应该配合到青年目前感到的政治上、教育上、生活上的切身痛苦,在有利条件下,领导合法的改良斗争,以保障群众利益,并孤立及打击少数最顽固的分子。

(五)必须认清:加强社会活动,取得社会地位,既可使党员有掩护而巩固党,又可因统战工作开展而争取时局好转。因此,以为巩固党就是埋头不动,争取好转就是游行示威的乱动。把巩固党与争取好转绝对孤立起来,是不正确的。

选自南方局党史资料征集小组编:《南方局党史资料·群众工作》,重庆出版社1990年版

中共中央青委给少共国际的信
（通讯第八号）（节录）

（一九四一年八月十八日）

少共国际常务局诸同志：

一月二十八日由飞机带给你们的一封简单的信及一批重要文件与材料，谅已收到。

关于中国青年运动的现况与工作，自从一九三九年七月七日给你们一个较有系统的信之后，尚未向你们报告，这次想把从一九三九年的信以后的一些情况告诉你们。

从一九三九年七月七日起到今天，在这两年多的时间中，中国青年运动是有极大变化与发展的。现在分述如下：

1.各地情况的变化与我们的工作

根据全国情况的分析，大致可分为三种不同的情况与地区，即是国民党统治区，日寇占领区，我们根据地区。

（A）在国民党统治区

主要是指云南、贵州、四川、湖北、湖南、广东、广西、陕西、甘肃等地而说的，关于这个区域的工作，除了上次（一月二十八日）已带给了你们的总结工作报告，和几个文件，以及这次再送上南方青年工作会议的报告决议等材料以外，再简告以下几点：

（1）政治环境更恶劣了。从国民党颁布了防止异党活动办法以后，在这个区域中，首先遭受到打击的就是青年，这表现在：（一）公开的青年组织已经解散和转化了，甚至连比较开明的广东青抗先亦遭受压迫与解散了，由于我们采取转化分散以保存实力避免打击的方针之下，一般的已经达到了目的，因此，过去在我党领导下的青年组织，虽已分散了转化了，但大部分仍在我们党内和我党影响下。（二）进步的书籍报纸刊物被禁止了，这使我们教育青年的工作是极端困难的了，迫使我们的工作非转入校内、依靠每个党员和积极分子不可。（三）思想上的统制更厉害了，国民党采取修改课程教材，大量出版反动刊物，禁止青年阅读进步书报。（四）迫害青年的方法层出不穷，对进步青年大致采取：暗杀、绑架（据一九四〇年六七两月的材料，仅只个主要国立大学——光华六个，川大农学院三个，金陵大学一个，华西大学二个，齐鲁大学三个，武汉大学十三个，唐山工学院五个——就被捕去三十三人之多）关入劳动营（等于法西［斯］集中营），在四川的綦江一次被枪杀者一百余人。

（2）三青团更发展了，据他们自己的统计已有将近十万人以上的组织了。由于蒋介石的积极提倡，以极大的力量进行发展工作，因此在这时期中，有相当的发展，几个主要大中学中，差不多都开始建立了它的基础，三青团［员］多的学校中，几占全校学生之一半或三分之二（如朝阳学院，教育学院，川大等）。

它的组织数量、工作方式是不一致的，在国民党自己的区域中，数量最大（几占它总数五分之四以上），方式亦采取公开的及争取青年的（例如出壁报、服务、宣传等抗战工作），在战区敌后，则是少数的，秘密的；在我党根据地及周围区域内，则绝端秘密的，主要是带特务性的。从地域上来说，亦有中央直属区较顽固反共较坚决，在地方派系区域中则较好，从团的内部中来说，除各地域及领导人有差别外，团员中特务分子仅只少数人，极大多数是中立的对我党没有成见或缺乏成见的，它内部的生活亦极不一致，领导者中的矛盾，地方系与中央系之矛盾，争夺地位与势力之矛盾，C.C.复兴之间的矛盾，国民党与三青团之间的矛盾，缺乏群众中有威信的干部，而上中层中干部多有特务分子为其中坚等是存在着的。

（3）学校与学生的情况发生变化了，这主要的变化是：（一）全国几个大学已由中心都市迁入乡村，这使之学生政治活动的影响减少了。（二）

许多大中学合并了，许多私立的从前还开明的今日因经费要依靠政府亦变为国立了，环境更坏了。（三）学校环境更恶劣了，教育日趋党化了，进步教授教员被迫离职了。（四）三青团组织建立与发展了，已开始建立了基础了。（五）我党及进步青年组织，由于在抗战初期时的突出暴露作风，[被]迫不得不疏散调开了，许多负责人因暴露而离开了学校与国民党区域了，因此党员数量减少了，质量亦减低了。（六）最后，最严重的，学生生活是苦到极点了，每天两餐稀饭尚不得一饱，因此饿瘦饿死等现象甚为普遍，甚至因受生活压迫而偷窃被打死等事亦常有所闻。

（4）所有上述这些新的变化，都证明：（一）今日国民党区域中的环境更恶劣了，情况更复杂了，工作更困难了。（二）国民党三青团的力量比抗战前更扩大了。（三）我党影响已扩大了，但数量较之抗战初期已削弱了。（四）学生中，由于国民党反共政策之结果，在政治上、思想上、生活上已发生了极大的不安，在社会上造成极不良的影响。（五）因此，在我们的工作上一方面造成了极大的困难，但另一方面又给了我们以顺利发展与工作的有利条件。

（5）根据过去工作总结，我们的工作方针是：（一）确认今日国民党区域为长期的秘密党的工作的环境，但因环境复杂，矛盾与空子之多，因此尚有广大的工作园地和发展的前途。（二）必须清楚的认识：巩固组织，争取群众，了解情况，深入社会是三者不可缺一的任务。（三）因此，在工作上组织上的总方针应是：长期埋伏，积蓄力量，以待时机。党的数量不在多而在精，工作不在表面而在深入，一切以不暴露能立足为准则。（四）但只是隐蔽，而不同广大群众结合是不可能长期埋伏的，因此，广交朋友，团结与争取群众是重要的工作，不可忽略。（五）要实现这些任务与工作，必须具体了解情况，深入社会，应力求职业化，以功课第一，以取得社会地位。（六）为此，应打入三青团，参加国民党一切公开的青年群众性的组织内去。（七）把工作对象主要放在学生青年与职业青年上。（八）工作内容主要在：A、以校内为主，校外为辅；B、以参加公开合法组织为主；C、以功课、读书和取得社会地位为主，社会活动为次；D、广交朋友为主。(九)宣传重于组织,在宣教内容上,A、从启发青年考虑人生意义以确立正确的人生观着手;B、从引导青年追求真理,提高青年的文化,给他们各种求知求学的办法,以发展思考着手;C、从为谋青年生活的改善与切身问题的解决上着手;D、从青年切身问题联系到社会制度,政治制度;E、从帮助青年的自尊心自爱心,以及培育人格与理想着手。(十)必须继续坚决的实行疏散与撤退已暴露的分子,以免国民党的突然袭击。

(6)在这种情况下,国民党区域中的青年工作,主要领导是依靠党,青委一般的是不适宜于庞大,应力求简单、分散为原则,切忌关系太多,领导复杂,以免意外遭受破坏。

所以,目前国民党区中,除刘光悌同志尚同恩来同志一起于重庆外,其余都由各地党直接领导,上级青委亦经过下级党去领导,各级青年工作干部从省、特委以下都必须深入社会,取得学籍、职业。

选自南方局党史资料征集小组编:《南方局党史资料·群众工作》,重庆出版社1990年版

中共中央书记处关于青年节宣传工作给董必武等的指示

（一九四三年八月二十五日）

董老①转刘光②：

你们准备青年节出特刊，此间不准备发布文件，有文件在重庆亦无法登出。提议特刊的中心内容应当集中火力反对法西斯，揭露日本及德意法西斯在政治上、经济上、文化上统制的实质，与对外的野蛮侵略及屠杀占领国的青年男女、毁灭文化等罪恶行为，同时指出日本及德意法西斯的对内政策的野蛮恐怖统治，剥夺人民的自由，摧残青年崇高自由的思想，损害青年纯洁的性格，以集中营来囚禁青年等来影射中国国民党法西斯的统治，另一方面则表扬英美苏及各同盟国与被占领国青年团结一致反对法西斯的英勇斗争的实际范例，以号召中国青年起来反对法西斯的伟大斗争。否则正面文章是无法登出的，我们已嘱青委准备写几篇边区工农学生青年生产战斗学习生活的短文陆续发给你们，望注意收听。

中央书记处

选自《中共中央南方局历史文献选编》上，重庆出版社2017年版

---

① 董老，指董必武。
② 刘光，时任中华青年救国团体联合办事处常务委员。

中共中央关于开展大后方农村工作给周恩来的指示

（一九四五年一月二十八日）

周：

　　南方局在目前时期的工作，除开进行一般的民主号召与上层联络工作外，应用大力进行下层的群众工作。为了准备可能的日本对于云、贵、川的进攻以及将来国内的重大事变，我们必需在大后方的农村中建立可靠的基础，南方局及大后方各地党的组织应以农村工作为主要工作。应设法训练与动员一批党员、进步的青年学生和进步人士，利用各自的社会联系深入到农村去，用合法的以及非法的办法去为农民群众服务，联络农民以及民团等。只有这一工作获有大的成绩时，然后才能在日本进攻中或国内重大事变中有雄厚的与可靠的基础发动游击战争。这个工作望你与若飞商量，加以布置。

中央
子俭

选自中央档案馆编：《中共中央文件选集》第十五册（一九四五），中共中央党校出版社1991年版

一九三八至一九四三年川东职工运动的情况①

（一九四三年）

一

抗日战争爆发后，川东地区成为国民党统治区工业最发达的区域，集中了大批产业工人。据一九四三年统计，单是军工工人就有四万余人，海员工人一万二千余人。其中，又以重庆市最多，总数达二十余万人。除川东地区的军工、海员工人大部分集中于重庆市外，还有邮务工人一千四百余人、电业工人二千余人、纺织工人一万余人、印刷工人二千余人，其余机器、火柴、化工、卷烟、码头、木船、人力车、抬轿等工人亦相当集中。因此，从川东地下党建党之日起，就比较重视职工运动，加强了对职工运动的领导，促进了职工运动的蓬勃开展。

二

动员工人阶级积极进行民族革命战争，巩固和扩大抗日民族统一战线，是一九三九年五月以前的职工运动的总方针。具体要求是：积极进行抗战动员，发展党的组织，成立工会，同时照顾职工生活问题的改善。

这段时间川东地区的职工运动，主要方面是正确的，为川东党对职工运动的领导，在思想上、组织上、群众联系上，奠定了基础，具体表现在：

（一）各单位普遍进行了一些必要的马列主义和社会科学知识的启蒙教育和民族革命战争的教育，开展了支援前方抗战的组织工作。在各行业

---

① 这是中共川东特委负责人1943年在延安时向中央写的报告。

中普遍成立了工会组织，建立和发展了各行业中的党组织。据重庆市一九三八年十一月的统计，产业工人中的党员已占全重庆市党员总数的43%，手工业工人中的党员，占总数的14%，总计占全重庆市党员总数的48%。

（二）个别单位进行了一些改善生活的斗争，如宜泥木石工人进行了要求增加工资、减轻剥削的斗争，初步改善了生活；重庆复兴铁工厂工人反对增加工时，要求增加工资的斗争也得到了胜利；第二十一兵工厂工人要求取消强制储蓄的活动，也顺利的［地］得到了胜利。

三

由于对国民党的反动性的认识和警惕不高，在抗战动员上曾犯过"拥护政府每一抗战号召。帮助政府完成每一抗战动员"的错误。表现在群众运动中绝大部分停留在组织一批青年工人和艺徒搞宣传、歌咏、募捐等救亡活动上。直到一九三九年夏，维护工人阶级切身利益和争取改善生活的斗争虽个别有过，但很不够。工会活动也偏重于单纯搞抗日救亡活动的多，党员和群众干部大多喜欢搞轰轰烈烈的出头露面的工作，而一点一滴的用各种形式，既照顾抗战的需要，又照顾群众的切身利益，组织和动员广大工人阶级的切实工作则不够重视。因而，有很大一部分群众，特别是老年、成年中的技术工人没有很好的组织发动起来。

在大量发展组织中，个别单位曾犯过"拉伕"的错误。如一九三八年二十一兵工厂七个青年工人的集体入党。一九三九年陆大铁工厂五个艺徒的集体入党。公开工作与秘密活动有不少单位也混淆起来。个别单位不注意横的关系，出现一二十人开支部大会的现象。加上有些党员个人突出的幼稚病相当严重，在群众中面目很红，造成荫蔽组织工作上的严重困难。

四

一九三九年春，国民党五中全会后，形势日益逆转，抗日救亡活动处处受到限制；加上物价不断上涨，职工生活已难以维持现状。中央发表关于"七·七"两周年的宣言后，川东职工运动的方针，明确体现为：巩固抗战基础，反对妥协倒退，领导群众开展有理、有利、有节的斗争，用各种形式组织和团结群众，改善职工生活。在这一方针的指导下，中国无线电公司工人反对无理解雇工人，要求增加解雇金斗争的胜利；公共汽车工人要求发生活津贴斗争的胜利；电信报务员第二次要求加薪斗争的胜利；大明厂工人反对打骂工人和要求改善待遇斗争的胜利；川江海员反对抓丁、增加工资、反对大批减员、增加解雇金等斗争的胜利等。与这些斗争相配合的，还创造了一些团结和动员群众的好形式，如电信职工创办伙食团，海员工人追悼死难工人大会，公共汽车工人开办技术学习班，大明厂工人建立宿舍小组等。这些形式的采用更加紧密的［地］团结了群众，在开展斗争时，成为发动群众、领导群众的有力工具。

在贯彻这一方针中，有的干部在思想上仍然认识不足，如重庆印刷工会到一九四〇年干部撤退时为止，仍然放松下层，忽视改善职工生活；有的是根本不理解这一方针的意义，如南充中心县委的职工运动方针，仍然是内战时期关门主义那一套。既反对参加地方政府的合法工会，又反对资方准备组织的工会，而不知利用矛盾，利用合法手段去组织和团结群众。对于一九四〇年缫丝工人的自发斗争未能加以适当的领导；有的是转变不彻底，如海员工会在实际工作中已经摸索到利用合作社、茶社、俱乐部是团结职工的最好形式，但始终未能举办起来。电信支部领导加薪运动成功后，又回到青年小圈子中去活动，未能继续利用各种形式广泛团结各类职工。

川东党组织在这阶段也没有对一些重要斗争的好坏典型和群众的组织形式及时系统总结经验，推动职工运动全面发展，使不少干部的个人突出的领导作风未能彻底改正，加上有的单位在执行这一方针时过于机械，如海员组织在一九四〇年夏季还对党员进行清洗，对运动中涌现出来的、已具备入党条件的同志也机械的停止接收，使党的组织不断缩小。

五

几点重要的经验教训：

（一）放手发动群众与荫蔽政策。

在国民党统治区，党的基层组织，无论形势如何好，都必须警惕国民党的反动性，采用荫蔽政策。而荫蔽政策与放手发动群众并不矛盾，只有随时注意公开与秘密工作的正确联系和配合，才能深入到广大群众中去，同群众一起生活和斗争，才能动员群众。也只有这样才是积极的荫蔽，才能真正荫蔽下来。那种小资产阶级的乐观、急躁、浮夸、个人突出、左倾小宗派、关门主义、盲目性和脱离广大群众的思想作风是最危险的，都不能长期坚持。

（二）分散发展群众力量与上层统一战线的配合。

在国民党统治下的统一战线，必须特别注意集中力量发展广大群众力量，决不能用统一战线来束缚自己的手足。只要基本群众在我们手里，便有力量去推动上层统一战线，反过来又更有利于我们放手发动群众。不然统一战线则毫无意义，反而成了自己头上的"紧箍咒"。在重庆印刷工会的活动中，我们的注意力集中于国民党上层统战，没有利用已取得的合法地位，把自己的力量深入各厂组织基层工会，结果大部分群众被国民党拉去，而自己却被赶跑。海员工会的活动则比较好，一开始就注意抓住由基本群众掌握的工会组织，抓住活动中涌现出来的群众干部，把我们的主要力量用在发动群众上；对国民党的海员工会，则利用合法手段，开展各种活动。结果海员工会的组织在我们的领导下日益壮大起来，并较任何职工组织坚持的时间长。

（三）组织群众的形式问题。

主要应该利用合法的形式和群众习惯的方式，而关门主义、小宗派则是脱离群众，又难于生存的形式。如南充的缫丝工人支部有很好的条件可以利用，当时小资（地方厂）与大资（生丝公司）都在组织工会，以控制群众。但我们则两方面都反，脱离了广大群众，使自己陷于孤立。重庆二十一兵工厂支部，只注意了一个四十余人的宣传队和十余人的读书会，不去利用合法的咨询委员会（各部门民主选举代表组成的，专供厂方咨询工人意见。以便办理福利等设施）、球队（各部门都普遍组织了的，经费由公家出）、话剧队（参加工人很普遍，经费由公家出）、子弟校、艺徒学校等原有组织去团结群众，结果宣传队与读书会都不能立足。

（四）斗争的策略问题。

抗战时期，在国民党的严密统治下开展斗争，一定要注意掌握政策，有理、有利、有节原则的灵活运用。这是我们能密切联系群众，取得胜利的保证。一九三九年秋，电信员工加薪请愿运动就是一个很好的范例，电信支部根据广大群众不满待遇低薄，迫切要求加薪的思想，抓住电信当局深恐人才外逃，影响电讯工作的弱点，决定采用请愿方式。先由全国各局、台发出通电，请重庆组织总代表团向当局交涉。代表团以对电讯工作影响最大的低薪报务员为基础，提了一个简单明确，适应群众要求，不苛不高的口号："六十二元起数，梯形加薪"。向当局递上呈文，直接交涉，再加上全国各局、台同时催促，使当局迫于形势，不敢拖延，答复改用加级、增奖等办法解决，由原薪三十二元起数，改为五十元起数。电信支部及时领导群众结束了斗争，全体员工皆同享成果。

（五）解决工人中的地方帮派问题。

抗战开始后，国民党统治区职工团结工作中出现了一个所谓四川人、"下江人"，老年工人、青年工人的关系问题。解决这个问题的原则是：互相尊重。照顾双方的生活习惯，从日常利益的互相照顾到阶级利益的维护，从平时的感情融洽到为共同利益而斗争。这样相处下去，能逐渐消除互相间的隔膜，达到阶级团结的目的。反之必为统治阶级所利用，达到他们分裂工人阶级队伍的目的。

六

目前怎么办？

（一）总的方针是争取广大工人群众，壮大我们的力量。废止独裁，反对内战，配合农村民主革命。

（二）党的组织仍然要精干、荫蔽，同时，要在群众运动中慎重地发展党员。重庆要建立和巩固军工、市政、交通等重要企业中党的堡垒。老年工人中有技术、有威信的群众领袖是重要发展对象。有计划的为农村准备和输送干部。

（三）要利用群众习惯的一切合法的形式，不求形式的过早统一。无论属于工会、技术、文化、经济、互助等性质的各种形式，或无定形的组织，只要能团结教育群众就是好的，凡是从广大群众中把自己孤立起来的形式都不能采用。在中小城市和乡镇中，应注意组织和团结广大的手工业工人。他们是我们的基本群众，和农民的联系又是很密切的。

（四）要与群众在一起，领导群众进行改善生活、救济失业、争取民主改革、反对特务统治等具体斗争。策略要灵活，口号要简明，争取广大社会的同情和支持，孤立最反动分子，向反动阶级的弱点和要害进攻。斗争方式是以合法为主，要求不高，条件不多，适可而止，集小胜为大胜，避免无谓的牺牲，非到不得已时不要用罢工形式。对于国民党反动派用来打内战的企业，则采取怠工、浪费等方式来给以无形的破坏。只要不是少数个人突出就可进行。内战已露矛头，必须根据新情况，展开新的斗争，准备在决定关头，举行武装起义。

选自南方局党史资料征集小组编：《南方局党史资料·群众工作》，重庆出版社1990年版

南方局青年组关于宣传教育工作的总结

(一九四五年初)

1.宣传方针

在过去半年来的宣传教育工作中,我们抓住了两个主要的目标,一是打击国民党建立党军的阴谋;一是动员知识青年深入农村。两者我们都收到了相当的效果。

国民党去〈年〉春至秋,接二连三的军事失败,使他们感觉到只有重新建立起一支纯粹法西斯化的党军,才能维系他们的垂危的法西斯统治于不坠。九、十月间,他们于是动员了所有舆论和宣传机构,来鼓吹知识青年从军,用"爱国"等美好的名词来欺骗纯洁青年上当。当时我们除用口头向进步青年朋友解释"青年军"的实质外,在报纸上也采取了一些侧面的方法,来揭露他们建立党军的阴谋,劝青年们不要上当。当时我们宣传的要点是:

1.用暴露希特勒的党卫军内幕和实质的方法,来暗示国民党的青年军就是法西斯党军。

2.说明动员青年的唯一有效办法,是给青年以民主自由,只有法西斯,平常对青年采取"鑽〈罐〉头政策",使之不言不动;等到要利用青年时又来拉拢青年,要青年去为他们送死。青年不应上当。

3.说明知识青年的岗位不一定就要在前线。我们要去前线也是到真正抗日的前线去,到敌后去。

十一月间湘桂战争更形紧急,人心惶惶,国民党故意在各校中放出空气,说各大学将要自行解散,想这样来使学生感觉到没有归宿之所的恐慌

（因为许多大学生是从沦陷区来的，膳宿全靠学校供给），逼得他们只好去从军。在某一方面说，他们是收获了一些成绩的。当时，我们的宣传对策是提出到敌后去，到真正的抗日前线去的口号，同大后方爱国青年说明要真正爱国和抗战，只有到敌后去才能起作用，才能不是挂着抗战的虚名（见十一月十七日世界学生日社论）。同时为着安定人心，指示大后方青年的正确方针和办法起见，我们在独山失守前后提出了不逃难，走进乡村，发动民众，就地抗战的办法（一二・九的专刊专论和社论的中心内容就是如此）。

十二月中旬以后，军事形势缓和下来，国民党又觉得可以苟安下去了，组织青年军的事情，似乎远不如过去几个月那样的起劲了。而过去因为时局紧张，忧虑生活无着而从军的人们，又有很多自告退出了。这时以后，反对从军的问题，已经不是我们主要的宣传方针了。而根据黔桂战局极度紧张时期的经验教训，使我们深深感觉到我们过去农村工作没有基础。在时局紧张时，虽然叫出了"下乡去"的口号来，其实农村工作的实际把握是没有的。为了应付将来时局变化，新的情况发生的时期到来，应该及早号召广大的进步知识青年到农村去，去预先打好工作的基础。从今年一月，我们才从笼统的提出"下乡"的口号，变为明确的"知识青年的岗位在农村"的口号。我们从革命理论以及中国革命实际各方面，来说明中国知识青年到农村去的必要。我们今年一月到现在（恐怕以后还要继续若干时期）主要的宣传内容是：

1.从中国现实抗战以及新民主革命的情势，来讨论到农村工作的重要。

2.从革命的人生观来说明知识青年与工农大众相结合的重要。

3.介绍农村工作的经验。

Ⅱ.公开刊物

这整个时期中，主要地来执行这一宣传任务的，除了我们的口头讲述而外，只全靠《新华日报》及其附属的《青年生活》两周刊了。

《青年生活》在这一时期中，可以说是把握着了我党对大后方青年宣传的基本方针的。如在十月份第九十一、二两期中，就刊出了四篇从侧面反对从军运动的文章；从十二月到现在出了八期，其中就有将近一半的文章是写到农村去、到工农群众中去的问题的（廿一篇中有九篇）。《青年生活》同时对于国民党在青年中反动宣传的阴谋，也用了一些办法来加以揭露和驳斥。如像去年十二月国民党特务机关，捏造了所谓"中国共产党中央非常委员会"的名义，来分散许多反动传单到他们认为比较进步的同学中去，我们就立即作文揭发其阴谋。又如今年二月重庆文化界对时局宣言发出后，国民党三青团即去复旦发动签名运动，当他们还正在进行签名运动时，我们就用代邮的办法（正面写文章是无法通过的）加以揭露和驳斥了。

我们还应该承认《青年生活》存在着许多缺点：

第一，由于计划性的不够，致某些期的内容显点［得］空洞无力，不能切合当前的需要，如第一○三期。

第二，虽然对于当前青年所应走的方向是指出来了，但如何走的办法却很少指出来，如像对于农村工作的具体经验的介绍，就比较缺乏。

第三，由于对于国民党青年书刊最近注意的［得］不够，因之对于他们的思想批判的文章最近是太少了。

第四，可以说是我们文学修养的不够，也可以说是我们宣传工作经验的缺少，写出来的文章大都太原则化，太生硬，对于一般知识青年没有足够的说服力量。

最近半年来，我们的宣教工作，还有一个很大的进步是：现在我们把自办新的刊物，把争取自由主义以及国民党三青团刊物的编辑权的工作，当作很重要的工作之一了。在过去我们老是固守着《青年生活》这一块小地盘，没有估计到另外自办刊物的可能性，也没有充分估计到打进国民党办刊物及自由主义者刊物中去的可能性与重要性（虽然我们也曾对于各别学校的同学说明了尽量争取在各种壁报中的领导权的必要）。

这样完全由我们进步朋友主办的而且办得相当成功的刊物，应该首推

《中国学生导报》。该刊于去年十二月间创刊，现已出了十三期（每周刊），长期订户已有一千多人。它虽然没有完全和《青年生活》一样很显明的[地]提出反对青年军和到农村去的问题，但它在大后方我党推动民主运动这一总方针下，是起了相当的作用的。它多方的[地]反映出了学生群中对于政治民主思想自由的要求，如第七期的学生民主生活问题特辑，同时也从新闻的组织和选择方面，来用新闻报导暴露法西斯统治下的学校的黑暗面，如像第三期的教师问题，第四期中的课外活动问题，第五期中的社交问题，第六期中的学生营养问题。它对于青年的修养和学习的指导，也比较注意，每期整个二版（生活学习版）差不多完全是这类文章。

但它也存在了一些缺点：

第一，是硬性的专门论文较多，左的色彩也较鲜明（尤其是开始的几期，近来有了一些转变），文字有的也嫌生硬，使许多中学生看不懂，又使另外一些学生不愿意看。这使它失去了许多中间层的学生读者，尤其是许多可以教育的中学生读者。

第二，关于发行网和通讯网，差不多完全是靠了过去的好的熟朋友来进行，没有充分的利用新的读者关系，因之稿件的来源尚欠充分，刊物的销路也不大好，老是贴本，经费常常要闹恐慌。这样使刊物的生存感觉困难。可是刊物的销路好不好，常与刊物的内容能否吸引广大读者有连带的关系。所以该刊今后在编辑方面，尽量弄到通俗化，照顾中间层读者。在发行方面多设法推销，使刊物能站得稳脚，为最紧要的工作。

完全由我们进步朋友主办的刊物，在成都还有《青年园地》。它原是大学月刊社主办的一个青年刊物，去年十一月完全接受过来。它的内容太政治化，差不多全是些说理的文章，而大多数文章的内容欠充实，进步民主的旗帜打得最高，所以色彩也弄得最红。在进步的学生方面，觉得看它不太够味。一般落后的中间的学生，也对它不感兴趣。因此把销路弄得非常狭窄（不到一千份），作用也起得不大。我们主张它改变编辑方针，要以广大中学生读者为对象，多注意对于中学生的基本知识的教育（包括社会科学、自然科学、文艺各方面的），文字和编排尽量要求生动活泼一些。

此外，本市有一部分学自然科学的朋友，正在筹备一个科学刊物，经费想到了办法后，不久就可以出来了。它的读者对象，主要是一般中学生。

我们的朋友在打进国民党办刊物及与自由主义者办刊物方面也积累下来了一些经验。北碚的《新血轮》就是一个很好的例子。该刊是北碚青年馆主办的一个小型油印刊物，靠山是复旦三青团负责的陈某。由于我们朋友的努力，将该刊一切编辑权都拿到自己的手中来了，只留下一个事务工作的位置给三青团员，该刊经常拥有数百读者（除了北碚区的学生而外，外埠寄出去的也不少）。作为一个油印刊物来看，影响是不算太小的。在我们朋友的主持下，至少把它坏的成份（由于三青团是名义上的领导者）减少到最低限度。有时也起一些好的作用，如去年十一月成都市中惨案发生后，重庆各报都不能把这些事登载出来，该刊就特别为此事出了一次号外。去年从军运动闹得最热闹的时候，该刊对之表示冷淡，这些全是与三青团的宣传方针相反的，虽然三青团中央团部曾有密令说该刊内有"奸党份子"活动，但由于与陈某的关系拉得很好，还没有出什么乱子。

其次应该说到《大学新闻》，它是去年十一月才创刊，现已出到十八期，销路是在各个青年刊物中最好的一个。该刊主办人原为CC派胡焕庸（中大教务长）的走卒。开始我们仅有一人参加。由于我们的朋友的参加，使这个原来背景很反动的刊物，做了一些暴露国民党法西斯教育的黑暗现象的工作，也或多或少的对青年灌输了一些进步的思想，在争取该刊的过程中，起初是由于一个朋友替它组织了很好的发行网，使该刊能够赚钱，同时也替它组织了很广泛的通讯网，使稿子来源不生问题（又可使稿子内容由自己支配）。这样就取得了主办人的完全信任和依赖。于是从第三期起就把它的第二、三两版（文艺版和生活学习版）完全接办了，最近又利用它们内部的矛盾，挤走了一个很坏的主编，换来了一个比较糊涂但又可以完全控制的主编。所以整个刊物的编辑权现在已经转到我们的手中来了。该刊在编辑形式上是学习了《新民报》的好的作风，活泼趣味化，这样就吸引了不少中间层的学生读者。同时在许多趣味化的文章中，也注意到了对于青年施行民主思想的教育，暴露国民党法西斯教育的罪恶。这样一方面使趣味化不致流于低级无聊,使它在学生中起相当的宣传教育的作用;另一方面则利用这种趣味化,把它的真实色彩隐蔽起来,使之不致被暴露而能长存下去。

最近我们朋友还在争取的刊物有《学生导报》和《沙坪新闻》两个,这两个刊物现在都还没有拿到我们的手中来,但都是正在争取的过程中,而且还有相当的把握争取到手。前一个是一群四川地主少爷们办的。他们没有什么政治的立场,不过想借办刊物出名而已。他们说,《中国学生导报》是《新华日报》,《大学新闻》是《新民报》,而他们自己办的《学生导报》则是《大公报》。但他们没有办刊物的能力和经验,势非请我们的朋友帮忙不可。后一个是三青团的份〔分〕子办的,他们的目的不过是为了缴差。他们同样也没有能力和经验,也须要真正能做事的人替他们帮忙。我们朋友打进去的办法,并不是自己主动地设法往里面去钻,而是首先站在圈子外面替他们想办法,写稿拉稿,组织通讯网,渐渐使他们感觉到非依靠你这个人不可,一定要拉你进去时,这时才走了进去。这样进去的地位才很巩固,以后才可慢慢设法把自己朋友一个个的〔地〕拉了进去。现在进行的结果,《学生导报》已有十分的把握拿到手了。《沙坪新闻》的时机尚未成熟,预料这也不过是迟早的事情了。

在与自由主义者合作办刊物的事情中,我们的朋友也有失败的例子。成都今年元旦创刊的《现代周刊》,是我们的一位朋友与一个自由主义者合办的。我们的朋友任主编,不久就因为一篇社论被检查所认为与《新华日报》同一论调而被扣了。那位自由主义者害怕起来。逼得不能不辞去主编的职务。现在只能站在外面帮忙拉稿子。

从我们的朋友办公开刊物(自办或者与自由主义者合作,或者打进党团办的刊物内)的经验中,我们可以得出几点这样结论:

第一,我们办一个新刊物时,尤其是当这个刊物只是暂准试办而还没有正式登记的时候,我们应该充分估计到客观环境,使它首先能够生存下去,然后再图它在内容上的改进。否则一开始就以左的姿态出现,就会遭到打击的。

第二，与别人合办时，要顾及到别人的主张，不要一意孤行，把别人的意见置之不理，或者把别人一下子就吓跑了，事情就弄得无法进行。

第三，刊物的形式尽量弄得是自由主义者的作风，内容不一定要求每篇都有进步的意义，而是要求避免刊登那些反动的有极大毒素的一些东西（在国民党团办的刊物中，有时还不可能完全避免，而只能使之减少到最低限度）。

第四，我们应该而且可以用许多侧面的方法来暴露国民党法西斯的统治，来宣传民主。在许多谈青年修养学习的文章中，我们是可以灌输一些最前进的思想的，但在方式上不要太直接。

第五，我们把刊物的读者对象主要要放在中间层的青年学生身上，否则刊物成为一个单纯进步青年的读物，发展的希望很小，所起的作用也不会太大。

III. 秘密刊物

除了公开的刊物而外，我们还有几个秘密的油印刊物。

A.《青年人的话》：不定期的油印刊，主要是暴露国民党的一切摧残青年的罪行的，以前由我们内部印行，名《青年参考资料》，最近是由邮局的几个朋友担任编印的。

B.《学习》和《青年工人》：都是工人自己办的油印月刊（《学习》有知识青年参加编辑），以加强工人思想教育及联络爱好写作的青年工人为目的。前者现已出三卷四期，后者已出至二卷三期。

C.《人民之声》：职业青年出的不定期油印刊，专载不能在报纸上登出的文章。

秘密刊物的作用有以下几点：

第一，比较公开刊物更可露骨地揭露国民党法西斯的罪恶，使读者易于认识国民党的本质。

第二，对进步青年的思想教育、政治教育，可以不受国民党检查机关的限制。

第三，有些秘密刊物可以团聚一部份［分］爱好写作的进步青年朋友。

Ⅳ.学校壁报

在各种宣传刊物中，学校壁报也值得一提。因为它在各校内部的宣传教育上，常常起着很重要的作用。如联大、武大各壁报，对于民主思想的教育宣传。又如复旦的壁报，收获了以下几种效果：第一、指示了同学的方向，如去年军事失败，国民党发动青年从军时，就利用各个壁报宣传就地抗战保卫家乡，同时也指出了办法，安定了人心。第二、提高同学的理论水准，指导同学们的学习。如以前完全为软性的"夏坝风"，经我们朋友接办后，使之成为一种师生都爱好的理论学习刊物。第三、驳斥了荒谬的言论思想。如林××等人的反动思想，及时能加以驳斥。第四、也团结了一部份［分］好的朋友，如"文学窗"就团结了四五十个爱好文艺的同学。在壁报上对于国民党黑暗统治的揭露，除了联大武大环境较好的学校外（武大最近听说所有进步壁报都被迫停刊了，确否待证），也不是不可能的。如成都中大学生会出的《生活》，就辑录一些过去从军同学的来信。在那些信上就完全暴露了国民党军队的腐败，征调学生参加远征军的黑暗内幕，实际上替国民党从军运动做了很好的反宣传。成都燕大、华大、金大、川大都有一种"文摘"壁报，剪贴各报上好的文章而编成的，既不太令人觉得它色彩浓厚，却起了相当大的宣教作用。在重庆区的各大学校（复旦除外），进步朋友只能参加到自由主义的壁报中去工作，借他们的地盘来说一些话。

Ⅴ.写作小组

为了要推动和改进今后大后方的青年宣教工作，我们组织了一个包括五个人的写作小组。3月11日曾开第一次会议，决定工作项目如下：

第一，讨论和决定每月的宣传方针和宣传要点。

第二，检查《青年生活》《中国学生导报》《大学新闻》等刊物，对之提出具体的意见。

第三，阅读国民党青年刊物，注意对它们进行思想斗争。

第四，组织稿件，组织其他的写作小组，经常供给《青年生活》等刊物的稿件。

在这个小组成立后，我们又分别领导成立了中大、复旦、工人三个写作小组。文化青年、职业青年、青年妇女的写作小组，也正在进行组织中，我们想经过这些写作小组，不仅使我们的刊物得到支持，目前的宣教工作得以顺利的［地］进行，而且还培养大批写作的宣教工作者出来。

选自南方局党史资料征集小组编:《南方局党史资料·群众工作》,重庆出版社1990年版

刘光关于重庆电力公司反特斗争的总结（节录）

（一九四五年春）①

我们怎样援助、推动和领导了这一反特务的斗争。由于青年组交朋友的工作，所以在这件事以前，我们与电力公司的个别职工就保持有经常的联系，在该公司我们已经有了一个三人中心小组，受他们影响的进步青年有十余人，这些人都可以看到我们的宣传品。这一个基础，对于这次斗争是有帮助的，同时因为有了这点联系，使青年组对电力公司内部情况的了解是比较清楚的，所以就帮助了我们正确的去估计力量和斗争的性质，并提出较正确的口号和策略，这一事件发生的第二天（二十一日）的晚上我们就举行了据点会议（该据点领导电力公司的小组）。对电力公司的惨案作了全面分析和讨论，认为这一运动带着明显的反特务斗争的性质，认为这一斗争可以争取最广泛人民的同情和支持，认为这一斗争虽然可能遭受压迫而屈服，但是只要公司本身能坚持，主要的斗争要求是可以达到的，并且估计到我们要是善于运用矛盾，其前途和意义并不亚于成都市中事件。所以我们决定应当给电力公司全体职工以明确斗争口号，并立刻用全力使该惨案的真象〔相〕传布出去。为此我们同公司的朋友共同规定了八项要求（主要是枪毙田凯，其余的要求也多半从属于这一要求），并用更通俗的鼓动文字写了一个向各业工友和社会求援的宣言。二十三日我们就将两千余份的宣言（七类不同的油印版）分发到重庆南岸、江北、小龙坎各主要工厂和学校、市民中。同时通过公司中积极分子把八项主要要求传播到公司职工中去。为了斗争的推动，我们组织一个临时机构，以公司的

---

①原件未写时间及执笔人，此时间经过调查及其中内容判定。

积极分子为主，以便经常交换情况和决定对策和配合工作。在公司中的朋友推动了杨秀蓁（工会理事）出面招待新闻界，推动写了向社会呼吁的油印启事，为了使斗争保持高潮，就分别动手组织胡工友的道场，道师锣鼓一响，挽联、花圈就接着送去。……这时由于惨案真相已被传布出去，且报上舆论也已发动，尤其是重庆附近三十里的各工厂中均发现了"宣言"，且许多由工人张贴了出来（如机械工厂、纺织工厂、造纸厂、汽车修理厂、印刷厂等），有的保持了两天才被人扯去，有的贴了一个星期也无人敢去扯的。以江北民生机器厂而论，能认识字的全看了，有百分之八十是懂得这个宣言内容的（该厂有两千余工人）。有的工友读了之后说："田凯应该活埋才对。"这些传单还发到了学校、银行界、工业界、政府机关、医院，据说歌乐山医院、中央助产学校、交通部通信局一直贴了好几天才被撕掉。又听说重庆印刷厂的一位工友早晨起来看见一张贴在阴暗之处，他自己就把它贴在布告栏上，且大叫大嚷的［地］找人来看。总之，这一传单所起的动员和教育的作用是顶大的。同时这传单能散布如此之快、之广也算是出乎国民党特务们的意料之外，且一定也要引以胆寒的事件。同时我们发动各厂工友和学生青年用行动来援助和表示同情，如募捐、送挽联、花圈等。如机械工人、纺织工人、印刷工人都发动他们送了挽联。单重庆印刷厂工人即捐了五千元给胡氏家属，民生机器厂工人则自动油印八百张传单表示声援电力公司工友们，南岸区纺织厂工友们也自动油印了一册"追悼胡世合工友的纪念册"。一部分机械工人更组织了援胡委员会。在职业青年和学生中也发动了募捐和送挽联的工作，同时我们动员了舆论，经常供给新华、新民、大公报消息，推动他们作不断的报导，并动员青年朋友写通讯，寄发到成都和昆明去。当国民党被迫枪毙了田凯以后，我们就估计到了这一斗争基本上告一段落，工人们取得了胜利，因此我们的工作就转到进行扩大的追悼和隆重的送丧与继续动员送挽联和花圈，动员工人积极去致哀，同时我们估计到国民党有可能取消步行送葬，偷偷用汽车将胡世合的棺材送走的可能，我们就特别的［地］在职工中间说明坚持步行送葬的重要，结果，职工们仍然达到步行送葬的目的。出丧时，我们动员了一些人去参加,但是由于国民党党部工作人员和特务事前有准备,使许多愿意参加的人遭受了阻拦,只有民生机器厂工会代表团二百余人参加。尽管这样,有电力公司职工和自来水厂工人的行列,以及电力公司工友所组织的五六副锣鼓和乐器,以及一百多副高举的挽联,所形成的行列,仍然是强大的,给予重庆市民以很深刻的印象,因为这个队伍是反特务胜利的队伍,也是重庆市民所同情的队伍,因为重庆的市民对胡世合惨案自始至终都是关心的。而且在十多天之内变成了重庆街头巷尾,茶余饭后谈话的中心题材。据长安寺向胡世合致吊者签名处统计达一万名之多,但据签名处的人员说,实际上来致哀的人十几个人中只有一人签名。从此看来,向胡世合致吊者,在整整十天之内,当在二十万以上,因为据治丧处工作人员谈,二十六日就有八万人前往致吊,二十七日则有五万多人,二十八号也有六万人左右。在出丧的途中,我们还动员了盟邦人士前去照相,这对送葬的工友也是一个极大的鼓励。

选自《中共中央南方局历史文献选编》下,重庆出版社2017年版

关于据点工作的内容与经验①

（一九四五年）

据点工作的内容由什么条件来决定的呢？主要是根据大后方据点工作的一般性质与作用。什么是据点工作的一般性质与作用呢？关于这一点，在去年的《关于据点工作的研究》文件中，曾经指出"据点是目前环境下，党通过了个别党员或非党干部去保持一定的群众关系，使之成为党与群众联系的一种新式的桥梁。既非党内组织，也非定形的群众组织（无章程、纲领及定期会议和名义等），其结合纯粹建立在私人友谊的了解和政治的基础之上。在同一生产部门或地区相熟悉的朋友就可以组成一据点。同时这种据点是带着新民主主义的性质。因为实际上，它的坚持抗战、争取民主、加强团结、为人民服务的四个原则成为据点工作的主要精神与内容。根据据点的这种作用和性质，以及根据〈19〉42、〈19〉43年的据点工作经验，去年年初我们曾经把据点的日常工作归纳成下列八项，即第一，联系与加强朋友间的感情，进行学习与生活上的互助；第二，了解朋友的历史（过去及现在）及思想；第三，提高朋友的政治认识，加强落后朋友的教育（如以介绍文艺读物的方法）；第四，作《新华日报》付刊《青生》的投稿工作；第五，保障各种必读文件（宣传品）的传阅；第六，经常变动和规定出据点（包括各环节）接头、通信、会谈、传阅读物、递送宣传品等的具体办法；第七，经常进行与业务有关的（本工作部门的）各种问题的研究，并注意搜集有价值的临时性质的资料（政治、经济、军

---

① 这是从1946年4月8日"四八"烈士失事飞机中清理出来的南方局青年组材料。原件未标明写作时间，从内容看应是1945年。这里系节录。

事、民情等），研究本部门的特务活动，并规定出自己行动的原则；第八，选择时机、检讨本据点的交友，生活、工作等方面的优缺点，得出经验教训来，去年初的总结，对于以后据点工作的推动是很重要的，但是当时据点工作仍在摸索和创造的过程中。

去年和今年之初，可说是据点工作更加向前发展的重要时期。这不仅据点比以前增加了，交朋友的数目增加了，而且据点工作的内容和经验也更加丰富了，并且有了模范的据点典型。大体可分成四种，即：学校、职业青年、青年工人、农村。现在将重庆方面的三个据点拿来作典型的研究例子。从这些例子中，可以看出今天据点工作的一般工作内容和特点。

1.学校的据点。以××大学①为最好，最典型。××大学据点工作的主要优点和经验如下：

①领导的核心——a.自然产生（在共同工作过程中认识了最坚定强干的几个朋友，自然组合起来，并非委派或选举）；b.对下秘密（使下层各个组织不觉到有这种领导组织而事实上起领导作用）；c.具体分工（分情报、组织、通讯等部门，各由专人负责。②组织多样性——a.秘密组织的多样性，以适合各样的进步同学，如菊社团结女同学，德社专对法学院及四川同学等。b.公开合法组织的争取与利用：甲、争取公开组织的领导权（如自治会选举、系会选举）；乙、用个别人参加某团体内起作用（如对壁报编辑等）；丙、打进公开坏的组织内去分化它、去操纵它（如对新血轮）。c.公开组织与秘密组织的配合（如各系中心小组设法掌握系会）。d.组织公开的团体（如编《导报》）。③调研加强与应用——a.对各个团体，各个活动人物进行调查研究；b.组织广泛的情报（利用各个系统中的小组）；c.在每次新的情报（党、团的阴谋）发现后，即用正确的对付方策（如从军运动等）。④反特务的斗争——甲、斗争方式：a.封锁与孤立（使进步分子及中立分子不与之接近）；b.使之暴露（发现可疑时在公开场合使之暴露）；c.分化其阵营；d.反间谍；e.神经战。乙、发现特务办法（注

---

① 复旦大学。

意之点）：a.可疑的信件及邮件（黄色纸印，每周情报，党团信封，或不署名信封）；b.行踪诡秘；c.服装常更换；d.与党团人员来往；e.不购车船票；f.发信多用化名；g.深夜燃灯、火烧信件或文件；h.左的面孔、坏的私生活及行动；i.常与陌生人来往；j.与已知的特务接近；k.特务的外围组织；l.有特务在内的小团体；m.特务吸收新的特务组织（如青年互助社）。⑤丰富的工作内容并有计划性——a.宣传工作的内容：甲，对新民主主义的宣传；乙，时事教育；丙，国民党的政治腐败，军队不能作战等；丁，自我教育，马列主义的学习。b.组织工作的内容：甲，发现新人；乙，推动各公开组织的工作；丙，加强旧的秘密小组，建立新的组织；丁，加强调研工作。c.对于每学期的工作订有计划。××是学校据点之一。其工作经验已有初步总结。这里仅说明其实在力量：1.究竟有多大力量？全校约二千人，进步青年可以控制七百多人，在学校任何方面的活动有决定性的作用：a.自治会十一个干事，六个是新民主主义青年，两个可以为进步青年左右，三个是青年团的（这是此次改选结果）。b.宪政座谈会，这是三青发起的，进步青年利用它来揭破其假民主的实质。到会者近一千多人，完全胜利。c.各小组晚会，经常指导活动者有：1.新闻晚会，2.各系晚会，3.十日谈，4.教育座谈，5.政治座谈会，6.中文晚会。d.刊物直接主办者有以下几种：1.夏坝风，2.文学窗，3，心光，4.东北风，5.西南风，以上均为壁报；此外还有《中国学生导报》是铅印。青年团主办有《新血轮》《大学生活》《公体育周刊》《卫生》《朝朝》，均系油印。《新血轮》是青年团机关报，但进步青年有人参加而且可以控制。2.力量的运用：a.进步青年的组织：1.S.M.C，2.时事漫谈会，3.D社（德谟克拉西），4.系联（作各系工作），5.菊社（专作女生工作），共有人数一百多。b.组织原则：1.生活相接近的最自然形式，2.不发生横的关系，3.采无名称的"堆"的形式。c.工作内容：1.交换秘密小册子，2.讨论时事，布置工作，3.与三青反共行为作斗争，d.结语：××《新华〈日〉报》可销三百多份。有一百多进步青年可以执行我们的决议。秘密宣传品已发行到一百二十份。这七百多人就是通过进步青年去影响与掌握的，使"三青"在每一次进攻中都遭受到了惨败（详情另有报告）。

  2.职业青年和公务员的据点工作以×××的为最好，最典型，其主要优点和经验如下：（1）在团结和连系群众方面：1.找到了适应环境而且为群众所接受的形式，如储蓄会（八人参加，主要是职业青年、银行员），足球队（×队，十四人参加，市政府员工，报社和书店职工等），同乡同学聚餐会（十余人主要是公务员、商人），读书会（工友与职员七十余人），俄文补习班（二十余人），俱乐部（×氏所主持，二十余人），学术讲座（十人，流动专题讲座），××问题研究会（十余人），书店与刊物（读者通讯，介绍书刊，组织稿件等），座谈会（运用××民主政团同盟的形式）。2.抓住了青年的共同兴趣与要求（生活上的互助，学习上的互助，文化娱乐等）。3.上下层工作有好的配合，尤是善于通过中级职员去开展职青工作（如印厂等）。4.按照不同的对象和水平。推动了学习——时事教育与思想教育。5.提高了职业青年对群的生活的兴趣，提高了大家社会活动的能力。（2）在进步青年的本身团结和学习方面：1.进步青年已经有了组织，一个据点之下，已经有了几个小据点，如有了推动工作的三人组，有九个人的时事漫谈，有由×直接领导的和参加的六人小组，以及由该组分工连系的三个小组（职业青年，小学教员，工商界青年），有由×参加和领导的××公司的三人小组（能够影响十余人）及由他联系的××厂的两个干部小组，××委员会的五人小组，有由×参加的和领导的新民主主义的小组，店员小组（八人），妇女小组、东方青年小组（五人），以及雇工小组。这表现各部门的进步青年的核心在慢慢建立起来。2.通过这些据点和小组，几乎都能参加和运用了更广泛一点的群众形式去团结和教育青年。没有这些积极分子的推动，群众工作的开展是困难的。不以几个进步青年组织为满足，尽量去争取和运用合法形式，使自己不孤立而能生活到群众中去是正确的。3.进行了有系统的时事问题和政治问题的学习（如民主政治、国共关系，如何应付战局，农村工作等），以及过去对三风的学习，进步青年的这种会谈和学习，已经能够经常的［地］举行，并在最近着手举行积极分子的轮流训练。

  3.青年工人的据点，以×××的为最好，最典型，其主要的优点与经验如下：1.有定期的领导分子座谈会以交换经验，解决工作问题。a.从实际需要当中形成起来的，这五个人在这一系统中是颇有威信的，每个人都联系着一些人，彼此感到互相讨论问题商量办法的必要，于是自然结合起来了，这既不是选举，也不是指定和自称，真正是有力量有办法而又能代表他们愿望的领导机构。b.提出了问题，解决了问题。他们在座谈会上提出了为工人服务的问题，深入中间工人问题，他们就立刻行动了。一个（五人座谈会之一）本来在外面吃伙食，现在就准备到工人伙食团去搭伙，进而管理伙食，改良伙食、另一个就参加球队，以及有计划分配人到能为工人服务的机构里去。c.实现集团领导，大家想办法。2.建立了职业关系及社会关系：a.从自力更生中建立起来社会关系。这首先是提高自己技术和为人正派，建立自己在工人中亲友中的信仰，介绍被人重视。其次自己举办生产事业（开厂，现已停办）但从这当中建立了好的社会关系，就在那里油印"青年工人"，并没有出岔子。b.加强自己技能，巩固职业岗位。c.互助。3.培养一批骨干，团结了积极分子。a.研究积极分子，给予一定的责任。如对工具制造厂的××，认为他可以领导工作，就交该厂的工作给他，其他也是如此。通过这些积极分子，团结了思想好的工人，联系了群众（二十三人中即有七个最积极分子）。b.从工作需要上来决定一个干部分子的职业地点，如对×××，他在榨油厂，该厂只有几个工人。但为了他一个人可以有一间屋子，便于开会，就决定他仍固守着自己的岗位，给工作上一个很大的便利条件。c.从工作中来培养干部，如对一个可以写油印的工人，他们就在这方面帮助他，就决定他好好作这一工作。所以《青年工人》也就能按期出版了。4.工作作风经常积极踏实：a.不拖，传阅小册子《青年工人》都能很快地、按期地看完和出版。约会、工余谈话，都抓得很紧，不错过机会。b.克服地区上距离太远的困难，要地是以高度的热情来工作，定期地从几十里路来接头。c.领导者的模范作用，如×等对《青工》的编辑、推动以及找人谈话，都是出自主动地去作。

附：×氏工人据点

这是一个模范的工人据点，其经验已初步总结，兹仅说明力量：

1.组织

①原则：a、横不打通，b、建立小组活动，c、集体领导，分工负责

②系统：

五人座谈会（最后领导会议）

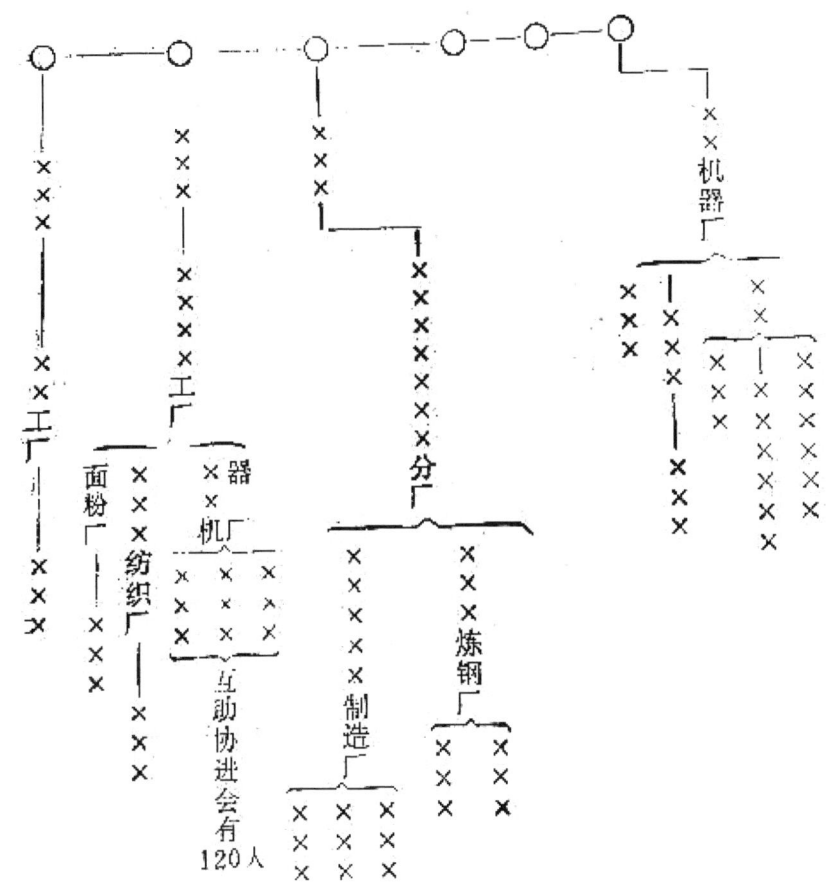

```
○————○    ○—○--○    ○
|       |    |    |     |
×       ×    ×    ×     ×机
×       ×    ×    ×     ×器
×       ×    ×    ×     厂
×工      工   ×    ×    ┌┴┐
×厂      厂   ×    ×    × ×
┌┴┐      ×    ×    ×   ┌┼┐┌┼┐
面 纺×器  ×    ×分  ×   ××× ×××
粉 织×机  ×   ┌┴┐   ×   ××× ×××
厂 厂×厂  互  ×××  炼    ×   ×
× ××    动  ×××  钢    ×   ×
× ××    协  制   ┌┴┐
×  ×    进  造   × ×
   ×    会      × ×
        有
       120人
```

2.发挥力量：

①出版——每半月出版《青年工人》一次，拥有读者八十—九十人（全是机械工人）。

②作用——1.×××厂有控制工会及其他娱乐活动，下届改选工会负责人、理事长有90%以上当选的可能（这次胡世合事件，他们发动了募捐，全厂工人一千二百余人都出了款子，动员了工会公开去送丧，油印了一千多份宣传品，自己写了两种传单成立了援胡会）。2.××厂领导一互助会，

有一百二十人参加，此次罢工×××被选为代表，全部胜利。

3.力量来源：

①干部——五人座谈会是最有能力，思想最进步的机械工人，积极性颇高，以下的各成员都是随时执行工作任务的先进工人。

②联系群众——他们二十三人每一个周围都拥有不少群众，并在他们影响下进步着。

③宣传教育——这是《青年工人》起了很大的作用。

从上面三个据点典型，我们可以看出一个据点的一般作用和日常工作内容。很明显的，这些据点是交朋友工作的产物。同时广交朋友也是他们的经常工作。从交朋友中，他们不仅保持了与青年群众的联系，而且也吸收了和团结了一批积极分子，再通过这些积极分子去参加各种社会活动和运用各种公开合法的形式，以接近团结青年。为了工作的需要他们形成和建立了自己的领导核心，进行了比较有计划的学习和群众的宣传教育工作，进行了朋友间的互助工作，学习和生活上的互助，以及开始认真进行调查研究工作和注意反特务的斗争。正因为有了上面的一些工作，据点才能形成起来和巩固起来。据点才不是孤立的东西，而是与群众有着密切联系的东西。

选自《中共中央南方局历史文献选编》下，重庆出版社2017年版

（二）口述回忆

关于大后方的工人运动[①]

刘　实[②]

首先，工人表现了自己是坚持抗日战争的一支主力。工人在日机的轰炸下，在极其缺乏交通工具的情况下，克服了一切困难，帮助了工厂的内迁，又在器材极其缺乏和日机的轰炸的情况下，英勇的［地］进行了建厂工作。高度地表现了工人对抗日战争的自我牺牲精神；而当香港三报馆印刷工人反汪罢工后，重庆工人，首先是印刷工人，就喊出了"反对投降，坚持抗战"的口号，虽然国民党对工人阶级拥护坚持民族解放战争的运动采取了一切高压的手段，但工人仍然以书信慰问，捐款等方式表达了自己的意志。这时毛主席在陕北所号召的"抗日第一，团结第一，进步第一"，"反对投降，反对分裂，反对倒退"，也正是大后方工人的要求和斗争方向。

其次，在经济上，工人也与那些假抗战之名发国难财的厂方进行了斗争。1940年大轰炸后，华西实业公司工人为反对不合理遣散而进行的斗争，是比较突出的一个例子。为增加工资，改善劳动条件的斗争：也不断的［地］在各个厂里爆发过。

选自南方局党史资料征集小组编：《南方局党史资料·群众工作》，重庆出版社1990年版

---

①这是刘实同志1950年4月27日在中华全国总工会干训班的发言，原标题是"抗日战争时期大后方职工运动介绍"。

②刘实，1942年在重庆学徒、做工，在南方局青年组领导下从事党的工人工作，参与组建党领导的进步团体"重庆工人民主工作队"，1945年加入中国共产党。

恩来同志对青年的殷切希望

廖其康[①]

1939年1月9日，雾山城稀有的和煦的阳光照耀着沙坪坝南开中学校园。校园里，腊梅盛开，芳香扑鼻。校干道上，数百名学生排在两边，正在等候一位贵客的到来。

上午九时许，一阵热烈的掌声骤然响起。周副主席应他的母校——南开学校校长张伯苓先生和"南开校友会"的邀请，从机房街来到了南开，参加"校友报告会"，给师生作报告。周副主席在张伯苓校长的陪同下，走向南开中学礼堂——午晴堂。这时，礼堂里早已济济一堂。

张伯苓校长首先介绍说，周恩来先生是南开中学的老校友。周校友奔走国事，勋劳卓著，为大家树立了榜样。今天有这个难得的机会给大家讲话，让我们再次表示热烈欢迎！

周副主席稍微侧着身子站在讲台前，谦逊而又深情地说："我是南开中学的学生，张校长是我的校长，在座许多老师也是我的老师，能够回到母校，与老师和同学见面，畅谈国家大事，我感到十分高兴！"他诚恳的话语，紧紧地吸引了全体教师和同学的心！

周副主席接着说："几年以前，要是我站在这儿，每个同学都可以发一笔财！——那时候，要是抓住了我，就可以得到上万元的奖赏！"周副主席这诙谐而又含意深刻的话，引得全场哄堂大笑，并且使得大家在笑声中思索更多的问题。接着，周副主席话锋一转，充满乐观爽朗的神情说："但是今天，我却可以站在这儿给大家一起畅谈国事，这说明形势变了，

---

①廖其康，1937年至1939年在周恩来身边任警卫副官。

说明抗日民族统一战线已经建立起来了！"

紧接着，周副主席给师生们分析了抗战形势。周副主席针对南开中学学生多系有钱人子女，对抗战前途感到渺茫和悲观失望的情况，着重阐述了当时的大好形势。他指出："从卢沟桥事变以来，我们全民族团结起来，建立了抗日民族统一战线，同日寇进行了英勇顽强的战争，这在我们中华民族的历史上是空前的，在东方，在世界历史上也是十分伟大的！一年多来，抗日战争的成绩是巨大的：它唤起了全国人民抗日救亡的决心，它使全国分崩离析的局面变成了比较团结的局面，它给了日寇以重大的消耗和损伤！"在分析了抗战一年多的战局以后，周副主席进一步指出："当前，战局正处在由一期战争——退却和防御阶段——已经结束，二期战争——相持阶段——将要到来的过渡时期。从战略的意义来看，一期战争的特点，是敌人企图速战速决，求得聚歼我军，逼我屈服，我们则坚持长期抗战，诱敌深入，以图击破敌人的速战速决。这战略任务，在敌人是失败了，在我们是成功了。……18个月的战斗证明，敌人愈陷愈深，我们愈战愈强。我们已打下了抗战必胜之基础，而在争取胜利中又奠定了建国的基础"。

说到这里，周副主席扬起手臂，在空中划了一个弧形，仿佛是给大家提出了一个疑问，他说："但是，抗日战争的进程又将会是怎样的呢？"听众更是凝神倾听他的分析了。周副主席运用毛泽东同志《论持久战》的思想，深刻地指出："由于日本是一个帝国主义的强国，而中国是一个半殖民地半封建的弱国，因此就决定中国的抗日战争不可能取得胜利。但是，由于日本进行的侵略战争是退步的、野蛮的，加上它是一个小国，在人力、物力上不足，而且在国际上寡助；而我们中国进行的抗日战争是进步的、正义的，加上中国是一个大国，在国际上多助。因此这又决定中国不可能灭亡。"周副主席在批驳了"速胜论"和"亡国论"之后，捏紧了拳头，坚定地说："只要我们加强国内团结，提高民族仇恨，坚定抗战意志，只要我们坚持全面的、全民族的抗战，坚持进行持久战，慢慢消耗日寇的有生力量，抗战一定会胜利，最后胜利必属于我！"

周副主席语重心长地对同学们讲："你们青年人，书还是读的。但是，更要关心民族的危亡，要学习抗日救国的道理。在中华民族面临生死存亡的历史关头，我们青年人要把民族的安危记在心头，要把天下的兴亡担在肩上，准备为民族生存而战！"

最后，周副主席还对张伯苓校长提出的"允公允能"的校训赋予了新的涵义，作了新的解释。他指出："张校长为我们南开中学提出了'允公允能'的校训，在当前，'公'就是抗战，'能'就是当前的学习。就是要学好抗战的本领，我们要把民族的利益看得高于一切，有力出力，有钱出钱，有人出人。凡是有利于抗战的事都要支持、拥护；凡是不利于抗战的事都要抵制，反对！值此抗战转入第二阶段之际，为抗战建国而努力！"

这时候，会场里再次爆发出热烈的掌声和口号声！……

选自中共中央党史研究室科研管理部、中共重庆市委党史研究室编:《见证红岩——回忆南方局》上,重庆出版社2004年版

浙大师生在遵、湄地区的斗争片断

吕东明[①]

抗战期间，原在杭州的浙江大学辗转播迁到了贵州。它从1940—1946年，六年间分驻黔北地区的遵义，湄潭和永兴，这些地方都有革命的光荣传统，遵义更是世界有名的革命历史名城。红军长征路过这一带时，播下了许多革命种子，影响很大。浙大本身也是有革命传统的一个学校。从1935年的"一二·九"运动到抗战开始，不断有进步学生运动。搬到黔北地区，就把民主的空气、民主的力量带到了贵州这个地区。在抗战期间的"大后方"黔北的浙大和昆明的西南联大同有民主堡垒的称誉。当时，四川和贵州都是国民党反动派直接严密控制的地区，和昆明地方势力同国民党中央有一定的矛盾不相同，遵义市区当时不过五万来人口，还专设警备司令部，还有个步兵学校，受蒋介石的密令监督、干预浙大的政治情况。所以，浙大的民主活动比昆明西南联大处境更困难。浙大搬到黔北，对这一地区的文化建设也有一定的影响。首先，当地学生进大学的机会增多了。虽然贵州当时也有若干所高等院校，但还是少，而且有这么一个国内比较著名的大学搬去，当然增强了这个地区青年追求深造的愿望，也增强了这个地区的师资和教学水平，并且，许多师生和当地许多人包括青年学生交朋友，有些师生还研究当地的气候、地质、地貌、矿产、历史、农业经济、农艺与园艺等等，对发展当地的文化与经济都有影响。比如，遵义县志新编、团溪锰矿的发现与勘探，茶场的创建与发展、刺藜的研究与推广种植等等在这个期间都有显著成绩。

[①] 吕东明，气象学家，1941年起在浙江大学进行党的地下活动。

我是1941年秋天由桂林到浙大去的，组织关系则以后才转到。去了以后，依靠那里个别原先熟悉的同乡、进步同学逐渐熟悉了许多进步的和中间的同学，了解到学生中有若干进步团体，如黑白文艺社、浙大剧团、大家唱歌咏队，塔外画社，质与能社（自然科学社团）和多种多样的墙报组织等等，还有秘密的马列主义学习小组和多种名称的读书会，还有多次多批直接到前方服务的战地服务团。思想活跃，进步力量是主流。

1942年到1943年之间，李晨同志由南方局派出来联系浙大和黔北地区的地下党员，我也是其中获得联系的一个，从此取得直接的组织领导，李晨同志正式进浙大是在1943年，他是因环境所迫，撤离昆明西南联大后辗转跑到贵州来的。事后我们才知道，浙大在我们去之前没有党的组织，但党的影响却不小，不少进步同学和新华日报等党的公开组织有着各种形式的联系。在我们留浙大期间，也没有建立党支部这样的组织形式，主要是单线联系。在浙大学生中发展了少数党员，但没有在地方上发展，跟当地党组织没有发生联系，工作主要在浙大内部。事后来想，这是很可惜。当时，我们也觉察到当地有进步力量，但严格按照当时的组织要求，没有试探联系。

我们的活动虽然主要在浙大内部，但对当地也有影响。比如"倒孔"游行，几次为向前方捐募而义卖义演，劳军运动等等都对当地有影响并得到当地群众的支持。这些活动，其中心内容都在坚持抗日，揭露、反对国民党的反动黑暗，提高人民的觉悟，壮大人民团结斗争的力量。

1944年，国民党湘桂战线一败千里，湖南、广西的大部分地方先后都丢了，日本竟然打到了贵州独山。国民党的何应钦是个投降派，他当时主张放弃贵州的马场坪。马场坪是个小地方，但它地处黔桂湘黔公路交叉点，是个军事要地，放弃这样一个军事要地，贵州就只剩下一道乌江可守，何况乌江也并非很难逾越。所以说，放弃马场坪贵州就无法防守了。在贵阳军事会议上，几个军长都反对何应钦放弃马场坪的主张，而主张出兵去试探一下，看日军进到独山的是主力部队还是一支小部队。会后，派出一个师的兵力去独山方向，日本兵也就跑了，之后，日本人就退出了贵州。这就是当时称之谓"黔南事变"的主要经过。在日本兵由广西进犯贵州深入到独山的时候，贵阳、遵义这一带都人心惶惶，贵阳很多人跑遵义，遵义人又往哪里跑呢？就剩下一个四川了。贵州守不住的话，四川还守什么呀！这是当时群众普遍焦虑的问题，许多人考虑着如何起来自卫，甚至像竺可桢这样的大学校长，也做着在当地自卫坚持的设想。适应这样的情势，我们的党组织认为积极的办法应该是准备在当地打游击。所以，我们就在一部分同学当中酝酿这个主意。那时，遵义县境内排军乡有个国民党的子弹分库（总库在遵义，老城里有个地方就叫子弹库，当时我负责学校附设的气象观测站，就设在这个子弹库的后院，我也就住在里边）。库长马连元是个很好的同情分子，他和同学吴作和（现已故）、宋学芬（解放战争期间牺牲）熟悉，宋学芬恰好过遵义南下，宋去黔桂边区准备打游击。经过他们两人的介绍，我就跟马连元库长认识了（马前几年已病故），就跟他秘密商洽如何以他那个地方作为一个基点来作打游击的准备。他那子弹库里边有一连人，枪支子弹有的是，重要的是要想法把他库里的工作人员和士兵们的思想教育工作做好，争取过来，还要把周围四乡的群众工作做好，调查清楚那里的政情民情，准备好粮食。马要求能有人去帮助他工作。那么，谁能去呢？浙大的同学是不能去的，因为，他那个库里也有别的人和浙大学生认识的，有个去过该库的同学还有特务嫌疑，所以，浙大进步同学是不能去的，容易暴露。正好在这时，有个进步朋友程途由桂林逃难到遵义。他和当时在遵义邮局工作的伍迅云很熟悉，而伍跟我一起在游击部队工作过，政治可靠；（她那时利用邮局职员身份，把从邮检特务处听到的消息告诉我们。）经过慎重了解研究以后就把程途派去了，由马连元作为他的朋友介绍到排军乡的一个小学里面去当老师，小学老师和群众接触很方便也很自然。另外还有一个我过去的进步关系，也是跟我打过游击的叫殷舟平的同志，当时由贵阳遣散跑来了遵义，他有过士兵工作经验，商谈后，就作为马连元的一个失业朋友，由马介绍安排到他库里当一名工作人员，以便帮马做下层人员的工作，包括连队战士。就这样，在那个点上逐步开展了我们的工作。与此同时，我们在学校里积极联系同学，作在当地坚持的准备，包括组织极少数很可靠的同学复制黔北地区的地图，这也是打游击的必要准备。遵义，湄潭、凤冈这一带的大量的地图，都秘密画出来了。我们当时的打算是，如果日寇继续北进，我们就逐渐转向遵义东北地区，向湄潭永兴，凤冈方向发展。进步同学中有人和凤冈地区稍稍同情我们的地方力量有些关系，可以争取。如果当时的设想能逐步去实现，会是有利的。因为后来王震部队南下湘鄂西，黔东北地区就可以得到有力支持。在我们作以上的设想和准备过程中，不料校长竺可桢也有类似的打算。这是近几年从竺老的日记中才具体了解的。他当时在遵义跟李四光商量（李四光当时从桂林逃难到贵州，暂住遵义），打算把浙大集中到湄潭方向去，把师生组织起来自卫打游击。他估计日本人拿下贵阳就要拿遵义，拿下遵义就攻重庆，湄潭方面不会是它夺取的主要目标。但这位老先生，究竟是老先生，他正式向国民党教育部打了报告，要求发七百支枪。这岂不真如通常所说的"与虎谋皮"？国民党教育部于1944年12月7日就给竺校长打来电报。电文意思是这样的："浙大合并于中大（即合到重庆中央大学去），师生员工除老弱病残者外，一律从军。"即干脆取消浙大。竺可桢在日记里记道："浙大如此下场，实大不愿也。"他跟重庆一再交涉，最后才把这个命令取消了。从那个时候起，国民党的方针就是阴谋解散浙大。后来如前所说，日本兵退出了贵州，形势变化了、打游击的工作没有能搞起来。

在贵州形势吃紧的时候，浙大学生出于爱国热忱，为鼓舞士气，同情国民党部队的士兵，出来慰问路经遵义的国民党作战部队，逐渐发展成遵义城区的"劳军运动"。慰问的是国民党汤恩伯的部队。他们是由河南战场上溃败下来，当时路过遵义调往贵阳等地区防守的。过遵义的时候，士兵们都很苦，不少光着脚板，面黄肌瘦。这样的部队哪来士气？哪能抵挡日寇的进犯？所以浙大的学生就发起募捐，捐钱、捐香烟、草鞋、食品等等，直接分发给过路部队。募捐了多少东西呀！整个遵义都动起来了，商店也好，居民百姓也好，都拿出大量的东西来，其中草鞋最多。人们大量大量地涌上街头，在新城丁字口一带成了人群集合的中心，散发慰问品则都在新城通向贵阳公路南头的大桥（忘了桥名）①路边，人们排列两边，非常热情地迎送经过的部队，士兵们也露出了笑容。在剧院里，也进行着捐募的义演和活报剧演出。总之，那若干天简直成了遵义的热潮。稍后，浙大学生还组织了"战地服务团"，到贵阳前面那一带的国民党部队里去作宣传服务工作，作打气的工作，希望他们积极抗战。在这一系列活动过程中，我们的地下党领导，确定把重点放在通过这些运动来提高群众的觉悟上面。因为广大群众首先直接看到的是那些光脚、黄瘦、没什么表情的士兵，从中自然看到国民党的腐败和专制。参务团的同学，满腔热情到国民党部队去服务、鼓士气，可是那些较高级的"官长"们都十分不乐意学生深入他们的部队，他们怕学生去影响士兵的思想，尤其怕发现他们尅［克］扣军饷、吃空额等等的丑恶。不出我们所料，战地服务团的同学都下不到部队去，下去的也难开展工作。国民党用自己的丑恶教育了群众。遵义当地人们也如此提高着觉悟。遵义县党部、县政府原来处处害怕学生，跟学生对立，劳军活动开始，他们也是消极阻难，学生上街，他们派军警布岗，及至地方群众都参加进来了，形成势不可挡，它们也不能不有所表示，被迫参加了。重庆《大公报》也派了记者来，一经报道，国民党大员如梁寒操之类也来表示"关心"、"支持"了。学生们和当地人士对他们的阴阳态度都看在眼里，明白在心里。

选自南方局党史资料征集小组编：《南方局党史资料·群众工作》，重庆出版社1990年版

---

① 即狮子桥。

中共在广西三青团中的活动

陈贞娴[1]

1938年年底,我从西大文法学院参加广西学生军,不久即调到三青团广西支团筹备处工作,现将当年参加三青团进行党的活动及有关情况,忆述如下:

一、关于地下党员打进广西三青团问题

1938年夏,蒋介石为了镇压抗日救亡运动,公然下令解散中国共产党领导的中华民族解放先锋队。同时,国民党感到光靠"复兴社"(蓝衣社)这个法西斯特务组织,使用恐怖手段来控制青年群众,阻止全国广大爱国青年走上共产党领导的抗日救亡道路,已经是不够了,所以他们决定建立三民主义青年团(以下简称三青团)。在筹组过程中,中共中央、中央青委、南方局都曾设想、建议并争取使之成为抗日民族统一战线的青年团体,但却为蒋介石所拒绝。三青团中央团部于1938年8月在汉口建立,完全是由国民党控制的一个青年组织。但是,在广西,中共地下党却利用蒋、桂矛盾,把广西三青团这个组织机构,变成我们的工作阵地之一,从而团结广大青年群众到抗日民族统一战线中来。所以,从1939年初夏起,到1942年广西"七·九"事件发生这三年多时间里,三青团广西省支团部以及省内大部份[分]的地方分团部,基本上控制在我们地下党员或进步群众手里。

二、我党在广西三青团的工作方针及我在三青团的活动情况

我调到青干班受训以后,组织关系就由广西地下党转到八路军驻桂林

---

[1] 陈贞娴,中共党员,1938年底被党组织派到广西省的三青团开展地下工作。

办事处，由石磊（曹瑛）同志负责单线领导，我于约定时间在晚上到办事处向他汇报和请示工作。

在第一次去汇报时，碰上倾盆大雨，雷电交加。我想，党组织预约的会晤，无论如何应该按时赴约，不得有误。于是，我戴上一顶大雨帽，卷起裤脚，出了后贡门，按时前往办事处。石磊同志住在楼上左边临街的前房，是一座用木板隔成的旧房子，房间很窄小。正在谈话时，突然一声巨响，像是有人向房门掷来石头，石磊同志拿着手电筒开门出去看了一下，又没有发现什么。我汇报情况，石磊同志对我分析了当时的国内形势，然后反复对我说，三青团本来是国民党的法西斯特务组织，但是在广西，我们可以把它变成进步青年的群众性组织。因为广西当局标榜抗日，标榜进步，对这一点，我们欢迎，并且要积极帮助他们，促使他们抗日和进步。蒋介石的蓝衣社想借筹建广西三青团的机会打进广西，把广西的青年干部和群众拉过去。现在康泽已派其特务骨干来活动，广西当局想抵制他们，但是缺乏干部，没有力量。如果蒋介石的蓝衣社特务势力渗入广西，在广西发展，往后不仅对广西当局不利，而且对我们党今后的工作也不利，所以，我们要利用广西当局同蒋介石的矛盾，派出一定的干部去帮助他们筹建广西三青团，帮助他们抵制蒋介石蓝衣社势力的渗入。石磊同志当时指示我在三青团的工作方针是：在青年群众中大力宣传抗战、团结、民主、进步，反对投降妥协，反对独裁专制，反对分裂倒退，以各种方式灵活地揭露国民党顽固派的反动政策和反共阴谋，努力把广西三青团变成进步青年群众的抗日民族统一战线的组织，变成我们党活动的一个阵地。以便今后配合地方工作，适应抗日战争形势发展的需要。如果广西一旦沦陷，就利用这个组织在敌后开展抗日游击战争。石磊同志还说，同时要注意收集情报和分化瓦解敌人（指特务）。

在受训期间，着重小组讨论。对于在小组讨论中有争论的重大问题，如对三民主义的认识问题，如何抗日的问题等，都组织若干学员在全班大会上进行讨论。我在小组讨论和大会发言时，强调指出：今日讲民族主义，必须坚持团结抗日，收复失地，挽救中华民族于危亡；讲民权主义，必须发扬民主，尊重人民应有的权利，发动和团结全国人民参加抗战建国，讲民生主义，必须关心人民群众的疾苦，改善人民生活，依靠人民群众，增强抗日战争的力量，取得最后的胜利。当时，在小组讨论中，普遍接触到如何抗日的问题。我们主张：只有坚持民主、进步、团结、抗战，才能战胜日本帝国主义。但是，受托派思想影响的人以及特务、顽固派则散播什么"共产党妨碍抗日"、"共产党破坏抗日"、"攘外必先安内"等极其反动的谬论。我们不能容忍这种谩骂和诬蔑，不能让这些危害中华民族生存的反动谬论毒害群众。于是，在青干班中的共产党员（估计只有几个是党员）以及进步群众，都不约而同地联合起来，在小组会和全班大会公开驳斥这些反动谬论，指出其对国家民族的严重危害。从而打击和孤立了青干班的反动分子，教育和团结了群众。自然，这样做的结果，也在一定程度上暴露了我们的政治观点和倾向。但不同的人，对我们的观点也有不同的看法。如李任仁听了我的发言，认为我的观点正确，思想进步。而阳叔葆（国民党广西省党部书记长）对陈亚夫（西大学生，进步群众）在小组会上申述必须巩固和扩大抗日民族统一战线的言论，则认为是"公开宣传共产党的主张，这是不行的"。

在三青团工作期间，我和黄世慈经常抓住各种机会向我们身边的青年群众进行抗日民族统一战线的宣传和国内外形势的教育，积极帮助他们认清抗日战争的形势。这些青年抱着满腔热情参加广西学生军，后来加入三青团，也在青干班受训过。他们原来以为抗日救国很简单，想不到在这个关系中华民族生死存亡的大问题上，竟然还有许多复杂的矛盾和斗争。面对着这许多矛盾和斗争，他们疑惑不解，感到很苦闷。大敌当前，为什么不能一致团结来，共同抵抗日寇的侵略呢？为什么国民党要坚持"攘外必先安内"？……针对这些问题，我们介绍《新华日报》和一些进步书刊给他们看，同他们个别谈心，使他们不仅知道国民党顽固派的主张和言论，也知道共产党的主张和方针政策。通过对照国共两党对抗日救亡的实际行动，还使他们知道，以蒋介石为代表的国民党顽固派叫嚣"攘外必先安内"的原因，以及他们坚持反共的结果，必然是招致中国的灭亡；只有国共合作，坚持团结抗战，实行民主和进步，执行抗日民族统一战线，才能取得抗日战争的胜利，挽救中华民族于危亡。后来，又联系到青干班、学生军和广西支团筹备处内部反特反托斗争的情况给他们进行分析，向他们指出：这是政治斗争，对待这个斗争的态度，不是抗日，就是投降妥协；不是团结，就是分裂；不是实行民主，就是搞专制独裁；不是进步，就是倒退，二者必居其一，每一个中国青年，都要对此重大问题作出抉择，中间道路是没有的。在我的影响和帮助下，他们通过自己的努力，逐步提高了政治觉悟，提高了识别大是大非的能力。有些青年很快成为我们信得过的骨干，被派到地方分团任要职，后来他们在向青年群众宣传团结抗战等进步思想方面，起了积极的作用，有些还加入了共产党。

三、共产党员在广西三青团进行活动所起的作用

当时直接领导周可传的是八路军驻桂林办事处的石磊同志。遵照党的指示，周可传利用三青团广西支团部组训组组长这个合法身份和各种有利条件，为党做了大量工作。他一方面做程思远的工作，向程作各种积极性的建议，同时从程那里取得国民党的一些情报，另一方面，他主要抓了以下几项工作：

（一）团结教育干部。（略）

（二）配备得力的党员或进步青年到三青团各县分团当骨干。（略）

（三）指示各县分团大力开展抗日救亡运动。这就是，利用合法地位，利用各种方式方法，宣传我党"坚持抗战、反对投降，坚持团结、反对分裂，坚持进步、反对倒退"三大政治口号。各分团部都以主要精力贯彻支团部有关这方面的指示，积极开展抗日救亡运动。如发动中小学师生和青年群众，组织他们出版街头墙报，在城乡进行口头宣传，举办时事座谈会，组织抗战歌咏队教唱抗战歌曲，公演抗战话剧，举办青年阅览室，介绍青年阅读进步书刊。他们积极宣传抗日救国的道理，提高了广大青年的觉悟，其中有不少青年后来加入了共产党，成为建国后社会主义建设的骨干。1941年1月皖南事变发生以后，根据形势的变化，他们改变了活动方

式，以举办廿中补习班为主，帮助青年学习科学文化知识，结合组织青年搞文体活动，继续以进步思想团结教育青年。

（四）扣压三青团中央发来的反动指示。（略）

（五）保护干部，顶住国民党顽固派和蒋系特务的反扑。（略）

选自南方局党史资料征集小组编：《南方局党史资料·群众工作》，重庆出版社1990年版

南方局领导的妇女运动概况

廖似光[①]

抗战时期中共南方局领导下的妇女运动，发端于武汉时期。1937年冬至1938年夏秋，武汉是全民抗日救国的中心，又是第二次国共合作、抗日民族统一战线的中心。中共中央派代表团驻武汉，成立长江局（王明任书记）。当时，各界爱国民主人士、各阶层抗日救亡团体都云集到武汉，妇女抗日救国运动也随着总的形势，更有组织地开展起来。

在组织领导上，党中央决定成立长江局妇委和陕甘宁边区各界妇女联合会，由邓颖超、孟庆树、刘群先、廖似光、卢竞如组成，党内外一套人马，统一领导妇女运动。同时，邓颖超同志又是中国共产党参加国民参政会的七参政员之一，更有利于领导妇女运动。

当时，妇女运动的任务是贯彻党中央在洛川召开的政治局扩大会议的精神，动员一切力量，争取抗战的胜利，团结各阶层的妇女参加抗日救国的行列，扩大抗日民族统一战线，更有力地打击敌人。

首先，团结妇女界上层知名人士，如史良、沈兹九、李德全、刘清扬、曹孟君、胡子婴、许广平、罗叔章等，共同发起组织全国妇女抗日救国联合会的筹备工作，并请宋美龄担任理事长，邓颖超、李德全、史良等为副理事长。这样就体现了第二次国共合作与妇女的社会地位和权力。同时，还准备召开全国妇女代表大会，以推动全国妇女抗日救国运动的开展，另一方面争取海外侨胞的支持和帮助。

我们深入到工厂、街道，向广大群众广泛宣传我党抗日救国十大纲

[①] 廖似光，1939年至1941年在南方局组织部、妇女运动委员会等部门工作。

领，提高群众对抗战和我党的认识。邓颖超同志的威信很高，邀请她去作报告的单位很多，凡是抗日救国团体请她去讲话时，她必到，她的讲话，很受群众的欢迎。

1938年八九月，武汉沦陷前，八路军办事处和《新华日报》撤出武汉迁到重庆，妇女工作在中共南方局领导下进行。当时，中央把长江局王明、孟庆树夫妇调回延安。南方局书记是周恩来。他坚决贯彻党中央、毛主席的正确路线，既积极扩大抗日民族统一战线，又坚持统一战线中独立自主的原则，肃清王明的"一切服从统一战线，一切通过统一战线"的错误路线对妇女运动的影响。

蒋介石在陪都重庆站住脚之后，就制定了消极抗日、积极反共反人民的政策，捕杀共产党员和爱国民主人士，解散抗日救国人民团体，查封进步书报，搞"新生活运动"，成立三青团，强迫全国青年加入三青团；宋美龄也企图以"全国新生活妇女指导委员会"名义控制妇女运动。

南方局进行妇女统战工作的组织领导是"陕甘宁边区各界妇女救国会驻渝代表团"，邓颖超是团长，成员有廖似光、张晓梅、张玉琴、卢竞如。这个代表团也参加了"新生活妇女指导委员会"，以便利用公开合法地位，更好地展开我们党的各项工作，发展壮大革命力量。

在南方局领导下，我们做了以下一些工作：

（一）进行反控制的斗争。我们党识破了宋美龄妄想以"新生活妇女指导委员会"来控制妇女工作的花招，于是我们和武汉时的老朋友商量研究对策，一致同意：本着团结、抗战、反对分裂的原则，既承认"全国新生活妇女指导委员会"，又要争取领导机构中爱国力量仍占优势。经过协商，结果达到这样的目的：理事长照旧，但理事会扩大了，张晓梅、廖似光、卢竞如、张玉琴任理事会的成员。在机构设置上，秘书处、财务部这两个部是在宋美龄的代理人（秘书）张蔼真直接掌管下，其他组织、宣传、保育委员会等都掌握在我们方面。

（二）抢救难童。抗战时期，大批儿童惨遭战争灾难，流离失所。我们提出到前方去抢救儿童，不论何党何派都欢迎参加，包括国民党。我们请宋美龄和冯玉祥夫人李德全以及各界爱国进步妇女、基督教女青年会等各方面人士，参加组织一个儿童保育会，抢救了很多儿童到安全的后方。通过募捐、搞义卖，筹款救济难童，办保育院。在重庆就建立了十个儿童保育院。当年保育院的孩子有很多后来成长为我们党的骨干。

（三）到前线慰劳。我们组织宣传队、慰问团，到前线慰劳伤员。不少伤员见到慰问团的同志，就像见到亲人一样，手接慰劳品感动得流泪说："伤好后重上战场杀日敌，以报答人民。"体现了民爱兵、兵爱国、团结抗战救国一条心。

（四）广泛进行宣传教育，提高广大妇女抗日救国的觉悟和对共产党的认识。1940年，我们以全国新生活妇女指导委员会的名义召开"三八"妇女节纪念大会，参加者达一万人，由南方局妇委领导同志在大会上讲话，号召大家团结抗日，听众掌声雷动。我党的妇女代表团打着陕甘宁边区妇女联合会的旗帜参加大会和游行，沿途高呼"团结、抗战、打倒日本帝国主义，解放全中国"的口号，激动人心地宣传了抗战必胜的信念。

利用进步力量，积极宣传党的政策。当时，在基督教女青年会有两个进步女记者。我们的工作方针政策都主动和她们研究，开会邀请她们参加，并请她们写新闻报导，通过她们把共产党的政策传达到各省各地的新生活妇女指导委员会。

总之，我们的工作是公开与秘密相结合，利用公开掩护秘密，向各妇女组织派干部，利用他们的钱、牌子、徽章进行工作。例如重庆歌乐山保育院长黄杰、北温泉保育院长赵君陶都是我们的人，下面还有些工作人员也是我们的同志。我们便利用保育院开展了很多工作，并在其中建立了中共地下党的联络机关，掩护党的同志。基督教女青年会也有我地下党的同志，她们就利用女青年会联络各方，开展工作。在这两个组织中，我们的工作搞得很活跃。

（五）搞好妇女上层统战工作，解决一些经费，工作地点问题，特别解决好南方局和八路军重庆办事处工作地点问题。

为了搞好妇女上层的统战工作，我们常利用"妇女促进会"的名义，召集妇女界的名流曹孟君、沈兹九、罗叔章、李德全、刘清扬、史良开座谈会。史良很积极，许多会都在她家召开。

我们通过一个青年学生刘圣化去做他的妈妈饶国模的工作。结果饶女士慷慨地让出房子给我们，还对我们的同志非常体贴、照顾；以后，又划出红岩村的土地给办事处兴建办公楼和宿舍，并为建筑工程操心出力，使工程很快顺利完成。饶国模还为我们中共中央的领导同志或家属提供住房，如有的领导同志生病时借用她的地方，周恩来的父母和邓颖超的母亲来重庆探亲时，也借用过她的地方住宿。

周恩来经常从政治上关心妇女干部，指明妇女解放运动的正确方向。每年的"三八"妇女节，周恩来亲自为八路军办事处的墙报写稿，指出：民族的耻辱，阶级的仇恨，妇女的解放都要凝结在一起解决，教育大家认识妇女必须积极参加民族解放斗争和阶级斗争，才能真正获得解放。有一年"三八"妇女节，他写的墙报稿《献给两岩的妇女》（两岩即曾家岩和红岩村），列举了中国历史上十个卓越的妇女，勉励我们女同志学习花木兰、秋瑾、向警予等民族女英雄和为革命英勇牺牲的女战士，号召妇女同志要为民族解放战争和共产主义事业，做出更多的贡献。有的同志因为个人或家庭问题，意志衰退以致影响革命工作，周恩来同志总是关心她们，鼓励她们坚持革命，继续前进。在一次会议上，他特别教育女同志要过好三关：第一，恋爱关，不要因为谈恋爱影响工作；第二，孩子关，结婚后生了孩子，不要把精力主要放在小孩子、小家庭上而妨碍革命工作；第三，和丈夫闹翻，感情破裂后不要悲观失望、影响继续革命。他鼓励说；你丈夫不爱你、组织爱你，要树立远大的共产主义思想，好好为党工作。有一位女同志的爱人在前方牺牲后，十分悲痛，恩来同志除了亲自看望慰问她外，还叫大家多去关心和安慰她，并说：要解除她的痛苦，治好她的病，还是要从加强党的教育，增强党的观念入手，才能化悲痛为力量，振作革命精神，踏着革命先烈的血迹继续前进。

选自中共中央党史研究室科研管理部、中共重庆市委党史研究室编：《见证红岩——回忆南方局》上，重庆出版社2004年版

回忆中苏文化协会妇女委员会

黄静汶　黄慧珠[①]

（一）中苏文化协会妇女委员会的成立和简况

中苏文化协会抗战前成立于南京，后迁至武汉，武汉撤退，又迁至重庆。1939年经过改组由孙科、邵力子任正副理事长，并吸收不少爱国进步和热心中苏友好的知名人士为该会的理事。冯玉祥、郭沫若、王昆仑、屈武、侯外庐等都是该会的常务理事。在第一次反共高潮之后，不少进步妇女团体遭受破坏和压制；而中苏两国之间存在同盟关系，中苏文协的工作还可开展。为了加强、扩大妇女统一战线开展中苏妇女友好和文化交流活动，南方局妇委负责人邓颖超通过有关人士建议在中苏文化协会下设一妇女工作部门。1940年上半年正式成立了中苏文化协会妇女委员会。它是中苏文化协会的若干委员会之一。中苏文协妇委会的主任委员是李德全，她是冯玉祥将军的夫人，曾访问过苏联的妇女界知名人士。副主任委员付学文、曹孟君。付学文是1925年赴苏学习的莫斯科中山大学的留学生，邵力子的夫人。曹孟君（中共秘密党员），积极从事抗日救亡运动的妇女、儿童工作的领导人。委员有邓颖超、张晓梅、史良、刘清扬、胡子婴、刘王立明、胡绣枫、劳君展、陆晶清、浦熙修、彭子冈、邓季惺、倪裴君、于立群、郑英、张启凡、陆慧年、王枫、谭惕吾、谭得先、黄静汶等。其中邓颖超、张晓梅是当年中共南方局妇委负责人兼妇女组的正副组长，是我党驻重庆的公开的妇女组织——陕甘宁边区各界妇女救国联合会驻渝代表团的负责人。其他委员大都是妇女工作者、儿童工作者或新闻工作者。

[①] 黄静汶、黄慧珠：黄静汶，中共党员，全民族抗战时期在重庆从事党的妇女工作，并任中苏文协妇委会委员。黄慧珠，中共党员，全民族抗战时期在贵阳、重庆、桂林等地从事党的妇女工作。

有些是中共地下党员，有些是民盟、民革的成员，还有无党派人士。她们团结合作，结成了一个富有战斗力的工作集体。

该会的工作，由李德全、付学文、曹孟君、张晓梅、胡绣枫、倪裴君、张启凡、王枫、于立群、郑英、谭得先等讨论研究一些重要问题，邓颖超在渝时，也常到会。主持日常工作的主要是副主任委员兼秘书长曹孟君。工作人员一两人。谭得先、蒋燕、朱艾江（朱虹）、林琼、郑英、李兰漪等都先后在该会工作过。她们都是爱国进步妇女，有的是中共地下党员。每逢重大活动，还吸收社会上热心中苏妇女文化交流，妇女儿童工作者参加。

中苏文协妇委会的会址，设在重庆中一路198号——中苏文化协会楼下一间向阳的约有三十平方米左右长方形房间，此外门口还有一间不到十平方米的小屋。这就是附设的"儿童之家"。

中苏文协妇委会的经常活动有：积极参加妇女界、文化界的各项重要政治活动。还经常组织中苏妇女联欢会、联谊会、各种学术研究会、形势报告会、妇女题座谈会、苏联妇女儿童图片书籍展览会、电影招待会，还举办妇女俄文学习班，此外，还设有"中苏妇女联谊室"和"儿童之家"等，介绍苏联妇女儿童的幸福生活，苏联妇女在反法西斯战争中的贡献，中国妇女参加抗战的情况。随着苏联妇女在反法西斯战斗中的作用日益增大，中苏妇女的交往和友谊的加深，"中苏友好"、"中苏妇女友好"、"学习苏联妇女"、"苏联妇女是我们的榜样"——成为中国广大爱国进步妇女的行动口号。如1940年4月7日为开展妇女宪政运动，重庆市各界33个妇女团体包括中苏文协妇委会的代表40多人集会，招待邓颖超、史良、吴贻芳等8位女参政员。会上大家欢迎刚从苏联回来的邓颖超同志讲话。她着重介绍了苏联妇女参加宪政以及各方面享受与男子平等权利的情况。当时宪政期成会的唯一女成员史良鼓励大家说："妇女的地位是靠妇女争取得来的，我们要学习苏联妇女……"

中苏文协妇委会工作的最盛时期，是在皖南事变以前，如当时举办的"苏联妇女生活照片展览会"吸引了大量妇女和各界民众前来参观。在重庆展出后，还到北碚、南岸等地继续展览，真是盛况空前。还举办"中苏儿童作品展览会"，主要是育才学校及各保育院孩子们的作品及照片。还有儿童对苏音乐广播，主要是中国孩子剧团和育才学校小朋友的演出。第二次反共高潮之后，中苏文协妇委会的工作也曾一度停顿，但随着国际和国内形势的变化，该会的工作又活跃起来。1943年，斯大林格勒之役，苏联红军取得了决定性的胜利，希特勒法西斯面临崩溃之势，英、美改变了对德、意、日的侵略持"不干涉"的立场。国际形势进入了一个新的时期。这时我们国内，中苏友好的声浪又高涨起来，中苏文化协会妇女委员会的活动也更加活跃。而这时，在抗战头几年曾起过妇女抗日统一战线机构作用的，以宋美龄为首的新生活运动妇女指导委员会，由于进步力量大批被迫撤出，已失去了原来的作用。在这样的国内外形势下，中苏文化协会妇女委员会在1945年中国妇女联谊会成立前，就成为中共南方局妇女组领导重庆妇女开展统战工作的重要阵地之一。当时，在重庆的许多上层爱国进步人士和知识妇女，特别是其中的中共地下党员，是该会各项活动的实际组织者和积极参加者。

（二）中苏妇女的友好交往

当年重庆是国民党政府的"陪都"，据1942年7月统计，那时在重庆的英、美、苏"同盟国"妇女和其他反法西斯国家以及日本、朝鲜等国的反法西斯女战士共约两百多人。其中苏联妇女约20多人，绝大多数是苏联驻华使馆的工作人员和家属。

由于苏联妇女在卫国战争和保卫世界和平中作出的巨大贡献，对我国抗日战争的真诚支持，由于我国妇女在抗日战争中艰苦战斗和爱国主义献身精神，加强了中苏两国妇女共同反对德、意、日法西斯侵略的战斗情谊。

1943年1月30日下午重庆嘉陵宾馆曾举行过一次中苏美英"同盟国妇女联谊会"充分表达了这种亲密友谊。这是在苏联对德国法西斯反攻的胜利声中举行的一次盛会。这次大会是中苏文协妇女委员会为主，协同中英、中美文化协会以及基督教女青年会等14个团体共同筹备的。中苏文协妇女委员会主任委员李德全主持大会，到会的中国有邓颖超、张晓梅、曹孟君、史良、刘清扬、刘王立明、张蔼真、谢祖仪、黄静汶等各界妇女的代表百多人，孙夫人宋庆龄也派代表到会。外宾中有苏联妇女代表诺米洛茨卡娅，英国代表爱伦夫人，美国代表哈斯女士、朝鲜代表金淳爱，日本反法西斯战士绿川英子、池田幸子等50多人，会场上贴着标志这个盛会的意义的两条大标语："民主国家争取胜利，为世界和平努力奋斗。""同盟妇女加紧联系，把法西斯强盗赶快肃清。"大会主席李德全致词说："我们各国姊妹友谊的团结表现了我们共同反法西斯的力量！"会上同盟国妇女代表都讲了话，苏联代表诺米洛茨卡娅向大家介绍了十月革命后，由于妇女在一切部门中享有和男子完全平等的地位，卫国战争中，妇女和她们的丈夫、父亲、兄弟一样英勇，在反法西斯的前线后方都作出了重大的贡献，还涌现了大批妇女英雄人物。最后，中国妇女和苏联妇女还表演了节目。会场里充满了团结友爱的笑语声。人们说，在苏联红军对德国法西斯反攻的节节胜利声中，中、英、美、苏妇女和其他国家反法西斯女战友聚会在中国战时的陪都，这是国际妇运史上一件有意义的事。

在这前后，中苏文化协会妇女委员会还召开过两次欢迎我国驻苏联大使及其夫人的盛会。1942年12月10日，欢迎从苏联回国的邵力子大使；接着又在1943年2月21日欢迎邵力子大使夫人、妇女委员会副主任委员付学文女士，到会的有妇女界代表100多人，她详细介绍了战时苏联妇女的战斗生活和英勇事迹。

1945年6月12日下午，中苏文协妇委会为欢迎苏联新任大使彼得罗夫夫人举行鸡尾酒会，邀请各界妇女代表四十余人作陪。会场正中贴着"中苏妇女友谊万岁！"八个大字，当时盟军已在德国胜利会师。苏联红军取得了在欧洲战场击溃德国法西斯的胜利，欧洲反法西斯战争刚刚结束，但英、美和蒋介石政府的反苏反民主势力却又在抬头。中苏文协妇委会正是面对这一形势，召开了这一欢迎会。会上，主席李德全代表中国妇女举杯庆祝苏联红军的伟大胜利，向英勇爱国的苏联妇女致敬，并祝中苏文化永久交流。到会的中苏两国妇女进行了亲切的交谈，并互祝妇女解放事业取得更大的进步。

1946年"三八"节，为庆祝反法西斯的胜利和庆祝政协胜利闭幕，加强国内妇女的团结合作，反对破坏团结制造分裂的阴谋，在南方局妇女组邓颖超等领导推动下，在重庆举行了一个各界妇女和美英苏等国代表共六千多人参加的"三八"纪念大会。中苏文协妇委会积极参加了这一活动。此外，还举行了一个中苏妇女纪念"三八"节的联欢会，有100多位妇女欢聚一堂。联欢会由李德全主持，邓颖超、史良、曹孟君等重庆妇女界人士都参加了这次盛会。由于当时国际上有人制造分裂，反苏，破坏和平的阴谋，国内也有一批人企图推翻政治协商会议决议，挑动内战，所以在中苏两国妇女的讲话中，着重表述了要警惕法西斯势力反动阴谋，共同为保卫和平、民主而继续努力的决心。

（三）加强中苏妇女文化交流

为了加强中苏两国妇女的文化交流，中苏文协妇委会常在"三八"节、俄国十月革命节或红军节举办放映有关战时苏联妇女、儿童的电影招待会或图片、书籍的展览会，吸引了大批知识妇女和少年儿童。由于战时交通运输的困难，这方面的材料必［毕］竟是很少的。但是生活在国民党反动统治下的中国妇女，特别是进步知识妇女，对于这种革命精神食粮是十分欢迎的。中苏文协妇委会还出版宣传苏联妇女、儿童的读物。1943年初，中苏文协妇委会出版了付学文翻译的《丹娘》这本小册子，介绍苏联卫国战争中两位英勇殉国的女英雄：丹娘和丽沙的故事，另外还有一首《丹娘曲》。中苏文协妇委会认为这两位女英雄反映了苏联妇女的革命战斗精神，是当年面临坚持抗日战争胜利的重要时刻的中国妇女学习的榜样，所以在该书出版前后进行了大量的宣传。

在国民党顽固派制造的第二次反共高潮中，许多进步妇女刊物也被迫停刊。1943年初，中苏文协妇委会支持曹孟君等创办《现代妇女》月刊。当时的形势下，出版妇女刊物是很不容易的。中苏文协妇委会在经费、稿源及人力上都给予有力的支持。在《现代妇女》创办的头两年连工作的社址也没有，就把中苏文协妇委会的活动室借给《现代妇女》社办公。在中苏文协妇委会的支持下，《现代妇女》除了刊登我国妇女抗日救国、民主自由、妇女解放等各类文稿外，还刊登了大量为读者所欢迎的有关苏联妇女、儿童的通讯报导，文艺作品和有关的专论、人物以及书刊介绍等。该刊从1943年元旦创刊到1946年5月迁沪出版前，在重庆共出版40期，每期都有一至几篇不同体裁介绍苏联妇女、儿童的文稿。苏联妇女反法西斯委员会经常用电报发稿给中苏文协妇女委员会，供给《现代妇女》及其他报刊。《现代妇女》是在中共南方局妇女组邓颖超倡议和领导下办起的，直到在解放前夕的1949年3月被国民党反动当局封闭停刊，在国统区出版共6年多，在当时是坚持出版时间最长的进步妇女刊物。

（四）积极参加争民主、反独裁的斗争

除积极开展中苏妇女的友好交往与宣传活动外，中苏文协妇委会还是当年重庆妇女界参加的许多次争民主、反独裁斗争的重要组织之一。1944年日本帝国主义又进攻湘桂，国民党蒋介石仍采取对内反共反人民，对日寇妥协投降不抵抗的反动政策，致使敌人直逼贵州的独山，国家与人民的生命财产蒙受了巨大的损失，激起了全国人民的义愤，在党的领导下，掀起了反对国民党反动腐败统治的抗议斗争。中苏文协妇委会的主要领导人和部分委员也是这一斗争的组织者和参加者，同年下半年由李德全带队深入桂黔沿线，调查、慰问受难军民。在妇女界欢迎她慰问归来的集会上她有力地揭露了国民党蒋介石统治的腐败反动和广大军民特别是妇女儿童遭受的苦难，发出了要求实行政治民主的呼声。在抗战胜利前夕，中苏文协妇委会的部分领导成员和会员参加了重庆各界妇女主张抗战到底，结束一党专政，成立联合政府，实行民主政治的宣言的签名；接着又参加在南方局妇女组领导下所建立的全国性的进步妇女组织——中国妇女联谊的活动。中苏文协妇委会主任委员李德全当选为该会的负责人，付学文、曹孟君、张晓梅、胡绣枫、陆慧年、于立群、倪裴君、郑英等委员也当选为中

国妇女联谊会的理事。1945年8月日寇投降后，中苏文协妇委会及其领导成员又积极参加以中国妇女联谊会主持开展的争取和平民主、团结建国、反对国民党发动内战一系列的斗争。

选自南方局党史资料征集小组编：《南方局党史资料·群众工作》，重庆出版社1990年版

抗战时期广东新运妇委会概况

杨 行[①]

1938年10月广州沦陷不久，国民党政府委派二十九军团军团长兼第八集团军副总司令李汉魂接替吴铁城为广东省政府主席。由于日军在沿海各县不断入侵，大片国土沦陷，广东省党政军机关迁韶关。次年元月底，李汉魂发表《告广东各界同胞书》，表示坚决抗战，保卫家乡，收复失地，组织民众发展生产，救济受难妇孺，等等。

李汉魂夫人吴菊芳曾在香港妇女慰劳会何香凝领导下从事过抗日工作。1938年8月邓颖超到香港联系宋庆龄、何香凝时，曾鼓励吴菊芳出来筹组广东省新生活运动促进会妇女工作委员会（简称：省新运妇委会），并推荐区白霜（区梦觉）帮助她。1939年初，李汉魂就省主席职后，吴菊芳根据改组后的新运妇指总会章程并向宋美龄请示同意后，在广东筹组省新运妇委会。吴亲自寻找区白霜参加该会的筹备工作。经中共广东省委书记张文彬、妇女部长张月霞的同意和指示，区白霜即到该会的筹备处主持工作，为该会草拟章程、工作计划、特别是抢救受难妇孺的实施办法等，同时研究该会的委员、组长以及一般工作人员的人选。

1939年"三·八"妇女节时，省新运妇委会经改组在韶关成立，委员有十多人，机构有主任委员、总干事，下设总务、文化、训综、生产、儿童保育、战地服务及联络等七个组，组长均由委员兼任。根据章程规定，省政府主席夫人吴菊芳是主任委员。委员中有公开的中共党员区白霜，有未公开身份的中共党员郁风，无党派人士何巧生以及国民党的左派陈明

[①] 杨行，中共党员，全民族抗战时期在广东从事党的妇女工作。

淑，国民党的老党员李峙山、郭顺清等。各组的实际工作人员来自各方，大多数是从事抗日救亡的进步女青年。省新运妇委会包括同年6月先后设立的广东妇女生产工作团、战时服务工作队、战时妇干班、《广东妇女》编辑室、图书合作社、妇女消费合作社等下属单位，有100多工作人员，其中中共地下党员有34人，这些党员基本上担任了各单位的中层骨干。区白霜被分配担任该会的总务组组长，主持日常会务工作。国民党五届五中全会煽起的反共逆流，在四月扑向了新运妇委会，省委决定区白霜转入秘密工作，在省委妇女部继续领导妇运工作，直至同年底她离开广东去延安。此时省新运妇委会实际上已成为广东省市各界妇女团体联合抗日的统一战线机构，是广东省国民党统治区唯一的妇女工作指挥中心，也是贯彻执行改组后的全国新运妇指总会及"全国妇女团体联席会议"关于当前妇运方向、方针任务的机构。

1939年，在省新运委会工作的地下党员，有的成立了党小组、支部，大多数是单线联系。1940年5月，成立妇女工作党总支部，直属北江特委及省委妇女部领导。1941年10月，因总支委员撤退，留在该会系统的地下党员均改为单线个别联系，直至1942年粤北因省委受破坏而停止了组织活动。但留下的地下党员仍坚持在该会执行组织指示的"三勤"方针，直至一九四四年底。

在省新运妇委会系统的地下党员，根据党组织的指示，几年来通过各种公开合法的机会坚决执行党中央提出的"坚持抗战，反对投降；坚持团结，反对分裂；坚持进步，反对倒退"的方针，对有利于抗战，有利于社会进步，有利于团结的事就坚决积极去做；对那些违背抗战、违背社会进步、不利于团结的事就加以抵制。同时，又都遵循着"荫蔽精干，长期埋伏，积蓄力量，以待时机"的方针，以深入下层，艰苦朴素，埋头苦干的精神，积极地发动、组织和团结着各阶层的广大妇女起来参加抗日救亡运动，发挥了左派的力量，扩大了中国共产党的影响，促使我省妇女抗日工作蓬蓬勃勃地开展起来。

新运妇委会及其所属单位在抗战中的主要工作是：

一、坚持抗日民族统一战线，团结各阶层妇女，充分发挥了左派的作用，壮大进步力量。

省新运妇委会的委员，组长中，左中右三种人物都有。主任吴菊芳，对抗战热情，对妇女工作有一定积极性，是刚在社会上担任领导工作的女青年大学生。总干事陈明淑是参政员陆宗琪的夫人，她一贯信任和依靠中共地下党员，为保护地下党员而不怕遭诽谤，是个左派。我们地下党员采取多种方式方法紧密地团结她们和坚决支持她们开展各方面的抗日工作。她们对地下党员，进步女青年艰苦朴素、深入城乡基层埋头苦干的精神很是赞赏，认为这些女青年确实是为民族国家的自由、独立，妇女的解放而拼命的。一九八二年夏，吴菊芳从美回国观光，在广州见到了过去的老相识，原地下党员时，曾热情地说：我不管是什么党派，过去只要是积极肯干的，我都欢迎。的确，由于坚持做好上层妇女领导人物的抗日统战工作，国民党顽固派挑动的三次反共逆流虽也冲击着省新运妇委会系统的地下党员和进步群众，但仍保护了可能暴露的志安全撤退，而且党也争取把另一些地下党员、进步女青年不断安排到重要岗位上，以公开合法的形式有计划地推动了全省妇女抗日工作的开展。同时，又推动《广东妇女》半月刊编辑室宣传了我党中央关于全面抗战的方针政策；并坚持了反对日本帝国主义的分化诱降策略，坚持了讨汪肃奸、推进民主宪政运动和反封建压迫歧视妇女等方面的宣传。

二、到战地为受难妇孺服务

省新运妇委会成立后，即首先派专人或与省赈济会联合组织抢救队到战区灾区抢救难童和妇女，并先后数次到香港、省内半沦陷区、接敌区共19个县的乡镇进行宣传、抢救工作。至1943年共抢救难妇数百名，送广东妇女生产工作团；难童11000多名。在曲江、连县、南雄、仁化等县建立了7所儿童教养院。此外，还设立儿童教养总院统一筹划各院工作。吴菊芳为总院院长，经费由中央、省赈济会拨给。12岁以下的儿童送到6所儿童保育院。儿教院除供儿童衣食住之外，主要施行初级文化教育、职业技术教育。小学毕业后分别给予升学或工作的出路。有相当一批儿童参加军、政、文等各种工作，也有的参加了抗日游击队，解放后大多数在国内各部门工作。

三、深入战地、乡村开展抗日宣传，发动和组织妇女参加征集、募捐劳军等工作

从1939年5月开始，省新运妇委会曾三次派出战时工作队深入战地、乡村大力开展抗日救亡工作。第一次是5月，组成30人的战工队到清远、英德、四会以及后方曲江的犁市、桂头等乡发动民众、妇女，办识字班、施医赠药，发动和组织她们募捐、慰劳伤兵。第二次是在1939年12月底，当长沙、桂南大战之后，日军进犯粤北，韶关已紧急疏散，中共地下党员率领着战时妇干班全体员生在陈明淑的亲自指挥下，在韶关帮助疏散民众，搬运子弹，夜以继日地煮粥劳军。日军撤退时，她们又组成20人的队伍尾随日军撤退路线直达半沦陷区宣传发动民众抗日，并抢救妇孺千余人回韶关。第三次是1944年夏，日军企图南北配合打通粤汉线，又攻粤北，韶关紧急疏散，在省新运妇委会系的地下党员虽因省委被破坏而暂时停止组织活动，但没有忘记党组织曾有过指示；粤北有战争，共产党员要留在战地坚持抗日工作，所以她们主动要求成立战地服务工作队，驻在马坝乡进行抗日宣传，组织民众起来自卫，广泛征集劳军物资及发动募捐。

1940年元旦后，省新运妇委会还组织了5个慰劳团共250多人到战区灾区慰劳军队、民众自卫队和伤兵。此次组织了千余妇女参加战时工作，募集了现金230000元，和约值290000元的大批物资。

四、发展战时经济、组织妇女参加生产

1939年5月，原从广州撤出的女壮丁队到连县后改为妇女生产队，后迁到曲江县马坝乡又改名"广东妇女生产工作团"，团长陈明淑。该工作

团1940年春迁韶关十里亭转水定址。这个团受省赈济会及省新运妇委会双重领导，经费以赈济会拨给为主，以"生产自救"收入为补充。该团主要是吸取战区灾区难妇及招收粤北部分贫困妇女学习和从事工农业生产，由供应难童、抗日军队被服发展为供应后方社会日用物资。对解决战时经济困难起了一定作用。陈明淑用的中层骨干除个别人之外，都是中共地下党员和进步青年。生产规模从小到大，设有织布、毛巾、工艺、缝纫、制鞋等部及一个农垦区，一个技训班。全团妇女受到政治、文化、生产技术的教育和军事训练。入团的妇女（又称学生）先经三个月的实习期，学技术，由工作团给生活费，实习期满按件计工"自食其能"，有的每月可达四十元的收入。全团有学生700多人，技术干部100多人，工作人员100多人。1940年夏，爱国侨商陈嘉庚到这个工作团参观，认为"很有希望"，决定每月给予经济帮助。1941年7月26日，陈明淑遇难去世，由菊芳继任团长。

五、培训妇女干部，发展基层妇运

为开展全省妇运，1939年6月，新运妇委会开始办战时妇干班，宗旨是：培养从事抗日工作的妇女干部。该班设置抗战常识、国际政治、抗战建国纲领、总裁言论、妇女问题，军事常识等课程，三个月为一期，讲课人员是请社会上知名人士或有关官员担任，第一期在粤北各县招了80人，第二期由省政府通知各县送来，23个县送来及招考的共180人。这两期均是在省委妇女部指示下，由该班中层骨干的地下党员主办的。1941年底开始至1943年，省新运妇委会改为委托省政府办的干部训练团办女干部培训班，以培训各县现职的县新运妇委会干部、机关女职员为主。四年来共培训了五六百名。

六、面向全省基层组训妇女，推行识字教育和发展生产技术教育

1940年，省新运妇委会配合省政府推行"新县制"，以曲江为组训妇女实验区示范全省。省委妇女部指示地下党员争取到实验区工作。中共党

员杨蘅芬争取担任了实验区的主要负责人，曲江县新运妇委会的总干事。实验区集中了原战时工作队部分同志及第二期妇干班学员共130人，其中中共地下党员9人，在全县17个乡镇开展组训基层妇女。4月开始筹备。5月，北江特委决定在省新运妇委会成立直属党的妇女工作总支委员会，由杨蘅芬任书记，下设妇女生产工作团，曲江实验区两个分支部。自此在北江特委、省委妇女部直接领导下开展妇运工作。曲江县组训妇女的主要内容有政治（抗战常识、妇女问题）、文化、生产技术和军事训练等课程。经3个月训练后，实验区即结束。此后在14个乡镇继续坚持办识字班，组织妇女工作队，在13个乡镇成立妇女生产技训班或组合作社。在韶关经中国工业合作协会批准成立妇女工业合作社。8月，省新运妇委会决定将实验区经验在全省各县推广，第一批实行的有粤北七县和西江、东江个别县，妇女总支委根据这一情况研究了实验区工作人员的分配计划，按党组织的要求争取重点抓了曲江和连县两个点。至1944年，全省66个县先后建立了县新运妇委会开展了基层妇女组训工作，并扩展到高等学校组织了女同学会，机关成立了妇女生活辅导会。据不完全统计，这时期参加识字班的基层妇女有50000人，受生产技术培训的有2000多人。

七、发展了党的组织，培养了骨干，为广东抗日游击队输送了干部

自1939年至1942年地下党停止活动为止，在省新运妇委会系统内的党组织积极做建党工作，先后吸收了15名党员。由于这几年有计划地把地下党员和进步女青年安排在各个岗位上担任负责的工作，使她们在复杂的斗争中，都锻炼成了坚强而有独立工作能力的干部。1944年底，接原地下党通知，她们分别动员了一批知识青年分批参加东江抗日纵队，投入了武装斗争。

选自南方局党史资料征集小组编：《南方局党史资料·群众工作》，重庆出版社1990年版

1939—1941年间中共云南地下党领导下的群众工作

费 炳 李群杰 李剑秋 唐登岷[①]

1935年云南地下党组织恢复重建以后，在远离党中央的边疆多民族聚居的云南，重新点燃了革命之火、地下党在极其复杂的斗争环境中，积极响应党中央的号召，根据中央和长江局、南方局的指示开展工作，并在斗争中发展壮大党组织。1938年8月，中共云南省特委成立，统一了云南党的领导。特别是1939年1月中共云南省工委成立以后，在以周恩来为首的南方局的直接领导下，党的各方面工作都有很大的发展。1938年，北京大学、清华大学、南开大学迁到昆明，组成西南联合大学，具有"五四"、"一二·九"运动革命传统的进步师生，和来自国内各地的其他大学、文化团体的革命知识分子、名流学者、爱国民主人士荟萃昆明，同云南社会各阶层爱国民主力量相结合，在党的领导和组织推动下，扩大了抗日民族统一战线，壮大了云南的进步力量。

中共云南党组织十分视群众工作，1938年省特委一成立，就在特委下设立了工人工作委员会、青年运动委员会、妇女工作部等工作机构。1939年1月中共云南省工委成立后，又增设文化支部等工作机构，加强了党在工人、学生、妇女和新闻文化界党的工作。

在工人运动方面，云南党组织恢复重建后，很重视工人工作1938年成立特委后，就建立了工人工作委员会，书记吴宗遥，委员刘浩（组织）、叶利芬（宣传）（1939年底，免去叶利芬的委员和宣传职务。1940年7月补吴世霖为委员管宣传，8月，刘浩调去负责统战工作，吴世霖管组织，

[①] 费炳、李群杰、李剑秋、唐登岷，口述者均系南方局下辖云南党组织的负责人。

补邱松年为委员管宣传）。党在昆明和外地的工厂和工矿、交通企业中经过长期艰苦的群众工作和统战工作，举办了工人夜校，组织识字班、读书会、歌咏队，办抗战壁报，启发工人的阶级觉悟，组织工人参加抗日救亡运动，并发展了一批优秀分子入党。到1941年皖南事变前，在云南火柴厂、云南纺纱厂、云南制革厂、猪毛厂、昆明大道生织布厂、大中印刷厂、云南五金厂、开智印刷厂、昆明缝纫工会、昆明马街片工厂（昆明炼钢厂、电线厂、昆湖电厂等）、国民党军工部兵工厂等工厂里建立了党的支部或党小组，在叙昆、滇缅铁路工程局，一平浪盐厂、昆曲段铁路、茨坝中央机器厂、海口中央光学仪器厂、西南运输处等工矿企业里发展了党员，建立秘密读书会等外围组织，开展了党的工作。到皖南事变前，在工厂、企业中的党员约有60人。这一时期，党在工人中的工作，主要是采取各种公开合法的形式，如举办工人夜校、组织救亡室、歌咏队等，并与党的秘密工作相结合，启发工人的政治觉悟，组织工人群众参加抗日救亡运动，同时对工厂主、企业家进行建立抗日民族统一战线的工作，也领导工人进行了一些要求改善生活等经济方面的斗争。

1939年5月1日，在工人工作委员会的领导和各工厂党组织的发动组织下，昆明纺织、五金、制革、印刷、缝纫、火柴等工厂的工人数千人，在昆明火柴厂举行"五一"国际劳动节纪念大会，宣讲国际国内工人运动史，号召广大工人参加抗日救亡运动。同年11月30日，云南纺织厂党支部领导工人罢工一天，要求两班制改三班制，实行八小时工作制，改善伙食，斗争取得了胜利。在马街电工厂、裕滇纺织厂等工厂中也都胜利地开展过类似的斗争，这些斗争，都显示了工人阶级的力量，鼓舞了工人的斗志。

在青年运动方面，1938年省特委成立后，建立了青年运动委员会，书记李立贤（1936年1月省工委成立后，青委书记张承恺，6月青委书记改由省工委委员何礼兼任，1940年由杨天华担任书记至1941年3月）。青委负责领导大中学校及职业青年中党的工作及党的外围组织。1938年8月，中共云南省特委为了集中领导青年工作、将"云南青年抗日先锋队"和西南联大学生中的"中华民族解放先锋队"合并统称"中华民族解放先锋队",设立云南地方总队(总队长力易周,宣传李家鼎,组织郝诒纯)。在西南联大、云南大学、民众歌咏团等单位建立了"民先"区队、小队。此外,在省工委的直接领导和布置下,晋宁、路南、呈贡、安宁、曲靖、罗平、沾益、楚雄、陆良、蒙自、昭通、泸西、镇南(南华)等县的党组织也积极发展了"民先"队员,分别建立了"民先"区队、小队或小组。党还通过一些进步团体和群众组织,如西南联大的"群社"、职业青年的"昆明业余联谊社"等及读书会、歌咏队等等,在青年中开展文娱体育活动,成立剧社、歌咏队、举办文化补习班、会计班、速记班等等,组织青年学生和职业青年参加抗日救亡运动,开展抗日救亡宣传活动。并且吸收进步分子参加"民先"组织,发展其中的优秀分子入党。在党的领导下,青年学生在抗日救亡运动中起了带头作用。省工委通过大、中学校和职业青年中的党组织和外围组织,及时贯彻党中央和南方局各阶段的工作方针,通过歌咏活动、群众集会、宣传活动等方式。围绕"坚持抗战,反对投降、坚持团结,反对分裂;坚持进步,反对倒退"三大政治口号进行了广泛的宣传和斗争,推动抗日救亡运动的发展。如1938年7至8月,党组织通过统战工作,利用云南省教育厅的名义组织了一期有云大附中、昆华师范、昆女中的"民先"和部份同学参加的夏令营活动,在宜良、路南等地广泛进行了抗日救亡的宣传活动。1939年9月18日,为响应中共中央提出反对投降的号召和反击国民党对歌咏运动采取限制的阴谋,党通过"民众歌咏团",组织昆明的歌咏团队,并发动学校、工厂、职工团体、联合文化界人士约4千人,举行了纪念"九一八"的示威游行。党在这些活动和斗争中,发展壮大了党在大、中学和职业青年中的党组织。1940年,在青委下设中学生部、教职员部和职业青年部,加强了党在大、中学校和职业青年中的工作。到皖南事变前,在西南联大成立了党总支(下有师范学院、工学院、女生、校本部等党支部)、在昆华师范、云南大学、云大附中、中山大学、同济大学、国立艺专、峨岷中学、昆华女中等学校建立了党支部,在省体师、省昆华中学、工业职校、农业职校、英语专校、云大先修班、南菁中学、育侨中学等学校都开展了党的工作。

在妇女运动方面，省特委和省工委都设有妇女工作机构，先后由李立贤、郑速燕、李家珍等同志负责。党在妇女界的工作，除云南纺纱厂女工中的工作属工人工作委员会领导，并配合妇女工作部开展妇女界的工作外，省工委直接领导妇女工作部开展工作，在昆华女中、小学教师的妇女和各界妇女中积极发展妇女中的优秀分子入党，在昆华女中建立了党支部；通过统战关系和党的工作，在云南纺纱厂办了一个女工学校，组织了"友光团"；通过基督教女青年会总干事的统战关系，妇女党员进入女青年会，由女青年会出面，开展妇女界抗日救亡等活动，并在党的领导下，组织了妇女歌咏团，组织广大妇女参加抗日救亡歌咏活动。在中华文艺协会里也组织了一个妇女组，开展知识分子和上层妇女的工作。1940年底。又组织"昆华女中毕业同学会"，创办了《会刊》，用合法的组织形式团结妇女，进行工作。党通过这些不同的形式动员和组织广大妇女群众，开展妇女界的抗日救亡运动。1939年3月8日，在党的组织推动下，昆明各界妇女包括大中小学师生、机关职员和工厂女工一千多人举行"三八"妇女节纪念大会，通过了"电请世界反侵略大会策动各国政府积极援华"、"请政府以政治和经济力量、举办妇女生产合作事业"、"自由献金慰问抗战家属"等提案，并举行了游行。晚间又由女青年会出面主办了五千余人参加的游艺会，并举行募捐，慰问出征将士家属。同年10月30日，党推动成立了云南省职业妇女会，地下党员郑速燕等被推选为大会执委。同年底，通过地下党的统战工作，发起组织了昆明妇女宪政座谈会，1940年1月，召开座谈会，讨论"妇女参政运动的起源和发展"、"妇女界怎样推行宪政"和"抗战与宪政的关系"等问题。3月8日，又由妇女联谊会出面，召开了有女学生、女教师、职业妇女等五百多人参加的庆祝"三八"妇女节大会，宣讲国际妇女解放斗争史，动员妇女积极投入抗日救亡运动。通过这些活动，培养锻炼了一批妇女运动的骨干，组织广大妇女，投入抗日救亡运动。

在新闻文化界，党领导组织了"云南新闻界抗敌协会"、"新闻记者联谊会"和"云南文艺界抗敌座谈会"（以后成立中华全国文艺界抗敌协会云南分会）等团体，团结新闻文化界人士，通过新闻文化活动，宣传党的抗日主张，对国民党顽固派的妥协投降活动进行批判和斗争。还派党员到《云南日报》工作，秘密成立党支部，掌握了副刊《南风》，用各种形式宣传党的抗日主张，指导抗日救亡工作。1937年12月以后，经地下党员的工作，《云南日报》先后连载了彭德怀的《争取持久抗战胜利的先决问题》和毛泽东的《论新阶段》，产生很大的影响。省工委的公开刊物《南方》以灵活多样的形式，丰富充实的内容，宣传党的抗日民族统一战线政策，报道抗战前方的消息，指导青年学生的学习和工作。1940年，省工委通过个旧进步企业家苏莘农的关系，派了一批党员到个旧，创办《曙光日报》，并建立了秘密党支部，报纸宣传党的抗日民族统一战线政策，报道抗战和国际国内反法西斯斗争的形势和新闻。地下党员还团结进步人士，出版发行了《新文字》《文化岗位》《战时知识》等进步刊物，扩大了党的宣传阵地，在群众中产生了积极的影响。1938年省特委成立后，党领导的群众性的抗日救亡歌咏活动和戏剧活动也继续深入发展。歌咏活动深入到大中学校、工厂和社会，推动了抗日救亡运动的发展。以地下党员和"民先"为骨干的西南联大话剧社，以及受党影响的"农民救亡灯剧团"、"金马剧社"等演出了许多宣传抗日的进步戏剧，产生了很好的影响。

选自南方局党史资料征集小组编：《南方局党史资料·群众工作》，重庆出版社1990年版

五、宣传出去　争取过来
——中共中央南方局的外事工作

习近平总书记指出，"中华民族是爱好和平的民族。消除战争，实现和平，是近代以后中国人民最迫切、最深厚的愿望"，"中国人民永远不会忘记，世界上爱好和平与正义的国家和人民、国际组织等各种反法西斯力量对中国人民抗日战争给予的宝贵援助和支持"。全民族抗战时期，为打破国民党的外交垄断，扩大对外宣传，加强对外联络，1939年4月南方局成立了对外宣传小组（1940年12月改称外事组），以"宣传出去，争取过来"为工作方针，积极推动建立国际反法西斯统一战线。

揭露和制止国内外反共逆流，维护国际反法西斯大局。1939年7月，面对国际上酝酿"远东慕尼黑"的阴谋，中共中央书记处发出《关于反对东方慕尼黑阴谋的指示》，强调党必须用最大的力量，推动各方共同起来，在舆论上行动上反对任何形式的"东方慕尼黑"阴谋。对此，南方局积极行动，利用各种场合和新闻舆论，批评和抨击英美等国绥靖日本的错误做法，敦促他们坚持反对日本侵略的立场。1940年9月，中共中央发出《关于时局趋向的指示》，指出目前国际国内的政治情况，正处于剧烈变化的前夜，"太平洋上帝国主义战争的危险日益严重起来"，"抗日的中国则将成为帝国主义者双方争夺的对象"。因此，对于国内妥协、投降、反共的危险必须加以制止和反对。面对国民党顽固派日益高涨的反共气焰，南方局积极开展外事活动，同各国大使馆，特别是英美大使馆外交官密切交往；经常会见外国记者，宣传共产党的主张，不时举行记者招待会或做演讲；将重要战报及国民党制造摩擦的情况提供给有关使馆和记者。这些卓有成效的工作，为加深各国对中国共产党的了解，击退国民党顽固派制造的皖南事变，维护抗日民族统一战线发挥了重要作用。

加强国际交往合作，推动国际反法西斯统一战线向前发展。1941年12月，太平洋战争爆发，面对国际形势的新变化，中共中央连续发出《关于建立与英美的统一战线问题给周恩来等的指示》《中国共产党为太平洋战争的宣言》等指示，强调要"与英美及其他抗日诸友邦缔结军事同盟，实行配合作战，同时建立太平洋一切抗日民族的统一战线，坚持抗日战争至完全的胜利"。为贯彻党中央指示，南方局积极加强与英美等国交往。

经过南方局长期努力，1944年6月10日中外记者团到达延安，毛泽东会见他们时发表了讲话，指出"我们的目的是共同的，就是打倒日本军阀与打倒一切法西斯，全中国，全世界，都在这个共同基础上团结起来"。1944年7月22日和8月7日，美军观察组一行17人分两批到达延安，《解放日报》发表社论《欢迎美军观察组的战友们！》，表示这"会增进中美两大盟邦的团结，并加速最后战胜日寇的过程"。对此，周恩来在代表中共中央起草的《中共中央关于外交工作指示》中认为，不应把外国记者和美军人员的访问和观察当作普通行动，而应把这看成是"我们在国际间统一战线的开展，是我们外交工作的开始"。

冲破国民党外交封锁，中共代表出席联合国制宪会议。为争取中共代表能出席在美国旧金山召开的联合国制宪会议，南方局做了大量工作。1945年2月，周恩来在致赫尔利信中指出：旧金山会议不能由国民党一方派代表参加。出席会议的代表团应包括国民党、共产党和民盟。否则不能代表中国，不能解决问题。3月又致函国民党代表王世杰，指出国民党独占参加旧金山会议代表是不公正、不合理的，中共中央决定派周恩来、董必武、秦邦宪三人参加中国代表团，若国民党不接受此建议，中共中央将反对国民党这种分裂行为，并保留示一切意见之权利。中共的主张得到民主党派的有力支持，同时也引起了国际社会的高度关注。最终，国民党不敢独占代表名额。1945年4月25日，董必武作为中国共产党代表出席了旧金山联合国制宪会议。在美期间，董必武代表中国共产党进行了广泛活动，作了《中国共产党的基本政策》的长篇演讲，宣传了中共的抗日民主主张，扩大了中共的国际政治影响。6月26日，董必武在联合国制宪会议的签字仪式上用毛笔签下了"董必武"三个刚劲有力的楷书字。这是中国共产党代表在联合国机构成立的重要国际政治舞台上的首次正式公开亮相，打破了国民党垄断外交的局面，表明中共已步入国际社会，是中共外事工作的一个重要里程碑。

(一)历史文献

坚持中国抗战争取更大的国际同情与援助

(一九三九年一月二十八日)

潘梓年

今天是"一·二八"的第七周年,同时又是国际反侵略运动大会在英国伦敦召开代表大会的一天,这是一个伟大的纪念日!

"一·二八"是中国抗战的第一炮。这一炮,当年虽然没有继续得长久,但这确是中国这只睡狮的起身炮,中国就在那一天站立起来了。在这个炮声中,中华民族证明了自身的力量,把中华儿女反抗日本法西〈斯〉侵略战争的决心与能够战胜这只法西〈斯〉野兽的伟力向全世界宣示。

这一炮,就已激起了国际上对我国抗战的同情:到今天,抗战坚持了快要十九个月,完全证明了中国抗战的炮声是十分宏大的。因此,随着我国抗战的向前发展,国际对我的同情与援助也在继续增高的[地]发展,我们已获得了友邦人民许多道义上的同情与物质上的援助,今天在伦敦召开的国际反侵略代表大会,更是这种同情与援助的伟大表示,今后我们更要坚持我们的对日抗战,更要获得友邦人士对我们的同情。

我们的对日抗战愈坚持,国际上对我的同情也就愈广大愈深厚。为什么?因为抗战愈坚持,我们的力量□就愈实,敌人的困难就愈增多,弱点愈显露,中国抗战在保证世界和平上的作用就愈高扬。

我们的力量是蕴藏在我们的地大物博之中,蕴藏在我们的人多兵多之中,不经过长期的坚持是显现不出来发挥不充分的。在敌人方面就刚刚相反：它是外强中干的一匹劣马，它的涨脉贲兴是经不起持久的；在过去第一个阶段中，它颇有点来势汹汹，到了现在，已开始显出精疲力尽的窘态了。它的现金，照专家估计，每年至多只有五万万——日本与朝鲜一共可产两万万，从德意那里用贸易吸收三万万，而一年的战费却至少要用十万万；它的对外贸易已由"满食"进到反胃，不能从外国吸入多大的营养；它的国内生产，起初还在竭力维支，到现在已快要破产了；它的军队的增援也日趋困难，而且士兵在开始时受了武士道的催眠作用，"皇军神武"的欺骗动员有作战能力，现在已苦于受征，个个思想厌战，大大减低了作战力；国内人民已经贫苦到极点，无法支持长期的战争，这一些困难与弱点，窘死了日本的那批法西〈斯〉强盗。起初应想速战速决，不让这些困难暴露出来。这个梦想被我们的坚持抗战打击后，又想阴谋诱和，企图及早掩盖过这些已在暴露出来的弱点，但也被中国的坚持抗战戳穿；费尽九牛二虎之力，骗出了汪精卫这个民族败类的一道通电，不幸这函电又没有得到丝毫影响，所得的只是全中国人民对汪的唾骂与鄙弃。于是。黔驴□技已穷，今后就只有日向自己的墓道奔去，我们的抗战愈坚持，就愈快地把他送进了墓穴。

回过来看看中国。法西〈斯〉侵略愈是扩大与深入，中国的新生力量却愈见其增加；敌人汉奸挑拨离间的诡计愈是多端，中国的团结却愈见巩固；强组伪军，成立伪组织等等以华灭华的毒计愈凶险，伪军反正，伪组织无能等等现象却愈是普遍。抗战愈坚持，中国这只睡醒了的雄狮愈是雄壮了。

这样对比地发展着的战斗形势，使得谁都可以看到日本之流的法西〈斯〉暴力是日落西山，中国抗战是如日东升。战愈坚持下去，愈可以显出中国是全世界和平战争的一支英挺队伍，愈可以使得谁都明白，人类的和平幸福，文化昌明，都只有从中国抗战的胜利中获得，都只有用尽力援助中国抗战胜利来获得。

中国抗战是中华民族争取自己的独立解放的神圣事业，我们不把抗战的胜利依托在国际方面的援助上，而依托在自力更生的自己努力上，依托持久抗战的坚持上。然而我们对于友邦人士的同情，援助，是十分珍视的，因为国际同情，也是帮助中国抗战胜利的重要条件。我们相信，国际上对于中国的助力，将因抗战的愈坚持而愈切实，愈强大。然而，我们更相信，国际各友邦能够从中国的坚持抗战中看到整个世界争取和平的道路，看到团结一切反法西斯力量对法西斯打去，是消灭战祸，保卫和平的唯一道路。纵容法西斯就是纵容战火；张伯伦政府纵容意大利法西斯在西班牙肆行□火，结果必然要蔓延烧到自己身上。国际上努力于反战反侵略反法西斯的朋友们，他们的反日援华，为的不只是中国的和平而且是世界的和平；他们不只要援助中国抗战，同时也要援助一切反法西斯的抗战；他们不只要反对日本法西〈斯〉用有力的行动去加以制裁，同时也要反对一切法西斯侵略以及法西斯侵略的助长者，用有力的行动去加以谴责。

选自《新华日报》1939年1月28日

中共中央书记处关于反对东方慕尼黑阴谋的指示

(一九三九年七月二十九日)

(一）根据各方材料（参考三十号军政通讯），证明英日谈判英国对日已有了重大的原则的让步。这种让步造成东方慕尼黑的可能严重局势。

（二）蒋介石的谈话虽然指出了独立奋斗反对依赖与观望的决心，但对英国仍抱有极大的幻想；特别由于金融上对英国的依赖，使英国对蒋仍有很大的支配力量。

（三）我党必须用最大的力量推动各方共同起来在舆论、行动上，表示：

甲、全国人民对于英国张伯伦妥协派向日投降、牺牲中国利益的严重抗议，反对任何形式的东方慕尼黑，揭破张伯伦政策是拥护日本侵略中国，反对中国抗战的政策，这政策只有助长世界法西斯侵略国的侵略，促进全世界普遍的战争的到来。

乙、坚决反对中国抗战内部任何人因张伯伦的对日投降而对抗战表示动摇，反对任何投降妥协破坏抗战的活动，强调自力更生的口号，强调坚持抗战到底的决心及民族自信心；打破对英国的幻想，反对依赖英国的外交政策。

丙、但对英方面，应集中力量为打击张伯伦的投降政策，主张英国人民与政府应改变这种害人害己的错误政策，以争取英国改变政策继续支持中国抗战。

丁、指出即使英国停止援助中国与日妥协，只要克服内部投降危险，中国仍有一切办法坚持抗战取得最后胜利；并宣传苏联对中国抗战的援助。

中央书记处

选自中央档案馆编：《中共中央文件选集》第十二册（一九三九——九四〇），中共中央党校出版社1991年版

中共中央书记处关于目前国际形势与我们宣传方针的指示

(一九四〇年八月二日)

南方局并转新华日报诸同志：

关于目前国际形势与我们宣传方针：

（一）目前国际形势的基本特点是三个阵线的斗争，这是"七七"中央决定所指示了的，但看最近的新华日报，还没有把握住这个特点。

（二）对日本的估计没有指出，在法国投降后，德意与英美两个阵线在日本政局内部的生死斗争，至七月上半月而白热化，英国截断港缅运输与调停中日战争，美国宣布亚洲问题由亚洲人处理，都是为了挽救日本现状维持派（即日本的英美派）政权，阻止日本法西斯派登台，欲将日本拖入英美战线，并不是什么英国无条件屈服，或美国无条件放弃门户开放政策。而在德意则策动日本法西斯派猛力推倒现状维持派，以便把日本拖入德意战线。双方斗争结果，是米内崩溃，近卫登台，英美失败，德意胜利。如果在七月十六日以前如中央决定中所指出英美的东方慕尼黑政策，已经不是主要危险，但还有某些危险，那末在七月十六日〈日〉本现状维持派倒台之后，这种危险就没有了，大公报在这点上是正确的，新华日报十八日的社论是错的。近卫登台以后，对于中国的危险已经不是日本现状维持派，也不是英国与美国，也不是国民党内的英美派（九国公约论），而是日本的法西斯派，而是德国与意大利，而是国民党内的亲日亲德派了。

（三）美国一切都是积极反德意日阵线的，他在七月上旬宣布亚洲门罗主义，是为了阻止日本加入德意阵线，而在近卫上台后，他就不会要门罗主义了，"门户开放"、"援助中国"等旧调又会重弹，美国召集的泛美大会完全是为了积极反德，美国一百万万元的军事费，美国准备每月援助英国飞机三千架，停止油铁向德意日西四国运输，却不停止向苏联运输，所有这一切都是为了对抗德意日阵线，不是什么消极"自保"。在这个基点上，美苏关［英］必将好转，在法国投降后，虽然美国还没有参战，但对抗德意日阵线的主要领导者已经不是邱吉尔，而是罗斯福了。

（四）英国在近卫上台后，对日对华的政策也必会变化，英国避免两面作战的政策已经失败，滇缅路又有开放的可能，到了那时，中国英美派虽然又会兴高采烈，但已经没有危险了。

（五）要把一般地反帝国主义战争的政策与外交政策区别开来，因此，不要去鼓励美帝国主义的军备"迎头赶上"德意日，也不要在英美改变对日对华政策后（即在放弃远东慕尼黑政策后），去反对利用英美的外交，孙科派的亲苏联美政策是正确的。

（六）在上述外交政策问题上及内政改革问题上，你们应与各中间派报纸的某些正确观点取统一战线态度，不采对立态度，以便有力的［地］打击投降派。

中央书记处

选自《中共中央南方局历史文献选编》上，重庆出版社2017年版

中共中央关于时局趋向的指示[①]

（一九四〇年九月十日）

（一）中央七七宣言及七七决定，对于国际国内形势的估计与我党政策的指示，经过两个月国内外事变的发展，已证明是完全正确的。目前国际国内的政治情况，正处在剧烈变化的前夜，我党对于这种变化，必须在精神上有所准备。

（二）国际方面，首先是两大对立的帝国主义阵线，目前已发展到了一个新阶段，使帝国主义战争带有扩大、持久与准备决战的性质。战争的双方，一方面英国为美国所援助，美国已日益积极的［地］援助英国与准备参战，英国已日益依赖于美国，这样就使西方战争进到复杂的局面。一方面德意与日本法西斯勾结的结果，已使日本内部发生了转换领导人物与转换政策的变化，日本参加德意与实行南进的方针已日益明朗化，这样就使太平洋上帝国主义战争的危险日益严重起来。日本为了放手南进与准备对美战争，便正在采取各种方法（交通封锁，军事进攻，政治引诱）以求迅速结束对华战争。英美为了对抗日本南进，便由劝和中日的远东慕尼黑政策转到利用中国牵制日本的政策。德国为了利用日本牵制英美与利用中国市场增强德国经济，却又正在准备劝和中日结束中日战争。所有上述情形，就使帝国主义战争必然扩大到整个资本主义世界的范围之内，使全世界绝大多数人民都有卷入战争灾难的危险，而抗日的中国则将成为帝国主义者双方争夺的对象。这就是战争的扩大性。这种扩大性，也就带来了持久性，因为双方都还有充分的实力，特别是美国与德国。因此区分第二次

[①] 这个指示是毛泽东起草的。

帝国主义战争最后胜负的决战还没有到来，虽然过去已经有了一个法德的决战，目前又正处在英德决战的前夜，但结束整个战争的决战目前还只带着准备的性质。那种以为战争不会扩大，不会持久，或目前已到最后决战时期的意见是不正确的，这是对于此次帝国主义战争的残酷性及其对世界人民的危险性估计不足的原故。

（三）其次，国际形势中可喜的现象是苏联用其强大实力与正确政策贯彻了不作任何帝国主义工具与不卷入帝国主义战争漩涡的和平中立政策。目前社会主义的国界已推进到多瑙河与波罗的海，社会主义的外交政策已获得伟大胜利，社会主义的经济实力与国防实力已极大提高，没有战争的社会主义国家对于深深卷入战争的资本主义国家在世界政治中的比重是增加了，并还在增加着。但是帝国主义者妥协反苏的可能性并未消灭，因此苏联的基本政策仍然是动员一切力量，巩固国防，准备对付任何可能的突然事变，并坚持援助被压迫民族的方针。那种以为目前苏联将变更外交政策的意见，也是不正确的。

（四）其次，世界革命是随着帝国主义战争的日益扩大、持久，而日益普遍与深入的酝酿着。为共产党所领导的各国无产阶级反战反资本主义的革命势力，与殖民地被压迫民族反帝国主义的革命势力，正在逐渐克服自己分散与平衡的弱点的过程中，世界革命力量将随着帝国主义战争的发展而成正比例的发展，我们现在是处在第二次世界革命的前夜，中国革命决不是孤立的。那种对于世界革命估计不足的意见是不正确的。

（五）目前中国的政治形势也正处于剧烈变化的前夜。因为我党七七宣言强调团结的方针，获得各进步派各中间派的广大同情，使大资产阶级投降派（暗藏在抗战营垒内的）与大资产阶级顽固派（今天主要当权者），日益处于孤立地位。我党新民主主义政治与统一战线政权的提出及三三制的开始实行，给全国人民以光明的前途。我党推动的抗日文化运动之发展，给将来新变化以思想上干部上之准备。我党过去一年坚决的正确的反磨擦斗争，则给了顽固派的进攻以深重的打击，使他们不得不在事实上（虽然还没有在法律上）承认我党之力量与地位。而我党五十万大军积极行动于敌后（尤其是此次华北百团战役）则给了日寇以深重的打击，给了全国人民以无穷的希望。现在日寇正准备向昆明、重庆、西安等地进攻，国民党与中央军日益处于困难地位。虽然当权的大地主大资产阶级顽固派至今尚未放弃其反共方针，其对国内政治尚未着手任何改进，其外交政策依然摇摆于亲美亲苏之间，其对国共关系依然未下认真调整之决心，但国际国内的大势所趋，将是日益不利于顽固派，而日益有利于进步派与中间派。在一方面日寇与投降派逼迫之下，又一方面进步派与中间派逼迫之下，顽固派的政策与地位是不能长久维持下去的，是不能不起变化的。虽然变化的时间、程度与方向，目前还不能断定，但目前已处在这种变化的前夜，则可以断言。党内对于时局的悲观估计与不耐烦情绪，显然是不正确的，是违背中央历来认为时局并未丧失好转可能性的估计的。一部分党员则不了解即使时局变化到极坏局面（例如实行投降），我党亦有充分的把握改造这一局面，使中国抗日反汉奸的斗争继续前进，只要我党在精神上与组织上已经准备好了，便能应付任何的突然事变。

（六）时局变化有三种可能方向。第一种，是把抗战拖到美国出来干涉时结束，使其结果有利于大资产阶级顽固派维持一党专政的现状，这是顽固派的一贯计划。但是这一计划与日本将中国殖民地化及独霸太平洋的计划根本冲突。自欧战德胜法败，日本法西斯支持的近卫内阁登台，中国西南交通线被切断，及日本向昆明、重庆、西安进攻之准备日见积极后，顽固派这一维持现状计划受到了一个严重的打击。但顽固派依赖美国救援及希望英国战胜德国，然后与美国合力干涉远东之幻想仍未放弃。第二种，是顽固派在万不得已时，亦有在内政问题上实行某种让步之可能，例如给民族资产阶级及某些中间派以部分的让步（中国民族资产阶级以孙科、冯玉祥、李济深、于右任、陈嘉庚、陈光甫、黄炎培、穆藕初、范旭东、康心如、章乃器等为代表，这个阶层至今基本上还没有政权，还是我党较好的同盟者），以便利用他们来巩固自己的地位。在外交政策上转到以亲苏为主要方针，以便利用苏联的外交压力与军事援助。在国共关系上停止反共战争（现在是大部分停止，还有一部分未停止）与减轻高压政策

（在国民党区域现在还完全未减轻），以便利用共产党抵抗日本与保护国民党。不管顽固派是如何出于利用他人保护自己的立场，这一变化如能实现，即是时局的初步好转。这一变化是顽固派不愿意的，但到万不得已时，为了保存其基本统治权起见，在顽固派一部分聪明的领导人物中也不是完全没有准备的。这一让步计划，在抗战第一时期内，顽固派即已准备过，表现在国民党临时代表大会及其发布的抗战建国纲领。但武汉失守到日本米内内阁崩溃，差不多两年的时间内，顽固派这一让步又为英美法反苏反共的世界政策及东方慕尼黑政策所打断，因而表现了一年来顽固派的反苏暗流与反共高潮。现在则又到了国际国内形势发生新变化时期，日本的军事进攻行将加紧，英美的对华政策正在改变，苏联的外交政策着着胜利，中国的政治、军事、经济、文化各种力量日益分割与分散，顽固派的威信日益损失与下降，在这种情况下，顽固派向着这一变化前进的可能性是增加了。这一变化是为民族资产阶级（即中等资产阶级）到无产阶级所要求的。而无产阶级及共产党在抗战时期内所要求的，则是经过初步改良，到各抗日党派、各抗日阶层的民主的统一战线政权，因为只有这一政权的实现，才能挽救中国危亡。第三种，是暗藏的投降派及一部分顽固派所准备的，即准备在重庆失守后组织贝当政府，投降日寇，而与汪精卫合流，以求保存其在日本统治下的奴隶式的政治参与权及经济合作权。这一计划，在日本殖民地政策，我党势力强大，及全国人民反对等条件下，对于大地主大资产阶级统治权的保存是有危险的。因为实行投降的结果，必然是统治阶级内部的四分五裂与全国人民的抗日反汉奸高潮，因此这一计划只是投降派与一部分顽固派所愿意而不是全部顽固派所愿意的。但在十分危急时期，例如重庆失守那种时候，投降派及一部分顽固派是很有可能实现其阴谋的，这就是抗战中的主要危险与所谓全国性的突然事变，我们应该十分警惕。

（七）目前是上述三种势力及三种可能性之间的激烈斗争时期（顽固派要求维持现状，投降派准备组织贝当政府，进步派与中间派则要求亲苏和共与政治改良），并处在剧烈变化的前夜。我们任务是坚决执行中央七七宣言及七七决定,团结一切进步派与中间派,分化与拉拢一部分可能起变化的顽固派,尖锐批评维持现状的顽固派,而坚决反对投降派与可能的贝当政府,以期实现初步的政治好转,即实现亲苏和共与政治改良三大方针,然后进一步实现彻底的政治好转,即实现各抗日党派各抗日阶层民主的统一战线政权。我党这一反对投降力争好转的计划是目前唯一正确的计划。因此我们必须在思想上、组织上、政治上、军事上加速准备一切条件,以便有把握的迎接任何一个可能的变化,一方面准备迎接时局好转,一方面又准备对付投降派的突然事变。而不是忽视这些可能的变化,或坐待这些变化到来,或对时局变化发生错误的悲观心理或冒险情绪。在目前日寇准备向大后方进攻时期,我们应准备于恰当时机在全国提出保卫重庆,保卫昆明,保卫西安的口号,而在这些口号下面实现我们反对投降力争好转的全部方针。

(下达只用口头,不准油印分发)

选自中共中央文献研究室、中央档案馆编:《建党以来重要文献选编(一九二一——一九四九)》第十七册,中央文献出版社2011年版

毛泽东关于目前国际形势下准备应付任何黑暗局面致周恩来电

（一九四〇年十月二十五日）

周：

甲、德国仍在准备攻英伦，即使不攻英伦，但埃及、土耳其、阿拉伯、伊拉克必落入德军之手，日本必攻香港、新加坡、仰光及荷属，总之英国倒霉时期快到了，不论美国是否迅速参战，英国倒霉是定了的，美国迅速参战也无救于英国倒霉，因此中国英美派也是要倒霉的。

乙、在日美战争紧张时，日本有放弃宜昌、武汉，让国共两党冲突对消抗日力量之可能。

丙、国民党现在发动的反苏反共新高潮，一方面是放弃独立战争参加英美同盟的准备步骤，其目的在为参加英美同盟肃清道路，好把民族资产阶级、上层小资产阶级拉过去，一方面也有向日本示意的作用，国民党愿意替日本担负镇压中国民族革命的责任，以求交换日本对国民党的让步，同时又将加入英美同盟吓日本，以求日本的让步，故何应钦等反共活动特别起劲，日本也正在拉蒋、何。

丁、我们要准备蒋介石做戴高乐或做贝当，准备他宣布我们为反革命而发动全面反共，我们要准备对最黑暗局面，任何黑暗局面，我们都是不怕的，余详有子电。

毛　有丑

（此电并发德怀，胡服，项英）

选自《中共中央南方局历史文献选编》上，重庆出版社2017年版

毛泽东关于不反对蒋介石加入英美集团及制止投降分裂给周恩来的电报

（一九四〇年十一月六日）

恩来同志：

　　江电所示重要情报今晨才阅悉。蒋[①]加入英美集团有利无害，加入德意日集团则有害无利，我们再不要强调反对加入英美集团了，虽然我们也不应该提倡（因为他是帝国主义战争集团）。目前不但共产党、中国人民、苏联这三大势力应该团结，而且应与英美作外交联络，以期制止投降，打击亲日亲德派活动。根据三日来电，如能由上述四种势力的联合与配合，好转可能性还是有的。"剿共"则亡党亡国，投降则日寇必使中国四分五裂，必使蒋崩溃，请你利用时机向国民党各方奔走呼号，痛切陈词，以图挽救。是否于适当时机请求见蒋面陈一次，亦请你考虑。向各方活动、应动员多数人员出马（党的、非党的）。蒋夫人[②]处的活动值得注意，桂林方面请告克农[③]亦如此办。

毛泽东
鱼辰

选自中共中央文献研究室、中央档案馆编：《建党以来重要文献选编（一九二一——一九四九）》第十七册，中央文献出版社2011年版

[①] 指蒋介石。
[②] 即宋美龄。
[③] 即李克农。

论目前战局[①]

（一九四一年五月二十五日）

周恩来

目前帝国主义战争正向着扩大和持久的道路着着迈进，战争的范围正由欧洲、非洲发展到亚洲，由地中海、大西洋发展到太平洋。战争的时间，在今年春季后的整个时期中将充满着激烈的决斗，并且会继续下去。

目前战况，正在地中海和地中海沿岸向前发展，大西洋中的封锁战与反封锁战亦日益激化。虽然最后的决战还没到来，最后的胜负谁属，抑或两败俱伤，都还未定，但这种空前的屠杀和灾害，已经降落和将要降落到世界所有爱好和平的人民和被压迫民族的身上。而遭受屠杀灾害的世界和平人民和被压迫民族也正在发展着和将要发展着反抗运动、革命酝酿乃至革命战争。只有苏联是屹然站在这个战争烽火之外，坚持其和平中立政策，建设其伟大社会主义，并给国外革命运动和革命战争以同情和援助。但同时苏联仍然处在世界资本主义包围之中，它不能不严重地提防着"种种惊人巨变"，以阻止"意外事件"的发生。

帝国主义战争自去年法国降德以后，显然已分成两个集团。在三国同盟方面，德国是主角，意大利是配角，日寇则在太平洋上发挥其半独立性的助威作用。在英、美集团方面，美国是跟在英国后边，一步一步地进入实际参战。德、意、日是要先打垮英国，英、美则是先对德，后对日，故目前战事重心在大西洋，并非太平洋。纳粹德国的战略企图有两点：一点

[①]这是周恩来为《新华日报》写的代论。

是切断苏伊士，封锁地中海，使大英帝国的殖民地带解体；一点是封锁北大西洋，将英伦三岛困住，然后一举而在三岛登陆。英国政府的战略企图也有两点：一点是扩大战场，拖长时间，消耗和分散德国兵力；一点是尽力拖住美国，争取美国直接参战。这两方面战略斗争，在现在，在将来，各有他们的成功，也各有他们的失败。德国可能将苏伊士切断，地中海封锁，并且可能在北大西洋使英国的海上输入一天天减少，但是它的后果，将是时间的拖长，兵力的消耗和分散，美国的直接参战。德国的不利，正是英国的利之所在。但是苏伊士的切断，地中海的封锁，英国将遭受无可补偿的损失，而争取美国直接参战，英国必要付出难以收回的巨大代价，所以将来的结局，不论胜负谁属，纳粹德国所侵占的弱小民族国家及殖民地半殖民地，决难长治久安，而大英帝国的海上霸权和世界统治，即在美国直接参战之后，亦难维持原状。因之，英、德胜负之外，还有个两败俱伤的前途，而引起的将是这些国家内的和平运动和革命酝酿，以及被压迫民族国家的独立解放运动。这一前途，是今天许多人所不愿承认和不敢设想的。

美国在这个局面的发展中，它所争取的是如何有利地进入直接参战，多多地接受英国的利益，而又不致使英国倒台，这是它考虑的条件之一。使德国消耗得更多一些，美国国防工业生产得更充足一些，这是它考虑的条件之二。推迟太平洋上的日、美冲突，避开两洋作战，这是它考虑的条件之三。最好能挑动起苏、德冲突，使苏联代他们火中取栗，这是它考虑的条件之四。但是，客观的局势不容美国的算盘打得那样精，英国隔洋又叫得那样急，所以美国便由巡逻代替护航，海上自由代替中立法，而一步一步的实际参战了。

有人执拗地说，并且不停止地希望德、苏一定会冲突。诚然，德、苏的立国制度完全两样，德国的向东发展，有碍于苏联国防利益，但是由于苏联坚持其和平中立政策，由于苏联严密警戒其国家防卫，纳粹德国如果不是改变它的对英政策，便很难设想它今天可以采取这种冒险的两面战争。不过挑拨者终不会停止挑拨，而苏联防止"意外事件"的国防戒备，更不会丝毫松懈罢了。

伴着世界战争的发展,太平洋上的风云也就更加紧张了,但绝对不可忽略的有两个条件始终影响着太平洋上风云的变化。一个条件是中国反抗日本帝国主义的解放战争已经坚持了四年。另一个条件便是英、美作战的重心尚在大西洋不在太平洋。如果能推迟太平洋上的冲突,而又能使中国抗战拖住日本,以便其先对德后对日,英、美是会不惜任何代价以缓和的,但这两个条件的配合运用,又需要辩证的发展。假使因为缓和对日的冲突而牺牲中国利益,固然可以引起中国抗战的失望和失败,但假使因为援助中国抗战而引起日本更加积极地发动武力南进,这更是英、美所顾虑的。所以,英国在保住新加坡,美国在推迟太平洋冲突的主要要求下,暂时的对日和缓不是不可能的,不过也不会和去年一样主动地封锁滇缅路和承认东亚门罗主义,损害中国利益到那样程度,因为时代不同,去年是三国同盟以前,而现在已经是三国同盟的缔结半年以后了。因之,他们对中国的援助是渐渐增加了,但同时却更希望中国多靠自己的力量拖住日本。假使他们在这上面失望,别的打算也不是不可能的。

日寇呢?他在苏日中立条约以后,正利用各方对这个条约的猜疑,以及反映他统治内部的矛盾,进行这样的政策。首先是积极地准备武力南进。次之,是加紧对中国的两面政策,一方面展开军事进攻,企图封锁中国;另一方面散布挑拨谣言与和平空气,企图分化中国,以达其迅速解决中国事件的目的。再次,对英、美、荷印也同样展开两面政策,一方面加紧进行外交攻势;另一方面又采取一些威胁姿态,企图取得英、美某些暂时的和缓和让步。最后,要看希特勒的作战结果如何来决定日本是否发动武力南进,而其对象又在英不在美。日寇这些政策的发展和配合,它必然以封锁中国和取得南洋的经济利益为目前中心。因为中国如果真被它封锁住,则英、美的援助便要客观上受到阻碍,而南洋经济利益的取得,在日本也可暂时地和缓其武力南进。等到苏伊士切断,地中海封锁一旦成功,日本仍然可以图穷而匕首见,发动军事南进。到那时,英国亦仍然被迫得要应战,而美国至少也不得不实行经济封锁和以军舰租英作战。这在我们看来，当然要认英、美目前的暂时和缓政策是多余的事了，因为太平洋上的冲突是迟早不可避免的，但在英、美政府主观看来，它们不能听任地中海失败，而且要用全力来转变目前局势，而所以暂时和缓太平洋上的冲突，也是它们政策的当然逻辑。

最后，在这个世界的战局中，中国的抗战是坚持着自己的民族解放战争的立场，反抗日本帝国主义的侵略。所以，我们对于战争的政策，是独立自主，决不介入和附属于世界帝国主义的争夺战争，而放弃我们民族独立自由的立场的，但这决不能解释为我们不去运用帝国主义中间的矛盾，尤其不能解释为我们不去运用英、美对日的对立和可能冲突，这犹之我们讲自力更生并不等于取消争取外援一样。但必须弄清主从，独立自主和自力更生是我们抗战的基本国策，运用友邦对日矛盾及争取外援，是服从于基本国策的对外政策。只要抗战的基本国策不动摇，即使在某种可能和战争必要上，在日寇的战争火焰已经侵入别国领土，甚至是英、美的殖民地时，一定战场上的战争配合行动是许可的，而这其间并不发生战争的变质问题。如果放弃我们独立自主的立场，即使没有一定战场上的战争的配合行动，也依然得不到民族的彻底解放。至于目前战局，我们更不应该寄其希望和等待太平洋上的冲突，这不仅不合于目前战局发展的实际，而且对于动员英、美人民援助中国抗战，也成为一种不合理的想头。

我们现在只有号召全国军民，坚持独立自主的抗战，用民主和团结的力量，克服我们当前以及将要来到的更大困难，击破敌人的封锁和分化，以准备我们的反攻。拿我们这样自信的和坚决的抗战方针，来争取外援，适当地运用外援，使日寇动摇于灭华与南进之间永远得不到出路，最后葬送于帝国主义大战火焰之中。这些，便是我们对于目前战局应有的认识和态度。

选自中共中央文献研究室、中央档案馆编：《建党以来重要文献选编(一九二一——一九四九)》第十八册,中央文献出版社2011年版

关于反法西斯的国际统一战线[①]

（一九四一年六月二十三日）

毛泽东

德国法西斯统治者已于六月二十二日进攻苏联。此种背信弃义的侵略罪行，不仅是反对苏联的，而且也是反对一切民族的自由和独立的。苏联抵抗法西斯侵略的神圣战争，不仅是保卫苏联的，而且也是保卫正在进行反对法西斯奴役的解放斗争的一切民族的。

目前共产党人在全世界的任务是动员各国人民组织国际统一战线，为着反对法西斯而斗争，为着保卫苏联、保卫中国、保卫一切民族的自由和独立而斗争。在目前时期，一切力量须集中于反对法西斯奴役。

中国共产党在全中国的任务是：

（一）坚持抗日民族统一战线，坚持国共合作，驱逐日本帝国主义出中国，即用此以援助苏联。

（二）对于大资产阶级中的反动分子的任何反苏反共的活动，必须坚决反抗。

（三）在外交上，同英美及其他国家一切反对德意日法西斯统治者的人们联合起来，反对共同的敌人。

选自中共中央文献研究室、中央档案馆编：《建党以来重要文献选编（一九二一——一九四九）》第十八册，中央文献出版社2011年版

[①] 这是毛泽东为中共中央写的对党内的指示。

论苏德战争及反法西斯的斗争

(一九四一年六月二十八日)

周恩来

世界的惊人巨变,已因纳粹德国毫无信义的突向苏联进攻而爆发了。二万万伟大的苏联人民,已在苏联政府及斯大林的号召之下立即起来应战。战争就这样于六月二十二日在苏联西线开始,战线之长达二千五百英里,双方动员兵力之多之强,将成为全世界空前的一战。这不仅在数量上说是空前的,而且在质量上说也成为世界战争的转换点。这一战争,一方面站着纳粹德国及一切法西斯的同谋者,另一方面站着全苏联的军民,全世界的无产阶级以及一切和苏联站在一条战线上的人民民族和国家;前者是企图在击败苏联的基础上,继续扩张和达到他侵略和奴役全世界人民的血腥统治的目的,而后者则是为保护苏联,也同时为保护全世界人民和民族的独立自由而战。前者是非正义的侵略战争,后者是正义的自卫战争。这一战的胜负,关系于全苏联并且是全世界人民和民族的命运。苏联胜了,不仅苏联而且全世界被奴役的人民和民族都要得到自由和解放;纳粹德国胜了,将见全世界陷于黑暗的深渊。所以世界战争进入到苏德战争的新阶段,已经是历史上的新时期了。在过去,在西方,英德的争夺战是主体,而许多弱小民族国家却被法西斯侵略者所侵占所蹂躏了。在现在,法西斯侵略者的战火已转向苏联,苏德战争已成为主体,苏联已站在全世界反抗法西斯奴役斗争的最前线,背负着保卫全世界自由的重任,而被法西斯奴役的人民和民族,将得到恢复自由独立的机会,甚至被纳粹攻打的英国，也得到喘息的机会，这些事实，显然成为世界战争中新的分水线。因此，全世界一切痛恨法西斯主义和压迫的人民民族和国家，都会认识苏联人民的奋斗，也就是他们应该参加的奋斗。丘吉尔说得好，"苏联的危机，即是英国的危机，同时亦为美国的危机"，扩大来说，也就是全世界的危机。苏联的人民已在前线，继着而起的，我们已看见来自全世界的同情苏联的呼声，这是一种新气象，新的反法西斯主义的高潮。我们伟大的中华民族，四年来久已站在反日本法西斯强盗的前线，更会不落人后的将自己抗战的胜利和苏联抗战的胜利亲密的［地］联在一起，共同努力于全世界反法西斯主义的事业的成功。

这次苏德战争的爆发，完全由于希特勒背弃国际信义撕毁德苏条约的一手所造成，而苏联则一贯的［地］坚守信约，履行协定，决未向纳粹德国作任何的军事挑衅，这已为举世所公认。但苏联这种履行条约的精神，并非自缚其手足。苏联的国策一向是为阻止战争制裁侵略而斗争。当慕尼黑会议，集体安全制度被破坏以后，帝国主义战争已成为不可避免，于是苏联仍坚持其和平中立政策，与德意日先后缔结协定，以避免战争扩大。但这并不是说苏联便减轻了对于法西斯国家的警戒，两年来，苏联国防力量的加强，尤其是最近半年苏联政府的重要措施，提摩盛科"五一"的文告和演说，都证明苏联并未忽视在此资本主义世界的包围中，谁将是越境窥伺的侵略者。这也更不是说苏联便因此改变其对于为民族独立自由而奋斗的民族的援助政策，两年来苏联对波兰境内白俄罗斯乌克兰以及犹太民族的解放，对波罗的海三小国及比萨拉比亚等地之归还苏联版图，决没问纳粹德国是否愿意，而苏土宣言，苏南互不侵犯协定，以及对于罗马尼亚，对于保加利亚，对于匈牙利之出卖民族独立利益和追随纳粹德国之后的谴责声明，更不管纳粹德国是否高兴，这犹之苏联缔结了苏日中立协定，并不改变他援助中国的政策一样，谁说苏联两年来是在助长侵略而不援助被法西斯奴役的人民，这完全不是事实。并且也正因为这种原因，希特勒始终不能放心苏联立于战争之外。但是希特勒何以不在德苏协定以前反而在欧战进行了将近两年之后进攻苏联呢？两年前，慕尼黑会议，暴露了英法不仅没有制裁侵略的决心，而且还破坏了集体安全的可能，以自俯于侵略者，这自然使希特勒向易于进攻的方向动手。现在战争扩大了，美国一天天的走入战争，希特勒不能马上渡海攻英，而向埃及或近东发展，更有重兵远出的顾虑，于是遂不顾一切的先想从扫除苏联的威胁入手，这是一。战争走向持久，纳粹德国虽侵占了十四个国家，但其资源并不够纳粹德国的持久消耗，而欧洲粮食的恐慌，亦已造成大多数国家的饥馑，于是希特勒便迫不及待的向苏联伸手，企图夺取乌克兰的仓库和高加索的油田，奴役苏联的人民，以便继续他征服全世界的长期战争，这是二。两年来，法西斯蒂的黑流，和其血腥的统治，已经引起法国人民中尤其是被奴役的民族中的深刻不满和革命酝酿，而日益趋向于迅速结束战争，为人民的和平独立自由而斗争，于是希特勒便因为恐惧于此反法西斯的革命运动的生长，而迫不及待的［地］想先从打击为人民的和平而斗争的大本营入手，以阻止革命发展，这是三。还有"英美上层阶级的反苏情绪"（《大公报》语）的存在，也颇利于希特勒的煽动，以便他转过头来先打苏后打英美，而收各个击破之效，于是赫斯奔英，便揭露了这个阴谋，而成为反苏暗流的最高峰，这是四。所有这些，都是大家意料中事，而所成为意外的乃是希特勒何以在英德并未妥协之前，敢于两面作战？这由于没有估计到希特勒在军事上，如果不在夏季动手，延到秋冬之间他便无法东进，只有等到明年，但在经济上又不容他等到明年，而政治上英美亦非一无弱点不能供其利用者。在英国，有所谓达维斯多克对德媾和的计划（二十五日伦敦合众电），在美国，斯克利泼霍华德的报纸，在德苏战争开始前就宣称，"这就是我们可以赞许的一种战争"。因此，希特勒就在这些基础上，爆发其最大的冒险的反苏战争。希特勒的意思是在说，我先打给你们看。实际上不管其战争进行得如何，只要战争还在进行之中，希特勒总不会放弃其对其他国家的和平攻势的。暗流虽是暗流，但我们总应该警戒这一暗流，才能使新的反法西斯主义的世界主流，得以汹涌澎湃的前进。

现在战争已爆发了一周，根据莫洛托夫的文告，根据全苏联人民热烈的响应，和对于敌人的愤怒，根据苏联□军红海军空军在前线的英勇抗战，证明苏联全国军民在斯大林领导之下，是有准备有力量能击退纳粹德国疯狂进攻的。苏联民族历史上屡次击退外来侵略的英勇传统，十多年来伟大的社会主义建设和国防力量，苏联全国军民坚固的团结，苏联布尔塞维克党、政府及斯大林的领导，全世界同情苏联的人民、民族和国家的后盾，都是保证苏联在战争中取得胜利的重要条件。但是苏联的人民知道，进攻苏联的敌人是强大的敌人，苏联并不希望轻易致［制］胜。苏联人民很勇敢的面向法西斯蒂，在世界反法西斯战争中，当着最艰巨的阵势。他虽不愿为帝国主义的争夺去火中取栗，但他为苏联的存在和发展，为全世界人民的独立自由，却不惜重大牺牲，以争取人类的真正和平，这是社会主义的侠义行为。

战争的发展方在开始，我们已经说过："其战果决不是短时期所可看出，更不是几个仗便见分晓"，但是我们可预言的是时间有利于苏联。纳粹德国利在速决，故一开始便攻势甚猛，企图仍以闪击战达到其两个月征服苏联的狂言。苏联的战法，不论是拒之于国门之外，或是引之深入，只要苏联的主力在，人力在，物力在，时间一久，法西斯侵略者必然要遭受最后的惨败。故我们对苏德战争，不能以一时的出入胜负为断。同情苏联的人，因为不知苏联的究竟实力，有为苏联着急担心的，这是一种好意，应该向他们解释。然而也有幸灾乐祸的人，以苏联败了为高兴的，那真是别有用心，应该归入法西斯之流。还有认为不管苏联胜败如何，都于我们有利的，那更是有害的思想。试问纳粹德国如果胜了，他将与其东西盟友日意法西斯强盗共同征服世界，我们何能幸免？

我曾说而且也很希望："战争仍然循着最直接的战争轨道前进，暗流总是暗流。"虽然将来的变化还多，而且我们还应时刻提防着暗流的生长，但是目前英美的态度还总是反法西斯主义的。尤其是英相丘吉尔的态度很坦白，他知道对德妥协，不仅欧洲霸权无法取回，便连非亚属地在德胜办之后，仍然有被侵入的危险，而苏联作战，不仅可以利用目前喘息的机会巩固英伦及北非近东的阵地，而且在反法西斯蒂的斗争中，还可维持英国某些利益。我们认为英国这种态度应该更求彻底，对于过去一贯反苏而又亲德的分子应该肃清出去，以免中途变卦，对于国内人民应恢复其民主权利，对于其属地人民，应给以解放可能，以便真正有力的动员人民的力量反对法西斯的侵入。对于苏联，英国正在进行其援助的协商，但最有效的还是军事上的协同动作，而空军的轰炸，海军的牵制，又为最重要的步骤。美国方面，确实是松了很大一口气，海长诺克斯既说德苏战争对于美国有利，而孤立派议员更大叫美国从此更无须参战，还就使罗斯福的对苏态度和援苏政策来得更加慎重，太平洋上的变化，也使得罗斯福要有所待。

然而不管怎样，站在反法西斯主义的立场上，英美应该与苏联建立共同的阵线，这首先必须求得政治上的谅解，大家向着一个目标，向着为消灭法西斯统治以求得各民族的独立自由而斗争。为着这个目的，必须号召广大的人民起来参加，才能保障其实现。

在轴心国方面，法西斯意大利已经成为纳粹德国的附庸，亦步亦趋的跟着希特勒走。而东方法西斯强盗，则向具有半独立性的作用，尤其因为缔结了苏日中立协定，所以连德国进攻苏联的消息，事先都不知道，事后松冈所受到的打击，可以想见。现在日寇正处焦急彷徨等待之中。目前最大的可能是北进攻苏，这由于亲德派及反苏分子现在正好集中在这一焦点上，而维持现状派之反对武力南进，也正可作为他们转向北进的根据。但是北进也并不是没有困难和顾虑的，第一，中国问题将因此更陷于不能解决之境；第二，西伯利亚并没有像南洋那样多的国防资源；第三，时间上不很易于侥幸成功，万一拖长，则日寇的另一泥足又要陷于冰天雪地之中；第四，万一英美在其发动攻苏后，实行太平洋上的封锁，岂不陷于前后绝境?! 并且武力南进虽然暂时搁起，但是经济妥协并非不可能的。何况在英美人士中，也并非无人主张对日妥协以拉其疏远或退出轴心者，这点也颇能眩惑日寇，使其想先拿住南洋资源然后再图北进，可是时间上又何能许?! 因此，遂形成日寇目前的焦急彷徨和等待，而近卫松冈内阁也便在动摇不定之中，不过，德意法西斯蒂，却策动其北进不遗馀〔余〕力，所以日寇攻苏的危机是增长着的，我们应该严重注意他的政治军事动态。然而不管日寇发动北进与否，对于已在他侵略下的我国，绝对不会忘怀，不会罢手，这是很显然的。他对我们的政策仍然是两面兼施，一打一拉。打的方面，有可能在配合其准备北进的步骤上，加紧华北的"扫荡"战，渡河侵犯郑、洛、潼关，或沿长江出击，以便在压迫我们之后转移兵力北进。拉的方面，有可能采取一些形式上的让步，诱我投降，引我分裂，以便其先集中力量北进，然后再回师灭我，这是最毒的一着，也是我最应警惕的一着。

总之，世界风云变得这样急，这样大，我们伟大的中华民族，在抗战中已屹然不动的坚持了四年，现在更不应受这个风浪波动。在这个意义上，我们应该是"以不变应万变"，并运用我们站在东方反日本法西斯强盗的前线地位，联合东方一切反法西斯的人民民族和国家，结成更广大的反法西斯的国际统一战线，肃清一切反苏反共及对日妥协的有害思想，以打倒东方法西斯蒂头子的日本强盗。在东方，英美的地位也显然增高了。过去，我们因为了解英国对德作战的困难，故只望英国不再对日妥协，而现在则较有可能加强其远东反日的力量，加增其对我的援助了。过去，我们因为了解美国不愿两洋作战，要先对德后对日，故也只望美国对日禁运，不再妥协，而现在则更有可能断绝一切对日妥协的念头，彻底对日禁运，加强对我的援助了。有人提议，中美英苏应该结成同盟，当然是很好的，但我想在今天的英美政府，是不会接受不能实现的。不过我们最小限度的主张：不再对日妥协，实行对日全面禁运，加强对我援助，准备太平洋上反法西斯主义的自卫力量，"共同制裁日寇"一个要求，这总应该可以作到，而我们更应联合起英美人民结成太平洋上反法西斯阵线，以求其〈做〉到。

还有，因为苏德战争及日本有北进可能而引起的一种过分乐观心理，这在我们四年抗战中已屡次证明是有害的心理。德苏战争，德国法西斯主义者所打击的正是四年来助我最多的友邦，而遭到战争惨祸的正是二万万为世界和平民族自由奋斗的人民，我们不仅在患难之交上同情这个朋友，便在援我的意义上，我们也要受到一些影响，但这里我们要声明一句，苏联的援助历来是助我整个民族，给我国民政府，而决不如上海哈瓦斯电讯所说，中国共产党系依靠于苏联的援助而存在的。至于估计到日寇北进，我们更不应因此过分乐观，致使放松对外，转而对内。我们应该乘机努力，加紧国内的团结，改善政治上的设施，克服经济上的困难，尤其是要加强军事的力量，国防的生产，以便一方面能有力的抗击敌人的进攻，收复一些据点，另一方面，在敌人果然北进时，我们也可配合友邦，实行反攻，击败敌人。

只有这样，我们的抗战，才有胜利的前途。只有这样，我们才能在东方坚持反法西斯大纛，团结一切反法西斯的力量。也只有这样，我们才能够与苏联成为反法西斯的战斗共鸣，才配称得起伟大的国父孙中山先生的革命儿女。

选自《新华日报》1941年6月29日

中共中央书记处关于
凡属反对法西斯德意日者均应联合的指示

（一九四一年七月十二日）

在目前条件下，不管是否帝国主义国家或是否资产阶级，凡属反对法西斯德意日，援助苏联与中国者，都是好的，有益的，正义的。凡属援助德意日、反对苏联与中国者，都是坏的，有害的，非正义的。在此标准下，对于目前英国的对德战争，美国的援苏、援华、援英行动及可能的美国反德反日战争，都不是帝国主义性质的，而是正义的，我们均应表示欢迎，均应联合一致，反对共同敌人。对于中国各党派各阶层的态度，亦以此为标准，对于一切抗日反德意与援助苏联者均欢迎之，对亲日亲德意及反苏分子均反对之。目前是法西斯与反法西斯两大阵线斗争的新的历史时期这个基本观点，中央在六月二十三日决定中，在六月二十六日《解放日报》社论中，在七七宣言中，已迭经指出，但尚未为全体同志所完全了解，兹再明白指出，望全党同志一体遵照。

中央书记处
七月十二日

选自中共中央文献研究室、中央档案馆编：《建党以来重要文献选编（一九二一——一九四九）》第十八册，中央文献出版社2011年版

周恩来关于对太平洋局势分析及我之对策的建议致毛泽东电

(一九四一年七月)

毛主席：

关于太平洋局势我的看法是：

（一）罗斯福对日本采取哄与拖的政策，哄的目的是使日本实质上离开轴心至少中立，不武力南进，停止武力扩土，不干涉援苏，中日和平谈判条件是同意日本在中国的经济特权，南洋的利益均沾，如日本答应则可能先召开远东和平会议，使太平洋暂时和平，便于集中力量对德。这对于英美均有利，但对于中国则包含着危险，将使中国屈服，政治经济更殖民地化，且将酿成内战。不过这政策不易成功，主要是日本少壮军人不顾及后利，不让这样做，汪精卫也要从中阻挠，而中国英美派也怕在这时开和平会议对于中国太不利，故最近在报上极力声明，不得中国的同意不能解决问题，而蒋必也认为目前不是交易之时。如日本不受哄，则只有拖，在拖的中间英美对日施以局部压力，日本仍待机观望，故拖的可能是更大的。但南洋的局部妥协也有可能，同时日本少壮要急于求出路，也有可能实行北进或南进的冒险，不过压迫中国仍是主要的。

（二）反映到中国仍是拖的局面，在日美谈判中，中国当局不敢全面破裂，如果内战将给日本以借口，使罗斯福更加难于开口，除非日本冒险北进，蒋是会投机，压我们北进，但也有顾虑，怕我们北进与苏军配合，先取到武装，如日本南进截断滇缅路，接济得不到，则更困难内战。罗斯福曾经拉铁摩尔告蒋三年内不要内战，我估计今年再要发动反共高潮更困难，但对我压力绝不会放松，除了对华北边区新四军包围和封锁，对大后方肃清地方党组织外，更增加了在海外对我进攻，甚至经过香港南洋政府对我压迫。小廖电港新任总督是殖民地刽子手，可能接受他们一些要求，同时准备必要时的宣传闪击战。

（三）提议我们对策：

（1）在军事上是提高接受新武器的准备条件，来学习自然科学，学俄文，学初步的近代军事知识，多学炮兵汽车驾驶，增强骑兵，广泛提倡体育健身等。如有可能，我们拟找制造滑翔机的人或画样送延倡滑翔运动。

（2）在大后方是更严密地下党的组织。

（3）在海外是加强党的领导，以开展英美人士、华侨各党派文化界的统一战线工作与扩大民主运动。因此再向中央提议速派大员赴港领导。在目前国际形势尤其在将来更开展的形势下都是极端重要，否则各方面的组织工作都要受很大的损失。

……

以上如何？请示复。

周恩来

选自《中共中央南方局历史文献选编》上，重庆出版社2017年版

周恩来对时局的看法与加强香港方面工作致毛泽东电

（一九四一年七月三十日）

毛主席：

（甲）目前形势，从莫洛托夫文告、邱吉尔演说、真理报社论、英共美共宣言上都可看出，自苏德战争爆发后，世界已入新时期或新阶段，苏德战争已成主体，世界将成法西斯及反法西斯两个阵线。国际任务在集中力量打德拉英，美推其改变对内政策及对德日妄想。日颇孤立，更加强打日以牵制日本，如果英美内政有变，与苏有进一步合作或协商，对日断绝妥协之念，则反法西斯阵线可成，战争性质也可统一，否则变化正多，还不能说战争性质已全部改变。阅解放论新时期文章，似乎将全部变质问题说得太早一点，你以为如何？请示。

（乙）现英美在东方尤其中国的地位大增强，重庆当局及舆论这几天大挑拨日本攻苏，目的在他们及英美好坐收渔人之利，将来反共。我们对策则强调团结打日本，拉英美援华，禁运制裁日本，以暴其妥协企图。强调援华，并多为苏联解释，对中英美苏同盟不反对，但不必强调，并指出今天英美政府不能如此。此种意见对否？请示。

（丙）不管怎样，现在港、沪、南洋、美洲活动非常重要，好转则为一大方面，坏转则为海外斗争据美［点］①。尤其港已成中心，事太忙、人太少、方面太杂。小廖虽多手艺，成绩也很大，但照顾不了这样多。且其在策略运用上还有幼稚处，在态度上人觉其太滑稽不严肃，对英大使谈话有对有不对的。香港这一据点决不能失，在目前更不应失。而他们现在

---

① 此处疑为"据点"。

港的宣传（华商报、大公报、大众生活）做得都过尖锐。金仲华□□星岛一大损失，对文化人的策略教育也不够，埋藏工作更没有，香港据点有失掉可能。我提议中央加派人去领导，最适宜人选为李富春、蔡畅，除此，我实不出人。为工作我都想去一次，可惜不可能。如何？也请考虑电示。

周恩来　卅渝

选自《中共中央南方局历史文献选编》上，重庆出版社2017年版

联合起来扑灭法西斯[①]

（一九四一年七月三十日）

董必武

纳粹是法西斯的德国版，反之，法西斯也就是意大利版的纳粹。它们在名称上虽不相同，其精神和实质是完全一致的。它们是上次帝国主义大战后，在德、意两国广大人民对凡尔赛和约的不满和有产者惧怕为共产主义的洪流所淹没的恐惧中孪生的弟兄，它们一出世即显露了要吃人喝血的凶恶面孔。

它们主张用暴力来达到它们所企求的目的，它们反对民主和自由。它们极力作武断宣传，自称为国家社会主义，口头反对资本主义，虚构一罗马帝国和大日耳曼第三帝国，以诱发国人扩张领土、奴役异族的野心。偏执狭隘的自高自大的种族成见，这一点纳粹走得更远，直捷[截]了当地首先反对犹太人、反对天主教、反对自由主义的文化与科学而要创造"德国的科学"。它们一开始就组织自己的打手——黑衫队与褐衫队，威吓劳动人民，捣乱自由主义者的、工人的集会，破坏职工会的组织，以流血的斗殴打击其他党派，特别是共产党。

法西斯纳粹夺到了政权以后，它们就推翻民主政治的标帜——民选的议会，以法西斯党的会议代替国会。纳粹更干脆地说"国社党就是国家"。这样赤裸裸地建立法西斯纳粹的独裁，剥夺国民的集会、结社、言论、出版的自由，解散人民的一切组织，特别是工会的组织，规定要按照法西

[①] 这是董必武为重庆《新华日报》所写的署名文章。于1941年8月1日以代社论发表。

的意图进行改组，摧残压迫异党，特别是共产党，使它完全变成地下党去活动。盖世太保（即德国秘密警察）的组织象网一般笼罩各地而有惊人的权力，随意逮捕、审问、拷打、监禁、虐待以至处决它们所不喜欢的人。集中营是活地狱，公开地无耻地设立着。希特勒说："我们应该以最残酷的方法进攻敌人，为了国家的利益，应该毫不犹豫地将他们收入集中营中。"集中营是法西斯进攻人民的一种机关，用的是最残酷的方法，在这一点上食言而肥的希特勒是没有说谎的。在那里他真正用了最残酷的方法，不管是科学家、文学家或艺术家，凡怀抱自由思想、鄙视法西斯主义的人，都受到无情的迫害。奥伦堡的集中营就编有一个"硕士先生队"。打击天主教徒，虐待犹太人，更是希特勒的杰作。这样，法西斯纳粹所统治的地方，就成为一个极端恐怖的世界。

墨索里尼得意大利大亨斐特左尼和哥拉的尼财政上的支持而夺得政权。希特勒的活动是蒂森站在背后。尽管法西斯口头讲"社会主义"，实际则保证金融寡头的垄断利润，加以疯狂的扩充军备，以飞机大炮代替牛油和面包，人民的负担激增而生活状况则每况愈下。法西斯在国内玩弄法律，高兴怎样干就怎样干，一切法律都是定下来拘束人民的，对国际亦毫无信义可言，任何信誓旦旦的诺言，不惜翻悔；任何庄严签字的条约，可以撕毁之如废纸。

欧洲法西斯的大言不惭、目空一切的姿态，刺激了远东的日本强盗。日本统治阶级的法西斯化虽经历着较缓慢的过程，而实现法西斯的撕毁条约，对外侵略，却比其创始者来得更早。一九三一年九月十八日，日本强盗开始武装侵占我国东北四省[①]，世界上第一个破坏国际条约的元恶大憝，就是日本帝国主义。一九三五年跟着而来的是墨索里尼武装侵略阿比西尼亚[②]。希特勒执政后积极扩军，充实军队的装备，和新旧法西斯作撕毁条约和侵略的竞赛。一九三七年七月七日大规模的武装独吞中国的挑衅，也是日本法西斯抢先着，开了"不宣而战"的恶例！德、意法西斯跟着侵略

[①]东北四省，指当时我国东北部的黑龙江、吉林、辽宁和热河四省。
[②]阿比西尼亚，今称埃塞俄比亚。

到欧洲十五个大大小小的国家。在攻英不能得手之际，今年六月二十二日，德、意法西斯的血手又触到和平支柱——埋头建设共产主义社会的苏联。东方法西斯又经维希政府承认对越南的联防而奴役安南①，为进一步南进或北进的侵略作准备。法西斯的侵略是以并吞全世界为目的的。

归纳以上的叙述，可以指出：

——法西斯主义就是黑暗野蛮的统治阶级向民主自由和劳动群众施行的最残酷的进攻；

——法西斯主义就是疯狂猖獗的反动和反革命；

——法西斯主义就是横行无忌的民族侵略主义的强盗的战争；

——法西斯主义就是爱好民主自由的人们和劳动群众的死敌！

各法西斯国家不仅主张相同，统治方式相似，而且互相结合，互相依赖，远较反法西斯诸国之联系为强。在一九三六年十一月，墨索里尼即公开称许"罗马——柏林轴心"，日寇跟着和德国订立防共协定，意大利旋亦加入，形成了著名的三国反共同盟。这一同盟因苏德互不侵犯条约的订立而形同瓦解。去年九月，为了互相承认"欧洲新秩序"和"东亚新秩序"，德、意、日订立了三国军事同盟条约。条约中虽标明不变更对苏立场，但虎狼成群结队，对站在它们旁边的人虽暂不为其搏噬的对象，总要感到威胁。到今年六月，德、意法西斯在袭击伦敦、攻击地中海、苏彝[伊]士都无胜利把握的时候，掉转头来向英、美作和平攻势，而以全力侵袭苏联。它们动员人数的众多，战线的广袤，器械的精利，战斗的残酷，死伤的浩大，破坏的深广，虽为时不及六星期，恐已都是空前的。这一滔天罪行的责任，应完全由德、意法西斯负之。日寇深陷在侵华的泥淖中，已拔足不出，但仍强占越南，以便和德、意法西斯的行动相呼应，巩固南进的据点，加紧调兵遣将，准备北进；同时以军事威吓、政治诱降，企图从速结束所谓"中国事件"。目前法西斯已结成同盟，同盟中德国希特勒为首恶，意、日两法西斯强盗为帮凶，而日寇尤为狡猾，常保持着对

---

①安南，越南旧称。

同盟的半独立性。

反法西斯诸国的情形更为复杂。

我国反抗日寇的侵略已进入第五年，军事上完全独立撑持，将士的英勇，四亿五千万人民的义愤，使我们的抗战显出如火如荼的伟观。我们拖住了东方法西斯，使它不能任意在太平洋作恶。苏联系我最亲密的患难友邦之一，抗战以来，在精神上和物质上援助我最快最多。英美亦对我表同情，但物质援助颇感不够，特别是美国不够。我国虽坚决抵抗日寇，但有些人并不深刻了解日寇亦法西斯，并对日寇盟友德、意法西斯的反动实质亦认识不足。有人读了希特勒的《我的奋斗》后恭维纳粹，说纳粹和中山先生的三民主义基本相同。这对于中山先生，对于三民主义，都是极大的侮辱。抗战之初，汪逆精卫等想走德、意路线，但遭反对，未能实现。国内有少数人不明法西斯的意义，看见希特勒、墨索里尼耀武扬威，不可一世，象［像］煞有介事，就想模仿法西斯的作法。不知道照法西斯的作法，多作一分，即离开民主道路愈远一分，妨碍着民主国的援助。德国法西斯进攻苏联以后，我国舆论都同情苏联，但也有少数人主张苏联胜于我有利，败亦于我有利的。这些先生没有想一想，苏联败就是德国法西斯胜，德国法西斯承认过伪满，承认过汪伪政权，它打胜了，还有我们爱国人民好过的日子吗？他们更不会想，苏德战争不仅是苏联人民自由的命运之所系，也是全世界人民自由的命运之所系。苏联胜，则法西斯盟主塌台，一定要影响到它的盟友，这样，我们也就容易收拾日寇。所以为了我国的胜利，我们也只能希望苏联胜，苏败对我国抗战是绝对不利的。有人以为日寇善于投机，在苏德战争中，德胜苏败之际，日寇当北进。日寇北进，必从中国战场上抽调兵员，这样我们就可以收复失地，同时苏联一败，也可以杀一杀中共的气焰，可使之就范。这些人，把我们的一切抗战建国工作象［像］赌博一样都押在日寇的北进上，这种赌博是很危险的。而且，这种想法对苏联也是极不友好的。这些思想和言论的存在，障碍着我们进一步争取友邦的援助。欧洲两大法西斯承认汪伪政权后，我国政府即宣布对德、意绝交，这是给它们的一个应有的回答，同时也是对日寇的一个打击。

希特勒以备战的反共十字军一百七十个师袭击订有互不侵犯条约的邻邦——苏联，想乘苏联措手不及，一鼓而下莫斯科、列宁格勒、基辅。苏联在开始时没有总动员，抵抗略有不利。现已动员军队一千万人，陆续开赴前线，阅时四十日，已把希特勒的拿手好戏——闪击战挡住。闪击战一次二次均未生效，希特勒要在六星期内打下莫斯科的狂妄企图被粉碎了。德国的飞机、坦克，德国的机械化兵团、炮兵都开始遭遇着劲敌。它们并不是如希特勒所说是不可战胜的。它们已被苏联的红军和红空军打败过多次。如果否认德国军队不是劲敌而意存轻视，那是有害的。苏联费很大的力，前方进行英勇阻击，敌后发动游击战，才把德国法西斯疾风骤雨之势阻住。过去对苏联实力估计不足的人们，通过苏联这六个星期的顽强抵抗，对苏联的看法已逐渐改变了。全世界除了顽固象蒲立德，下流象托洛茨基残余分子以外，爱好正义和平的人们，特别是劳动群众，没有不同情苏联的。英、苏协定的签订，更加强了苏联战胜希特勒反共十字军的基础。美国援苏，只要不是空话，是有助于苏联的抗战实力的。苏联抗德、意，我抗日寇，这两个战争的性质是完全一致的。苏联是反法西斯的主力。

英国自去年六月法国贝当对德屈服后，独立抗德。幸英本土和属地或孤悬海外，或远隔数国，德国最优势的陆军无所施其伎。德利用空军轰炸，潜艇袭击，使伦敦遭毁，海运受劫。赖有美国援助，英空军勉强能应付，德在伦敦上空，不能获得制空权。英海军强大，美又采取变相的护航巡逻，使德国在海上潜、空袭击的威力，大大减低。德掉头东向侵苏，英获喘息。邱吉尔拒绝赫斯诱和，在德攻苏之次日即宣称援苏抗德，并揭破德国法西斯并吞世界的阴谋，贤明迅捷，不愧为世界一大政治家。英、苏签订共同抗德法西斯协定，亦为世界反法西斯战争中有决定意义的一个步骤，奠定了反法西斯统一战线的基础。惟英国不欲两洋作战，对日本法西斯常存妥协的念头。德、意、日三国同盟条约签订后，英国对华援助较积极，远东政策力求与美国平行。日寇侵占越南后，英国采用废除商约，封存资金的办法以阻止日寇的南进，政策较从前渐趋强硬。英国目前可以而且应当加强其海上对德、意的封锁，加强空军对德的轰炸，组织陆战队，组织欧陆各民族的降落伞队，准备在必要时登陆和降落。没有这些组织活动，终是消极的。英国对日寇不应再让步，应准备进一步的对付办法，同时应以更多的物资援华、援苏，对《工人日报》应予启封，对殖民地地位应予改进，以加厚反法西斯的实力。

美国自称为民主国的兵工厂，它确具有这一资格。过去英德战争紧张时，美系以全力援英，当时还有应付不及的感觉。德攻苏后，苏自力抵挡，不仅英得喘息，美亦可以从容支应。美既应允援苏，现应对运输和迅速两点注意，使苏联很快能得到其所缺乏的军需品的补充。过去援英第一，现时援苏纵不能第一，亦应与援英的程度和速度相等。苏联目前为反法西斯主力军——两万万爱好和平、自由、民主的人民正咬紧牙关，跟吃人喝血的生番作生死搏斗。国力充实的美国，是应该被发缨冠往救的。当然英国仍还急需援助，才能更有效地打击法西斯。美国过去看大西洋重于太平洋，看欧洲战争急于亚洲战争，对我国的援助不够。今年开始，虽然在经济上、军需上有确定的数目助我，但仍然是不够的。现美国生产力已提高，援英不象［像］从前那样迫不及待，则援华程度自应增加。我们希望得到美国更多的援助，尤其希望美国对日寇及早加以制裁。过去美国对日本太姑息了，美国供给日本的飞机、汽油，一直到现在，每月的数目还是很可观的。美国一方面同情并赞助我国抗战，另一方面又大量供给我们的敌人以军需品，这是何等矛盾不合理的政策。日寇侵占越南，美国在抗议后即下令封存日本在美的资金，这对日寇算是比较强硬一点。美国现在有更多的力量顾及太平洋了。美国对日本再进一步就是禁运汽油，现在是时候了，迟延将要后悔的。

中、苏、英、美的人力、物力、财力大过德、意、日三法西斯国若干倍。这四大国联合起来反法西斯，胜利是可操左券的。

中国必须拖住日寇，坚决反法西斯，坚决实行民主，根绝对苏不利的言论。我们坚决抗日，恰恰削弱了苏联敌人的与国，我们可以多得英美物质上的帮助，也可以多得苏联的帮助。这样把我们的抗日和苏、英、美的反法西斯运动配合起来，我们一定能战胜日寇。

苏联为反法西斯德国的主力军，美国为反法西斯的军需部，英国为反法西斯的游动哨，我国为反日本法西斯的前卫。我们协同动作，一定要扑灭法西斯。这恶魔一定会被我们扑灭的！

选自《董必武选集》，人民出版社1985年版

中共中央关于最近国际事件的声明

（一九四一年八月十九日）

关于罗斯福丘吉尔宣言及行将召集的莫斯科会议，中共中央发表声明如下：

八月十四日美国大总统罗斯福及英国首相丘吉尔发表联合宣言及提议在莫斯科召集三国会议，乃是具有世界历史意义的重大事件，从此开辟了世界历史的新阶段。罗丘宣言及其提议召集莫斯科会议，表示了英美打倒法西斯主义的决心，这种决心是完全有利于苏联，有利于英美，有利于中国，有利于世界的。因为过去与现在的最大危险，是英美内部一部分亲法西斯的反动派，企图违背人民意志，接受法西斯和平，但此宣言拒绝了这种和平。或者主张隔岸观火，让苏联独负消耗法西斯的重担，以便将来乘机取利，但罗、丘提议召集莫斯科会议以便具体分配战争任务与战争资材之行动，则打击了这种消极的企图。只要英美承认"解除各侵略国武装是必要的"，主张"纳粹的最后崩溃"，同意分配战争任务与战争资材，便保证了苏联与英美的胜利，保证了中国与全世界的胜利。斯大林在其七月三日的著名演说中所谓苏联信守条约德国毁约攻苏之事实，造成了一个长期政治因素，这种因素实为军事胜利的基础，这一真理，在此次罗丘宣言中及召集莫斯科会议的提议中，完全证明了。罗丘宣言及其提议召集莫斯科会议，特别表明了美国对于参加反抗法西斯侵略的神圣战争，已经下了决心。而美国的这种决心，即是表明了全世界反抗法西斯侵略的伟大战斗阵线已经在政治上完成，而莫斯科会议则将在组织上完成之。法西斯侵略阵线，已经处于孤立状态中，法西斯失败的前途已经确定。目前的这一形势，在一九三九年秋季欧战爆发之前是没有可能的，因为当时苏联及全世界人民虽然力主组织保障国际安全的反法西斯阵线，但当时英美方面还存在着害人害己的慕尼黑政策，只在残酷战争的教训之后，这一错误政策才改变过来。从直接的因素说来，这是苏联人民英勇斗争的结果，红军阻止了德军的攻势，使得罗斯福、丘吉尔有勇气举行了此次会议，发表了此次宣言。这又是英美人民英勇斗争的结果，这种斗争打击了英美内部一部分亲法西斯的反动派，使得罗斯福、丘吉尔敢于拒绝法西斯和平的引诱，发表了此次伸张人类正义的宣言，决定了英美苏三大强国坚固联合这种具有政治远见的政策。这又是中国人民英勇斗争的结果，中国阻止了日本法西斯匪军的进攻，使得英美有勇气声明解除一切侵略国的武装。宣言未提日本之名，宣言的第四条暗示可与日本通商及供给原料，第七条暗示允许日本移民，仍在企图拉拢日本现状维持派，表示其愿与日本妥协的一面，但宣言的第二条反对强制变更领土，第三条主张恢复被剥夺权利的国家，特别是第八条承认解除一切侵略国武装的必要性，这些都是积极反日的。总之，全中国人民都欢迎英美宣言，欢迎行将在莫斯科召集的英美苏三国会议。中国人民相信，这不但是英美苏三国人民从法西斯威胁下获得解放的国际基础，而且是全世界人民获得解放的国际基础，而且是我们中国人民获得解放的国际基础。中国人民的任务在于坚持团结与抗战，克服抗日阵线内部企图破坏团结抗战的反动因素，积极组织对日寇的反攻。中国内部存在着敌人的第五纵队，这就是亲日派及亲德派，他们违背民族利益与人类利益，在国内倡言反共，完全是响应希特勒的"反布尔塞维克十字军"，为日本法西斯肃清道路。当此全世界反法西斯大团结实行建立之时，此辈第五纵队如尚毫无觉悟，继续其反共、反人民、反民族、反人类的罪恶行为，必为全国全世界所不齿。我们相信，只要全国人民增强努力，肃清第五纵队，则团结便能巩固，抗战便能坚持，反攻便能实现，中国是有资格参加世界反法西斯战线而成为一个有力的方面军的。全中国与全人类的命运关系于这一向法西斯主义的决斗，中国各党派应该善处此种千载难逢的时机，团结全国人民，一致向好的进步的方向努力，这就是我们共产党人所深切期望的。

中国共产党中央委员会

一九四一年八月十九日

选自中共中央文献研究室、中央档案馆编:《建党以来重要文献选编(一九二一——一九四九)》第十八册,中央文献出版社2011年版

南方局会议记录节录
（周恩来谈苏德战争、太平洋情形）

（一九四一年九月二日）

来：

政治：

苏德战争：

现在是第三次战争时期，德以全部力量企图攻占苏大城市或粮食产区以鼓士气及宣传战争是空前激烈，但其主力常变动，转移突击不全错猛攻，证明1.力量不够分配。2.想集中一点攻击占领要地，同世界夸耀。

苏对策总的照旧——消耗德力，彻底焦土——但有些新的办法就是局部反攻，中路是猛烈反攻，敌后突破更多，仍坚守列宁格勒、基辅、敖德萨、卡尔可夫、布里斯克……，这次战斗成果是影响以后的战局。

德如这次进攻失败则四次更困难1.兵力不够。2.时间延长。3.生产不继。4.小国家的奋起。5.气候不利——直接的影响，间接的影响是外交上苏联的胜利如罗邱会议，演说……伊朗问题的解决，苏葭新出海口对土利，伐后循……主要是在政治上的意义，物质的援助还是开始尚未到达。

但困难还很多还需很多人力财力物力才能支持长期的战争，外交上还要努力，九月战斗也许会更激烈。危机减少了，但有待克服，如列、卡失对莫威胁更大，政治上英美才是援助苏联，但苏损失他们也是内心愿意的，英美内部也还有亲法分子，政府对国内共党，工人的压迫仍很严，政府还没共党参加，矛盾也还有，所以危机还有，只是减少了。

太平洋情形：

因罗邱宣言说明，美英基本上是适应欧反纳粹，反对"侵略扩土"，在反法西〈斯〉这点是适用于远方的，但对经济方面很含糊，对殖民地经济仍很限制如印度不给发展重工业，对日本容许其经济发展，我们应宣传各国都应有经济发展国防力量，日美谈判就基础于此，美对日一方是哄一方是拖，哄其脱离轴心，至少中立，条件是停止武力扩张，同意其经济发展，在中国是门户开放，在南洋是利益均沾，承认日本在中国经济特权，不撤兵也不进攻，使太平洋暂时和平，集中力量打纳粹，最后再以世界和平会议来解决东方问题，这点基本上是有利的，只要不牺牲别国，日本如不接受则是以谈判"拖"。

日本因武力南进必攻其英美，武力冲突，长期拖，储藏少，速决要拼。因英美必封锁，南洋资材得不到，北进恐苏力，英美封锁，苏延季候不利，故再拖日本必找一条出路，既不接受美英条件，又不敢决裂，所以有可能内阁再改组，增加军人成份，军事上拿中国出气。拖，英美也是愿意的。

在英美这政策下，哄与拖都有危机。哄——如日本赞成东方和平会在中国特权、南洋经济利益，这就使中国受大损失，政治经济在殖民地化，酿成内战，英美上日本当，他的警惕性还是可能少，主要是日本内部矛盾，少壮不会这样做，还要看日本内部的斗争，同时汉奸也不会随便答应，我们应强调哄是不利的，日本必贪图〔得〕无厌。拖——也有危险就是常起变化，日内部少壮也有可能冒险，或者苏受挫北进或者先南进切滇缅路。

英美政策是哄与拖，哄不一定成功，拖可能大，但其中可能产生对我不利的条件，中国是在这种哄与拖中过活，1.外交英美派更得势，军人要发表东西，我们要强调他们的好的论调，2.内政上仍怕日内战影响外交，孙科在港谈话在渝未转载，对其除了就德亲日顽派仍不主张主动以阴谋发动进攻，英美派在国共问题主互让，中间，地方主共接受条件，其内部已有初步不同的意见，我们要看到并改善与英美派关系，但不要估计过高，他如能北进，将困难一些，但只要有武装就不怕的。

我们要准备：1.技术提高和身体强健。

2.建立海外据点，首先是香港。

3.加强党的秘密工作。

……

来：

1.时局意见电中央。

2.全面破裂问题还要说一点，就是全面破裂更困难，但是不能消减取封锁、包围、消弱，是绝不会放松的（胡汤的包围鲁晋等摩擦），对大后方仍是肃清政策，现在加上一条是海外的竞赛，反共思想总是存在，但是将来时局的逼迫也有可能逼成民主，但民主比抗战难，因不仅是阶级利益，而且买办地主，军人都不会赞成民主，没有共党支撑是不能坚持的，现在要分散的培养民主力量，所以任何一点民主思想我们都要赞助的。

3.具体问题：①滑翔我不说②宣传多注意宣传英美的材料，香港华商作风要改，新华应更注意。

选自《中共中央南方局历史文献选编》上，重庆出版社2017年版

南方局会议记录节录（周恩来谈日美妥协可能）

（一九四一年九月十四日）

来、必、超、原、坚——许、康
（家康报告消息后）
……

来：高斯并不否认日美妥协可能，总会有结果，他希望在中国见到内、外的和平。

根据情况，日美妥协有可能，但先以局部做起，如全面妥协，①中心在日岛轴心，日在今天是不易这样做的。今天仍强调三国同盟。②另外美国是要撕破罗邱宣言。③中国没有参加解决中日问题是很不妥的，所以全面妥协还有所待，至于发表一个含糊的宣言，但也不是全面的妥协，具体问题仍从局部开始。1.南洋妥协，日本得经济利益，不武装南进。2.北方不碍美，援苏与苏日同样，东西保证，美不打日，中国自己解决。目前仍望中国拖着，派代表团使其谈判，但日本条件也不愿低。

中国被孤立。很担心日美妥协，中日妥协可不是行市，故其很苦闷而动摇，想出路，但决心还没有下，如日美妥协，开始可能维持抗战局面，但实际上是会找一妥协道路，好圆场，那时再警外无援助，内有隐忧，来妥协，日汪也还要酝酿。

日德派当然大做宣传，英美出卖中国，应直接投降，但全面"剿共"还有待于日美妥协后。今天以肃清大后方为首，准备造反共舆论借口。海外反共宣传，华北中封锁。

我们应（宣）指示美日妥协必上当，中国绝不投降，强调自力更生，九一八做文章，请东北将领做文，强调收复失地。

（组）如护照无，望董疏散、结束审查。

电中央报告

见郭太［泰］祺、王世杰

（武、坚、孔、超、许、康等发言后）

周：日美妥协给中国精神影响大，决定的是内部，动摇很大，超过现实，认为，日美妥协就等于逼中日妥协。英美派动摇，日德派猖獗，一切都集中到反共身上来，甚至中间派也影响到动摇。

——民资空前途，上层知识分子也悲观。

宣：指出：

1.美日妥协，养虎噬己，美会上全日对南进北进均不会放弃，中心对英美不利，日今天表示妥协，是因英美联合对日，如更强硬，他更无法，打虎要打死。

2.美日妥协不是无影响，但主要是靠中国自己，四年来，美帮助并不大。并指出，美日妥协并不就是包括中日妥协，根据美政策，当然也有一种人这样，但主要的危险在中国内部。

3.日美妥协因我们要反对，但决不能动摇自己信心，否则给日本借口，如我坚强，可影响友邦更坚强，日本无办法，现在决不能动摇。外传均是试探，应一律排斥，这是动摇抗战的。

4.指出抗战是有办法的，四年的抗战，维持了自力更生，有办法，政治上更要团结。

方法：做文、出国际材料，1.谈话稳定中间分子，给美英派打气，2.外人，加强外交活动。

选自《中共中央南方局历史文献选编》上，重庆出版社2017年版

毛泽东关于当前国际形势
和反对悲观情绪问题给周恩来、廖承志的电报

（一九四一年十月二十日）

恩来同志并告小廖：

东条内阁是一个直接准备战争的军人内阁。他是直接准备战争的，但还不见得马上动兵。其战争趋向有北进危险，但南进的可能性并未丧失。国民党已肯定北进，我们不必与之一致。无论日本北进南进，其对华侵略决不放松，此点我们应加强调。关于德苏战争，莫斯科一线虽尚未脱离被侵略危险，但苏联还是能坚持的，德国的情况并不怎样好，英美苏中的合作必能胜利法西斯。当此党内外都生长着悲观情绪之时，我们应坚持正确立场，反对这种悲观情绪。

毛泽东
二十日

此报转发华北华中。

选自中共中央文献研究室、中央档案馆编：《建党以来重要文献选编（一九二一——一九四九）》第十八册，中央文献出版社2011年版

中共中央书记处关于
建立与英美的统一战线问题给周恩来等的指示

（一九四一年十二月八日）

恩来、廖、潘、刘：[①]

日、英、美战争后，我对英美方之政策，应当是建立与展开中共与英美政府的广泛的、真诚的、反日反德的统一战线，不应作不真诚与狭隘的表示，因此：

一、同意瑞典人来延安，贝特兰亦可直来延安。

二、在广东、海南、越南及南洋各地，我们可与英美合作组织游击战争，由英美供给武器，我们派人帮助组织。

三、设法在新加坡、仰光、菲律宾、印度或澳洲成立秘密的中共代表机关，与延直通无线电，以便交换情报。此事望恩来、小廖与英方人士交涉。

四、香港文化人、党的人员、交通情报人员应向南洋及东江撤退。此事请酌办。

五、关于与英美统一战线及南洋华侨工作问题另电告。

书记处

八日 酉

选自中共中央文献研究室、中央档案馆编：《建党以来重要文献选编（一九二一—一九四九）》第十八册，中央文献出版社2011年版

[①] 指廖承志、潘汉年、刘晓。

中国共产党为太平洋战争的宣言

（一九四一年十二月九日）

本月八日日本法西斯政府已经对英美两国宣战，轰炸夏威夷、菲律宾、香港与新加坡，陆军在马来亚北部登陆。在日本宣战后，美国及英国亦已对日宣战，太平洋战争已经爆发了。这一太平洋战争，是日本法西斯为了侵略美国英国及其他各国而发动的非正义的掠夺的战争，而在美国英国及其他各国起而抵抗的一方面，则是为了保卫独立自由与民主的正义的解放的战争。日本法西斯这种新的侵略行为是与他十年以来对于中国的侵略行为完全一样的，也是与德意法西斯对于欧洲对于苏联的侵略行为完全一样的。自太平洋战争爆发以后，全世界一切民主国家将无处不受法西斯国家的侵略，同时全世界的一切民主国家也将无处不起而抵抗。全世界一切国家一切民族划分为举行侵略战争的法西斯阵线与举行解放战争的反法西斯阵线，已经最后地明朗化了。在罗斯多夫胜利，伟大的苏联红军已经开始进入对德反攻阶段的情况之下，在英美两大强国具有丰富资源与极大军力的情况之下，在我们中国已经在日本侧面英勇奋战五年之久的情况之下，在德意日三国资源将届枯竭内部人心动摇的情况之下，即使希特勒、墨索里尼尚能逞凶于一时，即使日本法西斯于其在太平洋作战的初期可能获得许多胜利，并可能截断我滇缅路，还可能对我举行残酷的战争，但法西斯阵线的最后失败局面与反法西斯阵线的最后胜利局面是已经确定了。中国政府与中国人民应该继续过去五年的光荣战争，坚决站在反法西斯国家方面，动员自己一切力量，为最后打倒日本法西斯而斗争。为了这个唯一的目的，必须实现如下各项重要任务：

（一）中国与英美及其他抗日诸友邦缔结军事同盟，实行配合作战，同时建立太平洋一切抗日民族的统一战线，坚持抗日战争至完全的胜利。

（二）全国军队积极打击敌人，并积极准备大规模的战略反攻。

（三）八路军及新四军继续忍受艰难困苦，坚持华北华中敌后抗战，粉碎敌人的"扫荡"，大量的［地］牵制敌人。

（四）向日本军队、日本人民，向朝鲜、台湾、安南各民族，向中国沦陷区的人民，进行反对日本法西斯的更加广大的宣传鼓动，为建立日本内部的反法西斯阵线而斗争。

（五）巩固抗日民族统一战线，巩固国民党共产党及其他党派的合作，解决国共两党之间的争论，恢复新四军，发给八路军饷弹。

（六）制裁亲日派与亲德派，肃清敌人的第五纵队。

（七）实行民主政治，使全中国各党各派及无党无派人士的代表都能在政治组织上担负抗战建国的责任。

（八）加强南洋及各地华侨同胞的内部团结，反对一部分人的挑拨离间行为，同时全体华侨应与各友邦政府及各本地民族协同一致，反对日本法西斯的进攻。

中国共产党中央委员会
中华民国三十年十二月九日

选自中共中央文献研究室、中央档案馆编：《建党以来重要文献选编（一九二一——一九四九）》第十八册，中央文献出版社2011年版

中共中央关于太平洋反日统一战线的指示

(一九四一年十二月九日)

(一)如同本党中央对太平洋战争的宣言所说,英美及太平洋各国的抗日战争是正义的解放的战争,英美对日的胜利就是民主与自由的胜利。因此,我全国人民,全体海外侨胞,及南洋各民族在抗日战争中的中心任务,就是建立与开展太平洋各民族反日反法西斯的广泛统一战线。这个统一战线的组成部分,应当包括反对日本侵略的一切民族的政府、党派及一切阶层的人民,日本国内的反战人民和日本殖民地朝鲜、台湾、越南的人民在内。这个统一战线,应当是上层的,同时又是下层的,是政府的,同时又是民众的联盟。应当实现中英美及其他太平洋各国的反日军事同盟,应当建立宗主国政府与土著民族的亲密合作,同时应当改善各土著民族的政治、经济地位,组织其民众,提高其积极性,并开展一切日本占领区内的游击战争。没有这些,战胜日寇是不可能的。

(二)中国人民与中国共产党对英美的统一战线特别有重大的意义。一方面,在与英美合作之下,消灭日寇是中国民族解放的必要前提;他方面,中国内部团结一致,改革政治军事,积极牵制打击敌人,积极准备战略反攻,又是英美战胜日寇的重要条件。为此目的,中国共产党应该在各种场合与英美人士作诚恳坦白的通力合作,以增加英美抗战力量,并改进中国抗战状况。

(三)必须大大的[地]开展南洋与英美各地的华侨工作。华侨工作的方针应当是团结全体华侨,团结其各阶层各党派,共同进行反日斗争,宣传并拥护祖国的团结抗战,赞助并参加当地政府一切抗日的设施与行动。应该纠正侨胞中及一部分共产党员中的过左倾向，要求他们与当地中国使馆领事馆及国民党部合作。但对亲日亲德分子分裂侨胞团结妨害抗日工作的行为，必须坚决的［地］但是适当的［地］反对之。

（四）必须努力开展华南敌占区、海南岛、越南及日本在南洋一切占领区域的抗日游击战争，并应尽可能与各抗日友军及英美等抗日友邦的军事行动协同一致，及取得他们在各方面的赞助。游击队所实施的各种政策应该符合于反日统一战线的要求，应该注意防止并纠正各种"左"的倾向。

（五）在南洋各地的工作，应与当地民族的共产党取得联系，并帮助他们纠正存在着的"左"的倾向，广大的［地］开展统一战线工作。

选自中共中央文献研究室、中央档案馆编：《建党以来重要文献选编(一九二一——一九四九)》第十八册,中央文献出版社2011年版

周恩来关于香港人员撤退事给廖承志等并中央书记处电

(一九四一年十二月九日)

港廖、潘、刘并中央书记处：

据此间材料，我估计太平洋必先切断各国联系，故关系香港。

甲、菲律宾均将不保，新加坡或可守一时期，而上海交通又已断绝，因此香港人员的退路，除了去广州湾、东江外，马来亚亦可去一些。

乙、如能留港或将来可去马来亚和上海的尽量留下。

丙、如能去琼崖与东江游击则更好。

丁、与英参谋部谈判，可能时应继续进行，能争取多少即争取多少，并照中央指示，诚意的［地］和迅速的［地］办，以争取自此有利的合作。

戊、不能留我也不能南去或游击的人员，即照庚午、庚夜电转入内地先到桂林。

己、我明日除函英美两使慰问表示同情外，并约他们谈话，同时美国军事代表团也准备去。有美记者曾谈到美国愿直接接济华北八路军抗日和准备反攻，并提议我党先发表对美日战争的声明，请中央指示。

周恩来

选自《中共中央南方局历史文献选编》上，重庆出版社2017年版

中共中央关于保护敌占区英美人士的指示

（一九四一年十二月）

英、美、日战争爆发，我党与英美反法西斯统一战线及对英美外交开展之可能与必要益增加，因此对敌占区英美及其系统下的人士，不问其是否顽固，应多方设法欢迎并保护其到我区，或经过我区退走。

选自中共中央文献研究室、中央档案馆编：《建党以来重要文献选编（一九二———九四九）》第十八册，中央文献出版社2011年版

南方局关于国共关系的报告提纲（节录）

（一九四二年十二月十二日于重庆）

丁、目前国内的形势和国际的情况：

（一）希特勒德国先败，日本后败的形势是定了的，因之国民党对世界战争胜利的信心是增加了的。而今年击败希特勒，明年击败日本的口号之所以发生变化，主要原因在未能开辟欧陆第二战场。

（二）德胜或苏德两败俱伤而美独胜是不合理的想法，已经幻灭了，世界民主的前途是定了的，因之某些对法西斯的崇拜者多少给予了些精神上的打击，因之国民党对世界民主的前途也不得不认识和承认。

（三）日寇的战略是保存主力，待机发动，因为要保存主力，所以他不去攻苏，攻印澳，而加紧南洋的掠夺和开发，加紧在华以战养战，以华制华，加紧南洋的交通战和某时期对某一方面的和平攻势，因为日寇待机而动，所以只能够付少收多，仍会有军事上的进攻，而主要的方面会在中国，在中国他可不增加新的力量，便能击溃中国一方，因之这就使国民党对日寇局部进攻的可能性及其严重性也可以有新的认识。

（四）由于国民党对美的依赖性，不能不使他对于美国朝野的舆论有着极大的顾虑，美国要员访华后的观感，威尔基的备忘录，美国对于援华军火与兵力的控制，美国对于苏联的友好态度，英美对华某些特权的取消，英美民间的舆论都不能不使国民党在目前放弃其进行内战的企图。

（五）苏联的伟大胜利，日寇攻苏危险的减弱，英苏同盟，美苏协定，丘吉尔、威尔基先后访苏，苏联对中国态度的一贯，都不能不使国民党重新趋于联合苏联。

（六）国际间民族解放的趋势，多少给了国民党一些弄好国内关系的影响。

选自中共中央文献研究室、中央档案馆编：《建党以来重要文献选编（一九二一——一九四九）》第十九册，中央文献出版社2011年版

中共中央关于庆祝
中美中英间废除不平等条约的决定[①]

(一九四三年一月二十五日)

最近中美中英间签订了废除不平等条约的协定，美英放弃了在华的特权。我们应当庆祝不平等条约的废除，各地党部凡在战争环境许可下，均于旧历元旦前后召开军民庆祝大会，庆祝中美中英间新的关系与新的团结，坚定军民抗战信心，号召军民为驱逐日寇，完成中国独立解放而斗争到底。一切共产党员，均须循此目标前进。并向全国人民说明下列各点：

（一）中国近百年的历史是中国逐步丧失独立沦为半殖民地殖民地的历史，同时，又是中国人民为民族独立解放而英勇斗争的历史。一方面是帝国主义的侵略与残暴，中国民族中败类自西太后、袁世凯、北洋军阀、不抵抗主义者，直到汪精卫等等卖国求荣的无耻；另一方面是中国人民的觉醒，反抗与解放斗争，自鸦片战争、太平天国、义和团、辛亥革命、五四运动、大革命、红军运动直至现在的民族大抗战。一方面是荒淫与无耻，一方面是庄严的斗争。

（二）中国殖民地化过程与民族解放过程的斗争，到了"七七"抗战以后，已进入到决定胜负与决定中国最后命运的阶段。百年来中国人民独立解放的斗争涌出了领导这个斗争的国民党与共产党。"七七"抗战的发动，民族统一战线的形成，国共合作的坚持，全国军民的卓绝奋斗，国际反法西斯联合阵线的形成，英美苏（苏联还远在十月革命后即发表声明

[①] 这个决定是王稼祥起草的。

书，声明废弃帝俄与中国签订的一切不平等条约，后又签订孙文越飞协定，更于一九二四年正式签订条约，完全取消中俄间不平等条约，完全放弃沙皇俄国在中国取得的特权）对中国抗战的同情与援助，使中国的国际地位提高了，使中英美间不平等条约得到废除。

（三）中国今后命运是要在抗日战争的烽火中得到决定。抗战已五年有半了，今后困难尚多，我们必须坚持抗战，克服困难，巩固国内团结，反对民族败类——汪精卫及其他无耻汉奸，揭露日汪间一切奴役中国、出卖中国的协定，打走日本帝国主义，收复一切失地，不如此，中国的独立解放便无法实现，中美中英间不平等条约之废除也还是一纸空文。

（四）中国要变成独立的国家，要变成与世界列强列于平等地位与平等关系的国家，不仅有赖于对日战争的胜利，而且有赖于战后国家之建设。我党中央在去年七七宣言中已指出战后中国应当是一个什么样的中国。尤其重要的是历史事实证明了：当国内团结，国共合作时，中国是充满着光明与希望的；当分裂内战时，人家便来欺负。国必自侮，而后人侮之。上一次国共合作，曾经收复了汉口、九江租界，这一次国共合作又取消了不平等条约。战后新中国的建设，是保证中国独立解放的重要关键。

（五）中国共产党自诞生后，便投入了民族解放斗争的最前线。孙中山先生受俄国十月革命的影响，改变革命方法，采取发动群众的路线，实行与共产党合作，改组国民党，提出打倒帝国主义，废除不平等条约的口号。共产党在大革命时代始终尽了急先锋的作用，后虽不幸破裂，被迫退入农村，继续民族解放的斗争，但自"九一八"后，共产党又不断提议，组织民族统一战线与恢复国共合作，特别是"七七"抗战后，国共两党实行合作，举国一致在蒋委员长领导之下，发动伟大的抵抗日本帝国主义侵略的自卫战争。在抗日战争中，共产党及其所领导的八路军新四军始终是站在最前线的地位，担任最艰苦的职务，转战敌后五年有半，抗击在华日军恰好一半，前仆后继，未尝稍懈。共产党不仅是为抗战胜利而坚决斗争，并且还要在战后独立、自由、民主、与国际列强列于平等地位之新中国的建设工作中,同样也站在最前线。

选自中共中央文献研究室、中央档案馆编:《建党以来重要文献选编(一九二一——一九四九)》第二十册,中央文献出版社2011年版

周恩来给柯棣华大夫家属的慰问信[①]

（一九四三年三月二十二日）

亲爱的朋友：

我谨代表第十八集团军和中国共产党，为柯棣华大夫的逝世，向你们致最深挚的悲悼。柯大夫曾予华北敌后五台区最需帮助的军民以无可比拟的贡献。

柯棣华大夫系于一九三八年受印度国民大会之命，参加其所派遣的印度医疗队，去到延安，于一九三九年进入华北游击区。他在华北曾经呆过许多地方，最后定居于五台区，成为故白求恩大夫事业的承继者，担任国际和平医院院长，直到逝世。他的中国同志都爱他，尊敬他。为了在抗日游击根据地中之最高贵的任务，为了给伤病战士以兄弟般的友爱，他曾救活了许多抵抗日寇侵入自己祖国的战士的生命，还帮助了许多人免于残废。我们受惠于他的极多，使我们永不能忘。

柯大夫曾是中印两大民族友爱的象征，是印度人民积极参加反对日本黩武主义和世界法西斯主义的共同战斗的模范。他的名字将永存于他所服务终生的两大民族之间。

我们在全体爱自由的人类的共同损失中，分担你们的悲痛。

谨致热烈的敬礼！

周恩来

选自中共中央文献研究室、中央档案馆编：《建党以来重要文献选编（一九二一——一九四九）》第二十册，中央文献出版社2011年版

[①] 原文载1943年3月22日《新华日报》。

毛泽东、朱德为感谢印度医疗队援华致印度国民大会的信

（一九四三年四月五日）

印度国民大会诸先生：

中国抗日战争开始后，贵会派遣了一个援华医疗队来华参加中国的抗战，表示对华的极大友谊。这个医疗队五人均在八路军工作，四年以来，医疗队诸同志不避艰险，辗转北方战地，他们的艰苦努力和极有价值的工作，使无数中国军民亲睹印度人民的援华热忱。医疗队五人中除已先后返印的三人外，柯棣华大夫因病逝世于晋察冀边区，我国军民失一良友，印度人民失一优秀战士，至堪悼惜。现巴思华大夫返印，特向贵会及印度人民敬致谢意！当此全世界反法西斯战争正在努力争取最后胜利之际，我们希望印、华两大民族团结得更加坚固，以便与其他一切反法西斯国家配合作战，借以达到打倒法西斯，解放一切被法西斯压迫的人民，同时即借以解放印、华两大民族，获得两大民族的独立。

谨致
热烈的敬礼！

毛泽东　朱德
一九四三年四月五日

选自中共中央文献研究室、中央档案馆编：《建党以来重要文献选编（一九二一——一九四九）》第二十册，中央文献出版社2011年版

毛泽东会见中外记者西北参观团的讲话

（一九四四年六月十二日）

一、致辞

我十分欢迎各位记者来到延安。我们的目的是共同的，就是打倒日本军阀与打倒一切法西斯，全中国，全世界，都在这个共同基础上团结起来。

各位到延安时，正遇着欧洲开辟了第二战场，我们表示极大的庆祝。第二战场的开辟，其影响不仅在欧洲，而且将及于太平洋与中国。中国要前进，世界要前进，我们必须取得最后胜利。

第二战场的开辟，是经过长期发展的结果，是经过莫斯科、德黑兰会议发展而来的，在这些会议上决定了从东、西、南三面打击敌人。第二战场现在是实现了，三面打击希特勒的计划是实现了，我们谨祝罗斯福总统、丘吉尔首相、斯大林元帅的健康！

全中国所有抗战的人们，应该集中目标，努力工作，配合欧洲的决战，打倒日本军阀。现在时机是很好的。

关于中国国内情况，诸位先生是十分关心的，我在这里必须讲几句。关于国共关系，中国共产党对此问题的态度，早已见于中共中央历次文告及其报纸。今乘诸先生来延之便，特再申述如下：拥护蒋委员长，坚持国共合作与全国人民的合作，为着打倒日本帝国主义，建立独立民主的中国而奋斗。中国共产党此种政策始终不变，抗战前期是如此，抗战中期是如此，今天还是如此，因为这是全中国人民所希望的。

但是，中国是有缺点的，而且是很大的缺点，这种缺点，一言以蔽之，就是缺乏民主。中国人民非常需要民主，因为只有民主，抗战才有力量，中国内部关系与对外关系，才能走上轨道，才能取得抗战的胜利，才能建设一个好的国家，亦只有民主才能使中国在战后继续团结。中国缺乏民主，是在座诸位所深知的。只有加上民主，中国才能前进一步。

二、答记者问

诸位的问题可综合为三个：

第一个问题，关于国共谈判。谈判已进行了许久，但是今天还在谈判中。我们希望谈判有进步，并能获得结果。其他今天还无可奉告。

第二个问题，关于第二战场。日前《解放日报》社论已说明是一个新阶段，我们不准备再发表宣言。第二战场的开辟是同盟国战争合作的发展，其总的性质，现在与过去比较，是没有变化的。但是第二战场开辟有与斯大林格勒反攻某种相同的意义。一九四二年十一月以前，是法西斯凶焰高涨，反法西斯力量被打与退却的时期，赖有苏联的进攻结束了过去的阶段，开辟了新的阶段。接着，北非与太平洋相继有了进攻。这是同盟国从防御到进攻的一个大转变。第二战场开辟，在进攻中又前进了一大步，如果没有它，就不能打倒希特勒。现在欧洲已进到了决战阶段了，在这个意义上说，它是一个新阶段，特别在军事方面。我已说过，第二战场开辟的影响会是很广泛的，直接影响欧洲，将来亦会影响到太平洋与中国。但就目前来说，对中国的影响似乎不会很大，你们可以看见，外面情况虽然甚好，但是中国的问题还要靠中国人自己努力，单有国外情况的好转，是不能解决问题的。

第三个问题，关于中共的希望和它自己的工作。为了打倒共同敌人以及为了建立一个很好的和平的国内关系和一个很好的和平的国际关系，我们所希望于国民政府、国民党及一切党派的，就是从各方面实行民主。全世界都在抗战中，欧洲已进入决战阶段，远东决战亦快要到来了，但是中国缺乏一个为推进战争所必需的民主制度。只有民主，抗战才能够有力量，这是苏联、美国、英国的经验都证明了的，中国几十年以来以及抗战七年以来的经验，也证明了这一点。民主必须是各方面的，是政治上的、军事上的、经济上的、文化上的、党务上的以及国际关系上的，一切这些，都需要民主。毫无疑问，无论什么都需要统一，都必须统一。但是，这个统一，应该建筑在民主基础上。政治需要统一，但是只有建立在言论、出版、集会、结社的自由与民主选举政府的基础上面，才是有力的政治。统一在军事上尤为需要，但是军事的统一，亦应建筑在民主基础上，在军官与士兵之间，军队与人民之间，各部分军队互相之间，如果没有一种民主生活、民主关系，这种军队是不能统一作战的。经济民主，就是经济制度要不是妨碍广大人民的生产、交换与消费的发展，而是促进其发展的。文化民主，例如教育、学术思想、报纸与艺术等，也只有民主才能促进其发展。党务民主，就是在政党的内部关系上与各党的相互关系上，都应该是一种民主的关系。在国际关系上，各国都应该是民主的国家，并发生民主的相互关系，我们希望外国及外国朋友以民主态度对待我们，我们也应该以民主态度对待外国及外国朋友。我重复说一句，我们很需要统一，但是只有建筑在民主基础上的统一，才是真统一。国内如此，新的国际联盟亦将是如此。只有民主的统一，才能打倒法西斯，才能建设新中国与新世界。我们赞成大西洋宪章及莫斯科、开罗、德黑兰会议的决议，就是基于这个观点的。我们希望于国民政府、国民党及各党派、各人民团体的，主要的就是这些。中国共产党所已做和所要做的，也就是这些。先生们来到边区已有十几天，今后还将有若干时日留在边区。你们可以看到，我们共产党为着打倒日本帝国主义而做的一切工作，都贯彻着一个民主统一或民主集中的精神。其有不足的，必须继续做。如果有缺点，必须克服这种缺点。我们认为全中国只有民主制度、民主作风，目前才能胜敌，将来才能建立一个很好的和平的国内关系与国际关系。对于德、意、日等法西斯国家，在法西斯被打倒以后，我们所希望于他们的，也是如此。持此观点来看许多问题，没有不可以说通与做通的。今天时间已晚，今后还可互相交换意见。我要说的，就是如此。

选自中共中央文献研究室、中央档案馆编：《建
党以来重要文献选编（一九二一——一九四九）》
第二十一册，中央文献出版社2011年版

毛泽东同英国记者斯坦因的谈话[①]

（一九四四年七月十四日）

斯坦因：你们是否有可能改变"共产党"这个名称？

毛泽东：各国共产党只有一件共同的东西，那就是马克思主义的政治思想方法。任何地方的共产党必须将共产主义的思想体系，和另一件全然不同的事物即共产主义的社会制度区分开来，因为后者是这个思想体系的最终目标。

特别是在中国，我们必须严格地将观察、研究和解决社会问题的共产主义方法，同我们实际采用的新民主主义政策加以区别。在中国社会发展的现阶段，实现新民主主义政策是我们的近期目标。没有共产主义的思想方法，就不能正确地指导我们现在的社会革命的民主阶段；而没有新民主主义政治制度，我们就不能将共产主义哲学正确地运用于中国的实际。

我们目前的新民主主义政策在任何条件下都将必须继续实行，而且还要实行相当长的一个时期。因为中国现存的具体条件要求我们这样做。

中国现在所需要的是民主主义，不是社会主义。更确切地说，目前中国需要做三件事：（一）驱逐日本帝国主义；（二）在全国范围内推行民主制度，使人民获得一切现代自由，以真正自由的普选方式选举中央及地方政府，这些在我们管辖的区域内都已经实现了；（三）解决土地问题，使具有某种进步性的资本主义能在中国得到发展，并通过引进现代生产方法提高人民生活水平。

这些就是目前中国革命的任务。在这些任务完成之前谈论实现社会主

[①] 这个谈话原载斯坦因所著《红色中国的挑战》一书，1946年7月曾由晨社译成中文出版。

义，只能是空谈。这就是一九四〇年在我的那本《新民主主义论》一书中告诉我们党员的观点。那时我就说过，我们革命的第一阶段即民主革命阶段，决不是短暂的。我们不是空想家，我们不能离开当前的实际条件。中国到达社会主义和共产主义阶段，比起你们经济高度发达的西方国家，很可能要晚相当长的时间。

斯：你所考虑的新民主主义经济和新民主主义社会的主要内容是什么？

毛：新民主主义的主要经济特征是土地革命。即使是现在抗日是我们的主要任务的时期，也是如此。因为中国的农民是主要的被剥削者，他们不仅受中国反动派的剥削，在敌占区还受日本帝国主义者的剥削。正是由于在我们作战的区域实行了新民主主义，我们才从一开始就在各地成功地抵抗了日本军队，因为新民主主义的各项改革符合农民大众的利益，而农民大众构成了我们作战力量的基础。

在没有进行土地改革的中国其他地区，仍然是封建土地所有制下的分散的个体小农经济，农民被土地束缚着，没有自由，彼此很少往来，过着愚昧落后的生活。这种经济是中国古代封建主义和独裁专制的基础。未来的新民主主义社会不可能建立在这样的基础上，中国社会的进步将主要依靠工业的发展。

因此，工业必须是新民主主义社会的主要经济基础。只有工业社会才能是充分民主的社会。但为了发展工业，必须首先解决土地问题。没有一场反对封建土地制度的革命，就不可能发展资本主义，西方国家许多年前的发展已十分清楚地表明了这一点。我国到一九三七年为止的国内战争时期的土地革命，其性质与西方一些先进国家过去所进行的土地革命基本上相同，土地革命扫除了封建障碍，为资本主义民主制度的发展开辟了道路。

斯：在抗日战争结束后，你们在内战时所采取的从地主那里没收土地分给农民的激进政策是否还将实行？

毛：在内战时期我们没有理由阻止农民没收地主的土地，因为地主阶级不仅压迫他们，而且在实际上领导着反对农民的斗争。我们的党只是满足了农民在这个问题上的意愿，把他们的要求变成口号，并作为政策来实行。根据中国的条件，这种没收土地的做法是一项正确的政策。农村广大群众的基本要求始终集中在对土地所有权的渴求上。已故国民党领袖孙中山先生认识到了这一点，主张实行"耕者有其田"。这是他解决民生问题纲领中的要点之一。

在反抗外来侵略者的民族战争阶段，情况当然有所不同。民族战争可以说服农民群众不没收地主的土地，因为群众也认识到，当地主也愿意抵抗外敌的时候，没收土地的政策可能会驱使地主跑向日本人控制的城市，然后再同日本兵一起打回来重新夺走土地。

于是，在抗日战争爆发后不久，农民很快就了解到我们用减租的新政策代替过去没收土地的做法，具有两大好处：一是改善了农民的生活；二是吸引了地主留在乡村参加抗日。实行有利于佃农的普遍减租以及我们保证向地主交租的政策，使佃农和地主之间的关系得到了改善，从而使日本侵略者在我们区域内简直找不到合作者了。

斯：共产党对土地政策的改变，在当时是如何决定的？

毛：这是我们党用民主方法制定政策的一个典型例子。从没收土地到普遍减租和向地主交租这一根本性的政策转变，最初是由党的下级组织的同志建议的，我们党中央采纳了他们的建议，因为很明显这一建议是符合群众的愿望的。我们对这些要求进行了研究，根据这些要求制定政策，并普遍加以实施。

假如整个中国在一切党派合作的基础上，成为一个真正的民主国家，那就能够在全国范围内实行我们的减租政策。尽管它还比不上孙中山先生的"耕者有其田"的主张（这是土地问题的最终解决方法），但它实际上仍然是一次伟大的改革。只要真正的民主政府制度在各地建立起来，就可能把现在处于封建剥削制度下的一切土地逐步地和平地转移给耕种者。

实行一切土地逐步转移给耕种者的方法，将会鼓励地主的资本投向工业，同时还要制定出其他的有利于地主、佃农，有利于整个中国经济发展的财政经济政策及其实施办法。

但是，这样的解决方法取决于真正的国内和平和真正的民主的实现。所以，也不能完全排除将来全部地没收地主土地并分给佃农的必要性，因为如果战后国民党坚持进攻我们的话，就可能再次爆发内战。

但是，不管将来国内是和平还是内战，我们宁愿不实行没收土地的政策，而是继续实行目前的减租和交租的政策，因为总的说来这将减少前进和改革道路上的障碍。

我想提醒你一下，一九三〇年南京国民党政府曾经颁布了一个土地法，规定地租的最高限额为佃农主要作物收获量的百分之三十七点五，对次要作物不得收取地租。但是事实证明，国民党不能够、也不愿意将土地法付诸实施，这项法律从未实行过。因此，事实证明，只有共产党能够真正实现土地改革，即使它采取的仅是减租的方式。

斯：中国共产党在战后对中国工商资本采取何种态度？

毛：我们坚信，不管是中国的还是外国的私人资本，在战后的中国都应给予充分发展的机会，因为中国需要发展工业。在中国和外部世界的商业关系方面，我们要以同一切国家进行自由平等贸易的政策，来代替日本把中国沦为殖民地的政策。在国内，我们要以在解放区已经实行的促进人民生产力发展、提高购买力、尽快为现代工业稳定发展创造先决条件的政策，来代替国民党政府降低人民生活水平从而阻碍国内工业发展的政策。

按照孙中山先生的设想，实现工业化有三种方式，就中国的一般条件来说，我们认为这是正确的。凡是能够操纵国民生计的关键产业如铁路、矿山等，最好由国家开发经营，其他产业可以让私人资本来发展。为了开发利用手工业及农村小工厂的巨大潜力，我们必须依靠强大的用民主方式管理的合作社。

斯：共产党打算在战后的中国起什么政治作用呢？

毛：我们的党员在中国人口中当然只占很小的一部分，只有当这一小部分人反映大多数人的意见，并为他们的利益而工作时，党和人民之间的关系才是健康的。

今天，共产党不仅反映了农民和工人的意见，也反映了许多抗日的地主、商人、知识分子等的意见，也就是说反映了我们区域内一切抗日的人们的意见。共产党愿意并且时刻准备同所有愿意与共产党合作的中国人密切合作。这种愿望表现在我们的民主代表制性质的"三三制"中，在一切民选机构中，共产党员的席位不超过总人数的三分之一，三分之二的席位给予其他党派和无党派人士。

斯：中国共产党如何处理同国民党的关系？

毛：我们愿意同国民党合作，不仅在战时，而且在战后，假使国民党让我们这样做的话。而且，我们将会像今天一样，继续履行我们在一九三七年对国民党许下的四项诺言。

斯：关于四项保证，在重庆时我常听到人们笼统地提到它及其附带的条件，它们的具体内容是什么？

毛：我们允诺：（一）不继续实行我们过去实行的那种土地革命政策；（二）停止用武力推翻国民党政府；（三）把边区苏维埃政府改组为地方民主政府；（四）将我们的红军改编为国民革命军的一部分。

我们那时说过，我们将履行自己所声明的诺言，但要求国民党方面做到：（一）停止内战；（二）对日作战；（三）推行民主政治，给予人民以言论、出版、集会、结社的自由；（四）采取措施改善人民的生活。

斯：对目前的政策，或对你所阐述的中国远期目标，中国共产党内部有没有反对意见？

毛：没有，现在我们党内没有反对意见。在以前的时候有过两种偏向。一种是托洛茨基主义性质的，以陈独秀为代表，他的反对意见早已毫无影响。陈独秀在一九四二年死了。另一种是张国焘的偏向，他曾经有一段时间对抗党的正确路线，最后孤身一人离党而去。现在他在国民党的特务机关工作。这两种偏向都没有影响我们党的团结，而且没有留下影响团结的痕迹。

斯：你是说你的政策从来没有被怀疑过或被反对过吗？

毛：我们党内自然也时常会发生意见分歧，但这些分歧都能通过讨论和分析这种民主的方式加以解决。如果少数人对多数人的决议的正确性仍然不信服，那末，在党的会议上经过彻底辩论以后，他们就会服从决议了。在我们工作中起决定性作用的因素是我们经常去了解我们哪些政策为群众所接受，哪些政策受到群众的批评或拒绝。只有那些受群众欢迎的政策才能成为我们党继续实行的政策。

每当采取一项新的措施时，党内和党外总会有一些人不大理解。但是在实施过程中，必然会形成一种绝大多数人共同的意见，这是因为我们的党始终在注视着党内外的普遍反应，而且还根据人民的实际需要和意见，不断修改我们的措施。我们所有的党组织，从上到下都必须遵守我们的一项至关重要的原则，这就是不脱离群众，同群众的需要和愿望息息相通。

我们任何一项政策的正确性都必须由群众来检验，而且事实上一直是这样做的。我们自己也不断检查我们自己的决定和政策，一发现错误就加以改正。我们从所有正反两方面的经验中得出结论，并尽可能广泛地加以实施。通过这些方法，共产党同人民大众的关系就能不断得到改善。

这是最基本的一点。如果党的领导者真正是为广大人民群众的利益而工作，如果他们在这方面的努力是诚心诚意的，那末他们听取群众意见的机会是非常多的。我们十分注意倾听人民的意见。我们通过村、乡镇、区、县的群众大会，也就是我们区域内任何地方的群众大会，通过党员同各阶层人士的交谈，通过各种会议、报纸和群众的来电来信等等一切能听到人民呼声的渠道，总是能发现群众的真正的意见。实际上我们也是这样做的。

此外还有一种方法，就是在一切活动中找出几个令人满意的和令人不满意的典型例子，经过深入研究，总结经验，得出具体结论，以求得必要的工作改进。这种观察实际情况，研究好的和坏的典型例子所用的时间，有时是几个星期，有时是几个月，有时甚至是几年。虽然用的时间比较多，但这种方法却使我们能同现实发展情况始终保持密切联系，能了解人民的愿望和需要，能向党内外工作出色的人学习。

我们有些同志有时可能没有透彻理解我们的政策，在执行政策过程中犯了错误，对这样的同志必须进行批评和教育。为了达到教育目的，透彻地研究和分析一个工作中好的例子也是很重要的。就拿今天的《解放日报》来说吧，有一篇长文章占了整整一个版面，它详细讲述了八路军的一个连如何改正缺点成为一个最好的连队。我们军队的每个连的干部和战士都要阅读、研究和讨论这篇文章。这是一个简便易行的做法，利用一个连队的好经验对五千个连队进行政策教育。今后你还会看到有关介绍一个合作社、一所学校、一家医院或一个地方行政单位的类似的文章。

我们再来谈党员和非党人士之间的相互理解、密切合作这个至关重要的问题吧。虽然这个问题已经有了很大的很坚决的改善，但是我们的一些同志依然在犯错误，纠纷和误解仍然不断发生，到处还有我们的一些党员在包办一切。因此我们一直要求大家注意，在民主的"三三制"之下，使非党人士有实际权力的重要性。在我们政策的实际执行过程中，我们要向所有同志具体讲明，我们和非党人士之间的真诚合作，不仅帮助了群众，也帮助了我们自己。这样做的结果，党和非党人士的相互信任，在他们必须通力合作的实际工作中增长了。

斯：你是否认为中国共产党曾在政策上犯过重大的错误？

毛：在所有基本点上，我们的政策从一开始就是正确的。首先，我们新民主主义的基本政策是正确的。这个基本政策是让人民群众自己组织起来，为实现民族独立，为建立民主制度，为在私有制基础上提高人民生活水平而进行革命。只是在把这些基本政策应用于具体情况时，有时才容易出现某种偏向，有"左"的，有右的。然而，这些偏向并不是全党性的，也不是党内某个派别的，而是党内某些人的。从这些错误中，全党都学到了很多东西。在某些时期，我们党内曾有几个人相信共产主义现在就可以在中国实行了。但是，我们的党从来没有这样的观点。由于中国的具体条件使共产主义在很长时期内不能在中国实现，因此，在我们党内不可能有一个主张立即实现共产主义社会制度的小集团存在。

国民党断言在我们党内有持各种不同观点的小集团，这是毫无根据的。国民党自身被派别搞得四分五裂，因而不能设想会有一个真正团结一致的政党，也许这就是这样的谣言在重庆能有人相信的原因吧。

斯：你是否有曾因处于少数地位而使你对某个问题的主张得不到实行的情况？

毛：是的。我自己曾经有过处于少数地位的情况。在这种时候，我所能做的只有等待。但在近些年，这种情况就非常少了。

斯：我在重庆的时候，一些中国朋友要我来观察一下共产党是"中国至上"还是"共产党至上"？请谈谈你对这个问题的看法。

毛：没有中华民族，就没有中国共产党。你还不如这样提问题，是先有孩子还是先有父母？这不是一个理论问题而是一个实际问题。这就像在国民党区域人们向你提出的另一个问题一样，问我们是在为我们的党工作，还是为人民工作？去问我们的人民吧，去哪儿问都行。他们很清楚，中国共产党是为他们服务的，他们有在最艰难的时期同我们共患难的经验。

至于我们的思想方法，我已经告诉过你，我们像其他国家的共产党一样，坚信马克思主义的正确性。当人们问我们是"共产党至上"还是"中国至上"时，可能指的就是这一点。可是，我们信奉马克思主义是正确的思想方法，这并不意味着我们忽视中国文化遗产和非马克思主义的外国思想的价值。

中国历史遗留给我们的东西中有很多好东西，这是千真万确的。我们必须把这些遗产变成自己的东西。然而我们中国有些人却崇拜旧的过时的思想，这些思想对于我们今天的中国不仅不适用而且有害。这样的东西必须抛弃。

外国文化也一样，其中有我们必须接受的、进步的好东西，而另一方面，也有我们必须摒弃的腐败的东西，如法西斯主义。

继承中国过去的思想和接受外来思想，并不意味着无条件地照搬，而必须根据具体条件加以采用，使之适合中国的实际。我们的态度是批判地接受我们自己的历史遗产和外国的思想。我们既反对盲目接收任何思想也反对盲目抵制任何思想。我们中国人必须用我们自己的头脑进行思考，并决定什么东西能在我们自己的土壤里生长起来。

最后，我想总结一下今天中国需要的是什么。中国需要国内和平和民主。没有国内的和平，中国既不能赢得抗日战争的胜利，也不能赢得和平。我们在抗日战争之后若不能取得国内和平，这可能会影响国际间的和平关系。因为，如果在中国再爆发内战，那将会持续很长一段时期，同时也势必会影响到别的国家。

外国仍然有许多人不十分明白，过去二十三年的中国政治进程中的关键问题，一直是国共两党的关系问题。将来依然如此。

在这重要的二十三年里，其第一个阶段中，从一九二四年到一九二七年，假如没有国共的合作，在中国就不会有国民革命。在第二阶段后期，从一九三一年到一九三六年，中国不能抵抗日本就是因为国民党的国民政府倾其全力，其中包括利用外国贷款、外国军事顾问以及其他形式的外援，进行"剿共"战争。在第三阶段，从一九三七年至今，如果没有国共合作，我们就不可能进行抗日战争，至少不会坚持这么长久。再说，如果国民党继续同共产党合作，至少像战争初期那样的合作，中国的作战能力比现在就不知要强大多少了。

选自中共中央文献研究室、中央档案馆编：《建
党以来重要文献选编（一九二一——一九四九）》
第二十一册，中央文献出版社2011年版

欢迎美军观察组的战友们！

（一九四四年八月十五日《解放日报》社论）

美国驻中缅印军总司令部（即史迪威将军总部）所派遣的美军观察组，现在到达了延安。这是中国抗战以来最令人兴奋的一件大事。我们谨向远道来此的观察组全体人员，致热烈欢迎之忱！

我们欢迎美军观察组诸位战友，不能不想到美国在世界反法西斯战争中的光辉成绩，和美国人民见义勇为、不怕牺牲的伟大精神。不论在欧洲、非洲和亚洲，现在都有英勇的美国将士效命疆场，为解放法西斯铁蹄下的人民而流血战斗。在我们中国的抗日战场上，美国亦直接和我国人民并肩作战，成为最亲密的战友。在这个欢迎美军观察组朋友们的时候，我们向美国政府、人民、海陆空军将士及其英明领导者罗斯福总统，表示衷心的感谢。

美军观察组战友们的来到延安，对于争取抗日战争的胜利，实有重大的意义。七年以来，近五十万的八路军新四军和八千余万被解放了的人民，在华北、华中、华南三大敌后战场奋勇作战。很久以来，事实上敌后战场成了中国抗战的最重要战场。在这里，抗击了在华敌伪全部兵力的六分之五；在这里，几乎一切中国的大城市均被八路军新四军所围困；在这里，大部分的敌占海岸线均被我们控制了。这种情形，一向为盟国朋友们所不明了。

在过去，在盟国政府与盟国人民方面，他们所了解的中国抗战情形，完全与上述相反。他们所得的印象是：中国抗战的主力军是国民党，国民党在抗战中所做的工作是最多的，大多数敌伪军由国民党所抗击，将来反攻日寇自然也是主要地依靠国民党。这些印象，直到现在还是统治着盟国朝野大多数人的思想的。

所以出现了这种完全违反事实的现象的原因，主要的在于国民党统治人士的欺骗政策与封锁政策。他们欺骗外国人，说国民党如何的努力在打日本人；实际则从一九三八年十月以后整整五年半时间，他们所取的政策，基本上不过是坐山观虎斗的政策；直至现在，除湖南与缅甸外，大多数战区依然还是如此。他们欺骗外国人，说共产党不但"不打日本人"，而且总是"破坏抗战、危害国家"的；实际则抗击敌伪军六分之五的，正是这个所谓"不打日本人"而又"破坏抗战、危害国家"的共产党；至于那个天天高叫"民族至上"的国民党，它总共不过抗击了六分之一的敌人而已。共产党既然一"不打日本人"，二又"破坏抗战"，三又"危害国家"，那国民党早就应该号召外国人中国人大批的前往共产党区域去视察，好去证实一下国民党先生们所说的并非撒谎。但是决不，反而封锁得铁桶似的。五年多的时间，一不许共产党发表战报，二不许边区报纸对外销行，三不许中外记者参观，四不许边区内外人民自由来往。总之，只许国民党的丑诋、恶骂、造谣、诬蔑，向世界横飞乱喷，决不许共产党、八路军新四军的真相稍许透露于世。只要看此次记者团访问边区，是经过怎样的艰苦奋斗才达到成行目的，就知道国民党统治人士一面尽情丑诋，一面却不许人来看，是什么一种挖空心思而又自相矛盾的想法了。

但是事实胜于雄辩，真理高于一切，外国人中国人的眼睛，总有一天会亮起来的。现在，果然慢慢地亮起来了，中外记者团与美军观察组，均先后冲破国民党的封锁线，来到延安了。这是关系四万万五千万中国人反抗日寇解放中国的问题，这是关系中国两种主张两条路线谁是谁非的问题，这是关系同盟各国战胜共同敌人建立永久和平的问题。国民党人说，"国共争论问题是中国的私事"，这不过是国民党人在抗日战争中所犯罪过的一块遮羞布。这块脏布之应该扔到茅坑里去，现在已是中国人外国人的公论了。

关于国民党的抗击不力、腐败无能这一方面，大半年以来的外国舆论与中国舆论，已经成了定论了。关于共产党的真相究竟如何这一方面，大多数的外国人与大后方的中国人，还是不明白的，这是因为国民党的反动宣传与封锁政策为时太久的原故。但是情况已经在开始改变。大半年以来的外国舆论中，已经可以看见这种改变是在开始。这次记者团与观察组的来延，将为这种改变开一新阶段。

由于来延外籍记者的报导，中国共产党、八路军新四军和各抗日根据地的真相及其对于协助盟国抗战事业的重要地位，将逐渐为外国人所明了。下面的例子可以证明这一点。

七月一日的《纽约时报》，在其《中共领导下的军队是强大的》一文中说："无疑地，五年以来，对于外界大部分人是神秘的共产党领导下的军队，在对日战争中，是我们有价值的盟友。正当地利用他们，一定会加速胜利。"这篇文章是根据外国记者的报导而写的。

早在一月七日的《美亚杂志》，在其《作为反攻基地的中国游击区》一文中说："许多军事当局的意见，认为如果边区的部队能得到充分的援助，这些区域可以成为缩短对日战争的有力的反攻基地。"

六月十日的美国《星期六晚报》杂志，登载了美国名记者史诺的一篇题名为《六千万被忘掉的同盟者》的文章中，对于中国各个敌后抗日根据地和八路军新四军的战略意义，有很精辟的见解。他说："二月间，尼米兹上将宣布美海军拟在中国海岸上建立基地，以便从那里攻击台湾和日本。香港或广州或将首先为美军攻取。但是轰炸机由这些城市起飞到日本去，仍是遥长的距离。只是在更北面的地方，中国才是最接近日本。因此在那里的中国游击队，对我们有很大的潜在重要性。"

这些是从国民党遮天手掌的指缝中间透露出去的关于中共情况的反映。

现在不但外国记者团到了延安，而且美军观察组也到了延安。我们相信，该组的战友们一定会对此间情况，作周密的和深刻的观察，并对于双方如何亲密合作以战胜日寇，必能多所擘划。国民党想要永远一掌遮天，已经困难了。

我们预祝美军观察组的工作的成功。我们希望这一成功，会使美军统帅部对于中国共产党始终坚持团结抗战、实行民主的政策，和共产党领导下的敌后抗战力量，获得真实的了解，并据以决定正确的政策。我们希望这一成功，会增进中美两大盟邦的团结，并加速最后战胜日寇的过程。

选自中共中央文献研究室、中央档案馆编：《建党以来重要文献选编（一九二一——一九四九）》第二十一册，中央文献出版社2011年版

南方局关于外交工作的意见及对中央的建议

（一九四四年八月十六日）①

如何与各盟邦实行合作？这是我们经过研究与多次座谈的意见，特提供中央参考。

（一）由于中国的抗战，由于全世界反法西斯战争，改变了中国国际地位，被列为四强之一。在英美人士的心目中，对蒋的伟大是很勉强的。但对我党所领导的日益增长的新民主主义的抗战力量，则正以惊异的目光密切注意其发展（这才是中国新生的伟大之所在）。他们已逐渐认识并承认，有两个不同的抗战中国。他们对华政策，对太平洋战略，乃至对战后整个世界和平计划，已不能不在蒋政权外，同时估计我党领导的力量的动向，不能不想法知道共党的意见。这是中国今天国际关系的特点，特别自最近外国记者冲破封锁到延参观。美国政府争取到派军事团到我区域。英国政府也正准备将派人来，已使中外人士感到这是中国最近政治变化的一件大事。同时，也加重了我们要研究盟邦，了解盟邦，要分析英美两政府负责人及各党派各阶层对中国问题意见，并学习如何与盟邦在战时及战后合作。这对我党来说，是一个新的重大任务。

（二）美国对华态度。左派报纸已公开评论，中国今天在军事上不如南斯拉夫，在政治上要考虑那［哪］个政府是合法的，把国共关系看成当前抗战中一个主要问题。

但在政府统治人士的态度则很谨慎。他们对蒋的法西斯政治及流氓式的做法，甚感不满。同时，对我党所领导的力量，也怀着很深的戒惧。

---

① 这个文件的日期，是中央收到的日期。

驻渝英国外交人员，虽常与我方往还，目的在了解我党政治动向，对中国政治不轻易表示意见。我们检讨二年来英国政府对远东政策的动向，可看见他们的目的，是想恢复与确保大英帝国战前殖民地（包括收回香港与恢复对华南的政治经济控制权），不愿有一个独立强大的新中国，并恐惧苏联在亚洲影响的增长，以至引起印、缅、马来亚等民族解放运动的发展。因此，他企图由英美海空军恢复原来失去的殖民地及香港华南势力，并使不再继续以陆军对日作战，放任日寇占领满洲、华北，保存一个拥有强大陆军的日本，来监视苏联与防阻新中国的生长。我们从英国现时对缅、滇战事及远东舰队活动之消极，从驻渝英外交人员谈话中希望日本的英美派如近卫文麿等出来执政的心理，以及认为满洲人民心理已不愿再归中国统治的见解，便可看见这种可能的危险性，是严重地存在着的。但英国左派群众，及加拿大、澳洲、新西兰等自治领，都是要求击败日本，不会赞成这种复活张伯伦政策的路线。

（三）美国罗斯福民主党今天的政纲，是要争取完全的和迅速的胜利，与公正的持久的和平，阻止第三次大战的发生，并保证美国工商业在国内外有繁荣发展的前途。他在远东的政策，是要在海上和陆上完全击败日本，把中国战场看成是日本失败的主要基地。因此，他需要联合中共领导的坚决抗战力量，并望苏联能够在西欧战事结束后迅速参加对日作战。因此，华莱士来华，力促中苏关系弄好，国共关系弄好。因此，罗斯福最近又训令在华美军人，严守以下两点：

（1）迅速组织一切力量，准备反攻；

（2）不论外交、军事人员，皆不许有不利苏联的言论。

去年开罗会议时，蒋曾带去大批反苏反共材料，提交罗斯福，罗避而不谈。蒋回国后，又两次电罗提此事。这次华莱士来华，罗命华明白告蒋："今天美国政府的政策，是使中苏美相互间的谅解与友谊合作，不赞成联合国之一去反对另一国。"又说："任何均势的局面，决不能有碍和平的目的。"照蒋的干法，可能成为第三次世界大战的导火线，这是美国所不能同意的。美国著名政论家李普曼，在其近作《美国之作战目标》一书中，也指出："美国在解决远东问题之主要目标，应使日本不能在远东中苏美等国之间抂有均势地位。"尼米兹的太平洋作战计划，是要打到中国海岸，在中国登陆，与中国军队的反攻配合。

这些，都是有利于中国抗战与民主的力量发展的。现在我们全面研究美国对华政策时，还要看到，罗斯福远东战略计划欲求实现，不是没有阻力和困难的。同时，罗斯福对中国的帮助，也有他自己的政治方向。

首先，是美国的孤立派，及民主党中的保守分子，和抱有很深的反苏反共成见的大群天主教徒，他们在美国政治上还有相当大的力量，是罗斯福进步政策的绊脚石。在太平洋战争以前，他们曾影响美国政府，始终不能对日禁运，不能积极援华。在今天，仍未放弃只要日本退出南洋、华中、华南，便可对日妥协的思想。共和党杜威的外交政策，乃标榜均势主义，而许多缺乏远见的美国人民，由于不愿战争持久，不愿为别国利益作战，也易于接受孤立派的宣传影响，使罗斯福政策，不能不有若干迂回迁就（可参看本年三月的时与潮：赫尔外交政策的检讨）。华莱士不能当选为副总统，而由较右的杜鲁门当选，可看成是罗对美国右派力量的一种让步。在十一年总统大选前，预料罗斯福的言论将很谨慎，他必精心的照顾美国多数人的意见。罗的当选与否，对战争前途关系甚大。

其次，是战争发展，将要遇到实际困难。美军虽已取得塞班，并在关岛登陆。太平洋上的攻守，美军虽已取攻势，但日本的海陆军主力，未被击败。日寇对于太平洋上各占领地，没有自动放弃与退却的象征。美军只有不惜牺牲的进攻，才能取得。纵令不久的将来，美国的海空军能将日本海军主力击败，但不打垮日寇在远东大陆的陆军，仍是不能结束战争的。而要打垮日本的陆军主力，是要靠中国自身的努力，不能希望英美开几百万陆军到中国来。因为供应的困难，及英美人民的心理，均不允许这样做。而日寇恰是预见着大批盟军登陆的困难，及蒋介石的军队根本不愿打，不能打。因此，他用处处坚防，消耗盟军，拖延时间。影响美国人心厌战的政策，以逼迫英美对他妥协。从美国人民闻东条下台而狂欢的情绪，可以看见这种因人民要求迅速结束战争，而走到压迫政府对日妥协的危险，是完全可能的。有政治经验的美国朋友都说，日寇如在一定情形下采取和平攻势，可能给同盟国阵营以很大混乱。这种危险，只有在以下两个条件下，可以打破：

第一，是苏联迅速参加对日作战。这是现在美国政府军人所希望的。但这是我们不可控的。

第二，是中国能有独立坚持抗战的强大力量，绝不允许盟国牺牲中国，对日妥协。这是我们可以作主的。所以，最后击败日本的主力与责任，仍要由我们努力担负起来。

再次，罗斯福在反对法西斯政治与完全击败日本的侵略力量上是进步的。但他终究是资产阶级的代表。他对于中国的政策，也不能不包含若干矛盾。他一面不满意蒋的法西斯倾向及抗战不力，但仍在政治上、军事上、经济上支持他。有一个长期驻华的美国官员，一年前公开给中国的信中说，过去美国为了使中国在抗战中及抗战后避免内战的方法，是使政府力量加强，使他能较易的消灭共产党和剩下的军阀。今天看到这种办法已不可能，才走上赞助中国实行民主团结的方法。而在军事问题上，仍主张"有较少的精兵，全部在中国中央政府之下要好些"。孔祥熙这次到美，要求物资援助，仍有相当收获。中缅空运，可能增至五千吨。并借给布一千二百万匹。美国今天为着打日本，必须联共，并强迫国民党联共。但不是赞助中共领导的新民主主义大量在全国得到胜利。他现在希望蒋用实行宪政的方法，以便能争取多数人的拥护，来和他们对抗。他决不放弃对于中国政治经济的领导，决不放弃对于中国中央政府的影响权力。如果蒋的法西斯政治不能适应全部的变化及美国的需要而变化时，美国现在是有力量可以扶植一个完全执行美国政策的政府。华莱士访问中国向孙夫人、孙科主张民主的代表，可看出他们已在注意物色准备。我们不能幻想蒋倒台后，美国会自然的承认我们是中国政治中心。我们要实际成为中国政治的中心，还必须经过一个新民主主义与旧民主主义斗争的过程。

（四）苏联是中国民族民主革命最可靠的朋友。但苏联在欧洲战争结束后，是否参加对日作战，许多美国朋友向我们说，一定参加，而且很快。问之苏联朋友，或则笑而不答，或则极力否认。这可能是美国人故意向我试探与鼓励我如此主张，许多党员也不加思索的认为一定参加，是不对的。应考虑到：

（甲）苏联之参加，意味着中国新民主主义的胜利，这是蒋、英及美国保守分子所不愿意的。步骤过急，反而会诱致相反的结果。

（乙）再则，苏联如对日作战，则远东战争的主要负担又落在苏联肩上，便要准备几十万到百万人员的牺牲。对苏联，是一种太过分的要求。以中国人口之众，和盟国新式武器的援助，是足以打败日寇的。因此，我们今天不应宣传苏联参加对日作战。应利用美苏的合作，促进中苏的合作，以求得到苏联物资及技术人员的援助。

（五）蒋介石在抗战中的外交政策，有四个特点：

（甲）买办性上，他是依赖英美，特别是依赖美国，所以还要肩上抗日的旗子。

（乙）在坚持大地主大官僚资本家集团的阶级利益上，又坚决反共反苏，常发生对日妥协的动摇。

（丙）当过去英美未受日袭击，尚有反苏反共倾向时，蒋的作法与英美没有矛盾。在今天英美要联苏联共抗日时，便与蒋的只顾官僚资本集团利益，妨碍联合各种抗日力量的作法，发生矛盾。目前重庆当权人士，其顽固反动程度，不减于波兰流亡政府，主要是由于他的经济基础决定的。所以，他今天总企图挑起美苏不睦，坚持反共反民主，并未完全放弃中日事件和平解决的企图。

（丁）蒋的抗战，不是以自力更生为主，完全寄托在依靠外力。其外交作风，也是流氓买办式的。

（六）根据上述情况，对于我党的外交活动，有以下几点意见：

首先，是我们的外交政策，须从以下基础出发，争取民族民主革命的彻底胜利，建立独立的民主的统一和平的繁荣的新中国，这一责任，只有我党能够完成。并且必须由自力更生为主，争取外援为辅，去求得实现。必须使自己力量更加强大，成为决定中国问题主要因素，才能主动的利用外援，而不是被动的受人支配。为了配合盟军在中国东南部的登陆，与制止日寇和平攻势的危险，应迅速设法增强我们在东南沿海地区的力量，努力使这些区域控制在坚决抗战的力量手里。为了争取全中国的民主统一，对于美国所承认的重庆政府，我们在今天和将来，都不是走南北分治的对立。而是坚持自己的阵地与坚持新民主主义的方向，将进步势力渗透进去，促其进步。当他现在还是买办封建法西斯性质时，我们尽力利用已有及可能利用的合法地位（如办事处、新华日报），来尽力推进大后方的民主运动。如果将来变民主一点，则我们的活动影响与努力，将更便利发展。

其次，在争取外援上，要对朋友加以分析。不仅看到苏英美都是我们的盟国，还要看到苏联政府与人民是中国民族民主革命最可靠的朋友。美国政府是彻底赞成击败日本，但不会自动赞成中共成为中国政治中心。只有在现实已经造成不能否认时，可能被迫承认。英国政府，在恢复远东殖民地后，有对日妥协的危险。

同时，英美的各个政党及人民中，也有赞成我们，或怀疑我们，与反对我们的。若不分析，不能得到同他们合作的具体政策。这里，笼统的没有远见的观念，是很危险的。

其三，要在一切国际、国内、战时、战后重大问题上，明白表示我们的态度，与对同盟国政府与人民的要求。要使盟邦清楚知道我们坚持抗战要彻底胜利，民主政治要彻底实现的决心及努力，强调我们对于战后世界和平与世界经济合作的保障及可能有极大贡献。针对着他们想知道我们对于苏联关系，对于财产制度，对于国际贸易，对于利用物资，对于宗教信仰，对于民主自由等问题的意见及实际措施，给予明确的回答。要求盟邦援助中国，看重抗战民主的力量，公平合理的分配援华的物资。我们要随时注意研究国际间的活动（如战后救济总署、国际援华运动、战后和平计划等），准备与提出自己的意见。

其四，建议中央，要指定专人负责研究国际外交问题。要建立专门负责国际宣传的机关。要在与国民党对外宣传斗争中，处处争取主动与先着

（外人看报，先入为主），不要陷于只是被动解释。要约束全体党员，对许多国际事件慎重的统一说话，在中央未有决定前，不得自由向外发表意见。

其五，这次美国军事代表团到延。我们的干部应研究，如何同他们一块共事得很好，要以热诚的态度欢迎他们。同时，又要了解他们的政治立场，要照顾美国人自己所喜爱的生活方式。自由主义，个人主义，勿使其感觉受有限制监视。他们说话做事喜欢坦白爽快，不同的意见可以公开争论，个人关系弄好对于工作进行帮助很大。

选自《中共中央南方局历史文献选编》下，重庆出版社2017年版

中共中央关于外交工作指示

（一九四四年八月十八日）

自五月底中外记者参观团来边区后，接着便有美军观察组十八人奉史迪威总部之命先后来延，并将分赴前方。同时美军第十四航空队亦派欧高士少校及一上士经五战区前往我鄂中五师地区，担任前线侦察。综合此种情况，中央特作如下通知：

（一）由于我党政军民的努力和国民党统治人士的日益反动与无能，目前两个中国（新民主的中国和法西斯化的中国），在抗战营垒中的对照是更加明显了，这次外国记者美军人员来我边区及敌后根据地，便是对我新民主中国有初步认识后的实际接触的开始，因此，我们不应把他们的访问和观察当作普通行动，而应把这看作是我们在国际间统一战线的开展，是我们外交工作的开始。但须指明，这种外交现在还是半独立性的外交，因为一方面重庆国民政府还是中国人（我们在内）及同盟国所承认的中央政府，许多外交来往还须经过它的承认。但另一方面，国民党是不愿意我们单独进行外交活动的，我们与同盟国家只有冲破国民党种种禁令和约束，才能便于我们外交来往和取得国际直接援助，所以我们的外交，又已经是半独立性的。同时还须指明，外交工作正是我们工作中所最不熟悉的一方面，我党同志首先是高级领导同志，应该对于这项工作开始予以注意予以学习。如果大家承认八年来国内统战政策，曾经给我们以极大的发展，那末，今后国际统战政策，将可能给我们以更大的发展。而且如果国际统战政策能够做到成功，则中国革命的胜利，将必增加许多便利，这是可断言的。

（二）国际统一战线的中心内容，是共同抗日与民主合作，这不仅在抗战中有此需要，即在战后也有此可能。就国家言，美苏英与中国关系最大，而在目前美英与中国共同抗日，尤以美为最密。美军人员来我边区及敌后根据地的理由，为有对敌侦察和救护行动之需要，准此可争取其逐渐扩张到对敌作战方面的合作和援助。有了军事合作的基础，随后文化合作，随后政治与经济合作就有可能实现。但目前不应希望过高，目前美英苏外交的重心仍是放在国民党方面，且就英美内部言，也有进步中间顽固三种势力存在，即在其政府中亦复如此，而英又较美为差。故我们对其政府及其来往人员不应看成一模一样，而应有所研究和分析，因之在国内统战中的策略原则，一般的也适用于国际统战。不过在目前且因外交原因，凡愿与我们来往的英美人士及其军事人员，顽固保守分子总还占少数，且其顽固又常常是只反对其国内共产党，而不反对我们者，故其情形又与国内顽固分子有别。因之我们目前外交工作中心，应放在扩大我们影响，争取国际合作上面。即遇顽固分子仍应诚恳说服给以好的影响。这次记者团中有一个天主教神甫本来对我成见颇深，但经我们争取，他即表示好感，拒绝国民党利用他反共的要求。

（三）国际统战政策，在目前最主要的应是外交政策，陕甘宁边区施政纲领第二十一条是我党外交政策的总纲，目前实施原则，军事上，是在取得我们同意和遵守政府法令的条件下，同盟国的军事人员及其武装力量，可进入我们地区，执行共同抗敌的一切工作，并取得我们协助，同时我们也欢迎盟国给我军以军火物资药品和技术上的援助。政治上，我们欢迎同盟国在我边区及主要抗日根据地派遣外交使节，或设外交机关。文化宣传上，我们欢迎与盟国文化合作，欢迎盟国通讯社或其政府新闻处在延安设立分社，或派遣特约通讯员及记者来延，并给以至各地访问之便利，通讯的电信，政府在原则上不放弃检查权，但在实际执行时，凡非泄露军机造谣生事破坏政府者，我们概予放行，不予检扣，以示与国民党区别。对敌军民宣传，我们欢迎盟国合作并交换经验。在宗教方面，我们实行政教分离，我们容许外国牧师神父来边区及敌后根据地进行宗教活动，并发还其应得之教堂房产；同时这些神父牧师亦须给我们以不反对政府不反对共产党领导之保证。在救济方面，我们欢迎美英加拿大等给我们以医药器材和金钱的救济，同时我们更要求国际善后总署必须算入和承认这拥有八千多万人口，而且遭敌蹂躏最甚的地区的救济。在经济方面，在双方有利原则下，我们欢迎国际投资与技术合作，我们首先要求国际工业合作委员会的继续合作。这一切，就是我们目前外交政策的具体步骤。

（四）为使我们的外交政策和活动不犯错误，首先必须站稳我们的民族立场，近百年的中国外交史，中国人在民族立场上曾有过两种错误观念。在义和团事变前，排外的观念占上风，其后惧外的观念占上风。"五四"到大革命，惧外观念虽曾一度被民族高潮冲淡，但国民党当政二十年，即在抗战时期，上层人士的惧外观念仍很浓厚，这不能不影响中国社会，故我们应一方面加强民族自尊心自信心，而不是排外，另方面要学习人家长处，并善于与人家合作，但决不是惧外媚外。这就是正确的民族立场，也就是新民主主义中国的新人典型。这种新人典型，已经在敌后在边区广大军民中不断的成长，而且已为国际朋友所开始认识，我们新民主的中国人都应该坚持着这样立场，不致有所偏颇。

（五）在外交工作本身，我们目前应注意的是：（1）一切应争取主动，切勿陷于被动，更不应有求必应，而应有所取舍，或有所轻重。凡我所能而且愿意使外人知道和参加的事，可由我主动的有计划的加以布置，即使是我们的要求，我们也可使其自动的先向我们提出，例如军火援助，国民党天天向他们聒聒，要这样那样，我们则暂不提起，反而引起他们的尊敬，向我们先提，虽然目前因国民党反对事实上还难办到。各地见到盟国人员，不可一见面就问他要东西。（2）我们执行政策，进行工作应坚定不移，事前应周知博访深思熟虑，但一经决定和宣布之后，便应力求贯彻主张，这样方易取得外交胜利，尤其是军事外交，更应肯定坚定，当然这是指原则性的问题。若在技术方面，则又应当极其灵活机动，不拘一格。（3）关于文件材料及谈话内容，可告者应力求真实，不可告者应力求隐蔽，其有关国家机密及党内秘密者应拒绝答复和供给，其不便答复者应避而不谈，或设法推开。(4)外交态度宜谨慎坦率，一方面勿失去警觉，另方面勿吞吐支吾。(5)招待方法要守时守信，朴素热烈，一方面切忌铺张，另方面也不可冷淡。(6)各地一切对外交涉和具体协商，统应电报中央批准后方得进行。

上述各项，凡有国际统战关系或外交工作的地方，均应向干部中传达，并进行讨论，以求一致遵守。

中央
八月十八日

选自中共中央文献研究室、中央档案馆编:《建党以来重要文献选编(一九二一——一九四九)》第二十一册,中央文献出版社2011年版

周恩来致史迪威将军说帖

(一九四四年九月)

一、目前战争情况是欧战节节胜利，太平洋战争着着前进，唯我中国正面战场却处在严重的失败之中，桂林、柳州乃至昆明，都感受着敌人进攻的威胁。尤其是国民党政府统治的区域，存在着抗战以来空前未有的政治、经济、军事危机，而这种危机是由于国民党实行法西斯化的政令和失败主义的军令所造成的。为挽救目前这种严重危机，以便击退敌人进攻和配合盟国准备反攻起见，我们坚决主张国民政府应立即召集各抗日党派、各抗日军队、各地方政府、各民众团体的代表开紧急国事会议，取消一党专政，成立各党派联合政府，改组统帅部，刷新政治、军事、经济、文化各方面政策，以一新天下之耳目。

二、但在另一方面，中国敌后战场（华北、华中和华南）与正面战场恰成相反的对照，在正面是节节败退，在敌后战场是节节胜利。敌后解放区现已拥有被解放的人口约九千万，占沦陷区人口（二万万零七百八十万）的百分之四十三。敌后解放区的面积约八十三万七千余平方公里，占敌后总面积（一百二十六万三千余平方公里）的百分之六十六。敌后我抗战兵力，正规军（包括八路军、新四军及华南抗日纵队）已达五十三万，游击队的民兵约二百二十万，成为正规军的直接预备队，另有数百万的地方自卫军，则为我敌后动员的后备队。在这些解放区内，共有民选县政府五百九十一县，专员公署八十五处，民选的边区政府及行署十二处（陕甘宁边区均不在内）。敌后我军所抗击的敌人，在一九四四年三月河南战役以前，为日军侵华全数（三十四个半师团，约五十六万人）的百分之六十四点五,为伪军全数(约七十八万人)的百分之九十五,合起来则为百分之八十四。在目前,虽由于敌人增加兵力于湘桂、粤汉、平汉三路,向我正面战场作深入的进攻,但敌后我军仍继续抗击侵华日军(据已判明位置的三十三个半师团计算,另有六个师团位置不明的未算入)的百分之四十九点五,几近半数,而伪军情况则没有变化,合起来尚为百分之七十六点四。我军在敌后共解放了二十二个县城,经常被我围绕或袭击的十万以上人口的大城市约有三十八个,为敌占大城市(四十五个)的百分之八十五,经常被我逼近活动或破坏的铁路线约九千六百公里,为敌占铁路线(约一万公里)的百分之九十六,被我完全控制的海岸线约八百公里,经常有我活动的海岸线约六千五百公里。以我军民在敌后如此的力量、成绩及其所处的战略地位,如再加以近代的装备和补充,不仅可以牵制今日敌人之进攻,而且可以配合明日盟国之反攻。而国民党政府对此不仅不予奖励,且于最近所发表之国民政府提示案中,竟欲取消此敌后解放区中之各级民选政府,取消此敌后抗战有功之数十万正规军及数百万民兵自卫军。无理而又有助于敌的事情,莫过于此。因此,我们誓死反对取消,坚决要求国民政府应承认此敌后解放区之各级民选政府,及敌后抗战有功之五十三万正规军和数百万民兵自卫军。

三、国民党政府不仅不承认我敌后解放区的政府和军队,并且还不断进攻村镇和企图消灭此各级民选政府和抗战有功的部队。即在目前正面战场最危急的时候,国民党政府用以包围陕甘宁边区及进攻八路军和新四军(尚未算入华南抗日部队)的兵力,也还有五十六个师及其他地方团队达七十七万五千人之众,而进攻侵扰之事,始终未停。因之,内战危机亦依然存在。我们坚决要求全国人民、同盟国家和我们一道制止这种内战危机,以便将我们全国力量,都能用到抗敌的战场上去。

四、同时,我敌后抗战部队在此七年当中,奋勇血战,从未得到国民政府军事委员会的任何轻重武器的装备(除抗战初期领了一百二十挺轻机关枪和六门反坦克小炮以外),即弹药、被服、粮秣、经费以及各项交通、卫生器材的供给和补充,也在一九四四年起全部停止了。因此,我军之所以能存在、发展和胜利，完全是依靠于中国人民的拥护和自力更生的成功。但为着今日更有效地消耗和牵制敌人之进攻，明日更有力地配合盟军之反攻，我们有充分权利要求国民政府装备和供给我军以应得的军火和物资，我们更有充分权利要求同盟国将援助中国军队之武器、弹药、交通卫生器材和金钱布匹等，分其应得之部分给八路军、新四军及敌后一切抗日游击部队。且更基于上述理由，特别是敌后、正面两战场胜负的对照，我军至少应获得美国租借法案分配于中国的军火、物资的全数二分之一。这样，方为合理。

五、根据以上四项意见，我敌后各解放区及陕甘宁边区谨代表九千万中国人民、五十三万正规军、数百万民兵自卫军，特向史迪威将军及美国统帅部作下列之提议：

1. 按目前战况及反攻之需要，我敌后部队依现有五十三万人计算（八路军、新四军及华南抗日纵队），至少应编为正规师五十个，以便接收新式装备。现时我军分在各处作战，均以团或旅为单位，隶属于敌后各作战分区。如欲集中编制和训练，以师为单位进行，决无碍于目前作战，且按此五十个正规师兵力，仍可由民兵游击队中组织同样数目的预备师，以作补充之用。

2. 为适应敌后战场目前需要，并牵制敌人向我正面深入进攻，我军急需接济的军火物资为轻兵器（轻重机枪、掷弹筒、迫击炮及坦克小炮、火箭炮）、弹药及通信卫生等器材。

3. 为加紧准备反攻起见，我军装备急需使之近代化。你们美军统帅部已决定装备中国军队以一定数目的近代化的师，则我们要求至少以一半数量的装备给予我们。

选自中共中央文献研究室、中央档案馆编：《建党以来重要文献选编(一九二一——一九四九)》第二十一册,中央文献出版社2011年版

毛泽东给罗斯福的信

(一九四四年十一月十日)

罗斯福总统阁下：

我很荣幸的接待你的代表赫尔利将军。在三天之内，我们融洽的商讨一切有关团结全中国人民和一切军事力量击败日本与重建中国的大计。为此，我提出了一个协定。

这一协定的精神和方向，是我们中国共产党和中国人民八年来在抗日统一战线中所追求的目的之所在。我们一向愿意和蒋[1]主席取得用以促进中国人民福利的协定。今一旦得赫尔利将军之助，使我们有实现此目的之希望，我非常高兴的感谢你的代表的卓越才能和对于中国人民的同情。

我们党的中央委员会已一致通过这一协定之全文，并准备全力支持这一协定而使其实现。我党中央委员会授权我签字于这一协定之上，并得到赫尔利将军之见证。

我现托赫尔利将军以我党我军及中国人民的名义将此协定转达于你。总统阁下，我还要感谢你为着团结中国以便击败日本并使统一的民主的中国成为可能的利益之巨大努力。

---

[1] 指蒋介石。

我们中国人民和美国人民一向是有历史传统的深厚友谊的。我深愿经过你的努力与成功，得使中美两大民族在击败日寇，重建世界的永久和平以及建立民主中国的事业上永远携手前进。

中国共产党中央委员会主席　　毛泽东

一九四四年十一月十日于延安

选自中共中央文献研究室、中央档案馆编：《建党以来重要文献选编(一九二一——一九四九)》第二十一册，中央文献出版社2011年版

毛泽东关于迫美放弃扶蒋主张给周恩来电

（一九四五年二月十二日）

周：

真两电悉。断然拒断赫尔利，完全正确。我们必须坚持八条，并先做四条，否则将长独裁之志气，灭民主之威风。民主同盟纲领买［卖］到二百元一份，可见民意所在。今日美新闻处广播美洲十家华侨报纸要求废止一党专政，成立联合政府，可见我党主张已得海外拥护。外国多数舆论亦是拥护此项主张的，美政府扶蒋主张可能被迫放弃。我党必须攻掉此项主张。不怕他们生气，不怕他们大骂。

毛泽东

丑文廿时

选自《中共中央南方局历史文献选编》下，重庆出版社2017年版

周恩来关于出席联合国会议代表问题致赫尔利信

(一九四五年二月十七日)

赫尔利将军阁下：

在渝诸承关注，极深感谢。

回延后，已向我党中央及毛泽东主席报告一切。中国目前既无民主的联合政府，而现在的国民政府，完全是国民党独裁统治，既不能代表中国解放区九千万人民，也不能代表国民党统治区域广大人民的公意。因此，四月二十五日召开的联合国会议，决不能单独由国民党政府派遣其代表去出席。在渝时，你曾对我说：出席旧金山会议的中国代表团，应包括中国国民党、中国共产党、中国民主同盟三方面人物，我党中央及毛主席很同意此项意见。并认为国民党代表只应该占代表团全人数三分之一，既在此三分之一内，还应该有国民党民主派的代表参加。此外三分之二的代表，应由中国共产党及中国民主同盟派遣出席。如此，方能代表全中国人民公意，否则绝不能代表中国解决任何问题。特此电告，请转达贵国总统为恳。

谨致我的敬意

周恩来谨启
一九四五年二月十七日

选自《中共中央南方局历史文献选编》下，重庆出版社2017年版

周恩来关于出席旧金山会议代表等问题致王世杰的信

（一九四五年三月七日）

雪艇先生大鉴：

敬启者，兹有两事奉告如下：

（一）归延即向我党中央报告在渝谈判经过，佥认蒋主席当日谈话其内容显与先生所云大有出入，同时，先生所提之政治咨询会议草案，亦与敝党意见相距太远。但尚准备将敝党之主张作成复案，送达贵方，以供研讨。忽得蒋主席三月一日之公开演说，一切希望，均已断绝。盖蒋主席不仅已向国内外公开声明不能结束党治，不能召集党派会议，不能同意于各党各派和无党无派人士合组的联合政府之主张，而且更进一步宣布国民党将于今年十一月十二日召集那个在全国人民尚无自由、各党各派尚无合法地位、大部国土尚未收复、大多数人民不能参与等条件下，由国民党一党政府所一手包办的完全儿戏的分裂性质的所谓国民大会，此实表示政府方面一意孤行，使国内团结问题之商谈再无转圜余地，言之实深遗憾。在此种情形下，先生向所谓政治咨询会议只是名称问题，敝党所提党派会议内容均可提出讨论商决云云，亦已不攻自破，敝党方面自无再具复案之必要矣。

（二）关于四月间之旧金山会议，敝党中央坚决认为，如欲使中国代表团真能代表全国人民的公意，则代表团的人选必须包括中国国民党、中国共产党、中国民主同盟三方面的代表，绝不应单独由国民党政府人员代表出席。美英两国均已宣布其代表团将包括各重要政党代表，而罗斯福总统更声明美国代表中共和、民主两党人员将各占半数。中国现状既如此不统一，贵党方面如欲一手垄断此代表团职务，不但不公平、不合理，而且表示了分裂的立场。因此建议政府，此代表团除贵党党员外，中共与民主同盟应有必要之人员参加。敝党方面之人员，敝党中央决定派遣自己的中央委员周恩来、董必武、秦邦宪三人参加。此项要求如不得国民政府之采纳，敝党方面将坚决反对此项分裂之举措，并对贵党所一手包办之代表团在国际会议上所作之一切言论和行为保留自己的发言权。

以上两事，敬请先生迅为转达国民政府为祷。专此，即颂公祺！

周恩来　谨启

民国三十四年三月七日　于延安

选自中共中央文献研究室、中央档案馆编：《建党以来重要文献选编（一九二一——一九四九）》第二十二册，中央文献出版社2011年版

中国共产党的基本政策[1]

（一九四五年六月五日）

董必武

中国共产党的基本政策，可以用三句话来概括，就是：坚持抗战，坚持团结，坚持民主进步。

先讲坚持抗战。从九一八事变发生，中国共产党就提出对日抗战，当时曾经发表文件，提出鲜明主张。有人提出唯武器论，认为中国武器不好，不能抗战。中国共产党曾坚决反对，予以驳斥。因为中国共产党认为中国有四万万人民，有挽救中华民族危机的决心，是有力量进行抗战的。到了七七卢沟桥事变发生，中国共产党更主张抗战，坚持抗战。

抗战以来，中共将领没有一个投降敌人的，也没有一个知名的共产党员做了汉奸。这是中共和中共领导的军队坚决抗战的一个有力证明。日寇诱降也好，诱和也好，从来未以中共为对象，相反的，总是以反共灭共为口实。日寇和德意所结成的轴心，就叫反共轴心，就是以反共为中心的。所以，从八路军在一九三七年深入华北敌后，新四军在一九三八年深入华中敌后，坚持抗战以来，八路军和新四军成了日寇的死敌，因为他们天天在打敌人，给敌人打击最大。这些更是中国共产党和八路军、新四军坚决抗战的有力证明。

八年来，中国共产党领导的八路军、新四军，是在怎样的环境下和日寇作战的呢？我已说过，八路军和新四军是在敌后战场作战，是在敌人包

---

[1] 这是董必武赴美出席联合国制宪会议期间，在华侨举办的演讲大会上的讲演。讲演内容连载于1945年6月16日至6月20日的《华侨日报》。

围中作战的。尤其是从一九三九年起，日寇集中了大部主力，在敌后进行"扫荡"。截至今年三月的材料，敌人把在华军力的百分之五十六（即二十二个半师团三十二万人）和伪军的百分之九十五（即八十万人），放在敌后的战场。我们的八路军和新四军一直要和这样庞大的敌军作战。

八路军、新四军在最近五年都没有得到国民党政府一文钱，一颗弹，一包药的接济。至于国外的援助，除了社会同情和私人捐助药品外，我们得不到任何援助，而且，陕甘宁边区及解放区和大后方的交通，人为地受到阻隔，弄得消息不通。八路军、新四军打了胜仗，大后方却有人硬说没有打仗；八路军、新四军胜利的战报，也不许我们登在大后方的报纸上，告诉国人。同时，国民党政府又不许新闻记者到这些地方去视察。这种情形，到去年夏天稍有改善，但是，从去年夏季记者团去视察后，又不准去了。

八年以来，八路军、新四军作战的成绩怎样呢？在上述的作战困难环境下，八路军、新四军作战的成绩是很好的。在过去八年中，他们打了十一万五千一百二十次仗。这是到今年三月止的统计。这就是说，平均每天要打四十次左右的仗。有人说，这不算什么，因为他们说这些都不是"大仗"，不过是些"小仗"而已。我必须说明，八路军、新四军没有飞机，没有大炮，当然只能打规模不太大的仗。然而，小仗就不算打仗了吗？这只能是坐在房子里空想的人们说的话，就是敌人，也承认他和八路军、新四军打仗的次数最多。日本《朝日新闻》一九四四年一月十五日载北平十三日电说："华北军发表昭和十八年（一九四三年）度综合战果，充分说明了过去以重庆军为对手的华北军，在今天他完全转变为以'扫共'战为中心的事实了。……敌大半为中共军，在交战回数一万五千次中，和中共党军的作战占七成五，即一万一千四百三十次；在交战的二百万敌兵力中，半数以上都是中共的党军。……"这就是说，每天平均交战四十次以上，这是敌人的自供，这是敌人承认和中共领导的军队作战次数最多。敌人是不管大仗小仗，而是有一次算一次的。那些诬蔑中共领导的军队不打仗的人的胡说，是不攻自破的。

在这些作战中，敌我伤亡的统计是怎样的呢？大致是这样：敌伪伤亡总数是一百三十六万零八百多人；我军的伤亡总数是四十四万六千七百多人。比例是三点零四比一，就是我军伤亡一人，敌伪就要伤亡三个人。至于俘虏，我军俘虏了日寇三千八百多人，伪军二十八万二千四百多人。在过去八年中，我军缴获很多，计长短枪四十三万六千九百多支，轻重机关枪七千七百多挺，各种炮一千多门。前面我说到八路军、新四军没有枪械的接济，这里可说明一句，八路军、新四军的枪枝，除了自己的小规模的制造厂制造一小部分外，大部分是从作战中缴获而来的。

现在八路军、新四军的数目有多少？收复了的国土和解放了的人口有多少呢？到今年四月，八路军、新四军等正规军数目，已经发展到九十一万人（抗战开始时，只有八万人），民兵则有二百二十万人。民兵就是人民的武装，不脱离生产，受了训练，临时可拿起枪来和敌人作战。

过去八年中，八路军、新四军在敌后收复的国土，到三月底为止，是八十五万平方公里；到四月底，已经是九十万六千平方公里了；解放了的人民，共有九千五百五十万人了。解放区除了陕甘宁边区外，从东北到西南，从西北到东南，还有十八个。侨胞大都是广东人，广东有两个解放区，一个从东江到北江到西江，从广州城郊到九龙附近，那里，中国共产党领导的东江纵队已有三万人了。另一个解放区在海南岛——琼崖。

八路军、新四军和解放区人民，曾经救护了不少中外人士。珍珠港事变以来，他们曾经救护从北平、天津逃出来的美国人、英国人、法国人、荷兰人，使这些外籍人士到后方，转回本国。其中有教授、有外交人员、有银行家等等。从香港逃出来的美国人和中国同胞（其中有许多文化人），多是由东江纵队救护出来的。从上海逃出来的一位英国外交人员，也是由新四军救护出来的。此外，在解放区得到救护的还有许多美国空军人员。

以上一些事实，都说明中国共产党和八路军、新四军怎样坚持抗战和在坚持抗战中的伟大成绩。今后还要坚持这个政策。目前我们完全赞成杜鲁门总统最近致国会咨文中的主张，一定动员一切力量，配合盟邦作战，直到日寇无条件投降为止。

这些成绩是怎样得来的呢？这里，我就要讲到中国共产党坚持团结和坚持民主进步的政策。

先讲坚持团结。抗日战争是人民的战争，非团结一切人民进行，抗日战争不能得到最后胜利。中国共产党怎样团结人民呢？

在政府、军队和人民的关系上，我们的口号和任务是："军民合作"，"拥政爱民"。从军民关系上说，一方面军队要打仗，要帮助人民，使人民觉得八路军、新四军是真正人民的军队，是保护人民，为民族流血的；另方面，人民要帮助军队，爱护军队。这样，军民不仅不仇视，不隔膜，而且相亲相爱，真像一家人一样。从军队和人民对解放区政府的关系上说，要拥护政府，服从政府。因为政府是民选的，拥护和服从政府，也就是拥护和服从人民的意志。这样一来，政府、军队和人民，没有矛盾和冲突，只有和谐和团结。

在地主和农民的关系上，我们的口号和任务是："减租减息"，"交租交息"。地主和农民，过去常常因为地主的租息太高，农民不堪负担，弄得生活无法维持，和地主是死对头。而地主呢，一味压迫农民，使农民过非人的生活，而且租息愈高，农民愈无力交纳。这样，双方关系自然不好。现在就要地主减租减息，使农民既有力交纳，又可维持和稍稍改善生活。在地主减租减息的前提下，又保证农民交租交息，使地主和农民的利益暂时协调，相互关系得到改善。

在资本家和劳工的关系上，我们的口号和任务是：改善工人生活，保护资方合理利润。目前劳资关系的关键，在于保障工人生活和资本家利润。能够做到这样，双方就能协调。所以，一方面要资本家使工人生活得到相当提高，另方面又使资本家能够获利，使双方关系能够得到调整，能够团结一致，协力从事战时生产。

在知识分子和工农劳动者的关系上，我们的口号和任务是：一方面使知识分子参加体力劳动，知道劳动之可贵，能和工农劳动者接近和团结，消弭知识分子轻视体力劳动和工农劳动者的现象；另方面又提高工农大众文化水准，这样来增进体力劳动者和智力劳动者的关系，也就是增进工农劳动者和知识分子的团结。

在各阶级、各党派的关系上，我们的口号和任务是：实行民主政治。在行政和议事机关中，包括各阶级、各党派和一切抗日人民的成分，大家都是经过民主选举产生，都在一起商讨和决定事情，并且一致实行这些决定。同时不分男女、阶级、信仰等等，人人都有言论、出版、集会、结社等等自由，都可以组织团体，团结各种职业、各个阶级的人民，参加抗日的工作。比如，各解放区工人都有工会的组织，在延安又有解放区总的职工委员会，现有会员九十九万人了。此外，青年、妇女，也都有各自的组织。

我们中国共产党根据这些原则去做，所以在解放区有了巩固的团结。有了这种团结，才有强大的力量战胜日寇。没有这种团结，就不可能打胜仗，收复国土，解放人民。我们在全国范围内一样地坚持团结，所以，我们坚决地反对内战！

总括这些原则，我们可以回答"怎样才能团结"的问题。用一句话说，就是我们坚持了民主进步。也就是说，只有在民主制度的基础上，才能把各阶级、各党派及一切抗日人民团结起来。

我们在民主方面做了些什么实际工作呢？

中国共产党在解放区保证人民有民主权利，有集会、结社、言论、出版、信仰等自由，这在上段已经讲过了。

中国共产党在解放区保障了人权与财权。人权受到了政府的保障，非依法律由合法机关依照合法手续不能任意逮捕，并且必须依照法律，以合法程序予以审判和处置。财权受到保障，人民的私有财产，完全受到法律的保护。

中国共产党在解放区保障人民有选举和被选举权。凡是及龄公民，不分阶级、性别、信仰和财产，都有这项权利。

中国共产党在解放区，不论在政府与参议会之中，都实行了"三三制"。什么叫"三三制"呢？就是：人民选举出来的各级参议会代表也好，各级参议会选举出来的各级政府委员也好，中国共产党自己规定，共产党名额都不超过总数的三分之一。如果选出来的代表或委员，共产党员超过了三分之一，就有一部分自请辞职，让给次多数的非共产党人士。这个制度的目的是什么呢？就是反对一党包办，反对一党专政，而和各党派、无党派的各阶级人士，更好地团结合作。中国共产党是主张民主政治，反对一党专政的。从共产党本身起，就不做一党包办或专政的事。

以上种种措施，保证人民有民主权利，保证政府是民主的政府。这是最好的民主制度。

民选的政府做了一些什么事呢？民选的政府减轻了人民的负担，实行了减租减息。国民党政府颁布的二五减租，别处没有真正实行，在解放区的民选政府是实行了。旧时的千百种苛捐杂税是完全废除了，现在征收的是统一累进税。这项税有个起税点，在这以下完全免税；在这以上，收入愈多，征税也比较多。这正是钱多多出，钱少少出的合理税则。其次，民选的政府实行了精兵简政，一部分军队转入了生产；政府的一部分不必要人员也减少了。这样，就减少了政府的开支，增加了生产的力量。减少政府开支，正是减轻了人民的负担。再其次，军队、机关、学校等人员，都参加了生产，增加收入，减少政府开支。现在，各个部队、机关、学校等的经费，都能部分自给，一般的是自给四分之一，有的甚至于可以全部自给了。

民选的政府采取一切办法，发展生产。首先就是普遍的生产运动，从上到下，从男女到老幼，每个人必须参加生产工作，或者种地，或者纺织。这样，使每个消费者都是生产者，用大家的力量，解决生活需要。同时，这是人人体验劳动、尊重劳动的一种训练。就是过去游手好闲之辈，也在生产运动中得到改造。现在，游手好闲的现象也消灭了。

更值得注意的，就是广大农民在毛泽东同志的号召下，组织起来，提高了生产能力。在中国农村中，原有劳动互助的办法，两三家人力或畜力，一道工作，依次耕作各家农事。这样，费力少，费时短，收效大。现在，经过中国共产党和解放区政府的提倡，劳动组织的日趋科学化，生产力已经大为改善和提高。生产的增加是很显著的。两个人做三个人的工作,是极普通的现象。大家看到"变工"、"扎工"等名词,就是劳动互助的组织。同时,政府还帮助每家农户根据各自的具体条件,定出各户各人的生产计划,并帮助他们逐步实现。所有这些办法,使生产不断地增加。此外,政府还有计划地开垦荒地、兴水利,教人民如何施肥,如何深耕。由于采取这些进步的措施,陕甘宁边区的农民,到今年已可以有一年的余粮,从此以后,就可以做到耕三余一,就是每三年有一年的余粮。军粮充足,民食富裕,再也不怕荒年。

民选的政府,在工业生产方面,也尽力发展。解放区都在工业一向不发展的农村,经过中国共产党、民选政府和全体人民的努力,情形已大不相同了。现在,以陕甘宁边区一地而论,纺织业已普遍发展,造纸厂建立起来了,印报纸、出书刊,完全用自造的纸张。而且,从前向无印刷业,现已有两个印刷厂了。火柴过去是没有的,现在不仅能自给,且有剩余可以输出。

过去每户农家每年需铁二三十斤制造农具,铁完全依靠外来,现在已能全部自给了。从前不懂制革,只得皮毛相连,勉强穿着;现在已能制革,皮鞋、皮衣都能自制。工业发展规模尚小,但工业合作社相当发达。同时,政府也鼓励地主投资工业,帮助工业的发展。

民选的政府,还广泛地发展了合作社,消费、生产、运输及信用合作社,几乎到处都有。此外,还有一种综合性的合作社,不仅包括消费、生产、运输及信用的合作,还根据人民的需要,代为纳粮,举办文化教育、医药卫生事业。所以这种合作社已经成为人民最欢迎的一种社会经济生活的中心。加入或退出合作社,是完全自愿的。社员享有民主权,可以选举职员,可以对业务的发展和改善提出批评和建议。

民选的政府更在大力发展教育,提高一般人民的文化水准。一方面在民办官助的原则下,普遍发展小学校。另方面,政府也举办了大学,如延安大学、医科大学等等。此外,还普遍发展黑板报、壁报,组织读报组,实行小先生制等等,使每个人都有学习的机会。解放区的教育原则,是照顾人民的自愿和需要,教材注重生产知识、卫生知识等等,务使所学的东西，都是切实有用的。而学习时间，也以不妨碍生产不误农时为原则。

现在解放区有一百九十八种日报及期刊，通讯员也有一千多人，就是不识字的，也可以担任，因为他可以找能写字的人，把自己要报导的事情、要发表的意见告诉对方，请对方代他写给报馆和杂志社。

对于卫生工作，民选的政府也非常重视。过去陕甘宁边区等地，都很落后，人民迷信，医生缺乏，医病常靠巫神，但巫神只能求神骗钱，不懂得医道，因此死人不少。现在，一方面破除迷信，揭露巫神骗术，另方面，大量训练医生，团结中西医生，下乡宣传卫生，设站医治病人。又如，过去没有科学接生，婴儿死亡率极高。最近，由于科学知识的灌输，产科医生的帮助，婴儿死亡率也大为减少了。

由于民选的政府采取了上述种种民主进步的措施，各解放区，特别是陕甘宁边区的人民，生活已改善了，已经做到有棉布、棉衣、羊毛衣着了；过去吃不饱，现在不仅吃饱，而且常能吃肉了。其他解放区，因为在战争环境下，时时要和敌人打仗，所以各方面比较陕甘宁边区要差些。但是，由于人民负担减轻，比起战前，生活也好得多了。

所有这些措施，都是提高生活、团结人民、增强抗战力量的措施。这些措施，不叫做进步措施还能叫什么呢？显然的，这些都是进步措施。

在战时，为了坚持抗战，争取胜利，我们要坚持这些政策。在战后，在把日寇打到无条件投降以后，我们现在在抗战中所执行的基本政策，还可以继续施行。我们要在战时，也在战后，坚持团结，坚持民主进步，这对于中国的发展前途，是必要的。

我到了旧金山以后，有许多朋友来问我党目前的政策。我写出了一个提纲，现已译成英文，其中有几点前面已经讲到了，还有几点也需要在这里简单地提一下。

关于中国共产党对所谓国民大会的态度问题。中国共产党认为：要使中国能够真正走上民主团结，动员全国力量，配合盟邦，对日反攻，取得胜利，只有召开党派会议，成立民主联合政府。在党派会议和民主联合政府中，有国民党、共产党、民主同盟和其他党派及无党派知名人士，这里并不排斥国民党。这个民主的联合政府，必须实行民主纲领。这是目前中国局势的唯一的、民主的解决途径。

至于所谓国民大会，那是解决不了问题的。而所谓国民大会的召集，只有使中国内部问题的解决更加困难，更加深内战的危机。为什么呢？因为国民党预定今年十一月十三日召集的所谓国民大会，所有"代表"实际上都是八年前（也就是反共内战时期）由国民党指派的。当时国民党外各政党都不能公开存在，人民也没有民主权利，没有选举权，而且，所指派的"代表"，到现在有的已经死了，有的已经投敌，有的早已不做以前的职业，所以这批所谓代表，根本就不能代表人民。同时，他们规定国民党中央执监委员都是当然"代表"。这次国民党第六次全国代表大会，把中央执监委员的名额，增加到四百六十人之多。这样的所谓国民大会，无论如何，不能叫做国民大会，只能叫国民党大会。

也有人说，如果重新选举好不好呢？我说，这在现在是不可能的。因为现在，还有大块国土、大批国民沦陷在敌寇统治下，他们如何选举代表呢？解放区虽已实行民主，人民可以自由选举代表，国民党政府却从来不承认这些解放区。至于大后方，现在还是在国民党一党专政之下，特务制度未取消，人民没有丝毫民主权利，他们又怎样能选举呢？

今天唯一实际可行、容易做到的实现民主团结的办法，只有召开党派会议，成立民主联合政府。民主联合政府一天不成立，国民党一党专政一天不取消，内战危机是一天存在的。如果国民党不顾民意，不走民主团结的道路，一定要召开所谓国民大会，那无非是表现其反民主，而决心假借所谓国民大会的名义，使国民党一党专政得到合法地位。这是以继续独裁反对民主，以假民主反对真正的民主。内战危机就在这里。中国共产党反对一党专政，坚决主张民主团结，所以坚决反对所谓国民大会，而坚决主张立即召开党派会议，成立民主联合政府。为了挽救民族危机，为了消弭内战，为了动员全国力量进行反攻，争取最后胜利，中国共产党坚持这项主张。

关于中国战后经济的发展问题，中国共产党主张民主主义的经济。对大企业，如铁路、水电站等等私人资本无力举办的，应由国家经营；对于私人资本的经营，应该予以奖励和保护。同时，对小的生产合作，更应尽力提倡和帮助，使能普遍发展。至于土地问题的解决，我们认为前人所说"耕者有其田"的主张，是现阶段所必需的，但是，目前还是采取减租减息的政策，等到这个政策实现而条件成熟，再采取一定法案步骤，促其实现。此外，战后工业的发展，需要大量资本，除前面所说奖励国人投资及海外侨胞的积极投资外，对于外资，在遵守中国政府法令的前提下，也一样地欢迎。

关于外交关系问题，我们认为中国必须改善并加强和苏联的友好关系，同时和美英法三国及其他盟国的关系，也需改善和增进。

关于少数民族问题，中国共产党向来就主张国内各民族必须平等，而各少数民族都应该有民族自决权。

中国共产党所有一切这些政策，都是为了一个总的目标，就是：建立一个独立、民主、自由、团结、强大、繁荣的新中国。中国共产党将继续根据这些政策，坚持抗战，坚持团结，坚持民主进步，加倍努力，使我们能在抗战最后胜利中建立起这样的一个新中国。

选自《董必武选集》，人民出版社1985年版

（二）口述回忆

南方局的外事工作

王炳南[①]

我们党的外事工作开创于抗战初期，从它开始的第一天起，就是由毛主席领导、由周恩来亲自主持的。1936年底，党中央派周恩来到西安和平解决了"西安事变"，蒋介石被迫停止内战，国共两党第二次合作，开始了全民抗战。从1937年7月7日卢沟桥事变到1938年10月武汉失守这一个时期内，我党获得了合法地位，在武汉设立了八路军办事处和创建了《新华日报》社。同时，为了适应这一新的局面，必须加强对外宣传我党的抗战政策，因此又在武汉成立了国际宣传组，直接由周恩来领导，这就是抗战开始后我党最早的外事机构。

1939年4月，在周恩来领导下，南方局在重庆正式建立了外事组。这时，蒋介石推行消极抗战、积极反共政策。在这一形势下，要独立自主地开展我党的外交工作，是十分困难的。但恩来同志以无产阶级革命家的大无畏气魄和巧妙的斗争艺术，领导我们战胜了国民党的各种破坏和阻挠，把我党的外交工作推进到了一个新阶段。

外事组的每一次会议都是在周恩来同志亲自指导下进行的。恩来同志根据毛主席制定的抗日外交方针，对形势作了精辟的分析，他对我们说：日本大举入侵中国，直接威胁着蒋介石的主子美英帝国主义集团的利益，它们为了驱逐日本在华势力，还不赞成中国爆发内战。因此，对美、英、法，特别是美国，我们要做争取工作，以此牵制国民党，使它暂时还不敢

[①] 王炳南，1939年起任南方局外事组组长，1945年12月任南方局（重庆局）候补委员，重庆谈判期间，担任毛泽东的秘书。

发动全面内战，投降日寇，战胜日寇主要依靠我们自己的力量，但也要尽可能利用外援，把自己孤立起来的政策是只能有利于敌人的。恩来从这一形势分析出发，以高屋建瓴的革命气势，坚韧不拔的战斗精神，冲破了国民党一党垄断外交，不许其他政党同外国使馆接触的禁令。我党独立地同各国驻重庆使馆以及各国援华组织广泛建立联系，结交朋友，经常举行外国记者招待会和接待进步人士，揭露国民党制造磨擦、策动内战、腐败无能、葬送国土的真相，从而在国际舆论界，特别在美国朝野引起了对国民党的强烈不满。同时，我们大力宣传毛主席和党中央其他领导同志关于抗战的讲话和声明，宣传解放区的各种民主设施以及八路军和新四军奋勇抗敌的辉煌战绩，使不少外国人士对我党的政策，逐步有了较深入的了解，当时的美国驻远东军司令史迪威将军在向华盛顿的一份报告中就这样写道：蒋介石"无意建立任何真正的民主制度或与共产党组织联合阵线。他本身是中国统一和真正努力抗日合作的主要障碍"。美国派往我解放区的观察组人员，目睹解放区的朝气蓬勃和国民党统治区的黑暗腐败，也得出结论说："共产党将在中国存在下去，中国的命运将不决定于蒋介石，而决定于共产党。"

1940年冬，正当蒋介石发动第二次反共高潮的前夕，美国进步作家斯特朗路过重庆，周恩来同她谈了几个长夜，透彻地揭露了蒋介石内战投降的阴谋，预言更大的事变和战争将接踵而至。谈话结束时，恩来告诉斯特朗说："这些材料暂且不要发表，什么时候需要公布，请你等我的话。"不出一个月，蒋介石果然发动了震惊中外的皖南事变。斯特朗刚从中国回到纽约，便接到恩来的电报："把你所知道的材料公诸于世吧。"当时，由于国民党封锁新闻，散布新四军不听军令，举行暴动，造成事变的无耻谎言，惑乱视听，使国外许多人士对皖南事变不明真相。周恩来向斯特朗提供的关于蒋介石长期媚日反共、酝酿内战的材料在美国一发表，惊动了世界舆论，使不少人看清了蒋介石的真面目。

为了宣传我党的政策，扩大国际影响，周恩来还常常告诉我们，不但要同上层人士来往，还要特别注意做外国下层人士的工作，包括对同我们有接触的美国士兵的工作。他说，这些美国兵大多出身于下层，年纪轻，成见少，容易接受新思想，要向他们多宣传。恩来自己就曾请他所乘的美国军用飞机机组人员和其他技术人员吃饭，向他们讲抗战的道理，使他们深受感动。他们说，周恩来是驰名中外的中共要人，却这样平易近人，实在伟大，令人敬佩。我们的宣传工作对外产生了很大的效果，使蒋介石很伤脑筋，以致后来他公开破口大骂，指责"外国舆论对我们军事政治纷纷议论"。

周恩来还经常教导我们，搞外交工作就是斗争。事实上，当时我们党的外交工作正是通过同国民党的尖锐斗争，逐步开展的。1945年，联合国在旧金山举行成立大会。在中国代表团的组成问题上，国民党企图一党包办。恩来根据党的决定，表示坚决反对，提出了三三制，即代表团成员该由国民党、共产党、各民主党派各占三分之一，后来虽未全部实现，但打破了国民党的独霸局面，争取到由董必武同志代表我党和解放区人民政权出席了联合国大会。在外交斗争中，在同美国官方打交道的过程中，周恩来出色地运用了毛主席关于既联合又斗争和有理、有利、有节的方针，在原则问题上，毫不让步。1945年初抗战胜利前夜，美国为了压我党屈从蒋介石的独裁统治，以便战后扶蒋反共，当时美国驻华大使赫尔利亲自出马，同毛主席和周恩来多次举行谈判。美蒋威逼利诱妄想要我党先把军队交给蒋介石，然后才"赏赐"我党以"合法地位"，准许派几个人到国民党政府里去做官。这一无理要求被毛主席严词驳回。美国人便要挟说："你们这样做不好，将在美国引起对中共不利的反应。"毛主席对此威胁视若草芥，大义凛然地回答："你们美国人要干什么，那是你们的自由；你们要继续撑蒋介石的腰，也悉听尊便；但请注意，中国共产党不同于蒋介石，我们不需要什么人撑腰，我们能自力更生，独立自主地走我们自己的路。"在以上谈话中，周恩来是毛主席的得力臂助；他还经常教育我们，要学习毛主席外交斗争的伟大气魄。一名曾参加谈判的美国上校在回忆录中这样写道："在会谈中，周将军始终保持着冷静。对于毛主席所讲的一切，他都以有条不紊的语言加以支持。我感到这两位中共领导人机智、坚定，寸步不让，对他们自己的力量充满信心。要想说服他们是徒劳无益的。"以后在重庆，美国人又妄图劝说周恩来接受美蒋的建议，均被恩来同志义正辞严地顶了回去。就这样，赫尔利和蒋介石合演的一出反共双簧一无所获，化为泡影。

毛主席在重庆谈判期间，会见了许多外国人士，回到延安后，曾在《关于重庆谈判》的报告中提到："我这次在重庆，看到许多外国人，其中也有美国人，对我们很同情。广大的外国人民不满意中国的反动势力，同情中国人民的力量。他们不赞成蒋介石的政策。我们在全国、全世界有很多朋友，我们不是孤立的。"主席的这段话，对周恩来在八年抗战中主持党的外交工作，历尽艰险，卓著勋劳，是一个最好的总结。

选自王炳南:《回忆周总理在解放前的外交战斗》,红岩革命纪念馆汇编《敬爱的周总理战斗在重庆》

周恩来在南方局时期的外事工作

鲁　明[1]

1937年底，日寇占领南京后，周恩来在武汉及时揭露日寇对蒋介石的诱降。在周恩来与英美等国驻华使节和来华知名人士、作家、记者等的交往中，指出英、美的不干涉政策的危害性，又肯定了它们在某些方面转向援华的态度。

周恩来积极支持宋庆龄、何香凝、蔡元培、马相伯、陈丕士（陈友仁之子）等，在上海、香港和海外，大力开展国际友好人士支援中国抗战的多种形式的人民外交和宣传活动，并一贯支持和高度称赞宋庆龄主持的保卫中国同盟和中国福利会的活动，及其对中国人民解放事业作出的贡献。

在对外工作中，周恩来的"站稳立场、坚持原则、机动灵活、多做工作、扩大影响、争取多数、孤立敌人"的基本立场，以及他的"中肯求实、有理有节、求同存异、不亢不卑、平等待人、礼贤尊士"的革命政治家的风格，深得中外人士的称赞和尊敬。当时各国驻华使节的莅任或去职，以及他们的国庆或传统节日等重大外交活动，多要以各种方式趋访和柬请周恩来。许多常驻中国或访华的外籍记者、学者，以及各种援华组织的人员，都希望获得访问周恩来的机会。许多国际友好人士，更乐于和周恩来诚恳探讨各式各样的问题或疑难。周恩来同志善于深入浅出地解释我党的各项方针政策，讲述我军和19个解放区的发展壮大过程。说明我军为什么能抗击63%以上的在华日军，抗击95%以上的伪军。这些国际人士认为，只有从中共代表团那里才能得知国共分歧的由来和真相，才能真

---

[1] 鲁明，1939年起担任董必武的政治秘书、新华日报记者。

实地了解国民党政府腐败无能的症结所在。他们乐于和周恩来讨论诸如中国向何处去，世界向何处去这些重大问题。周恩来同志科学地辩证地向他们讲解我党我军和解放区抗日民主政权获得成就的一面，也讲述我们当前尚存的困难和不足的一面，使人心悦诚服。周恩来一向谆谆告诫工作人员，要对外反对大国沙文主义，对内反对大汉族主义。当时，戴高乐派驻重庆的以贝志高将军为首的"战斗法国"代表团，受到国民党政府冷遇，而周恩来对之则和英、美、苏等国使节一样平等相待。所有这些都给人们留下难忘的记忆。

在抗日战争时期和解放战争初期，周恩来通过各方面的外交活动，成为我党革命外交的楷模。而且对当时变化多端的国际形势，他都有极为精辟的分析和论断，人们都盼看到他的文章，听到他的谈话和报告。

到1940年夏，周恩来从国外就医归来，当时正值英国张伯伦绥靖政策导致封锁滇缅公路，而美国援华又处于观望状态，国内也发生多起反共磨擦事件和第一次反共高潮，就在这时，他应黄炎培、杨卫玉两先生之邀，在中华职教社主办的星期讲演会上作了题为《国际形势与中国抗战》的报告，指明了抗战的前途，振奋了当时焦虑一时的人心。这场报告原定在重庆观音岩一戏院进行，周恩来还未到场，戏院就挤满了听众，只得临时改在张家花园小学操场举行，场地周围的山坡上站满了听众，包括中外记者和领事官员，这次报告不仅轰动了重庆，也影响到国外。

1941年夏，欧洲已战火连天。日本在对美缓和的烟幕下准备武装南进，蒋介石图谋在世界大战中苟安一隅，并乘机加紧反共反人民的步伐。6月，周恩来发表了《论时局中的暗流》一文，指出帝国主义战争正在扩大和持久，英、德走向决战，美国逐步进入实际参战，日本则伺机南进，这是世界战争的主流，但在战争主流之中，并不是没有暗流和逆流。在东方，美国没有对日本全面禁运，日本对美国的暂时缓和，将成为日本最后发动武装南进的烟幕。周恩来警告人们，不要侥幸于世界大战，主要靠自力更生，加强团结，坚持抗战。同年10月，在日本行将发动武装南进前夕，《新华日报》以醒目大字发表了周恩来撰写的《太平洋新危机》的代社论。文章指出，近卫下台，东条上台，滚的［得］快，下的［得］也快，其人其事其时，都说明日本法西斯军人再也不能忍耐目前沉闷拖延的局面，而急于亲自出马，采取冒险行动了。他以高度的科学预见性指出日本法西斯南进在即，号召我国人民，坚持团结，争取进步，在世界反法西斯伟大同盟中作出应有的贡献。果然，12月9日，日本偷袭珍珠港，太平洋战争爆发了。12月14日，《新华日报》以特大栏发表了周恩来近万言的《太平洋战争与世界战局》一文，并附有太平洋战争形势图，全面透彻地论述了世界反法西斯战争的形势及其前景。

从1941年6月到太平洋战争爆发，这半年里，周恩来以他丰富的政治、军事斗争经验，代表我党对风云骤变的世界战局，一再作出科学的预见，深受当时中外人士的钦佩。这时，由于英美帝国主义与德日法西斯的矛盾已上升为主要矛盾，因此，即将成为战时盟邦驻重庆使节的英国大使卡尔、美国大使高思等对如何共同遏制法西斯侵略，对有关世界战局等重大问题，更多瞩目周恩来代表中国共产党的见地和看法。他们在与周恩来和中共代表团的交往中，也相应表现出极大的尊重和重视，而对腐败无能、消极抗日、军事上节节败退的蒋帮，则表示一种恨铁不成钢的无可奈何的鄙视。1942年2月，英大使卡尔离渝赴苏任新职时，除柬邀周恩来出席其例行告别酒会外，还特地在其官邸宴别周恩来，并将英军在北非缴获的德军军刀一把赠周恩来，以表友谊。礼尚往来，周恩来同志也为卡尔大使设宴饯别，并将叶挺将军到重庆时带来的新四军战利品——一把日军军刀回赠卡尔大使。遵照周恩来指示，《新华日报》发表了《惜别卡尔大使》的社论，龚澎（周恩来的翻译，新中国成立后，任外交部新闻司司长、部长助理）还以新华日报记者的身份对卡尔进行了专访，对其在华期间重视中国人民在反法西斯战争中的贡献，在国际上承认和重视中国解放区抗日民主政权的成就和对日作战的重要意义，表示称赞。

其他，诸如在苏德签订互不侵犯条约时，在德国法西斯侵苏时，在德军兵临莫斯科城郊时，周恩来都及时发表谈话和论述，剖析形势，解释疑虑，指出发展的趋向。周恩来对当时国内国际政治、军事、外交、经济形势的论述，常常成为国际上权威观察家、评论家引用的论据。

重庆八年，中共代表团在红岩村接待了尼赫鲁率领的印度国大党代表团、缅甸访华代表轩幽等，罗斯福总统私人代表居里、拉铁摩尔分别多次与周恩来恳谈。常与中共代表团有接触的费正清主持的美国新闻处，与周恩来直接联系的共产党人刘尊棋主持的美新处中文部等，经过多方活动，迫使蒋介石不得不同意外国记者团访问延安。美国直接对日参战后，轰动山城的美国共和党威尔基访华，美国副总统华莱士访华，也邀请周恩来、邓颖超出席在重庆范庄欢迎威尔基和华莱士的国宴。在这种种形势下经过罗斯福的委婉干预，史迪威总部派出了美军观察团常驻延安。在周恩来的坚持下，董必武作为中国解放区代表出席在旧金山举行的联合国成立大会，促成了邓发作为中国解放区代表出席世界工联。也就在这一历史时期，使中国共产党和中国解放区堂堂正正地跃上国际政治舞台。

周恩来同志一向重视对外宣传工作。太平洋战争爆发后，外交活动日益广阔，人们必须及时得悉我党的各种观点和反应。在周恩来的具体领导下，克服困难，采取种种措施，加强国际宣传，使中共中央和我解放区的强大声音，随着国际反法西斯统一战线的扩大与发展而传播到全世界。

周恩来在董必武、叶剑英、邓颖超、李克农等同志的协助下，在重庆、南京、上海的谈判，在北平军调部的谈判，在争取分享联合国善后救济物资的配额谈判，在为黄河花园堵口的谈判等斗争中，取得了一个又一个的胜利。

在抗日战争这一历史时期和解放战争初期，周恩来、董必武、叶剑英与蒋介石、马歇尔及其谈判代表，进行了各种形式的极其复杂的斗争，周恩来同志把其丰富的组织统一战线的经验，运用于外交活动之中，既坚持原则，又灵活机动。他善于捕捉有利时机去发展自己，争取朋友，打击敌人，扩大了我党我军的影响，为中国共产党和中国人民取得政治、军事、外交、经济、文化等方面的胜利作出了巨大贡献。

周恩来通过广泛开展统一战线工作，为我党积累了极为丰富的外交工作经验，也培养锻炼了一大批进行政治、外交斗争的领导干部。

1946年1月7日晚7时，周恩来和他率领的中共代表团，在重庆胜利大厦，举行盛大的新年酒会，邀请参加政治协商的全体成员，各党派，科教、文化艺术、工商、宗教等各界知名人士，国民党政府各部、院、会的首脑，各国驻华大使、参赞、武官，各国援华组织成员和中外记者500多人参加。会上，特别选用了延安自制的"光华牌"火柴、"宝塔牌"香烟和陕北的大红枣招待客人，许多朋友热情地将这些火柴、香烟、红枣，作为珍贵纪念物转赠未能与会的亲友。

　　这天，周恩来同志身着延安纺织的呢料制作的中山服，与中外来宾举杯攀谈，事后，外电报道评论说，从这个酒会上可以看出战后新中国的雏形，看出中国这块古老的大地上胜利的曙光初现。

选自中共中央党史研究室科研管理部、中共重庆市委党史研究室编：《见证红岩——回忆南方局》下，重庆出版社2004年版

皖南事变后，南方局的对外宣传工作

童小鹏

皖南事变后，为了冲破国民党的外交和新闻封锁，除了周恩来、董必武直接同英、美、苏等国外交代表和外国记者直接见面外，加强了外事组的人员，组长王炳南、副组长陈家康、龚澎，工作人员有李少石、章文晋、罗清等，新华日报的章汉夫、乔冠华也经常参加工作。德籍友好人士王安娜和在"保卫中国同盟"工作的廖梦醒，都在南方局的统一部署下进行有效的外事工作。

当时对外工作的方法主要是：1.同外国使节和代表直接交谈。周恩来同英国大使卡尔，美国罗斯福总统代表居里，苏联大使潘友新等，都直接交谈过。王炳南，陈家康、龚澎等，则同各国使馆官员经常来往。2.会见外国作家和记者。周恩来同美国名作家路易斯·斯特朗，美国记者埃特加·斯诺，作家海明威等都作过长时间的谈话，董必武也经常和外国记者见面。在日机轰炸和天气炎热时，便在红岩沟防空洞门口竹席篷下进行。外事组同志除经常对外国记者口头介绍情况外，并把印好的材料提供给他们转往国外发表。3.通过在美国新闻处和其他新闻机关的进步分子向国际友人散发书面材料或进行口头宣传。

通过各种外事活动，对于宣传我党政治主张，争取国际同情和牵制国民党反动派的反共阴谋，都起了重要作用。

选自童小鹏:《周恩来同志领导我们战斗》,《南方局党史资料》1988年1期

我把新四军事件真相告诉了他们

王安娜[1]

1941年1月初的一天，深夜。炳南从八路军办事处回来，他告诉我，向长江江岸行进的新四军后卫队遭到国民党军队的袭击……"周恩来认为事态严重"，炳南说，"延安会有什么决定下来，要等一等才知道。周恩来请你明天也一起到八路军办事处去。我们大家要商量一下，看看在重庆采取些什么措施才好"。

这一夜，我们两人都辗转难眠。我们交谈着关于中国，以及我们大家所面临的种种可怕的可能性。

国民党方面对这次事件保持沉默，但这一新闻有如燎原之火，在关心政治的人们中间广泛传开。一大清早，就已经有人来拜访我们了，他们想从炳南那里打听较为详细的情况。

当我们两人在周恩来的对面坐下后，周恩来对我说："你在这里认识许多外国人，特别是外国记者和外交官，你必须尽快让他们知道国民党袭击新四军的事件。炳南、龚澎和其他同志，也应该去访问自己认识的外国人，把这个事件告诉他们。至于在中国人之间，即使我们不讲，这个消息也会传开。"

数日之间，这一事件便传遍整个重庆。起初，外国记者们就此向政府机关查询，但没有答复。他们根据从共产党方面得到的情报所写的报道，也都被新闻检查处压下了。中国的报纸对皖南事变没有任何报道。

国民党最初企图以沉默把这一事件完全抹杀。当他们知道这么做不能

---

[1] 王安娜，德籍友人，同情和支持中国抗战，全民族抗战时期在重庆等地为帮助中国共产党争取国际援助和对外宣传做了大量工作。

持久时，便把它当成是一件小事来处理。但这一企图仍然以惨败而终。

中国的爱国者对皖南事变异常愤激，他们担心内战会再次爆发，抗日因此而受到彻底破坏。政府则并不过分担心他们的愤激，因为可以采取恐怖手段予以镇压。棘手的是如何对付美国政府和英国政府的质问。

关于这一事件，驻重庆的美国大使向本国的报告显然是依据中国政府所讲的内容，即这一事件是单纯的"军纪处分"问题，毫无政治意味。不料，碰巧那位卡尔逊上尉在中国。卡尔逊过去在汉口曾发出许多关于八路军的引人注目的报告。这次来中国，准备第二次到华北去。皖南事变发生后，卡尔逊随即回到美国。因为他本人认识罗斯福总统，所以，他向总统提供了有关事件的第一手材料。

美国记者经香港秘密传出来的报道，证实卡尔逊的消息是正确的。据此，美国政府便通知蒋介石，在内战的危险没有消除、国内的团结尚未恢复之前，暂停对中国的财政援助。

英国政府也有同样的反应。事件发生后，我曾立即把事件的真相报告了我的老朋友、英国驻华大使阿奇博尔德·克拉克·卡尔爵士。于是他便把他非常钦佩的周恩来请到自己家里商谈。收到大使的报告后，英国政府也表示非常关切，并告诉蒋介石，内战只会加强日军的攻击。

苏联对中国政府虽然也公开表明了态度，但所起的作用只不过是观察家而已。

由于上述原因，蒋介石及其军队中的极右分子，除了让步别无他途。对新四军的攻击已经发生了，蒋介石也无法可施，但针对八路军所有部队的反共军事攻势只好取消。

选自王安娜：《中国——我的第二故乡》，生活·读书·新知三联书店1980年版

恩来同志会见美国总统私人代表威尔基

刘尊棋[①]

1942年秋天,美国共和党领袖、美国联合援华委员会名誉主席温德尔·威尔基,作为美国总统罗斯福的私人代表,到亚、非、欧作了一次烽烟远驿、跋涉万里的长途旅行,先后访问了埃及、土耳其、伊朗、苏联、中国等十几个国家。

那时,我刚刚参加重庆美国新闻处的工作。美国驻华大使是职业外交家高斯。大使馆里有位二等秘书谢伟思,此人生于四川,精通汉语,与美国新闻处处长麦克·费思来往密切。费思知道我和曾家岩50号(中共代表团驻地)熟悉。有一天费思对我说,罗斯福总统的私人代表威尔基访苏后要到重庆访问,很可能要同周恩来先生会见并谈一次话。我听到这个消息后,立即去找当时恩来同志的秘书徐冰同志,把这件事告诉了他。当天晚上,徐冰同志来到两路口我的家里(与美国新闻处同院),告诉我恩来同志约我去谈谈。徐走后不长时间,我即来到曾家岩办事处住地。当时,徐冰、龚澎、陈家康正坐在客厅里等候。我到之后,徐冰就把恩来同志请来与我谈话。威尔基是以总统代表身份而来的,他在访问苏联时遍访前线后方,直接了解了苏联人民反法西斯战争的情况,对"人民战争"的涵义有了认识,在离苏前发表了力主开辟第二战场的谈话等。因此,恩来同志对会见威尔基的提议很重视,向我详细地询问威氏访问各国及其来华的情况,又问到高斯、谢伟思和费思的政治观点等等。我尽自己所知,回答了恩来同志的询问。

[①] 刘尊棋,全民族抗战时期在党的领导下在重庆等地从事新闻工作。

当时太平洋战争已经爆发，随着国际上英美苏三国团结的增强，中国国内政局和国共关系，也比从前发生了变化。先前美国总统罗斯福只是要求蒋介石"三年内不能发动内战"，这时明确表示：它所给予蒋介石的援华军火，不得用于反共。在这种情况下，加上国内各派政治力量纷纷要求团结抗日，反对内战，蒋介石不得不表示出改善与共产党关系的意向。国共谈判虽已开始，但蒋并无诚意，一方面表面上缓和关系，一方面却毫不放松政治上和军事上的压迫，企图逼迫共产党在军事上、防地上向他们让步。当时，反共宣传仍未停止，反共事件不断发生。因此，恩来同志欲在与威尔基谈话时对蒋予以揭露，问我的看法。我表示完全赞同他的意见。最后，恩来同志又谈到由谁来担任翻译的问题。他提出，"除非美方要求你担任翻译外，你以不出面为好"，他说，还是让龚澎同志担任翻译。

10月2日，威尔基到了重庆。几天以后，他在宋子文的家里与恩来同志会见并谈了话。后来威尔基在他写的《天下一家》一书中说："我就是在那里和中国共产党领袖之一周恩来作了一次从容不迫，单独而不受阻断的谈话。"他在书中还写道："我第二次会到周恩来将军是在孔祥熙博士的宴会上，主人应我之请也邀了他和他的夫人。曾经作为他的政敌的那些人以一种愉快但是相当矜持的姿态向他寒暄，同时他的旧交史迪威将军也以显然的尊重态度和他交谈，这种情形看来很有兴味。"对恩来同志与他交谈的内容，威尔基作了这样的叙述："他向我说明中国战时统一战线所赖以建立之妥协的性质。他承认他对于中国国内改造进行之迟缓感到焦灼，但向我保证说，这种统一战线一直到打败日本为止都必然会持续下去的。"

选自刘尊棋：《和恩来同志的几次接触》，《不尽的思念》，中央文献出版社1983年版

苏联大使馆的常客

尼·费德林[①]

我同周恩来的第一次谈话不是从国内的政治和军事形势开始的，而是谈文学、谈作家、谈戏剧。他大概已经听说过我的兴趣所在，所以一开头就谈到郭沫若和他那备受欢迎的话剧《屈原》。他那接近北京官话的苏北口音听起来非常悦耳……不久，周恩来成了我们使馆的常客。他经常在傍晚或夜里到我们使馆来，这个时间对他最方便，我们可以促膝长谈。谈话的内容对我们也极有价值，因为周恩来熟悉国内的政治形势和抗日战争前线的战况以及国内的经济生活。他的情报经常是可靠的，能帮助我们正确判断中国的局势。

选自尼·费德林：《费德林回忆录——我所接触的中共领导人》，新华出版社1995年版

[①] 尼·费德林，苏联资深汉学家、外交官，1939年到1948年，在苏联驻华大使馆任职。

病榻上的斗士

戴维斯[①]

周恩来住在重庆,是共产党在重庆的主要代表。1942年6月29日,我在中央医院采访了他。他手术后正在康复中。他住在一间粉刷得洁白的小房间里,躺在一张有弹簧可以升降的病床上,情绪很好,两眼炯炯有神。我在写给史迪威的一份备忘录里报告了周恩来的谈话:

"自从太平洋战争开始后……中央政府当局从未找他进行过谘商。三个星期以来,由于预期日军会进攻西伯利亚的看法增强,中央政府对西北共产党地区的封锁加强了。胡宗南将军统率着441000大军继续在封锁……"

"周将军不认为日军会进攻昆明。他指出,日本人知道,要使中国完全屈服,是一项永远看不到头的任务,事实上,他们眼前还有更重要的目标。他认为日军当前的进攻是一个暂时性的战役,不是对西伯利亚、就是对印度发动大进攻的前奏。他认为进攻西伯利亚的可能性更大些。"

"他说,可能有人想与日本人媾和,但决不是委员长。他以意味深长的一笑指出,关于中国人准备接受日本的和平建议的传言,是试探气球……"

"周将军强调说,在任何试图收复缅甸的作战中,最重要的是统一指挥。他半开玩笑半认真地说,如果委员长答应,他愿意率领他所统率的共产党军队参与缅甸战役,而且'我会服从史迪威将军的命令!'"

[①] 戴维斯,即约翰·佩顿·戴维斯,美国外交官。从20世纪30年代起到40年代中期,戴维斯先后在昆明、北平、沈阳、重庆的美国领事馆和大使馆任随员和外交官,后担任史迪威的政治顾问,曾随美国军事观察组访问延安。

周恩来也想向柯里（美国总统特使）说明中国的形势。周通过人告诉我说，共产党代表事先不知道特使要来的消息，因此，在被蒋置于不理睬将近一年之后，对委员长突然要召见他感到迷惑。蒋对周手术后的健康表示关心，并劝他到离重庆近200英里的峨嵋山委员长的别墅去休养。在得悉柯里第二天就要到来之前，周对这次意外的关心一直茫茫然不得其解。

在答复周恩来关于会见白宫来人的要求时，我通过周的中间人对他说，柯里先生认为在这个时候会见共产党代表是不适当的。于是，我就成了周向柯里转达他的看法的渠道。当然，我知道，那些穿着考究的、在房顶和地面上不断转来转去的人，是政府的特务，他们会报告说，我是与共产党的联系人。

周曾两次专门致函柯里。正如我在1942年8月6日给柯里的报告中所说，他的第一封信说"中国共产党希望美国政府能采取措施，以确保租借法物资能按美国援助的目的专物专用。信中表示担心，除非美国政府对这个问题采取坚定而始终关切的态度，租借法物资就会被贮而用于战后维持当权派的地位"。这没有超出我们所得到的消息和所下决心。马格鲁德，接着是史迪威，在高思的批准下，从这一计划开始实施起，就一直注视着租借法物资不要被贮备起来或错用。

周的第二封信是一封邀请信，共产党人欢迎一位或几位美国官员到他们控制的地区访问。曾经设想这会得到委员长的准许，因为这种考察之行的理由是，美国政府鉴于日本可能进攻西伯利亚，急需得到有关这一重要边境地区和共产党军队的第一手的情况。

选自约翰·佩顿·戴维斯:《戴维斯在华回忆录——抓住龙尾》,商务印书馆1996年版

周公馆印象

费正清[①]

正如美国《纽约时报》记者布鲁克斯·艾特金森（Brooks Atkinson）所说，居住在这幢神秘宅院（指周公馆）里的人，绝大多数时候看上去都很乐观愉快：里面有一群小鬼，以前都是八路军战士，现在，绝大多数都已长成强壮结实的小伙子；他们经常聚集在传达室里，那儿有一扇供问询用的尺把见方的小窗口，对着前院光线暗淡的大门。传达室的墙上挂着手绘的苏联战场和中国战场的巨幅地图，上面标明了各条战线，墙上还张贴着各式各样的标语、宣传画。小伙子们吹笛子，做游戏，发出各种年轻人健康好动的喧闹声。周公馆的各间房间像重庆所有的房子一样，里面总是空荡荡的，墙上一块块泥粉剥蚀，几张藤椅也很破旧，坐上去吱嘎作响。最近的反共运动又减少了对周公馆的电力供应，以至这儿比其他地方更加暗淡和阴沉。但是，周公馆的那只大公鸡依然不时威武地站在内院的柴堆上喔喔喔地啼叫，外国使馆仍不断地往这儿打电话同周公馆联系，这里的同志们仍在印行最近延安抨击"蒋先生"的评论快报。斗争并没有结束。

1943年9月9日：居住在周公馆里的共产党人做着一件与美国人交往的出色工作，他们以批判的眼光，现实主义的观点同美国人讨论各种问题。虽然他们现在随时有被捕并被投入集中营的危险，但他们仍然本着惊人的团体精神和坚定信仰照旧开展革命工作。目前他们的行动方针似乎是尽可能像美国当代自由民主主义者那样展开活动，在某种程度上他们也正是这样的人。他们力图减少革命运动的极权主义倾向，假如国民党愚蠢到

[①] 费正清，1942年被美国战略情报局派往重庆，身份是美国国务院文化关系司对华关系处文官和美国驻华大使特别助理。

要杀害他们，他们所有的人都准备成为殉道的英雄。我们对他们的印象一般都非常好，因为这群人中多半是燕京和清华的学生，他们能讲一口漂亮的英语，并熟悉西方人的思想概念；他们经常学习，开展讨论和自我批评，在生活上同甘共苦，就我所能想象的最好比拟，便是他们更像一个世纪前的宗教社团。在周恩来所住的阁楼里，臭虫也许会从顶棚上掉下来，雨水也许会漏到床上，但他们的宗教热忱和思想信念照旧如火如荼，绝不动摇，仿佛他们自信能够唤醒这个国家。我们所有的人都祝愿他们健康无恙，万事顺利，尽管我们对华北情势的了解比以往任何时候都更加模糊。

1943年10月25日，星期日，我的一天。早上起来，打发走了那个因物价飞涨（现在伙食费用已涨到每餐大约95元法币）而来要求增加伙食开支5000元的厨师，然后出门，一步一滑地沿街而上，去看望我们那位信奉共产主义的女朋友龚澎，她立即拿出了一本政论小册子，里边共产党扮演了一个痛斥国民党的高贵角色，此书印刷精美，纸张洁白——真是鬼神莫测，他们竟能搞出这么漂亮的小册子，其中一半已由她译成英文，当递给我这些书时，这位非常令人钦佩的传教士解释道，国民党特务机关认为她向外国人散发了过多的宣传品，正在打算在某一天对她进行绑架，因此，她不能过多地离开这座庇护所。我向她保证，她的追随者马上就会订出一种护送制度。

例如上星期，她的姐姐（龚普生，燕京大学1936年文学士获得者，哥伦比亚大学神学硕士学位获得者，曾同罗斯福夫人共事）带着一箱药品和衣服到达昆明，为了不留有收件人为一个共产党员的痕迹，想把它们不经邮局递送出去，于是把这些物品交给了当时恰巧在昆明的《纽约时报》记者普鲁克斯·艾特金森。艾特金森又把这一大包东西转交给了美国大使馆的海军军医。接着军医就把它经由美国军用飞机运到重庆，交给了《时代》《生活》和《幸福》杂志记者白修德，白再把它送到美国学术资料服务处，然后收件人到这里把这包东西取走了——从各个方面看，整个递送过程都是严密合法的。

由于史迪威将军的一位随从武官已来接她去吃午饭，我便离开了这位年轻小姐所在的老鼠横行的堡垒。

选自费正清：《费正清对华回忆录》，知识出版社1991年版

六、领导华南敌后抗日

——中共中央南方局的军事工作

习近平总书记指出："中国共产党坚持兵民是胜利之本，提出和实施持久战的战略总方针和一整套人民战争的战略战术，敌后根据地军民广泛开展伏击战、破袭战、地雷战、地道战、麻雀战等游击战的战术战法，使日本侵略者陷入了人民战争的汪洋大海之中。"全民族抗战爆发后，面对日本侵略者大举入侵，南方局遵照中央关于在敌占区开展游击战争的指示，在其所辖各省放手发动群众，武装群众，开辟敌后战场，广泛开展游击战争，为南方地区的抗日战争胜利创造了条件。

保持国共两党军事联系，维护团结抗战大局。为加强国共合作，南方局代表党中央与国民党保持军事联络和军情沟通；积极协调双方军队之间的战役配合，协同作战；与国民党开展军事谈判，竭力争取和维护八路军、新四军的合法权益，以及人民武装的利益。其中，南方局还应蒋介石邀请，并经中共中央同意，于1939年春派叶剑英率领中共代表团到湖南衡山合作举办南岳游击干部训练班，周恩来被聘为国际问题讲师。4月，叶剑英在《关于参加南岳游击干部训练班工作情形给中共中央的报告》中对两个半月的工作情况进行了汇报。到1940年3月，训练班举办了三期，三千余名国民党军官参加受训。周恩来、叶剑英等人向学员宣传了中国共产党关于抗日游击战争的理论和持久抗战的战略思想，宣传了国共合作，共同抗日的道理。南岳游击干部训练班成为国共两党开展军事合作卓有成效的一个范例。

贯彻中央指示，建立和发展华南敌后战场。1938年10月日军入侵华南后，根据中共中央和中央军委的指示，南方局在华南的东江、琼崖、珠江三角洲、粤中、南路、韩江及港九等广大地区广泛发动人民群众，迅速组建一批抗日武装，建立抗日根据地，坚持开展独立自主的敌后游击战争，奋起抗击日军的入侵。面对孤悬华南后方，孤军作战的复杂困难环境，南方局因地制宜、灵活机动，确立各地游击战争的战略方针和发展方向，从而使人民武装和抗日根据地在敌强我弱的条件下得以生存与发展。1940年春，当东江游击队遭到国民党广东当局纠集重兵"围剿"时，周恩来听取广东省委书记张文彬汇报后强调，今后的工作中心要放到武装斗争上，要到敌后去活动，否则不能发展。5月8日，中央根据周恩来的意见发出《中共中央关于曾生、王作尧两部应回防东莞、宝安、惠阳地区及行前应注意事项的指示》，要求"必须大胆坚持在敌后抗日游击战，同时不怕磨擦，才能生存发展"。1943年2月，鉴于南委事件发生后的严峻形势，周恩来发出《关于同意广东军政会新名单和实行精简政策给林平指示电》，要求"加紧实行精兵简政政策，缩小后方，充实战斗部队"。抗战后期，华南抗战出现大发展局面的形势下，1945年周恩来先后起草《中共中央关于华南工作方针的指示》《中共中央关于华南战略方针和广东区党委工作的指示》等重要文件，要求广东区委应"迅速向北江地区发展"，"扩大游击根据地"。在南方局的领导下，华南地区的抗日武装从无到有，从小到大，从弱到强，逐步发展成为党领导的敌后三大战场之一。

配合盟军对日作战，为世界反法西斯战争胜利贡献力量。华南地区濒临南海，战略地位重要。在日本实施"南进"计划过程中，始终将华南作为跳板和战略基地。然而，由于南方局领导下的南方各省人民抗日武装力量的英勇斗争，日本侵略者难圆其黄粱美梦。可见，南方局军事工作的开展，构成了日本南侵太平洋地区的严重障碍，使其不能集中有效兵力向南展开，为美、英盟国赢得了整军备战的时间，有力地配合了盟军的对日作战。1945年为配合盟军在华南地区登陆作战准备，中共中央发出《关于配合盟军登陆问题给林平的指示》。随后，东江纵队根据中央指示，派出武装掩护美军工作组在华南沿海完成了测量任务。同时，由于华南抗日纵队牵制和消耗了大量日军兵力，一定程度上缓解了日本对东南亚地区的军事压力，有力支援了东南亚各国人民的反侵略战争，为世界反法西斯战争的胜利作出了重要贡献。

（一）历史文献

中共中央书记处关于帮助国民党及其军队工作原则的决定

（一九三九年一月二十六日）

以我们之知识、力量、干部及经验来帮助国民党及其军队工作，应根据以下原则：

（一）凡我们的帮助能推动国民党及其军队之进步，有利于整个抗战者，应决心帮助之。

（二）但他们想利用我们的知识经验干部，造成对付我们的条件，制造磨擦，而不利于整个抗战者，我们应拒绝帮助。

（三）因此，帮助必须有条件的，有限度性的，有进展程度的，否则所谓大公无私披诚相见，实际只自己搬石头打自己脚，不但于我无利，且于整个抗战有害。

因此，凡我对国民党及其军队各项工作之建设［议］、计划、供［贡］献经验及供给干部等，均应遵守上述原则。望加注意。

中央书记处

一九三九年一月二十六日

选自中央档案馆编：《中共中央文件选集》第十二册（一九三九——一九四〇），中共中央党校出版社1991年版

目前形势和新四军的任务

（一九三九年三月）

周恩来

一、目前的形势与新四军的环境

今天，抗战正向新的阶段过渡，敌方、我方、国际三个方面，出现了一些新的情况。

（一）敌人的政策明显地表示了三个特点：

1.认定扫荡敌后方是它的中心。不论军事政治文化经济各方面，特别是军事的行动，都把主要的力量放在敌后方，所以四个月来敌人没有进攻与深入内地的形势。

2.实行政治为主、军事配合的政策。敌人要拿这个政策来利用我沦陷区的人力物力财力资源。

3.无论如何还是继续战争的局面。不是以政治为主了，战争就可以停止。除非是中国胜利或者是中国屈服，战争决不会停止，敌人也不会因扫荡后方就停止进攻。

（二）我方的政策已转到要重视敌人后方。在新阶段中，我们抗战的中心放在敌后，在敌人占领地区开展游击战，实施新的施政纲领，整理地方武装，跟敌人在政治上经济上文化上军事上争胜负。我党总结了一年抗战的经验，在六中全会[①]决议案中讨论了敌后工作问题。在武汉危急时，我们强调了全国军民和各党派应重视敌后工作。在我们共产党领导的军队

[①] 指1938年10月在延安召开的中国共产党第六届中央委员会第六次全体会议。

占优势的地方，欢迎各抗日党派共同到敌后去工作。

（三）国际上也是极注意中国问题的：

1.非常注意敌人占领地区的情况和敌人在占领地区的政策。

2.非常注意游击战争的发展。

3.非常注意中国共产党在游击区的政权。都想看一看中国共产党所领导的军队在游击区能不能坚持到最后的胜利，看一看中国共产党所实施的政策是否侵犯各国的利益，看一看中国共产党所领导的军队在游击区是否能真正破坏敌人的政治经济文化各方面的实施，还要看这些军队能不能壮大起来成为正规军与敌人进行更大的胜利的战斗。

根据敌人、我们、国际三方面的情况可以看出，今天新阶段的中心问题是在敌人占领区，在中国的东部，在黄河以东、平汉路粤汉路以东的广大地区。不仅仅是因为中国东部被敌人占领了，而且更主要的是，这是中国人口最多的地区，是交通便利、土地肥沃、经济发达、文化程度高的财富地区。整个的中国东部，代表了中国走向近代化的最有力的地区。中国的西部当然不如东部，尽管西北、西南可以成为我们的大后方，但是，假如中国东部完全被敌人统治，我们的西部就要一天一天地贫弱危困起来，困难就要无形地加深，而敌人就能够利用中国的人力物力财力来克服自己的困难。我们要认识这个环境，这就是新四军的环境。新四军就处在敌人占领的中国东部。新四军今天所处的客观环境恰恰使得新四军的地位更加提高，落在新四军肩上的任务也就更加重要。

二、新四军的发展与困难的克服

正是因为这样的形势和环境，所以我们新四军是有发展前途的。为什么这样说呢？

（一）我们愈向敌人的后方，愈能够得到发展的机会。

（二）愈在困难的条件底下，愈能够显出我们的特长，愈能够锻炼我们。我们不求在安逸的地区发展。因为安逸的地区谁也要来，谁也能够存在。我们主要地要向困难的地区发展。因为困难危险，国民党的许多部队和工作人员克服不了，忍耐不了。而我们新四军能吃苦耐劳，不怕困难。

（三）愈深入到民众中间，愈能够创造根据地。我们如果打算把新四军所在的地方建立成根据地，就要依靠这个地方的广大群众，深入到群众中去。深入群众才能够保障我们的发展。

（四）愈复杂，愈能够使我们的统一战线发展。中国统一战线的特点就是复杂。只有在复杂的情形下，我们才能够造成民族统一战线的模范区域。

（五）愈有竞赛，愈能够使我们本身进步。国民党五中全会提出了彼此竞赛，我想江南江北地区特别是江南地方政府、民众团体各方面同我们竞赛，更能够锻炼我们，使我们进步。

（六）愈坚持，愈能够影响全国全世界。我们要坚持游击战争，创造大江南北的根据地，给敌人看，给全国全世界看：我们绝不退后，绝不逃避。在这样困难的地区，我们能够发展游击战争，就用事实证明游击战争在中国的自卫抗战中是能够发展的。

虽然我们有发展的有利条件，但困难还是存在的：

（一）敌人的政策和他的军事技术在不断变化。我们绝不要满足于现在能够克服敌人的进攻。敌人遭到挫折就会改变，他们在军事政治经济各方面都在研究新的政策。所以，虽然今天的困难我们能够克服，还有明天的困难需要我们研究怎样克服。

（二）我们活动的地区是有限的。大江南北和华北的情形不同，北方是一个广大的地区，而大江南北敌人所占领的地区是有限的。而且敌人要加紧造成电线公路网，在北岸要造铁路，以缩小我们的活动范围。

（三）地形交通条件不利。

（四）江南的社会环境和历史条件，不十分有利。

（五）我们的力量还小。虽然一年的战斗锻炼了我们，坚强了我们，我们还是游击队。

（六）友党友军不会放弃江南，这个重要地区是他们誓死必争的。

这些困难我们如何来克服呢？

（一）要坚持游击战争。拿战争的胜利来克服困难。只有我们胜利的扩大，胜利的增加，才会使友党友军重视我们，使敌人畏惧我们，使国际友邦尊重我们。

（二）要坚持统一战线。拿统一战线的发展来击退敌人的一切造谣中伤，团结我们周围的友党、友军、地方政府和广大民众，造成有利的工作环境。

（三）要坚持强大自己。要使我们的部队发展，使我们的地位提高，使我们的力量增强，这样才便于我们在大江南北进行工作。

（四）要坚持深入群众。要使大江南北广大群众知道我们是为民众谋利益，为民族谋解放的，环绕在我们周围。由劳苦群众以至上层分子，只要不当汉奸，都是我们要团结的。我们要到群众中间去埋头苦干，扩大我们的影响。

（五）要坚持帮助友党友军。我们采取帮助的方法，影响的方法，使友党友军感到我们是可以合作的朋友。

这些就是我们克服困难的基本条件和基本方针。只要坚持这样的方针，我们就能够基本上克服困难。至于克服困难的具体办法，那全靠我们各级领导同志的实际运用。

三、新四军的战略、方针和任务

讲四个问题：

（一）发展的方向。

我们在江南敌后地区确定发展的方向，有三个原则：

1.那个地方空虚，我们就向那个地方发展。

2.那个地方危险，我们就到那个地方去创造新的活动地区。

3.那个地方只有敌人伪军，友党友军较不注意没有去活动，我们就向那里发展。这样可以减少磨擦，利于抗战。

根据过去三年游击战争的经验，我们认为，现在在跟民族敌人作斗争的时候，大江南北游击根据地的创造是完全可能的。尽管敌人封锁严密，只要我们能够深入广大的群众，善于进行游击战争，我们就不会让敌人完全占领这个地区。

（二）作战的方针。

根据全国在新阶段的任务，根据新四军所处地区的情况，游击战仍然是我们新四军主要的作战方针。我们要适合所处地区的特点，对游击战术有新的发展，新的研究，新的发扬。我们的游击战术应不同于华北，也不能只运用过去三年游击战的经验，应该更加灵活，更加机动，更加出没无常，更加变化无穷。

（三）建军工作。

以强大为原则，也就是说，第一要精，第二要发展。我们不能忽略精的方面，因为我们的扩充是有限制的。我们要使一个人有十个人的用处，一个干部当一百个干部用。我们走向正规军不能采取跳跃的方式，不是一下子可以成功的。干部在我们成为强大的新四军上有决定的意义。干部健全才能使工作发展。在这一方面，新四军要用很大的力量，因为现在干部的水平在军事上文化上技术上政治上都是不够的，要很好地培养和教育。

战斗动作的教育很重要，特别是夜战、白刃战。要学习跳跃、游泳，这是打游击战特别要学会的，比如攻据点时跳铁丝网，携枪游泳袭击敌人。将来我们要在长江上打击敌人，破坏敌人的运输，发扬水上游击队的特长对我们游击队的发展有重要的意义。爆炸的方法也要研究。还要学习爬城，这也是我们必须掌握的基本动作。在游击战中我们要把体育运动提倡起来。

我们要以政治工作保证建军工作的完成，巩固党在新四军的领导，保持并发扬我们的优良传统。

（四）对敌人的政治经济斗争。

过去我们的中心任务，是争取游击队胜利地集中，迅速开赴前线，转入敌人后方作战。我们完成了这个任务。现在我们要与敌人进行艰苦的政治经济斗争。敌人实行以政治为主、军事为辅、开发占领区资源的政策，针对这个情况，我们有许多工作要做：

1.尽量摧毁敌伪政权。能够破坏的应该去破坏它，能够推翻的应该去推翻它。

2.保障恢复我抗日政权。在敌后，应该尽量帮助地方，配合地方自卫武装，恢复和保护抗日政权，并帮助地方群众团体进行工作。

3.用一切方法动摇敌军军心，使他们部队里面反战情绪高涨，不愿意打仗，到最后五分钟不拼命。

4.瓦解伪军。敌人从本国抽调部队到中国来是非常困难的，主要的是利用伪军，以华制华，来弥补他兵力不足的缺陷。因此，我们应该把瓦解伪军的工作放在很重要的地位，不仅在军事上消灭他，而且在政治上瓦解他，使敌人不敢运用伪军。

5.利用维持会、伪军等做内线，为我们侦察敌情，通报消息，将来时机成熟可以里应外合。

6.彻底破坏敌人的交通要道。这不仅有军事上的作用，而且有政治经济上的作用。

7.爆炸敌人的矿山、工厂。

8.封锁敌人的商业。

9.敌人发行的伪币，我们的地区不能使用。

10.研究在游击战中怎样加强我们自己的经济力量，譬如江南有许多棉花，应研究怎样自纺自织，供给自己的需要。

11.组织民众，训练民众，尽一切可能的力量提高民众的文化程度、政治认识，使他们的政治军事文化水平一天天地提高起来，加强地方自治的能力。

12.发展地方自卫武装，由不脱离生产的自卫队进而发展到游击队。

13.争取青帮、大刀会的群众。我们应研究这些组织，进行政治工作，争取他们。

14.适当地改善民生。凡是跑到敌人那方面去的地主，不可以回来收租。

15.坚决肃清汉奸。在伪军伪政府中是有两面派的，我们做这个工作的时候，要注意策略。

16.加强宣传工作。对我们的胜利消息应该尽量地宣传，对敌人的欺骗宣传应该不放松地驳斥。敌人贴了一个布告，我们也应该贴一个布告，揭穿敌人的欺骗。这项工作是非常重要的，决不要迟疑。我们政治部以后应该听敌人的广播，好来研究对策。

17.在大城市中建立秘密的工作。

我只能够提出这些大纲，请大家来研究讨论。在跟敌人作政治经济斗争中，有这许多工作要我们做，这方面的工作很重要，不亚于拿刀枪跟敌人斗争。我所说的是很浅薄的，仅仅是过去的一点经验和现在的一些问题。希望我们新四军的政治工作人员来共同努力，提出更多的具体材料和具体办法，表示出我们新四军不仅有模范的游击战争，而且在游击战争中有模范的政治工作，模范的和敌人作政治经济斗争的成绩。

选自《周恩来选集》上卷，人民出版社1980年版

关于参加南岳游击干部训练班
工作情形给中共中央的报告

（一九三九年四月二十三日）

叶剑英等

我们参加南岳游击干部训练班工作已及两个半月，谨将工〈作〉情形报告如次：

一、准备工作

自参加游训班工作及军委会发表汤恩伯任该班主任、叶任副主任后（后改由蒋兼本班主任，白、陈兼副主任，汤任教育长，叶任副教育长），估计此次工作为统一战线形成后参加训练中央军干部的创例。同时，本班性质亦属创举。各主要课程亦均无现成教材。当即召集留衡主要参加诸同志讨论工作方式、教材准备，对该班教育管理、生活各方面的建议，并对参加人员进行统一战线必要的教育工作。嗣与汤数次晤谈，并同赴渝见蒋，经过情形业经报告。返衡传达长江局指示后，参加人员遂于二月十日移来南岳。

二、训练班组织情形（附各种组织表册及学员简历名册）

第一期原拟五个队，后增一队共六个队，每队一百二三十人。第一、二、三队为各战区送来〈的〉军官，第四队为汤部卅一集团军教导团的一个队并有少数战区送来〈的〉军官，第五队为政治部、青年团、红十字会等送来之青年学生，第六队为西南行营增送之军官与学生及八战区迟到

〈的〉军官。各队均不分部队职级与水平,采混合编制。

上周汤更收容被衡山县党部解散之前进工作团百八十余人,编为第七队。工兵学校毕业学生送来一队,编为第八队。均拟编归第二期。

第一期学员包括全国各战区、各部队送来之军官。按学历大部为黄埔及南京军校毕业。一部为军校高级研究班、保定军校、云南讲武堂、东北讲武堂,及其他地方军队教育机关毕业者。绝少行伍[①]按职级大部为少校,一部为上校、中校及上尉。战区送来者大部为军官,政训工作人员极少。

第五、六、七队均有女生,共百余人。

三、九周来训练班的一般情形

由于汤本人一般比较进步(如对统一战线及游击战的认识与态度均较好,开校讲词公开引用毛主席论新阶段,对我党衡阳公开代表李华杰之被捕及青年记者学会陈侬菲的失踪等在全校会议上慷慨反对,对我们建议多能接受,对我们所拟讲授大纲极少修改,朴实肯干),与某种成见的存在,虚心的不够,及部分顽固分子的存在等,故一般情形各表现其优缺点。

(一)优点(与国民党其他军校相较)

1.较广地实行民主。各种会议的建立,学员代表参加学校各种会议,学员自治会的建立等(仿救亡室工作)。

2.教授法部分地采用了启发式。

3.教员学员均采集体研究、集体创作。

4.实行"教""学""做"合一。

5.教职员与学员生活打成一片,均参加朝会早操,共饮食等。

6.区队长由学员选充,提倡自觉纪律。

7.建立小组会议(党的、学习与生活的、混合不分)。

8.建立课外工作,各队出壁报。

9.划南岳附近三个区为实习区,每星期日实际做民众工作,各队订竞赛条约。

[①] 原文如此。

（二）缺点

1.在上述各工作中尚存在许多缺点。

2.非必要课程的存在及时间分配的不当。学员代表曾迭次提出意见，请减免典范令等课程，增加游击战课程时间。

3.就教职员学术研究会所研究的问题与内容及对军委会的建议来看，与其说是学术的研究与如何开展游击战争，毋宁是着重于如何统治抗战中的游击战。

4.教职员及学员除青年学生外，顽固分子虽居少数，但具决心坚决开展游击战者亦非多。

四、我们工作情形

首先与汤商定，为便于集体研究，我们参加人员集中住在第一教官室，订定工作六大注意（坚定的立场，苦干的作风，谦和的态度，简朴的生活，虚心的学习，严肃的纪律）请其他各主要教职员参加我们〈的〉讨论会。汤几次在会议中提出第一教官室的工作方式与作风，在课堂与学员代表以及个别反映中一般影响颇佳，与友党友军关系亦无不良现象。

根据我们现在已有的材料看来，的确证明开办游训班的动机是包含着两方面的：

一方面是真正为了开展敌后游击战的目的。这是为着抗战利益的好的动机，这表现在不少前方将领选送他们的部属来学训时之殷切属望与大感兴趣（有些部队在前方遇到了关于游击队的问题时，写信来征求在班学训的战友之意见）；同时，表现在各方面对游训班的良好印象（如白第一次参观后回桂所表示，各大报均派记者来访问参观等）。另方面，则包含着控制敌后游击战以限制我党所领导之敌后游击战的企图。在这一企图下，被混入了不少以"混资格"为目的的分子。这一点在提出关于毕业后如何使用的问题上，表现得最明显。他们提出建议委员长自中央到省区均添设游击战的管辖部门，以要求尽先安置他们。有的要求简派游训班学员任敌后专员、县长等行政官吏。假使真的这样做，当然替那些以升官发财为目的的分子大开了方便之门。这一精神也表显［现］在学习精神上，固然大多数学员的确是用了极大的注意想真正学到一点东西，但也有不少表示着"混过三个月拿文凭"的分子——见墙报的批评反应中。其次在汤本人的表现上也可以看这种矛盾的心理，他非常愿干，但又常常有一种不敢放手干的样子，他非常愿意研究游击战民众运动等问题，但有时又为某种成见所局限（畏惧游击战发展了，自己抓不着，见蒋给本班的训词中有"凡游击队人员应时时提醒本身为整个革命军系统下战斗员之一念"之句）而做了许多保守结论（见突击三日制），因此，我们的第一个结论是：学员中好的多，坏的少，控制游击战企图则是越上级越明显，而属于中央军派来的学员又较其他派系的为明显。

至于我们所散布的影响方面来讲，一般的都还好，但也有不少的顽固分子（大都属于康泽系的）仍然在做他们"鸡蛋壳上找裂缝"的勾当，企图用制造事实的阴谋来播［拨］弄是非的可耻行径，据报某次秘密的党会上捏造李涛是游训班中共的负责人，某队××学员任交通，又说李涛深夜中与某学员打电话讨论发展共党问题等事实以及在南岳街上宪兵勾引我们的勤务员等。这些材料，虽不完全可靠，然而这种少数顽固分子的阴谋是存在的。当然还可以从这些材料的反面看出由于我们的影响扩大了，已引起他们的不安，而出此下策。在班本部的负责人说来，都还能顾全大局，汤在这方面起了不少作用。即政治部主任陈烈（参加广暴后向蒋自首的同志）一般的也能顾全大局（上面所述那个捏造事件，即被他打消，并对《新华日报》记者秋江表示，外面以为我们这里有共产党，而引以为虑，其实他们都是中共的老干部，决不会不顾大局）。而队上的官长则表示［现］较坏。因此，我们的影响反映在行政系统方面的，越是高级的越能顾大局，越是下级的负责人则较坏。下级行政人员的表现，就是严格的限制学员与我们接近的机会，不但学员的讨论会不令我们参加，同时还严格的限制学员来找我们——当然我们也并不想去接近下层而引起上层的疑虑，但在学员中则有着一种不能接近我们引为遗憾的表示。

根据上列分析，我们认为在统一战线的前途上，这项工作是有不少作用的。我们相信在游击战方面，首先使他们认识了游击战的重要性与非神秘性，实际的体验了游击战中"政治重于军事，民众重于士兵"的真理（我们的课材，也着重解释这两个口号）。这就使那些为着抗战利益的进步学员，找到了一条光明大道，而更接近于我们；同时也给那些少数顽固分子从事实上证明了中共对友党的诚恳态度，与对国家民族的无限忠诚，使他们那种不敢公开的企图，受到群众的监督、良心的谴责而有所顾虑，可能使其中一些成见较浅的分子有所觉悟。因此，我们的结论是这次参加游训班的工作，由于我们有坚定的立场，诚恳的态度，一般的说是有收获的，对统一战线有利的。

五、第一期学员毕业后的分配

本班已向军委会提议，第一期已决［定］于五月十五日结束，学员毕业后一部〈分〉回各战区或原籍任游击部队的基层干部，少数优秀分子留充二期干部（军训部已决定续办第二期，汤回部队，由李默庵继任教育长，地址如合办则设重庆，分办则分设汉中及桂林）。军委会各战区及各省县均设专司游击战的机关，一部〈分〉教职员及学员充任该项干部。陈诚已大致同意，候蒋最后决定。

谨致

敬礼

四月二十三日于南岳

选自南方局党史资料征集小组编：《南方局党史资料·军事工作》，重庆出版社1990年版

廖承志关于琼崖最近情况
致中共中央、南方局转广东省委电

（一九三九年七月三日）

中央、南方局并转粤省委：

甲、陈仲华①已定明四日由香港出境到广州湾，小方明日送他上船，粤华公司余深于□□解决。

乙、琼崖最近概况如下：

（一）独立总队人数约一千人，长短枪九百，唯子弹每人分二十余发。

（二）队伍现位置于琼崖文昌边界山地。

（三）经费问题，国〈民〉党王毅允担部分伙食费，但总队已派谢某②出发暹、越募捐，另驻港华侨联合会亦允弹药费供给。

（四）总队与王毅关系尚佳，唯吴道南回琼崖时携款二十万进行收买各部队之用。陈仲华到回项湾后是否回音或着其回斐与我们谈，粤省盼复。

廖　三日

选自南方局党史资料征集小组编：《南方局党史资料·军事工作》，重庆出版社1990年版

---

① 即欧照汉。
② 即谢李森。

中共广东省委关于琼崖党及游击队情况向南方局并中共中央书记处的报告（节录）

（一九四〇年一月十三日）

南局并中央书记处：

　　甲、琼崖游击队冯白驹〈部〉，原由琼保安司令王毅部编制为独立总队，下设三大队。每〈月〉支经费八千元。曾打过不少胜仗和援助友军，已扩大至一千人枪以上。但自行营专员吴道南到后，制造磨擦，打击王毅部，对冯部减发经费至每月一千元，迫令缩编为一大队，经交涉，十一月只发二千五百元。幸华侨略有捐款接济，勉为支持。近来当局有停发之势，共已欠两万元。并由吴道南出面初函海外琼崖各华侨团体称冯部抗战有功，实则从为匪党，并未作战等语。现在冯部要求：（一）韶港月津贴五千元（港电不散）①。（二）派军事干部。（三）弹药困难，由港介绍造弹工人。

　　乙、琼党在群众中威信很高，原有党员五千，现已发展八千人，农民为主，知识分子很少，质量不强，肇旧的组织很差，大有抗日者来，一切党办之，凡组织分布已遍全琼，特委下东南及南两临委及十三个县委，各级干部斗争坚决。

粤委

选自南方局党史资料征集小组编：《南方局党史资料·军事工作》，重庆出版社1990年版

---

①　原文如此。

中共中央书记处关于与国民党谈判条件不能让步问题给南方局的指示①

（一九四〇年一月二十五日）

南方局并告北局：

来电悉。中央前电所提边区扩军等各条件都是最低限度的，正当的，合理的，不能再让步，在彼方军事限共到处发展情况下，稍一让步，即可造成彼方向我进攻的机会，故如彼方能迅速承认我方所提各点，则可照此解决，否则，我们须考虑增加扩军数与经费数，并以晋察冀鲁四省及豫东、皖北、苏北全部划为我军防地，方于抗日有利。边区问题在目前形势下，不仅二十三县不能少，而且须考虑增至二十八县方能巩固后方，否则，敌在华北、西北之军事磨擦将无止境，抗日阵地将大受破坏也。

中央书记处
二十五日

选自中央档案馆编：《中共中央文件选集》第十二册（一九三九——九四〇），中央党校出版社1991年版

---

① 标题为编者所加。

中共中央书记处关于琼崖工作给粤委的指示

(一九四〇年一月二十六日)

粤委：

十三日电悉，复如下：

甲、你们对琼崖方针是对的。

乙、冯白驹部应作长期坚持计划，因在任何条件下，日本必占琼崖不退。

丙、在次〔此〕情况下，冯白驹与琼崖特委应以全岛为对象，广大发展党，发展武装，发展民运，设法争取各县政权，不顾国民党的任何阻碍，坚决组织全岛人民的抗日战争。你们对琼崖的作法应与广东的作法有区别，广东应谨慎的干，对琼崖应放手的干，最后达到逐除一切汉奸反动势力，由共产党与进步派别领导全琼抗日，这个前途是可能的。

丁、冯部还只有千人太少了，应在一年内至少扩大至一万人枪，丝毫也不要依靠国民党发饷，依靠人民筹给，并可救〔求〕助华侨，中央不能拨款，也不能派干部，一切自力更生。你们要派大批革命青年及有能力之干部去，你们要把琼岛创造为争取九百万南洋华侨的中心根据地，创造为党在南方发展广大影响的根据地，创造为培养干部的根据地，你们要在冯部地区开办大规模的干部学校，由二三百学生办起，逐渐扩大至二三千学生，香港的力量主要向琼崖输送。

戊、以上意见提供考虑，如有不适当不能行之处，望指出告我们。

己、琼崖至少要有三个电台，并以一台与中央联络。

庚、此外由你们负完全责任，在闽西方方处建立一个可靠电台，你们应与方方处密取联络。

辛、你们电台速与中央直接联络。

中央书记处
一月二十六日

选自中央档案馆编:《中共中央文件选集》第十二册(一九三九——一九四〇),中共中央党校出版社1991年版

中共中央书记处关于与国民党谈判内容给南方局的指示

（一九四〇年二月九日）①

南方局并告北方局：

四日电悉。你们说目前中心已不是九师二十三县问题，而是全国磨擦问题，这是很对的，望据此观点与张何②谈判下列问题：

（1）下令停止全国磨擦。

（2）停止向山东河北两省增兵。

（3）讨伐通敌之石友三。

（4）令阎制止旧军进攻新军，恢复八路军之兵站线。

（5）撤退马禄侵入鄜县南部之队伍。

（6）委任朱德为鲁察冀热四省战区司令长官兼河北主席，彭德怀为第二战区副司令长官。

（7）撤销咸榆公路陇海铁路对付共产党八路军之检查所，取消西安之劳动营。

（8）撤销对共产党八路军新四军之书报禁令等。

中央书记处
九日

选自中央档案馆编：《中共中央文件选集》第十二册（一九三九——一九四〇），中央党校出版社1991年版

---

① 原稿无年月，此年月是根据南方局来电的时间判定的。
② 张指张冲，何指何应钦。

张文彬关于广东军事工作情况向南方局的报告（节录）

（一九四〇年三月七日）

党的军事工作

因为环境与我党在华南策略关系，我们目前在广东尚不是实际［行］"以军事工作为第一"的时候。但因为广东战争正在向全省范围发展，尤以琼岛有特殊的条件，在沦陷区有特别重要的意义，故广东党对军事工作仍视为第一等重要工作之一。首先在省四扩会上是特别着重了对于战争的分析与研究，提出发动与组织敌后及前线上广大群众游击战争，配合正规军作战作为党的中心任务。其次提出各级党应学习锻炼，学习战争，学习领导战争，全党学习军事，党员军事化的口号，并具体指示：（1）必须在每个战区与敌后方建立游击基干队一个，在这基干队中建立健全的政治工作与党的领导，并且须建立起游击队的根据地；（2）指示游击队的形式都应是公开合法，与在当局领导和他们形式下；（3）在重心工作区域上是除琼岛外，以东江为第一重要区，中区、南路次之。

在实际工作的执行与成绩上，大概有以下各点：

1.东江游击队。

在广州失守后，由于香港组织的领导与帮助，及惠阳、东莞本地组织的努力，即曾建立起两个游击队（当时即已有四百人），后经省委派梁鸿钧、芦伟良等去加强领导，及由东南特委去整顿，克服部队中散漫、部分动摇逃跑现象，并动员在港侨工等扩大之。同时加紧统战工作，首先与当地土匪编成之罗坤等游击支队联络，取得其帮助。几经谈判才在五月得到香翰屏允许，编成为两个大队：东莞一个大队——二个中队，惠阳坪山一个大队——三个中队。

现惠阳队人数五百多，枪二百多，成分工人与华侨子弟最多，战斗经验不很多，曾有少爷兵之称。曾有二个班长经当局训练后即逃走，有大队付〔副〕经战区干训团训练后悲观动摇，曾有干部在作战中动摇害怕等等严重现象。但近来经训练整理已有相当进步和巩固。

东莞之游〈击〉队三百多人，枪二百支，成分本地干部与农民、知识分子、学生为数最多，华侨子弟及工人亦有一些。生活刻苦，是在战斗中生长起来的，质量较好，尚未发生过大问题。

两部合共组织了一个党的军委会领导之，以梁〈鸿〉钧为书记，直接受省委领导，在政治上及党的工作上东江特委可以指导。现在则派有梁广在作党的指导。

2.中区游击队

属于中区范围之沦陷区有南海、佛山、顺德及中山一部，这些区域仍有发展游击战争的条件，此外则有江门、新会。省四扩大会中即深入南顺以建立中区游击基础为重要任务。同时，当广州失守后，当地党员即已在顺德建立一个小游击队，人枪约五十余，四扩会后省委派了二个干部去领导，但因地方党及游〈击队〉干〈部〉政治领导薄弱，中区与东南特委都未重视敌后工作，对南顺敌后与河道地形下发展游〈击〉战信心薄弱，不敢积极活动，以及派去之干部（老红军）骄傲不受地方党领导和单纯军事观点和政治上的动摇，以致逃跑投匪，以致游〈击〉队不仅不能发展，反而无食（！）①缩小，曾只有三十人，后经整顿又恢复原状。经费依靠捐款与打汉奸解决，最近更加派干部整理中。

在顺德，另一部分即是吴勤部，这是一个大革命时的党员、农民领导者，广暴后脱离关系，南委时开始找到党的关系，但未正式恢复。在党允许下曾到省党部谌小岑及曾养甫处活动得组游击队合法地位。在顺有些土匪老友，曾组〈织〉起部队，号称七八百，但实际只有七十多人。省委为

---

①原文如此。

确实改造与掌握这一武装，去年即派一得力政治干部入内，现已取得在吴及部队中信仰，并已有初步成绩，部队也已扩大到一百多人（枪一百多），其未脱离生产者则有四五百人，只因交通不便，故已四个月未得到报告。

在顺德吴勤部本可扩大的，但因受地形限制，主要还是部队党的基础薄弱，土匪成分多，领导者尚无大胆积极活动，故其发展尚不及曾生部。以上两部都已暴露目标。

在中山县，抗先武装本已有三百多人，二百多〈支〉枪，还作过几次战，得过胜利，得过当局嘉奖，群众拥护慰劳。

在开平、新会尚有小的游击队二个，人数各约五十，均以自卫团形式存在。

3.北江、西江等地（略）

4.琼崖游击队

琼崖在内战时的红军游击队到一九三六年时尚存有一百五十人，是连党的干部等都在内的。□□到港后，适其领导者白驹被捕，遂令当地干部公开与当局进行谈判合作抗日保琼，然后临时分地集中，游击队几经波折，到广州失陷后才算成功，允编为自卫团独立大队，逐渐集中二百多人。敌占海口后，因该队作战得力，阻敌追击友军和深得民众信仰，部队立即扩大到一千人以上。王毅（守备司令）亦较为进步，故允冯部扩编为游击独立总队，下编三个大队，并成立教导中队、特务中队等，共发展到一千三百余人，步枪八百多支，驳壳等二百支。于是武装力量我们已占全琼三分之一。前后作战七十多次，敌死伤八百多人，获敌枪百支以上，小炮一门，俘敌伪五十左右。当局原每月发饷九千元，但自六月行政专员吴道南到后逆转，初减发饷为六千元至一千元，最后停发，并强迫裁减为一大队，每班六人，改名为游击第一大队等，至今尚在争执中。该队干部有二十余人是老队员升的，余均新队员，知识分子很少，军政干部都很缺乏，党的工作与军政教育都不强，但党的威信在部队中很高，部队在群众中的威信很高。

根据地尚未能建立起来，主要是未能取得政权和地区过小（在琼山与文昌之间，离敌很近多平原），不宜大部队活动，而顽固者恰在自己后面。但当地群众基础与党的组织都有了相当基础，部队除大部（二个大队及总队部）在琼文区外，一个大队在儋县与临高之间，颇有发展前途（因为该方面连接琼西南，当局力量薄弱）。

总结以上各地游击战争工作的经验教训是：

第一，在华南游击战争是可以发展起来的。在华南虽然是在完全友党统治下，虽然是与国际关系复杂，虽然党在华南原来没有武装基础，党组织是新建起来，军事经验少等，要困难些，但仍然有我发展武装基础的条件。因为友党还在继续抗战情况下，是要求发展游〈击〉战和比较开明的，这特别在广东。同时今天当局并不十分感到我们武装力量对他的威胁（因为小），再加上能注意统战工作与政策，多争取同情者，在目前多注意同情者的帮助，能注意到党的面目与组织的秘密，能坚持在沦陷区前线上活动，而随着日寇的进攻形势去发展（在目前）。如东莞、惠阳游击队虽然当局很注意，但当局在对敌上要依靠游击队（东莞县长说如果还要抗战，如果要东莞县府存在敌后，便不能解散游〈击〉队；如曾生部对惠阳淡水的保卫；如王毅对冯部；又如当局也曾认〈为〉东江游〈击〉队力小，尚可争取）。

再则，虽然是在南海、顺德、三水这些河川纵横的地区里也是可以存在与发展的，这一信心的建立在广东是有非常重要意义的。如中区党的干部一直到最后看到南顺三游〈击〉队存在发展的事实而又看到非沦陷区难于发展的事实证明，而更注意与相信了。

第二，在广东发展游击战争的一般组织目的，主要点今天不应是要组织几多几多武装力量出来，即是说主要不是从数量上去评价他。而今天主要是：A.建立武装精干的基础；B.在这基础上和实践上锻炼与训练干部和准备经验，并在这掩护下较易于较大量的训练干部；C.在这基础上经过这些干部与党员建立群众中的信仰，扩大影响与争取群众特别是华侨，便于目前主要组织力量——党与群众力量的发展；D.多配合帮助同情者与中间力量地方力量，以在整个统战组织上争取这些人的目的，也是重要的。因为在某种情况下，这些中间力量是要求我们不仅有政策上的帮助，也要求实力的帮助。在游〈击〉战的发展配合和帮助正规军作战上也是这样，只要这一实力发展上善于按照环境而不过分。其已经暴露了的游〈击〉队也不是以发展数量为主要目的，而是以扩大影响（此处原件字迹不清——编者）；E.至于琼岛又更不同。

第三，因为环境与主观力量的关系，在广东游击战争与力量的建立，必须准备长期在友党统治下积蓄，必须用当局的名义，不暴露面目，多争取中间分子与进步分子来领导。同时必须注意实力、统战、民众基础与政权中工作、党的领导等各方面的适当配合发展，慎重的干，其已经暴露的力量，则更要注意这些配合的条件。

第四，在广东游击战〈争〉的发展上，必须很大的争取与依靠华侨的物质和精神的帮助。现在好些游〈击〉队的存在即是这样。

第五，在环境与经费困难下，用入伍退伍方法是隐蔽培植武装力量的一个好方法。

张文彬　三月七日于渝

选自南方局党史资料征集小组编：《南方局党史资料·军事工作》，重庆出版社1990年版

中共中央书记处对广东工作的指示

（一九四〇年三月十一日）

粤委：

关于广东情况电收到，我们有下列意见：

（一）对余李冲突问题，须利用余之较进步倾向派进步分子帮助余汉谋，并设法在余掩护或默许之下，建立抗日群众团体，赵一肩在欧洲时与王明曾通信，为一较进步军官，望派忠实可靠之党员或同情分子去接近并帮助他，使他做法一方面能巩固地位，一方面能取得青年和民众同情。

（二）我们琼崖部队必须坚决改变过去依赖国民党方针，不要依靠国民党发饷，要自力更生，使部队尽量扩大，要派县长，建立区乡政权，依靠群众，依靠有利地形，建立游击根据地，采取灵活游击战术，打击敌伪力量，扩大宣传，争取华侨帮助。同时，你们必须设法派一部干部去帮助冯部工作。

（三）对惠阳曾生部、东莞黄木尔及顺德、南海吴勤部等游击队须加强领导，动员地方党及同情群众对他们给予各种精神上物质上的援助，使他们尽可能扩大，同时严防汉奸顽固派的袭击和瓦解阴谋。

（四）对三点会应努力争取，他们既称我们为上级，向我们表示好感，我们应加紧对之进行联络，及争取他们进行抗日工作，至少使他们不为反共顽固派及日寇利用来反对我们。

（五）对反共顽固派危害新四军残害人民，逮捕共产党员和进步青年，须用口头、书面到处宣传表示抗议，并设法将此等消息及抗议材料，在香港及南洋各中外报纸杂志上发表，同时尽量向全国散布此类消息和文件，以便动员舆论打击反共顽固派及汉奸阴谋分子。

（六）对青抗先及妇女团体在能合法存在的地方应尽可能的［地］扩大，发展深入群众工作，加紧统一战线，加紧抗战活动，以争取广大群众、当地驻军和公正士绅的同情和援助。在形势不利不能合法存在的地方，应适当转变工作方针，将太暴露的干部调往别处工作，并暂时化整为零，尽量利用各种合法团体名义和各种合法工作方式，以掩护我们的群众工作。

对以上问题你们有何意见望电告，同时望你们此后按时将客观情况简明电告。以便我们更多了解你们情况和多给你们帮助。

中央书记处

选自南方局党史资料征集小组编：《南方局党史资料·军事工作》，重庆出版社1990年版

中共中央书记处关于曾生、王作尧两部应回防东莞、宝安、惠阳地区及行前应注意事项的指示（节录）

（一九四〇年五月八日）

粤委小廖①并转梁广、梁〈鸿〉钧、林平（并发南方局）：

一、目前全国尚是拖的局面，现不易整个投降分裂，也不易好转，当局尚在保持抗日面目，同时进行反共准备投降中，但地方突变随时可能。在此局势下，我必须大胆坚持在敌后抗日游击战，同时不怕磨擦，才能生存发展。

二、曾、王两部仍应回到东、宝、惠地区，在日本与国民党矛盾间，在政治与人民优良条件下，大胆坚持抗战与打磨擦仗。曾、王两部决不可在我后方停留。不向日寇进攻，而向我后方行动的政策，在政治上是绝对错误的，军事上也必归失败，国民党会把我们当土匪剿灭，很少发展可能。如去潮梅：一、人地生疏。二、顽固派仍可以扰乱抗日后方口号打我。三、将牵动当地灰色武装的暴露，不然不能生存。

三、回防前应注意：

（一）在适当地区切实整理内部，加紧团结，进行打日本的政治动员。

（二）沿途严防受袭击损失，在有利有胜利把握条件下，对阻挠的顽固力量坚决的［地］消灭之，以达到回到东、宝、惠地区之目的。

（三）慎重取得地方党的帮助，到东、宝、惠时，应努力进行各方统战工作。

中央书记处

选自南方局党史资料征集小组编：《南方局党史资料·军事工作》，重庆出版社1990年版

---

① 系廖承志的代称。

中共中央书记处对琼崖工作的指示①

（一九四〇年十一月七日）

根据七月间琼崖来延同志报告及白驹同志最近来电，中央对琼崖工作有下列指示：

甲、琼崖逆流高涨，是与最近国民党在全国发动反共新高潮有关系的。因此你们须随时警惕反共顽固派有武装袭击我军的可能。

乙、你们不要因我们武装力量较反共顽固派稍大而存轻敌情绪，应当在党内军队中及民众中作思想上的教育准备工作，使大家懂得反共顽固派的武装反共是他们投降敌寇的具体准备，并且实际上是为敌寇完全占领琼崖肃清道路的，因此，必须动员一切抗战力量给反共派武装反共行为以坚决的打击，同时你们需时刻防备着，正因为顽固分子武力较小，所以有勾结敌伪共同进攻你们的极大可能。

丙、你们应在民众中发动广大的反对内战和要求团结抗日的运动，要对顽固派领导下的武装队伍及伪军队伍广泛地张贴和散发"反对内战一致抗日""中国人不打中国人""中国军队不打中国军队""大敌当前反对枪口对内，中国同胞一致抗日救国"等传单标语口号，争取其中下层对我军同情，以达到在武装斗争时，他们拟［投］向我们，或使某些部分严守中立的目的。

丁、对王毅和吴道南的矛盾，必须认真利用，如王毅仍维持不反共的进步立场，应进一步争取他合作抗日，至少使他不参加反共，对道南所部各保安队，不要一律看作顽固武装，要利用一切同乡、同学、同事、亲戚

---

① 此电有两种不同手迹的抄件存于档案馆，第一种是九条指示，第二种是十条指示，这里选用的第二种抄件。

朋友关系，派人去和各县保安队队长及队员进行联络交友工作，使他们不受吴道南利用去作反共、投降工具，而同我们一道抗日保乡、保家，使顽固派武装力量更加减少。

戊、对参加维持会和伪军队伍的两面派分子，应该经过一定的社会关系，取得与他们联络，利用他们的两面派行为，使他将敌寇一切消息告诉我们，托他们代我们购买必需物品。对暗地帮助抗日的伪政权、伪军的联络关系，必须保持秘密，以便能长期利用，同时要时刻警惕，不要上这些分子的当。

己、为坚持抗战及解决给养问题，必须在一切可能地区立即开始独立自主的民主抗日政权，建立巩固的抗日根据地。对当地开明士绅及知识分子要吸收他们参加政权，执行机关及参议会工作，政权的政策不要过左，要真正是保护全岛抗日人民利益的政策，要真正是既保护劳苦人民大众利益，又调剂各阶级利益的政策，其中主要是土地政策与劳动政策，一方面要满足群众需要，一方面要防止过"左"倾向。土地政策内，除大汉奸土地外，一般不应没收，尤其对祠产、庙产不能采取没收政策，要尊重岛民敬神信祖的风俗习惯。

庚、你们需从收救国公粮、收各种捐税及发展人民生产中去解决长期给养问题，对华侨募捐只能看作经费来源之一，必须准备有［在］海道被封锁，捐款断绝〈情形下〉也仍能生存。至于对国民党政府津贴，只能看作偶然的靠不住的小部分来源，对我党中央及粤省委经济接济更须不存此希望。

辛、琼崖的党和军队中有许多久经锻炼的贫雇农干部，这是很好的骨干，但是知识分子党员太少，而且过去党和部队都不注意知识分子，这是很大的弱点。望认真在学生青年及教员职员中进行工作，吸收其中进步分子加入我党我军。你们要办各种军事政治训练班，将当地知识分子、工人农民在斗争中培养成为党和军队干部以解决你们的干部困难问题。至于外面输送干部，不仅交通困难，且正如来电所说："因语言不通，即送人去也收效甚微。"

壬、因你们队伍时常流动，所以地方党采取绝对秘密原则，这是对的。

目前更须加紧注意秘密工作，使我们地方干部不致受敌伪顽之摧残，对地方上已暴露政治面目之干部，应即调到根据地及军队中担负工作。但军队内担任军官和政治委员、政治主任和指导员之党员干部，则不应像过去那样都秘密起来，而应当公开出来建立党的政治领导和党员模范作用。

癸、估计到日寇不到完全崩溃时，是不会放弃海南这一重要军事战略据点的，因此坚持海南的抗日游击战争是一个长期的艰苦的任务，所以我们一切政策及工作〈方〉法，都应该放在长期坚持残酷斗争的基础上。为使我们军队能长期坚持抗战，并在斗争中巩固扩大，除注意上述各点外，必须特别注意下列四方面任务：

（一）努力巩固和扩大我们的军队和各种民众的抗日游击队伍。

（二）认真在全岛居民中（包括商人、士绅、地主、地方政权人员在内）进行广泛的统一战线工作，使全岛绝大多数居民对我党我军真诚热烈拥护，与我党我军共祸福同生死，这就要打破过去狭隘的不深入各阶层中去开展抗日统一战线的作风。

（三）认真在三十余万夷民中进行艰苦联络工作。尊重他们的民族风俗习惯使他们信任我们，不仅使他们不为敌伪利用，而且要使他们与我们一起抗敌。必须认识他们所在地的五指山脉一带山地，将是我们长期抗战的最后的可靠根据地，其他沿海地方都有敌伪盘踞的可能。只有有了夷民、山地作为我军的巩固后方我们才能支持长期抗战。

（四）对沿海渔民及侨民工作，须经常加紧注意，以保证琼岛对外交通的经常联系，使琼岛艰苦抗战能尽可能的［地］得到侨胞及国内各种可能的精神上物质上的援助。中央书记处七日致冯白驹同志及琼崖特委，望你们将此指示详加讨论并将你们的意见电告。

中央书记处
十一月七日

选自中央档案馆编：《中共中央文件选集》第十二册（一九三九——一九四〇），中央党校出版社1991年版

周恩来关于东江游击队接洽谈判问题致中共中央书记处电

（一九四二年九月三日）

中央书记处：

（一）关于游击队接洽谈判问题，我在一月半前曾复林平一电（经中央转的），并告以谈判原则，中央所述原则完全同意，下电请转林平及梁广、曾生。

（二）东江林、梁、曾：

各电均收到，前曾电告你们与广东当局谈判原则及估计，不知见到否？我们所提谈判方案在原则上必须坚持：1.政治独立。2.不混编。3.不订调训。4.不派人。具体办法可照你们意见进行，你〈们〉对派教官〈来〉部队训练须慎重，派政治工作人员来须拒绝。你们派人到韶关谈判须慎重，尤须慎重人选。在未有保证前，仍以他们派人至部队来谈，以延缓其磨擦为好。且即使你们有人去韶，其中心也在谈判，而不在统战工作。如果着全力统战活动，反易引起特务注意，防碍谈判进行。关于反共登报的拒绝，应作肯定的答复，并要使他们感觉没有分化可能，而应使他们断绝这种企图。

恩来

三日

选自南方局党史资料征集小组编：《南方局党史资料·军事工作》，重庆出版社1990年版

林平关于广东东江与三角洲两区工作给中共中央周恩来的电报

（一九四三年二月二十一日）

中央转恩来：

军政委员会会议已经结束，根据临委政治讨论及中央对十中全会的指示，讨论国内外及东江与三角洲两区形势，总结过去工作，决定今后方针报告如下：

（甲）三角洲两年工作总结：

（一）一九四〇年七月是部队建立基础时期，敌"大扫荡"，我从×××顺德西海建立二支队的主力部队。改造二支队争取到党手中来的工作成功后，中山九区部队初步巩固，并粉碎敌人引诱民利公司（中山九区土匪队伍）投降的阴谋。七月[①]后我主力粉碎敌伪进攻，政治影响威信提高，部队的政治巩固及战斗力增强。但未从政治上、组织上去扩大战果，无发展新据点，对敌伪挑拨反共阴谋警惕不够，而陷于被动。军事上有单纯冒险倾向，干部损失甚大，同时中山六区沦陷，我创立当地部队基础，随着国党联敌对我夹攻，一九四二年六月[②]吴勤被暗杀，我避过敌"扫荡"，同时开展了中山本部山区活动基础，我主力冲破夹攻与封锁，实力扩大一倍，发展据点十余处，建立了"济群社"，联系土匪外围武装，中山主力亦扩大一倍，并建立了灰色的外围武装与群众武装。八月后敌"大扫荡"，扩大点线的占领，西海陷落，主力转南〈海〉、中山着手巩固山区。

（二）统计两年来重要战斗二九次（内四次反顽战斗，余打敌伪），中

[①] 即1941年7月。
[②] 应为5月7日。

山四次缴获步枪三一〇支，轻机枪七挺（二支队），重机枪一挺（中山），损失步枪五十余支，轻机枪二挺，干部损失除吴勤外，中小队干部二十人。

（三）我现有力量：

子、二支队共二百余人在南顺活动，非武装人员占八分之一，配备步枪一三〇支，轻机枪九挺，短枪四十支，除第一中队七十余人外，余均分别以各种形式掩蔽活动。

丑、指挥部领导下之中山武装共三九〇人，非武装人员占七分之一，步枪二四〇支，轻机枪九挺，重机〈枪〉一挺，短枪六十支，分布在山区者一八〇人，余在各区均获公开合法名义。

寅、我派干部帮助改造之"马〈济〉"土匪队伍，五十人，轻机枪一挺。由部队协助建立的民众武装（有定型组，并与部队联络者）中山山区一五〇人，番顺二八人（地方党所领导之武装不计在内）。

（四）①

子、我的政治领导基本上是执行中央政策，逐渐克服过左倾向，扩大政治影响与政治作用，建立了主力部队基础并有发展，培养了刻苦英勇的作风，提拔培养新干部，扩大统战工作与各阶层联系，建立相当外围武装。

丑、弱点：在政治领导上对敌估计不足，有轻敌观点，政策上仍有过左倾向，组织上仍有宗派观点，政治工作薄弱，党员占百分之九十。组织领导上有手工业方式。军事上打硬仗，有单纯军事冒险倾向，没有把握时机去发展外围武装，掩蔽对伪军工作，忽视许多工作，满足于现状。

（乙）东江一年工作总结：

（一）一年来情况可分为四个时期：一月至四月中为和平时期，队伍有新发展。四至八月中为内战时期（此时期情况已于去年十月电告）。八月十三日起国党停止〈军事〉进攻，〈转〉为剧烈政治斗争时期。因国党

---

① 原文如此。

四个月军事进攻不能灭我，转图政治消灭，并根据七战区"剿匪"计划，准备再度进攻（黎樾廷之案，李、蒋等实不知情），初则企图将我整个融化与政治瓦解（如加入国党、登报声明非共党等），继则企图分化拉拢我干部，在群众中大放"收编"与"反攻"空气，借谈判入我区侦察。至十月十八日重新开始进攻，至今未止。此次进攻与前不同：

子、对我调查相当清楚，主要进攻宝安，企图扑灭领导机关，军事、政治、经济三管齐下。

丑、军事上兵力增加，统一指挥，实行长期"清剿"，"日日出动，夜夜行军，拂晓包围"，"穷追"，"杜绝"，"深入敌后"，"切断交通要道，分区清剿"的办法，甚〈至〉勾结敌伪进攻。

寅、政治上公开挂出"剿共"招牌，指明我受第三国际领导，对我党造谣、污蔑、打击林、梁[1]为主，曾、王[2]次之，屯驻重兵（两个营及两个大队）于宝安，在我区建立乡政府办事处，组织联防自卫班，实行壮丁训练，强迫民众"自新"，清查户口，实行联保连坐制，经伪军向敌告密，烧杀抢掠，极度高压。

卯、经济上严励[厉]封锁物资，并专门扑攻我税站，给我致命打击，我在宝安损失枪支约五十（内轻机一、短枪九），伤亡被俘枪决者约一百人（内有中小队级干部十六人）。各区与敌战斗中损失长短枪约十二支，伤亡被俘约三十人（内有中队以上干部四人）。东莞、新界在此期间枪支都有发展，顽军死亡逃散约六百人（顽军攻我时有四次与敌接触，损失颇重）。

（二）我现有一千二百余人，内非武装人员占二分之一强，枪支约五七〇支，内重机十二，轻机二十，手提冲锋机八，小曲射炮四，穿甲炮四，短枪百余（与七月相较约增二十支，内有轻、重机五）。在外围武装中人、枪亦有发展，人数约一二〇，枪支约九十余（内手提冲锋机四、轻机二）。因部队发展，可完全掌握之民众武装人、枪约八十余，交地方党

---

[1] 即林平、梁鸿钧。
[2] 即曾生、王作尧。

领导的不计在内。我活动地区缩小，宝安游击基地已为顽军占领，新开辟者只有惠、东、宝沿海一线，港九则有点的［滴］新发展。

（三）

子、成绩：忠实执行中央及上级指示，坚持一年的斗争，我党我队的威信博得同情增加，政治工作一般的加强，干部经过严重斗争的锻炼，部队政治〈工作〉巩固上提高，部队建立向正规军发展，改正了若干干部个人英雄主义的观念，党在部队中的领导作用加强。

丑、弱点：对内战之残酷性、长期性不够警惕，对时局估计上稍偏于乐观，政策上仍有过左，特别表现在统线［战］，"打"多"拉"少，无广泛交朋友的活动，对内战宣传上则表现有自大的态度，对建立外围武装则不甚积极，对干部训练教育工作未抓紧，军事上被动、挨打居多，战斗作风上和领导工作作风上仍有粗枝大叶及手工方式的毛病，干部存有游击主义和满足现状、不求进步的意识。

（丙）今后工作方针：

内外形势虽然各有其不同的特点（如东江去年一年来主要威胁是国党进攻，今后相当时间内还是如此，而三角洲主要威胁则是敌伪的"扫荡"）。但从整个形势发展上看，却是走向更尖锐艰苦复杂长期的斗争中，首先敌伪将沦陷区的统治、伪军的整顿派遣统一起来，最近又增调伪三十师来东江，普遍组织伪联防队，提高伪组织的职权，严密调查户口，并将以前的良民证取消，改换出入证；经济上停止国币通用，发行伪钞，加紧封锁掠夺土产专卖；文化上加紧奴化教育宣传，推销报纸；在行动上加紧对我搜索、逮捕、袭击、扫荡等等。其次国党根据蒋指示决定〈的〉七战区"剿匪"计划，今后当继续执行。两区部队虽暴露程度早晚不同，但同样被称为"奸匪"均在消灭之列。〈国民党〉而且还会用"武装救国"骗人当伪军，并由此通过敌，加强在敌后对我进攻，甚至公开向敌伪联合，向我进攻。

粮食恐慌，经济困难，民不聊生，挺［铤］而走险，民众皆骚动，而土匪活动将不断增加。土匪队伍、杂牌军、地方实力、挺进队之类，在今后更尖锐的三角斗争中将起复杂的变化与分化，我们的斗争将更艰苦困难，但是有克服的条件，因国内外形势的发展于我有利，民族矛盾与斗争在两区中在广东都要更为尖锐，广大民众在生活困难与种种压迫之下，反抗斗争情绪与对我同情的增加，我们已经过了一两年艰苦斗争的锻炼，我们坚决执行"长期打算，埋头苦干，积蓄力量，等待时机"的基本方针。根据精干隐蔽、分散活动和精兵简政的政策，今后的工作任务是：

（一）设法统一领导两区之军政委员会及各级成立指挥部，加强各级干部，使各大队能起战略单位之作用，改变领导方式与工作作风。

（二）调整部队加强主力及敌后兵力，提高部队质量与战斗力。

（三）加强党务工作，提高质量、数量，加强党的领导作用，组织"三风"学习，调整委员会，加强训练教育，改造干部思想意识，加强党性锻炼，组织干部业务教育，并加强时事政治理论教育。

（四）发展武装之重心放在建立外围与组织民众武装，专门训练，派遣干部去进行，并加强其领导。

（五）加强政治攻势与政治宣传，广泛系统解释我队之主张，力戒党员骄傲自大。

（六）适合群众生活习惯与要求，广泛组织民众，提高民众文化水平。

（七）广泛开展统线工作，克服过左，多交朋友，对绅士父老乡政机关应加尊重，团结各阶层。

（八）加强敌伪工作，从长期打算布置。

（九）经济财政长期打算，自力更生，尽可能进行生产事业，厉行节约，开源节流。

（十）建立保卫组织，粉碎敌伪顽密探的内线暗杀等阴谋，正确执行中央政策，克服过左毛病。

林平马

选自南方局党史资料征集小组编：《南方局党史资料·军事工作》，重庆出版社1990年版

周恩来关于同意广东军政会新名单和加紧实行精简政策给林平的指示

（一九四三年二月二十五日）

林平：

（一）同意军政委员会①新名单及人员分配。其干部虞焕章是否即为杨任康，还是另外一人，履历如何？谭天度、王［黄］宇二人担任何职务？均盼告。

（二）军政委员会不要举行全体会议。在目前情况下，各军政指挥员离开部队集中开会，是非常不妥的。

（三）你们应加紧实行精兵简政政策，缩小后方，充实战斗部队，最近受损失的都是非武装人员就是显明教训。

（四）临委迁至南番中顺游击区②，电台迁大屿山，均须事前妥为布置并严格保守秘密。但林平、连贯是否同去，望电告。梁广在港环境不好，应即离开，去何处由你们决定。

（五）潮梅③方面你们不必派人另联络。

（六）对撤退干部应经严密审查，因为国〈民〉党特务对此甚注意。

（七）对英方的统战工作及历来关系，一向未得你们报告，望单来一电报告我们，可否帮助你们进行一些工作？

恩来

二月廿五日

选自南方局党史资料征集小组编：《南方局党史资料·军事工作》，重庆出版社1990年版

---

① 主要成员有尹林平（主任）、梁鸿钧、曾生、王作尧、杨康华、罗范群、林锵云等。

② 指南海、番禺、中山、顺德四县游击区。

③ 指潮州、梅县。

中共琼崖特委关于反蚕食斗争的指示（节录）

（一九四三年三月十八日）

（一）当前的新形势

国内情势在一般说来，虽则没有什么重要事件的发展，但由于胜利的国际情势之有利推动，国内抗战形势只有走向好转，这是我们可以断定的。同时，日寇在彻底灭亡中国的企图下，最近又在中国的西南部发动跳跃式的攻势，占领许些地方；在华北、华中则实行所谓毁灭扫荡，这虽是寇敌临死前挣扎的表现，但也说明在中国除非彻底抗战驱逐日寇是没有第二条出路的。我们琼崖呢？自南路陷落后，由于外面接济愈形困难之故，所以孤岛抗战虽则困难是在增加，奋斗益加艰苦，但也正因为如此，益使琼崖本身感到决死抗战的迫切。团结合作，自力更生，以支持孤岛抗战迎接胜利，当成为琼崖准备实施反攻时的两大迫切问题。同时，敌人加紧灭亡琼崖的全面攻势及敌顽（在暗中勾结敌人的反共派）矛盾的存在冲突的尖锐化，特别是我们坚持反蚕食、反扫荡斗争和取得胜利，使琼崖抗战局势非仅不停留于恶化，而且是日趋走向好转；非仅是能够坚持，而且是益见向前发展接近胜利。虽则我们的困难仍是严重存在，但我们已遥望光明，面临胜利，今年打败日寇而驱敌出琼，当成为实际行动而快要到来的事实了。

（二）反蚕食斗争的检讨

反蚕食斗争的工作，特委已有三次的指示了，一般对反蚕食斗争的检讨也曾有过指出。现在这一斗争是继续坚持下去。为着加强今后的领导，顺利地正确地来展开这一斗争起见，特委认〈为〉有重新检讨的必要。

反蚕食斗争，我们曾经指出，在基本上敌人是处于失败，我们是取得胜利。但我们也不能否认在某种程度上敌人是有了成就，我们是处于失利（例如某些地方被压服，财物被抢掠，人民被屠杀等）。我们在基本上已经取得胜利的主要条件［表现］是：1.敌人的蚕食企图，不仅被粉碎，而且敌人在蚕食过程中损失和消耗是空前的。2.我们主力非仅没有被敌人消灭，反而是在战斗中壮大和巩固。3.我们非仅坚持了内线的苦斗，英勇的打击敌人，而且开展了外线的猛烈行动，取得杀敌顽军的伟大胜利。4.我们在反蚕食斗争过程中，所得的经验教训是宝贵的、是伟大的，是可运用作为我们今后领导斗争争取胜利的法宝。

正因为我们在反蚕食斗争中基本上是取得胜利，所以敌人在蚕食和扫荡中虽则是继续进行，但其式样是转变了，主要的表现在：军事上横冲直撞、大摇大摆〈地进攻〉，似是减少了，而转变到化装、埋伏、截击，活动时间不定，分组活动，相机出击。同时积极建筑堡垒，巩固已占据点，采取逐步地摧残压服的作法。在这蚕食和扫荡式样转变中特别着重政治攻势，散布谣言，迷惑和欺骗民众。进行利诱收买，透过军事威协［胁］进行迫降，利用个别投降叛徒大肆破坏工作，同时积极布置伪维持会进行填报户口，散布顺民证等，都是异常地积极进行着。敌人这些蚕食和扫荡式样之转变，我们认为决不是敌人蚕食和扫荡工作的放弃或停止，也不是敌人蚕食和扫荡的成功或全部失败，而是敌人在蚕食和扫荡的工作得到某种程度的成功，即我们反蚕食反扫荡斗争中基本上已取得胜利所造成的。因此敌人的蚕食还是继续和积极，花样更多、巧妙突出，所以我们今后反蚕食反扫荡的斗争，其艰苦和残酷是不会减轻的，其积极和机动更应百倍于前；非如此，则我们不能取得我们反蚕食斗争的全部胜利。

在反蚕食和反扫荡斗争中，我们虽则不能否认我们党政军民许多英勇奋斗的战绩，坚持苦斗的作风和精神，然而我们更不能否认在斗争中，所存在的许多弱点，主要的是：1.在组织上瓦解崩溃，组织成员投敌附顽。2.党政军民工作的协调和配合性不够，甚至互相存在成见，而致影响工作。3.军事的积极和机动性不够，内线和外线的配合呼应不够，甚至有部分的队伍走到［调遣］不动，单纯避免斗争。4.政民工作不仅是上下级的关系脱节，而且是上级严重地存在着工作的空洞，领导的不深入。一般说来，并不是积极地领导斗争，而是消极地应付斗争。5.交通工作是这次斗争的严重缺点，许多工作都因交通工作不起作用而遭受影响。

（三）当前的任务和对策

在新形势的剧烈发展中，在反蚕食斗争中这些的变化及我们所存在的弱点上，我们当前的任务和对策是什么呢？主要的是：坚持反蚕食斗争以达到彻底的胜利。这一斗争的坚持和胜利是与实施反攻上分不开的，就是说，这斗争的坚持和胜利，在实施反攻上将取得事半功倍了。所以，为着加速实施反攻，坚持和完成反蚕食斗争仍是当前的任务，在坚持和争取这一斗争的彻底胜利上，目前整个对策是一方面坚持内线斗争，另一方面展开外线行动，尤要着重于外线的展开工作。在内线方面主要的是：1.巩固不崩溃的工作，收拾和恢复已崩溃的工作，并在这工作过程中积极地整理各种组织。2.肃清奸细工作，把敌顽的爪牙分别彻底清除，许些彻底降敌附顽危害抗战的村庄，我们也应积极对付，进行也打也争取，必要时可采取严厉的军事镇压，以对付最可恶的反抗战的村庄。3.在内线民众向敌人妥协是有限度的，是适可而止的，这个妥协是斗争的准备，是退一步进两步的作法。我们反对纯妥协，反对为着苟安保持无事而妥协，反对纯和平发展的作法，因为目前斗争是猛烈的开展，这些的做法是不适当于斗争的要求的，是失败的要不得的做法。4.破坏敌人的繁荣，增加敌人的困难，在内线中是必要的做法，但在目前这一工作并不是一律地进行，而是要分别考虑与我们得失对比上来决定执行。5.潜在工作，在内线斗争上是重要的环节，如何打进敌伪军的工作，如何争取敌伪军反正，如何争取伪维持会长及伪村长，如何布置在敌伪据点中的组织工作之建立，这都是必须解决和做到的工作。6.部队在内线应采取分组流动为原则，但不能放过机会集中打击敌人，同时必须以化装对付敌人化装，以截击对付敌人截击，以积极对付敌人积极，以机动对付敌人机动，以主动对付敌人主动，以扰袭奇袭牵制和疲惫敌人。此外，对收拾和巩固政权上，应提出无条件的帮助进行。在外线方面，主要的是在展开外线工作，争取军事胜利，展开新的工作，创造新的根据地，打通各抗日地区的联系。只有这一任务的完成，才能取得反蚕食斗争的彻底胜利，才能取得实施反攻的成果。在具体执行这一任务上，除党政军民应集中火力用尽一切可能及方法来注意执行外，各地党政军民应依照九扩所决定的路线，在所决定的地区上迅速去建立点和线的工作，各方面都是朝着打通关系争取联系的路向上努力。

只有这一坚持内线苦斗，展开外线的积极行动，使内外线的斗争，互相呼应起来，才能加速地全部粉碎敌人蚕食阴谋，展开胜利的反攻新局势。

选自南方局党史资料征集小组编：《南方局党史资料·军事工作》，重庆出版社1990年版

林平关于广东东江与南番、中顺两游击区目前情况给中央军委的报告

（一九四三年十一月二十三日）

中央军事委员会：

林平梗①报中央军事委员会，东江及南番中顺两游击区目前情况：

（一）两游击区成立军政委员会，统一领导，委员会七人组成，主任委员四②，委员梁鸿钧、曾生、王作尧、杨康华（即虞焕章）、严风③、林锵云。

（二）用广东人民抗日游击总队部名义公开发表成立宣言。（苏）总队长曾生，副总队长王作尧，参谋长梁鸿钧（但他们不愿公开），政委四④，政治部主任杨康华。现有总数一千四百余人，枪七百余，驳壳枪百余，轻机枪三十九挺，重机枪三挺（另有八挺已坏），掷弹筒四，穿甲枪二架。以上枪支，由今年缴获者：轻机枪二十三挺，长短枪三百余。（皖）活动地区：莞太线（虎门至东莞公路）、宝深沿线（宝安至深圳公路）、铁路东出大鹏湾及大亚湾沿线、九龙岛有山地区、沿广九路之东莞、宝安敌驻区、大屿大山及其周围小岛，以上系我经常活动地区，现在向莞樟至樟木公路（东莞头）及增（城）、博（罗）边境活动中。（赣）经济状况：现在情况，每月每人伙食费七八百元（最高时需一千余元），再加衣服药品，

---

① 梗，即23日。
② 即林平。
③ 即罗范群。
④ 即林平。

起码一千元以上。目前每月收入现款一百万元以上，今年可收抗捐军谷约一千五百担，包生意收入，勉强可以维持。

（三）南番中顺游击区，秘密成立指挥部。（苏）指挥官林锵云，副指挥二人：谢礼传、谢海农（兼参谋长），政委严风，政治部主任刘铁山①。下辖二个大队，三个独立营，大队人员共九百余。（浙）武器：长枪四百余，短枪百余，轻机枪十九挺，该武装多数带掩蔽性质。（皖）活动地区：南番中顺边境及江佛线，中山及新会江门一带。两个活动地区未能沟通（现正向两区沟通，向广东［州］近郊发展）。（赣）经济状况：今年可收谷约二千担，照目前情况，只能供养四五百人，但与人民及地方武装关系甚好，依靠他们供养四五百人。

东江　林平（十一月廿三日）

选自南方局党史资料征集小组编：《南方局党史资料·军事工作》，重庆出版社1990年版

---

①谢礼传，即谢立金；谢海农，即谢斌；刘铁山，即刘田夫。

中共中央书记处关于东江游击区
建立抗日民主政权问题给林平的指示

(一九四四年一月三十一日)

林平：

东江游击区的抗日民主政权的基本精神应该是新民主主义的，三三制的。但在实际上既不必照国民党的形式，亦不必抄华中边区的办法，而要因地制宜，根据你们当地具体情况采取某些便于游击发展和军队转移的政权形式。如东宝①某些区乡可开代表会者则开代表会选举区乡政府，如不可能开代表会，而其地区又经常被敌伪侵占者，则不妨组织武装工作队，统一军政工作。县级代表会亦可名参议会。县以上是否成立联合政权，视情况需要定之。选出的各级政府应实行民主集中制。关于三三制，一方面应注意我党领导权的确立；另方面应吸收党外联共的和不反共的人士多多参加，施政纲领可参照陕甘宁边区的纲领，加以切合当地实际的变动，各种条例当择要为你们广播一部分，但只是做参考，不要照抄。

中央书记处
子世延

选自中央档案馆编：《中共中央文件选集》第十四册(一九四三——一九四四)，中共中央党校出版社1992年版

---

① 指广东东莞、宝安。

中共中央军委对华南根据地工作指示

（一九四四年七月五日）

曾、王、林①同志并告东江全体指战员，冯白驹同志并告海南岛人民抗日军全体指战员：

自广州沦陷后，迄今六年，你们全体指战员在华南沦陷区组织和发展了敌后抗战的人民军队和民主政权，至今天已成为广东人民解放的旗帜，使我党在华南政治影响和作用日益提高，并成为敌后三大战场之一。

抗战进入了第八年度，国际环境对于我国伟大的民族解放战争的最后胜利是空前有利。

我八路军、新四军七年来不仅坚持和巩固了华北、华中敌后根据地和团结了敌〈后〉八千六百余万的人民和二百一十万的民兵，并拥有四十七万的正规军，克服了一九四一年及一九四二年两年最困难时期，而且年来在地区和人口上均有极大的发展，冀东我军已挺进至热河、多伦、赤峰及辽宁之锦州一线。一年来党的十大政策在敌后各根据地获得伟大的成效，使全体根据地党政军民，在为着坚持根据地和准备对日反攻上空前的团结起来了。

总之，不论在欧洲战场、太平洋战场及中国敌后战场都是胜利的，只有国民党的正面战场，则处处失败，中原沦陷，长沙、耒阳相继弃守，现粤汉之敌，南北对进，已快会合，并有打通湘桂之企图。因此，大块华南将沦为敌手，拯救华南人民的责任，不能希望国民党而要依靠我党及华南广大民众。因此，你们在华南的作用与责任，将日益增大。英美在太平洋

---

① 姓名全称是曾生、王作尧、林平。

上继续作战的胜利，一旦接近中国南方海岸，实行对日反攻时，则我华南根据地，将成为一支重要力量，可予盟国部队以直接的配合，并可能获得他们一部分帮助。为着迎接新的伟大任务，首先必须在思想上有充分准备；为此，必须更亲密团结自己的队伍，加紧整风，打通干部思想，坚持统战政策，加强与根据地人民的血肉联系，坚持原阵地，并力求继续发展，扩大武装部队，建立广大的与强固的根据地。

为使我们能及时了解你们的斗争情形，望随时将敌伪友及我部队根据地情形电告。

关于冯白驹同志领导下之琼崖抗日部队，因交通中断，此间已无法联络，望你们东江纵队多方设法派人赴该岛与该部取得联系，并建立电台通讯，使华南两大根据地有机的配合起来，并力求与中央取得电讯联络。此电请曾、王、林派人转送海南岛。

中共中央军委

选自南方局党史资料征集小组编：《南方局党史资料·军事工作》，重庆出版社1990年版

中共广东临委、军政委员会关于今后工作的决定（节录）

（一九四四年八月会议通过）

（甲）军事部分：

一、建立根据地与发展游击区：

本着中央指示深入敌后游击的方针，在目前敌人新攻势中，凡敌所到，或意图占领的地方，都派遣武工队及军事干部，前往活动，发展新的游击区。同时，必须巩固现有基础，成为反攻的基地。

东江纵队，首先应创立罗浮山以北，翁源以南，东江、北江之间的根据地，并向东江、韩江之间（潮汕在内）伸展，然后准备向闽、粤边，粤、湘、赣边，粤、桂、湘边开展工作。中区则首先求得普遍发展，然后向西江、粤桂边及向南路前进，使前两方面配合，取得对广州的包围形势，将来会合于粤、桂、湘边界。

二、发展人枪，扩大部队：

发展方向：组织会门、土匪武装，争取伪军反正，武器从敌人手中夺取，同时，有计划地制造武器与使用旧式武器。

确定到明年上半年止，东江纵队应发展四倍，中区部队应发展六倍（人枪同样）。

三、战略、战术的方针与斗争方向：

战略方针是，独立自主的游击战争，不放松向运动战发展。

（一）主要打击方向为伪军，先消灭其最弱、最坏的部分（反动地主武装及新编伪军）。东江以刘发愚、李潮为主，中区以黄祥、李辅群为主。对敌人不打硬仗。

（二）坚持自卫的反磨擦斗争。在顽军作进攻准备时，即主动出击，先予消灭。对余汉谋嫡系，可作必要的、有限度的让步。对不抗日而专门反共的杂牌军（如东江之徐东来、梁柱、陆如钧及别动队，中区的肖天祥），必须予以消灭。

（三）两区在战略战斗上，积极配合，从个别的地区到全面的配合。

四、建军、建政和编制：

（一）进行思想建设，建立革命军人的思想。

（二）普遍建立不脱离生产的民兵与脱离生产的游击队，扶助其发展，加强其领导。

（三）编制要适合目前需要及将来发展，应设主力队及普遍与特殊的编制。今年底东江纵队应有一个主力团，中区部队整编主力大队。普通编制为支队，辖三个大队。大队以下，依实际情况决定多少支队，设参谋。特殊编制为爆破队、海港队，应有冲锋船、运输船、水雷队、鱼雷队等。此外，应设运输队、工程队等。

（四）建立各项制度（军风纪、礼节、副首长制、补给、卫生等）。

五、军事教育：

中心为培养干部，提高军事理论水平，提高作战能力，指挥能力。

大队级以上干部，轮流受训，并将原有训练班充实成军事干部学校，训练中小队级军政干部。支队部可设随营训练班，排级训练班。新兵必须审查教育后编队，训练由大队部、支队部负责。

教材及课目，应按其程度而各有不同。基本教育以射击、白刃战、体格锻炼为三大中心，提高伏击、袭击的技术。

着重在职干部教育。

六、经济生活与队内财政：

建立预决算制度，连队设伙食委员会，确立给养制度，干部补养制度，大批训练事务长、副官、军需人才，提倡廉洁。

财政问题，以发展经济为主，节约为次。

（乙）政治部分：

一、总任务是巩固部队，动员民众，瓦解敌伪，粉碎反动派阴谋，迎接大变化的到来。（略）

二、巩固抗日民主政权，使能起根据地及后方的作用，并向新地区发展。（略）

三、财政经济工作。（略）

四、开展大城市工作。（略）

选自南方局党史资料征集小组编：《南方局党史资料·军事工作》，重庆出版社1990年版

中共中央关于布置湘粤两省工作给董必武的指示

（一九四四年十月二十五日）

董：

敌阁虽更迭，但对打通粤汉路势必继续，因此布置湘粤两省敌后工作和桂林疏散仍属必要。

1.同意派周礼、谢竹峰、张春林（即白毛）秘密转回湘南布置敌后各县人民武装斗争，但在敌未到或只经过而无久占意图的地区，切勿过早暴露，免为顽方所乘，至国民党军队所在地区党员，仍应坚守原来隐蔽待机方针不变，周、谢等动身前应训练一两星期，请若飞亦参加此训练。

2.李应吉如由衡阳撤回，仍宜深入商业，不参加秘密工作。

3.孙仁如能从川东调出，最好派回，因他极熟悉湘中情况。

4.东江由此间直接电其沿粤汉路向北谋发展。

5.广州湾以北最空虚，该处几无国军，望设法通知该处同志一方，为谋武装发展，另方力求与琼崖游击队打通联系。

6.同意对桂林疏散办法，对叶、廖、柳三家宜多接济，以便其能早日移动，如桂林危，文化人亦宜走不宜留。

中央

选自南方局党史资料征集小组编：《南方局党史资料·军事工作》，重庆出版社1990年版

林平关于东江军委
与临委联席会议的决定致周恩来并中共中央电

（一九四四年十一月十一日）

恩来并转中央：

中央酉寝①指示，军委与临委联席会议讨论后，作如下决定：

（一）即派梁鸿钧及三个连级军事干部，到中区，周伯明到三角洲。两个营级军政干部往南路。并准备再选拔营连排级军政干部继续前进，迅速开展西江和南路的工作。

（二）成立珠江三角洲指挥部，司令员林锵云，副司令员谢海龙②，政委梁嘉，政治部主任何［刘］向东，参谋长周伯明，由此五人组成军分委，干部暂分派各区，加强领导。指挥部下辖两个支队及若干大队，一支在东［中］山，二支在南番顺，用珠江纵队名义发表成立宣言（宣言要点曾电告，妥否）。

（三）中区另成立军分委，组成指挥部的规模，暂不公开。军事负责梁鸿钧，政委罗范群，参谋长谢礼全③，政治部主任刘铁山④，再由地方党挑选一人参加军分委。工作方面，以四邑为基地，逐步向西江、南路推进，由三角洲挑调部队加强力量，多调干部，与地方党共同建立武装，领导干部，暂时分散发展，多建据点，不急求打通。对外，目前只公开党的政策与主张，但暂不公开党的面目。主力活动区及敌后前线，用人民解放

---

① 即10月26日。
② 即谢斌。
③ 即谢立全。
④ 即刘田夫。

军，树独立旗帜。敌人已退出的区域及国民党统治区域，仍可用其他及国党名义。

（四）关于中区及三角洲工作，决定由连贯、梁鸿钧二同志负责传达，现有电台随中区，准备另在三角洲建立一小型电台，与此间联络。

（五）东江军委扩大至九人，增加梁嘉和刘铁山。

（六）（略）

（七）北江工作队，因情况变化折回番、花、增边境，协助当地部队开展工作，准备再次北上的基础。

（八）再派人往琼崖，其任务：（1）沟通其与延台公开联络；（2）与我处简单的密码联络；（3）带人出来；（4）指定飞机输送人员及物品的着陆地点（这是美十四航空队向我提出）。现已派出六人往潮汕工作。

以上各项妥否，盼示复。

林平
戌真

选自南方局党史资料征集小组编：《南方局党史资料·军事工作》，重庆出版社1990年版

中共中央关于东江、琼崖工作给林平的指示

（一九四四年十一月十四日）

林平同志：

（一）同意戌真①电所述各项。

（二）特别注意西江，迅速向桂林、柳州发展。以便明年能和湖南部队（对外守秘）向桂林南进部分取得联系，好输送干部给你们。因此派往西江的部队及干部能多一点为好。你们今后主要发展方向是向广西与南路。

（三）嘱咐去琼崖的人，将中央对冯白驹同志及其整个部队致慰问之意带去，并告诉他们的任务有二，第一，派得力部队向南路发展，和你们取得联系；第二，占领整个琼崖。

（四）你们须办一大的训练军事政治与地方工作干部的学校，短的几星期，长的三四月毕业，分批集训，主要向广西方向派遣。

中央
戌寒

选自中央档案馆编：《中共中央文件选集》第十四册（一九四三——一九四四），中共中央党校出版社1992年版

---

① 戌真，即11月11日。

周楠①关于广东南路情况给董必武、王若飞的报告

（一九四五年一月四日）

董老及王若飞同志：

一、我于去年七月删日②安抵南路，皓日③（十五字译不出）抵赤坎、曾自贵阳、柳州、郁柳〔林〕及南路先后寄上四信，未知收到否？

二、七月号日④已见琼崖无线电师刘同志，已经将所交带的说话，信件及器材与他。彼于九月上旬安抵彼岸，惟已否到司令部则无所悉。你们交代在海口设交通站，因海口为敌海军重要根据地，封锁严密，做生意的须领取护照，如由广州湾去，更须广州湾日特务机关批准。现海口商人内迁，而我们反在彼此做生意，极易使人怀疑，且干部亦成问题，因须用本地人，琼崖干部多已公开，而我们也缺乏该地干部。此事究如何办理？请示。

香港、广州工作，已照你们的指示进行，如武装工作、整风运动、巩固组织、荫〔隐〕蔽工作、审查干部等，目前中心工作是发展武装，而以建立一独立的脱离生产的武装工作队为中心工作。

三、八月至十一月，我们已由一个大队发展到三个大队，第四大队亦在建立中，各大队共有六七百人，游击小组一千五百人。预计大队至旧〈历〉年腊月可以发展至一千人。从建立日起，至今国民党无日不在对我袭击中，我无多大损失，而国民党则有相当损失，到处焚烧、抢掠、奸

---

① 时任中共广东省南路特委书记。
② 删日，即15日。
③ 皓日，即19日。
④ 号日，即20日。

淫，民众财产损失最大，值百万元以上。我队伍仍在有利条件发展中，现拟名为"南路人民大队游击队"。

四、敌去年自广州湾进攻广西共四千人，其中敌伪不足二千人，余为民夫等。国民党毫无抵抗，敌寇去后，地方随即恢复原来国民党统治状态。敌伪据守雷州，设有据点。敌伪合计约一千五百人，其中敌不过五六百人，国民党一五五师经敌进攻广西后已溃散，现剩一团人，此外有保安二个团，补充团四个团，另三个警备司令部，每部约五百人，各县政府兵力三百至五百人，各县集结队伍除各［个别］县有一千人外，余皆每县三百至五百人。国民党在雷州及前线兵力共一千五百人，余皆布置后方。目前反共形势极为严重，国民党经常以其主力部队向我进攻，后勾结敌伪配合相机进攻。另方面则加强特务统治与活动，由坏人执政。而最厉害者为国民党最近成立之南路游击总队部，由七区专员林时清任总队长，各县县长兼任各县大队长，并分设若干集结大队，现勒搜民枪训练干部，凡属适龄壮丁均编入队，其目的全在对付我们，使我们无人可用，无枪可使，其谋至毒，此为反共形势中最严重者。合浦组织在去年六月已被国民党逮捕了三余干部，受到相当破坏，现将该区负责同志秘密扣留，拟调来东江，因该同志过去历史我不甚清楚。我们对付办法，在国民党统治地区下，一部分则继续掩蔽，大部分则准备武装斗争，其不能掩蔽没有条件发动武装斗争之干部，则调入部队中，而主要的则在扩大武装队伍。

五、我们现想设立电台与你们联系，是否可行？请示，通电办法，由东江电台转知我们。

六、以前两个通讯处取消，现我有人在东江等候你们的指示。

周楠
子支

选自南方局党史资料征集小组编：《南方局党史资料·军事工作》，重庆出版社1990年版

中共广东临委关于广东工作
向周恩来及中共中央的请示电

（一九四五年二月十日）

恩来并中央：

日寇打通粤汉，占领沿海，广东已处在全面沦陷状态。这种严重形势仍在发展中。为配合武装工作的开展及打开广东新局面，对建立游击区、巩固根据地及恢复党的工作，兹作如下决定：

（一）为适应战争环境与要求，及根据我力量的分布状况，将地区划分如下：

甲、西江之北与北江之西为一区，派武工队约四百人（内有在职的团级干部三人，营级十人，连排级九十余人），挺进清远、四会、广宁，打好基础，再向连阳、湘桂边推进。

乙、西江之南包括中区六邑（恩平、开平、台山、新会、高明、鹤山）为一区，以目前中区现有基础，向沿海两阳发展，打通南路，然后向粤桂边推进。

丙、北江之东与东江之西为一区，以罗浮山的现有基础，巩固增城、龙门、博罗根据地，进一步建立增城、龙门、从化、新丰之间的南昆山根据地，为将来的领导中心，同时派武工队二百余人（团级二人，营级六人，连排级六十余人），挺进佛冈、英德、翁源，打好基础，向曲江、南雄及湘赣边推进。

丁、东江之东到闽粤边为一区，以潮阳、惠阳、海陆丰为中心，向惠来、揭阳推进，开展潮汕、闽粤边的游击战争。

戊、珠江三角洲为一区，在现有南、番、中、顺、三、东宝的基础上，构成包围广州的形势。在此每一区内，再分成若干小区，则按具体情况决定。

（二）对组织工作应恢复，采取下列几种方式：

甲、敌后之敌后，在我解放区采取党、政、军联席会议的方式，统一工作步骤。

乙、目前仍为国民党统治地区，则准备恢复工作。

丙、新开展地区，我们力量尚小，仍应保持部分地下党员，准备应付敌人及国民党的可能进攻。

恢复工作中心，是配合部队行动，扩大部队，组织民兵，动员民众，展开对敌的武装斗争；团结各阶层进步中间人士，建立政权，执行党的具体政策。

准备恢复工作的中心是：进一步审查、研究与教育党员，团结与组织民众，准备武装基础，时机一到，立即动员。

（三）领导干部分散配备：

甲、连贯同志指导中区及南区部队工作与南路联系。

乙、梁广同志随政治部到罗浮山，指导西、北江之间与东、北江之间的党，负责审查粤北干部与组织及协助部队工作。

丙、林平同志随司令部负责总的指导，加强大城市工作领导，并搞好与韩江联系。

我们认为临委的机构已不能适应新的局面，因此新的领导机构的组成，则成为十分必要。可否成立统一领导机构，并对上述决定是否妥当，均请作具体指示。

临委

选自南方局党史资料征集小组编：《南方局党史资料·军事工作》，重庆出版社1990年版

中共中央关于华南工作方针的指示[①]

（一九四五年三月六日）

林平同志转临委、军政委：

一、丑灰[②]电悉。中央同意你们关于工作布置的方针。

二、国民党为着准备配合盟国可能在华南的登陆，已将三、七、九战区放在顾祝同指挥下，成立东南行辕退保实力，等待时机。因此，在目前敌占地区及其周围，特别是湘粤桂边区，国民党的兵力乃极为薄弱，在将来沿海及敌占的城市要道，定将成为敌我友顽争夺的场所，同时也有可能日寇在盟国未登陆前，乃至登陆后发动新的攻势，将国民党这些军队压入山地，或部分消灭之。依这些估计及目前情势，我华南抗日武装斗争应由小北江入手，以湘粤桂边为主要发展方向，方能向北有所依靠，并便于造成更大的根据地，进行持久的斗争。你们对于地区划分原已合此方针，现再提醒你们，小北江方面可否再多派一些队伍，自然不要太削弱东江主力。北江以东，西江以南的两个地区发展，亦要与此方针相配合，好分散敌顽注意，便于我在小北江建立基础。

三、东江沿海发展亦要注意建立向北山地之基础，珠江三角洲的布置固要面对城市，但背靠东西两面山地的发展仍是必要的。

四、关于沦陷区工作，除你们规定者外，应由临委设法通知各该处过去隐蔽或隔断的党员，恢复组织和工作，积极发动和组织群众抗日武装斗争，在没有党员和尚不能派部队去的地方，应设法找到留在外面的干部回

---

①这是周恩来为中共中央起草的指示。
②丑灰，指2月10日。

去活动。

五、在国民党统治区域经过单线或个别关系领导，尽力劝导一部分城市党员转入乡村工作，在农民中建立党的秘密基础，以便今后发动。至于一时审查不清的党员可令其单独工作，在工作中考查。

六、上层统战关系及外交工作，在华南特别重要，你们应力求打通南路与李济深（闻在玉林）、张炎的联系，并告以蒋介石先后派彭泽湘、陈策等带特务去谋刺他，要其小心。

七、中央决定将临委及军政委合并改为区党委，实行领导一元化，领导广东包括南路一切党政军民工作，并暂时兼管闽粤赣党的工作。区党委及其常委人数名单与各人分工，望你们照顾各个地区领导成分及其能力，拟呈中央批准。

八、关于闽粤边工作另电告。

中央

寅鱼

选自中央档案馆编：《中共中央文件选集》第十五册（一九四五），中共中央党校出版社1991年版

中共中央关于配合盟军登陆问题给林平的指示

（一九四五年三月十三日）

林平：

寅微电悉。你们现处之环境最复杂，英国对巷〔港〕九绝不放手，且视广东为其势力范围，而美国则又易于先在广东登陆。美以扶蒋为主，英在拉拢地方实力，对我均有顾虑，对你们则较轻视，而英尤狡猾。英美在华南，一方面有矛盾，一方面也必须求得妥协，闻蒙特巴顿至重庆亦为此事有所商洽，且曾言美国将在广州湾、大鹏湾两处登陆，但时间未说出。国民党不会放松这个机会，必在南路和东江有所布置，可以断言。闻其在南路已将张炎杀死不知确否？在东江及广九一带，除收买伪军外，戴笠特务系统还与英美两方进行破坏工作的合作，戴之破坏方向对我重于对敌，尤注意我与英美关系，且已得到若干情报。凡此种种均应放在你们考虑的问题之中，这是一方面；另一面我们华南力量不仅没有像华北、华中那样大的主力和根据地，并且与华中根据地也还隔得很远，而城市工作在短期内的发展也有一定限度，一旦盟军登陆，你们会〈遇〉到种种复杂而矛盾的情况。你们现在就应预计到并作种种准备，务使你们在盟军登陆的配战中不将自己放在各种矛盾的尖端上被攻击受损失，反而能利用矛盾，壮大自己，准备应付坏的条件，争取好的条件，以便进退有据。因此，你们的工作方针，应尽量运用统战关系联多数，反少数，依靠群众，扩大武装，好立于不败之地。本此方针你们对盟国军登陆事，应有下列的看法和布置：

（一）盟军所要登陆的情报，可以给他，但他说的登陆地点不要完全信他，如大亚湾即可以登陆，其西之墺头，有公路通惠州，再西之大鹏湾，则可迂回广九线，而大亚湾以东之地形并不甚好，是否有意将我们注意力引至东边，并便牵制敌人，望注意侦察。

（二）在谈情报时，你们可正式与欧乐义谈具体配合问题，并提出武装我们的要求，看他如何答法。

（三）英军服务团如亦向你们提出此问题，可以同样方法处之，但不要打通。

（四）你们对配合盟军登陆的可能准备和布置望告。

中央

寅元

选自中央档案馆编：《中共中央文件选集》第十五册（一九四五），中共中央党校出版社1991年版

周楠关于南路各县武装起义情况给中共中央的报告

(一九四五年六月十三日)①

中央并转董老：

(一) 来示决遵照执行。

(二) 琼崖交通站现开辟新路线，即从琼崖西岸直达雷州半岛西岸，全程来回二十日即可达（过去须［需］半年）。两岸俱属我地区，都有保证，预计三个月后即可开辟。

兹介绍琼崖云涌同志到东江，向中央报告工作。

(三) 我们原定今年一月底在高州六县及钦廉各县武装起义。因情况紧迫，于一月十五日首先在吴川与张炎一齐起义，三日内将该县占领，五日内我们由一大队扩大到八百人。张炎称民众抗日军，共二团，亦有八百人。我部队遂改为广东南路人民抗日解放军，各县次第起义，化州起义六百人，高州二百人，我军与张炎部于一月二十三日进攻化州，惟在国民党其人强物亦强之下，退于廉江□进。合浦起义四百人，灵山起义八百人，占领该县城，因缺乏战斗经验，退出剩四百人。

广西方面：陆川起义八百人，战斗后剩五百人，退廉州北部，剩三百人，因内部意见不一，已化整为零。博白起义五百人，因不强，剩三百人，现受我编制。闻桂南之起义主力在贵县、容县。

此次吴川起义，已摧毁其县及武装，枪杀县长，又摧毁全县乡公所及其武装，散赈乡仓谷万担以上。国民党伤亡四百人，逃亡几及倍数。我英勇牺牲大队长二人，中队长四人，战士五十人。（下略）

---

① 此是发报日期，当时南路特委仍无电台，其电报是送到东江纵队拍发的。

（四）据现有三支队共十〈五〉个大队（其中主力大队六个），分散徐海边境一个，遂溪三个，廉江四个，合浦五个，高州二个，合计三千二百人（博白三百人尚未整编）。

民众（游击小组及自卫队等）共六千。我活动地区西至钦廉，北至合浦、博白，东至高州，南至雷州。

（五）国民党为企图消灭我们接应盟军登陆，并准备将来进攻琼崖，在南路加强兵力。除前报告外，现增自桂调来之一五五师三个团二千人。罗定、信宜调来两个保安大队三百人。此外各县组织反共联防队，每县约三百人。

（六）国民党现实行分期分区清乡，到处进行野蛮之"三光"政策。在高州已杀戮青年学生（俱群众）二三百人。征实加倍，由八斗征至一石六。此外，又有种种苛杂，并大批训练特务，企图打入我方作内线。国民党统治残酷到极，民众生活痛苦到极，民众斗争情绪继续高涨。

（七）三月敌已接收广州湾，全湾分四区（西营、赤坎、太平）。化州、钦州设公局，总公局长陈学谈，陈亦积极反共，近敌拨枪六百支以防我，广州湾敌现继有增兵，连前约八千人。敌人最近有进犯高州模样。

（八）伪军中只有保安警察队反共，近成立有和平救国军，伪军共有二千人，大部分倾向我，伪军工作有把握。

（九）电台器材已备好，因日寇时常扫荡故未建立，现与东江新约定通信时间与办法。现正计划在廉江、化、博、合一带建立根据地，然后东占高州，与中区解放军联络，西占钦廉，南占徐闻以接应盟〈军〉登陆。如敌人打高州，则我进占高州。预计三四月后，武装发展至一［二］倍。关于司令部各方干部人选，如何，请示。

（十）俟电台通后，再将各情形具体报告。

周楠
卯陷

选自南方局党史资料征集小组编：《南方局党史资料·军事工作》，重庆出版社1990年版

中共中央关于华南战略方针和工作部署给广东区党委的指示[①]

（一九四五年六月十六日）

广东区党委：

一、七大已闭幕，毛主席《论联合政府》，朱总司令《论解放区战场》两报告广播，想已收到，望发动广泛讨论，并深入到实际工作中去。

二、对日战争，今年尚不能达最后决战阶段，明年可能有大变化。华南形势，因英、美划分作战地区，美国将不在华南登陆，英军逐步东移亦需时日。故日寇目前行动似在缩短广西阵线，转向粤赣边扩大战场，还不能估计其已有从华南撤退之迹象。

三、国民党"六大"开后，专门依求外援，等待胜利，积极伪装民主，准备内战，但在敌人未败退前，还不能放手内战。

四、美政府目前政策是在扶蒋抗日反共，但日如寻蒋决战，蒋尚有再败可能，英、美在华南矛盾甚大，苏联对华赞成《论联合政府》，主张声援民主运动，英、美及蒋，不能对苏无顾虑。

五、因此，我党除在华北、华中扩大武装、扩大解放区外，还须在华南利用目前有利条件，迅速建立战略根据地，以便在敌人败退时，我华南武装，能进退有据，在国民党发动内战时，你们能配合全国起来，制止内战。

六、华南战略根据地不可能以目前之东江地区为中心，依今日敌情及将来变化，均应以湘、粤、赣边区为中心，并可东联闽、粤、赣，西联

[①]这是周恩来为中共中央起草的指示。

湘、粤、桂，中央即将电令现在湘、鄂、赣边区之王震部队，沿粤汉路，经衡阳、宝庆间，直向湘、粤、赣、桂边区发展，另由延安派出五千人部队，由文年生率领，沿平汉、粤汉路南下，向湘、粤、赣、桂边地区前进，并负责护送七大广东代表，及二百名军政干部给你们，计时七至八个月可到，以至配合你们创造南方局面，成为制止内战之一翼。

七、为实现此战略方针，你们应即派遣大的有力部队由负责同志率领，随带大批干部，迅向北江地区发展，直至坪石、南雄之线，扩大游击根据地，以便在数月后和王震、文年生各部打成一片，并接收干部。现在小北江支队，及在紫金支队，亦应继续向北发展，以扩张左右两翼。

八、区党委会议，除决定上述战略方针及在此方针下的各种工作外，还应着重讨论在国民党区的农村散布生活在群众中的武装工作队的工作，国民党军队工作（顽军以破坏为目的，友军以统战交友便于将来改造为目的，有愿入党的重要分子，可发展为极秘密党员）及伪军工作。

九、区党委委员，应包括东江、珠江中区三纵队，及南路北江各负责同志，并推出区党委书记名单，速电告，以便中央核准。

十、琼崖不划入广东区党委管辖，你们及南路有无办法送电台及人给琼崖，望与云涌商复。你们电收之中央各项公开文件，云涌如不便带回，必须使其择要，多看数遍，以便回去传达。

十一、南路及闽西南报告俟收齐后另复。

十二、执行情形望告，并将政权工作及政策实施情形，分类电告。

中央
巳铣

选自中央档案馆编：《中共中央文件选集》第十五册（一九四五），中共中央党校出版社1991年版

中共中央关于建立南方根据地的战略方针给湘鄂赣区党委等的指示①

（一九四五年六月二十四日）

湘鄂赣区党委、湖南人民抗日救国军军政委员会各同志：

（一）集中兵力在国民党统治地区和国民党优势兵力反复地多次地打大仗，不但在军事上是不利的，而且在政治上是不利的。

（二）我军的战略方针是在日寇占领区域实行分散的游击战争，建立与扩大解放区，缩小沦陷区，建立与扩大军队、游击队与民兵，削弱敌军伪军与联敌攻我之顽军，对于国民党军队不应该超过自卫立场，只有在国民党军队向我进攻妨碍我在敌占区的抗日战争而又在兵力对比的有利条件下，才可以集中相当数量之兵力站在自卫立场上给以反击取得胜利，其目的也在于便利我党在敌占区建立解放区。不应在干部与战士中灌输专门打顽军或主要打顽军的思想，而应向他们灌输主要打敌伪军，只在自卫立场上打顽军的思想，以提高他们在敌占区建立解放区的认识与情绪。

（三）现在距日寇崩溃只应估计尚有一年半，时间很迫促，而在湘中衡、宝、潭、醴地区建立解放区，在目前是可能的，在日寇崩溃后要继续存在坚持，将是很困难的。那时有使我军处于极困难地位，甚至被迫北返之可能，而且不能和广东力量打成一片，违背着在南方一翼建立局面，以便在国民党发动内战时，牵制国民党一翼的战略意图。这一方针，和在延安时我们向你们所说在地区上是不同的，但我们认为这一方针是正确的。

---

① 这是毛泽东为中共中央起草的指示。

（四）因此，你们现有主力及张文①后续部队均应取道敌占区向南（取道敌顽接合部走"之"字路），直至湘粤边界，和广东部队联接，并准备将兵力与干部分为几个部分。在以三南为中心的粤赣边，在宜章、坪石、乐昌、南雄地区，在郴州、道州［县］、临武、蓝山、连县地区，在以永明、灌阳、恭城为中心之湘桂边区（如有敌伪军占据），分散建立许多游击根据地，逐渐成为巩固根据地，准备一切条件，使我军在日寇崩溃国民党发动内战时，能够依据五岭山脉坚持并发展。准备被切断，准备独立作战，惟一的直接的依靠是你们内部的团结，是你们自己的正确的军事政策与正确的团结人民的政策。如果你们在这些政策上犯了大错误，那便要接受失败的结果，这一点必须预计到，必须预计到最困难最危险最黑暗的种种可能情况，并从这点出发去克服困难，争取光明与胜利的局面。

（五）各领导干部必须十分虚心，力戒骄傲，十分谨慎，力戒浮躁，十分团结，避免并逐步消除可能的意见分歧，在情况许可条件下实行委员会的民主讨论，集中多数同志的意见，然后坚决执行之。

（六）现在大局有利于我，只要党内能团结，不丧失时机，在政策上不犯大错误，我们相信你们是能够完成中央给你们的伟大任务的，希将你们的意见电告。

中央

六月二十四日十六时

选自中央档案馆编：《中共中央文件选集》第十五册（一九四五），中共中央党校出版社1991年版

---

① 指张启龙、文年生。为执行中共中央关于开辟南方根据地的战略任务，1945年5月，以陕甘宁警备第一旅组成南下第三支队，由文年生任司令员，张启龙任政治委员。日本投降后，国内形势变化，南下第三支队到河南后转进东北。

中共中央军委关于创造湘粤赣桂边根据地给广东区党委的指示

（一九四五年七月十五日）

广东区党委并告王王①：

（一）军委估计了整个抗战发展形势，对于华南局势，认为要经过一段长期复杂而艰苦的斗争过程才能获得胜利。没有时局的预见，没有未雨绸缪的及时准备工作，将会遭受到许多困难，甚至严重的挫折与失败。

（二）华南问题的关键，在于你们能否在一年内（决不可错过此种时机）建立起真正有群众基础的粤北、湘南、赣南山区根据地，以准备在一年之后，英、美、蒋军占领广州及平原地区之后，我军能有山地依靠，将华南斗争坚持下去，使你们日益发展着的主力军，获得回旋机动的群众条件、地理条件，以为将来之依靠。如果这一任务不能完成，那你们在一年之后就将遇到失败。

（三）我们曾电告你们，今后发展的主要方向是向粤北、赣南、湘南的五岭山区，建立湘粤赣桂边（以五岭为中心）根据地，迎接八路军南下部队，合力创造华南新阵地，配合华北、华中我军，进行对日反攻作战，并于日寇消灭后，能够对付国民党必然发动的内战。

（四）你们接电后，执行情形如何，你们派出的北江支队已进到英德地区活动，现进到何地？人枪多少？首长为谁？与你们有无电台联系？除

---

① 指王震、王首道。中共中央为开辟南方根据地，1944年10月，以三五九旅及延安部分干部组成"十八集团军第一南下游击支队"（简称南下支队），王震任司令员，王首道为政治委员。抗战胜利后，国内形势变化，南下支队奉命由粤北返，与新四军第五师、河南军区部队会师中原，组成中原军区。

此以外尚有其他力量北上否？均望即告。你们要以极大注意力执行北上任务，派往北面的兵力与干部愈多愈好，并必须有强的党、政、军领导人前去。

（五）王震、王首道二同志所率部队，由湘北已开始南下与你们会合，望你们迅速与该部取得电台联系（三局已将通信呼号等电告你们，密码不日即有电台［告］，望注意接收），加强湘南、赣南、粤北的情报工作，随时将该区敌、伪、友、顽、我的情况，电告王震、首道，协助其顺利南下，并作一切配合行动的部署和部队会合后的各种准备，达到华南全军团结一致完成党的任务。

军委
七月十五日

选自中央档案馆编：《中共中央文件选集》第十五册（一九四五），中共中央党校出版社1991年版

中共广东区党委关于广东解放区现况
向中共中央、中央军委的报告

（一九四五年七月三十日）

中央、军委：

广东解放区现况：（东江纵队活动区域，前已电告，不赘）

（一）珠江纵队主力，退出南、番、中、顺、三。每地只留下数十人至百余人之武工队活动。主力现集中广宁、四会间，向怀集、连县、阳山、连山推进。

（二）中路解放军，现活动于十县地区，即台山、鹤山、开平、新会、恩平、赤溪、高明、新兴、阳江、阳春。因遭围击，现有五百人。

（三）西江北义勇队①，在粤汉路西，活动于连江口至清远城，直百余里，横四五十里地区，主力三百人，现正向曲江、乳源挺进。

（四）北江支队，在粤汉路东。活动区为英德东乡全部，佛冈除第一区外之地区，翁源南部，主力五百余人。

（五）在党领导下，民众武装暴动有两：曲江马坝与翁源边界之队伍，三百余人。始兴与韶（关）南（雄）线以南之队伍，约三百余人。此队质量好。

（六）潮梅方面：澄、饶、潮边境有武装百余人。

（七）另闽西到上杭、武平之部队三百余〈人〉，已消灭顽军保安团两个连，我队扩大百余人。

（八）广东省现有国军包括十二集、三十五集及地方团队共约六七万

---

① 应为西北支队。

人。除余汉谋部万余人外，其余全部打内战，每日均有内战。

广东区党委
午陷

选自南方局党史资料征集小组编：《南方局党史资料·军事工作》，重庆出版社1990年版

中共中央关于开辟湘粤边根据地及准备长期斗争给广东区党委的指示

(一九四五年八月四日①)

广东区党委：

午陷电悉。

（一）王震、王首道率三千人七月从鄂南出发，现到湘潭、衡山间，一个月内可到湘粤边。文年生、张启龙率六千人现到河南，四个月内可到湘粤边。

（二）你们应立即加强北江及小北江各部之兵力及领导，并从东纵派出一有力支队，由一个得力同志率领，附电台及大批地方工作干部，于半月至一个月内到达湘粤边宜章、乐昌地区，准备与二王会合，开创湘粤边根据地。

（三）现到广宁、四会间并向怀集、连县、连山、阳山地区推进之珠江纵队主力，与你们有无电台连［联］络，领导人是谁，兵力多少，该地区敌顽分布情形，均望即告。这一地区（小北江）极端重要，你们对之应加强领导。

（四）盟军登陆日寇北撤后，你们所处平原地区将处于极端困难地位，目前即应充分考虑此种情况，在精神上与部署上作周密而适当之准备。整个广东力量应就各部现在活动地区及其附近，选择适当地点，深入群众工作，训练干部，准备将来长期奋斗，方不至临时张皇失措，遭受挫折。这些地区为小北江地区，乐昌地区，南始地区，北江地区，东江地区，珠江

---

① 四日，系毛泽东起草本文日期，正式发出日期是7日18时发广东，8日4时发五师，11日午时发王首道。

地区，西江地区，中路地区，高、雷、钦、廉地区，琼崖地区，潮汕地区等。每区均应有主力军、游击队、民兵之组织，极力和民众打成一片，坚决减租减息，解除民生痛苦，准备长期奋斗，不怕内战，对国民党绝不让步。每区均应有电台连［联］络，并多购无线电器材。上述各区中应有一区为中心根据地，作为建立广东军区机构及区党委所在地。此区以在何处为宜，望考虑电告。

（五）中央除给你们干部二百人（由伍晋南率领随文年生部队南下）及派王震等至湘粤边建立根据地和你们配合作战外，一切依靠你们及各区同志自力更生，依靠人民，独立奋斗，发扬创造力，绝对不要依赖外援，即王震部亦是配合作用，不可存依赖心理。

（六）你们必须将上述方针在半年内部署完毕。尤其注重精神准备，要有不怕一切困难之精神。

中央
未支

选自中央档案馆编：《中共中央文件选集》第十五册（一九四五），中共中央党校出版社1991年版

周恩来关于对待华南地方势力的方针给狄超白同志的指示

（一九四五年八月五日）

林平转狄超白兄：

号①电悉甚慰。

（一）华南形势，敌虽抽兵北调，并放弃桂、柳，但粤汉沿线恐仍为敌进退要道，沿海诸港亦非至盟军登陆不易退出，故桂东、南路、西江之半沦陷地区，地方势力尚有一短时期可以谋发展，过此，蒋系大军必沿湘桂路及西江向东南压来，估计今日之两广集团届时必形分裂。惟尚有一未决之事，即登陆广东者如系英军，则与南下之美军人员及蒋系军队必有矛盾可资利用，此为极可注意之机。但两广地方势力，如自己一无发展，一无凭借，则外援亦无可运用，得其助者必为余汉谋、李汉魂、夏威等系，而薛岳在北更有可能转入美国方面。此就地方势力本身看，非力谋发展不可。若以人民观点看，地方势力如不让人民实行自治自卫，武装现无由扩大，根据地亦无从建立，又如何能抵抗蒋美合作压迫？故不论为地方势力计，为人民计，我们均应强调李任潮自治自卫之主张。其具体方案即是发展人民武装，实行地方自治。望遍告李、蔡、梁、陈等人，有地方武装即有地方政权，只要抗日民主实力自大，自会有人承认，处今之世仍拘拘于合法非法，必搞不出任何局面，我们亦难为助。

（二）民主同盟在华南可助其发展，以便与昆明呼应，对重庆造成犄角之势，在地方势力尚未形成局面，尤其我华南根据地尚未大块巩固以前，党派会议或其他形式的联合会议均尚无召开条件。勉强凑数徒增重外

---

① 号，即20日。

来压力，必无好结果，此时，宜分头合作积极动员群众，建立各地基础，勿忙联合。如果梁、李、陈等必欲开何等会议，我们亦应在会上强调上述观点，分析前途，说明利害得失，勿引之生幻想，走歧途。即使一时难望有成，只要其尚容我们工作，而我们又不失方向，耐心说服，将总会起作用的。

（三）中国解放区人民代表会议将于十一月在延安召开，如李、蔡、梁、陈等愿派人经渝来参加，不论是代表或列席，我们均欢迎，并愿代守秘密，不予宣布。李能派尹时中来最好。

（四）上意望转告时中、希明二兄，并致意昭平诸友，能取同一态度为好。

（五）请通知熊哲民兄勿向李、梁、陈等发空头支票，一切运动均应脚踏实地，自力更生，方能有收获。

（六）桂、粤各县布满蒋系特务，县长亦多复兴[①]，李、梁、蔡、谭及民盟兄等任何行动皆有报告，即此一事若无武装自卫和人民力量而空谈民主，亦终将遭其毒手，望深加警惕。

（七）接济事当由嘉仁兄面告。

周恩来

未微

选自南方局党史资料征集小组编：《南方局党史资料·军事工作》，重庆出版社1990年版

[①] 复兴，即"复兴社"。

中共中央关于对两广上层分子工作方针给广东区党委的指示

（一九四五年八月六日）

广东区党委：

（一）我党在两广的民主运动有两重任务。目前应在抗日民主的号召下动员人民实行自治自卫，并联合一切反蒋的上层分子，进行反独裁、反内战的斗争；但同时为保护人民利益，绝不应放弃反对地方封建压迫的斗争，好为新民主主义的胜利建立起群众的基础。

（二）我党在两广开展上层统战工作，主要依靠于我们自己武装力量和群众工作的发展及根据地的巩固和扩大，这才能吸引地方上反蒋的上层分子愿意接近我们；同时也要这些反蒋的上层分子经过他们自己多次的失败，并逼得无路可走时，才肯和我们作暂时的联合。故我们对他们的联络，不必急求有效，更不应期望太高，并且在任何时候，都不应失去阶级的警觉。

（三）根据上述两项原则，你们对两广上层分子的工作，可采取如下办法：

甲、李嘉仁同志可派赴李济深处任联络代表，如陈政云确实表示需要我方派报务及译电人员，则可偕陈、李同去，并带去与东江通用的密码，待叫通你处后，再转介绍给延安。

乙、赠李款项，如确由陈政云表示需款方可，不要硬送，赠或借由你处酌办。

丙、我们不必去提议召开华南党派会议。如李、梁等自动地召开民主同盟会议，或其他形式会议，李嘉仁可在他们同意时列席，不必作负责主张。如问我党在华南主张，可告以我们赞成李济深所提倡的人民起来自治自卫的主张，我们愿在各地努力，希望他们也本此方向一致奋斗，如有成就，再行联合，定可创出华南新局面。对梅县张香池，粤北李章达，八步何香凝、梁漱溟，昭平陈劭先、陈此生，三党李伯球等亦可以此意告之。

丁、我们目前宜于分头合作，发动群众，建立基础，不宜过早作无基础的联合，徒惹敌、蒋双方注意，既会增加扫荡和压迫，又会使这些上层分子一压即垮。

（四）望将上述指示由李嘉仁同志口头转告狄超白，另复李、狄、何诸人电，亦交嘉仁以密码译好带出。

（五）接济叶军长家属款可送二十万，廖夫人处亦望送十万，狄兄亦望稍有接济。

（六）各事进行如何，望告。

中央

选自南方局党史资料征集小组编：《南方局党史资料·军事工作》，重庆出版社1990年版

东江纵队紧急命令

（一九四五年八月十一日）

紧急命令（东字零零八号）

顷接延安总部朱总司令八月十日二十四时发布命令如下："日本已宣布无条件投降，所有日军及伪军武装应由距敌最近的部队全部将其收缴，保障投降人员生命，各部队长得令后，立即进行接洽受降事宜，如日伪军拒绝向我军投降，应坚决消灭之。"奉此，我各部队长应立即坚决执行此项命令，动员全体军民，开入附近敌占据点，解除日伪武装，维持治安，镇压土匪特务破坏活动，保护人民生命财产。千金一刻，不得稍有疏忽。此令

广东人民抗日游击队东江纵队司令员　曾　生

副司令员　王作尧

政治委员　林　平

政治部主任　杨康华

选自南方局党史资料征集小组编：《南方局党史资料·军事工作》，重庆出版社1990年版

（二）口述回忆

关于南岳游击干部训练班的部分情况

薛子正[①]

从"七七"抗战到武汉失守，国民党军队节节败退。而我党领导下的八路军和新四军在敌后不断打击日本侵略者，收复失地，发展很快。这时，国共关系表面看还是好的，蒋介石还是要抗日的。鉴于这种情况，我党于1937年底建议国民党办游击干部训练班，蒋介石接受建议，在武汉珞珈山办过一期时间很短的训练班。他们请周恩来、叶剑英和叶挺等前去讲课作报告，讲授游击战问题，引起训练班中高级将领的很大兴趣。蒋介石还想让周恩来主办一个象黄埔军校那样的学校。

1938年10月武汉撤退前的两三天，朱德总司令应邀出席了国民政府在武汉召开的高级将领会议，他向蒋介石提出了关于建立游击干部训练班的建议。蒋介石考虑了一个多月表示同意，并要求共产党出教官。为了筹办游击干部训练班，争取国民党各方面的支持，周恩来和叶剑英分别做李宗仁、白崇禧及军训部次长刘斐章等人的工作。游击干部训练班开始时准备在湖南长沙办，因长沙大火，又准备在衡阳开办，又因衡阳是交通枢纽，日机轰炸很厉害，最后决定在衡山下一个小镇——南岳镇正式开办，定名为"南岳游击干部训练班"。

南岳游击干部训练班开始筹建时，国民党要求共产党派大批干部帮助办训练班。因我们干部也很缺乏，非常宝贵，而且在敌后我们的发展潜力很大，只要有了干部，群众就能很快发动组织起来。根据毛主席独立自

---

①薛子正，南方局军事组成员，中共派到国民党南岳游击干部训练班的军事教官之一。

主，自力更生地发展自己力量的有关指示，我们没抽很多干部去，只从武汉八办撤退的人员中选了一部分，由叶剑英同志率领到了南岳，参加筹办训练班的工作。

我党派到南岳游击干部训练班的同志除担任教官的叶剑英、边章伍、李涛、薛子正、吴奚如、李哲白（又名李崇）外，同时还派去了三个速记员，一个是李涛的爱人，一个是陈宛文（边章伍的爱人），再一个是李蕴玉同志；刘澄清同志带去一部电台；一个负责生活的徐天宝和一个姓薛的炊事员（以后在红岩嘴做过炊事员）。另外还配备了个武装班，一共三十多人组成，我们的名义是中国共产党代表团。我们住在南岳镇南面一个地主的庄园"桔盈圃"里，这个"桔盈圃"有十几间房子，前面有水塘，周围是土墙，附近驻有国民党的军队。

1939年2月，南岳游击干部训练班正式开学，蒋介石任主任，白崇禧、陈诚任副主任，汤恩伯任教育长，叶剑英任副教育长。南岳游击干部训练班一共办了三期。

第一期训练班从2月至5月（共四个月时间），原拟办五个队，后增一个队，共六个队，每队一百二三十人。第一、二、三队为各战区送来的团级以上（营级很少）军官，队长都由军长担任；第四队为汤恩伯部队三十一集团军教导团的一个队，加上少数战区送来的军官；第五、六两队为部分抗日演剧队、抗日宣传队和战地服务团的人员，以及招收的部分社会青年。

南岳游击干部训练班开课后，叶剑英、边章伍、薛子正教游击战术；李涛、吴奚如、李哲白教政治。政治讲有关我党的抗日主张、《论持久战》和如何做群众工作等。教材分别编写后再集体研究，然后交学校油印。我们六个教官除李涛、边章伍二人在延安红军大学任过教官有教学经验外，我和李哲白、吴奚如都是初次任教，没有教学经验，叶剑英就手把着手像教学徒似的教我们。他说：不要慌，充分准备好教材，熟悉教材，然后拟个提纲，千万不能死背。当教员要面向学生，不要光看讲义，讲课要自然。每天晚上，我们几乎都是集体备课，试讲一遍次日的课程，叶剑英亲自审查。我们把写好的教材交他审阅，他都耐心地一一指导。叶剑英也自己编写教材，把他写好的教材给我们看。他经常教育我们："你们是共产党的干部，只能讲好，不能讲坏。"还经常教育代表团的成员：我们每一个人都是共产党代表团的成员，我们的一言一行都代表党，不能给党丢脸。

叶剑英同志虽然工作繁忙，但仍给学员们讲课，不仅讲游击战术，还讲政治课。听他讲课的人很多，有时多达二三千人，课堂容纳不了，就在广场上讲大课。不仅学员们听，就连长沙以南（长沙、衡阳、衡山一带）的国民党军队中的一些将领、指挥官都不约而同地赶来听讲。

尤其是1939年4月，周恩来视察江南新四军回到衡阳，到南岳游击干部训练班，做了题为《中日战争之政略与战略问题》的报告。十八、十九日讲了两天，听众很多。主要讲抗日战争的历史背景，双方政略和策略的演变及其发展前途等等问题。他将视察新四军时搜集到的我军同日军作战的战例，用来具体说明某次战斗中敌人兵力如何，伪军兵力如何，我军兵力又如何，其战斗结果是以小胜大，以弱胜强，打败了侵略者，我军获胜。真是讲得生动活泼，形象深刻，使学员们受益不小。

就在这年的夏秋之交，周恩来同志回到延安，跌伤了手，去苏联治疗，党中央调叶剑英回重庆，协助董老主持南方局的工作。叶剑英走后，由李涛任工作组组长和中共代表团团长。

国民党发动的第一次反共高潮，也直接影响到南岳游击干部训练班，国民党在学校也搞了一系列反共活动。他们在办第二期训练班时，对学员进行了限制，只派连、排级军人来学习，这期学员的质量就差多了。学校在汤恩伯的控制下，借每周的"周会"，散布反共言论，作反共报告，讲什么"三民主义"、"国民党党史"，进行反共宣传。开始我们还参加，以后就拒绝参加，以示抗议。

这年年底，我们利用学校放假的机会，到重庆南方局向叶剑英同志请示汇报：下步怎么办？是否还继续参加南岳训练班工作？他又请示中央。党中央、毛主席估计，国民党虽然制造了一系列反共事件，但国共关系还不会一下子彻底破裂，仍让我们回到南岳，又继续办了一期训练班。第三期训练班由于日机轰炸很凶,在南岳办不下去了,就迁到湖南零陵、祁阳县。第三期训练班结束后,于1940年上半年,我和边章伍(因有南岳游击干部训练班教官护照)经衡阳、湘江、宜昌到重庆;其余同志由李涛率领带上电台经桂林再到重庆。回到重庆后,我们几位教官参加了南方局军事组工作。

我们在南岳游击干部训练班,时间虽短,由于我们身传言教,对学员影响很大,与不少人交上了朋友。第一期学员回部队后,一些人继续同我们保持联系,有的人到重庆,来办事处找叶剑英和我们这些教官讲他们离开训练班后的情况,表示对蒋介石搞法西斯独裁的不满。他们之中有的还为我们提供情报(因国民党各部队在重庆都设有办事处,我们通过办事处对他们的办事处做工作)。有的学员自己来找我们,有的来不了就写信或派亲信通过办事处来找我们谈情况。有的把情报伪装成邮件寄交某某,转送《新华日报》营业部,再由营业部的同志转交我们。这些学员为我们提供了不少各方面重要的情报,有些情报很有价值。如国民党各部队的驻防、换防及有关装备等等。

我们在南岳游击干部训练班对当地(衡阳、衡山)的影响也很大。如我们带学员进行野外训练,纪律很严,和红军一样,每到一地,就把周围环境打扫得干干净净,借了老百姓的东西一定归还,损坏照价赔偿,走时把用过老乡的铺板、垫草以及家具摆得整整齐齐,做到秋毫无犯,很得老乡称赞。

我们代表团驻地"桔盈圃",离南岳镇不过几里,方圆几十米宽,栽满了桔子树,我们没摘过一个桔子吃,树上掉了的桔子,我们拣起来交还给园子的主人。附近鱼塘养了不少的鱼,我们也不钓一条鱼吃。我们的女同志穿戴和男同志一样,从不特殊。这些在当地老百姓中产生了很好影响,他们说:共产党就是不像"刮民党",共产党就是好。我们的炊事员老薛同志到镇上买东西,很受群众欢迎。

选自南方局党史资料征集小组编:《南方局党史资料·军事工作》,重庆出版社1990年版

关于成立广东人民抗日游击队问题

廖承志[①]

1938年到1941年底，我在八路军驻香港办事处。关于组建广东人民抗日游击队的事，是我当时在港办提出，经中央同意的。1938年日寇占领广州以前，广东省委设在广州市河南。日寇占领广州后，广东省委迁往韶关，南委在东江粤东。在这期间，张文彬同志忙于处理广东党务建设，省委虽未直接参予组织东江人民抗日游击队，但省委书记张文彬是知道的，而且是积极支持的。当时我们在香港研究，觉得不搞抗日，那是天诛地灭。我这里有电台，与东江、坪山又接近，工作方便些。

组建广东抗日人民游击队，我是坚持主张搞的，当时省委书记张文彬同志是积极支持的，也是中央同意的，但博古一人反对。有一次南方局开会，由周恩来同志主持，博古说："长江以南没有必要搞我们党自己的武装，应以统一战线为主。"博古这个错误意见，受到周恩来同志的严厉批评。这件事情，张文彬同志和我都拥护周恩来同志的意见，认为长江以南应搞党的武装。

日寇于1941年12月8日占领香港。1942年1月初，我在离港前，与林平、连贯，还有乔冠华四人在一艘小船上，正好张文彬同志也赶到，我们五人便在船上研究布置如何援救尚未撤出香港的知名民主人士和文化人的问题。布置完了之后，我们就乘船回到东纵驻地。在东纵驻地停留了一段时间，以后就经地下党的交通线绕老隆回韶关，连贯同志先回老隆，我和乔冠华回到韶关，张文彬同志留在东纵一段时间，主持召开会议，着重研

[①] 廖承志，1938年起先后任八路军驻香港办事处负责人、南方局委员，1942年被国民党逮捕，1945年6月在中共七大上被选为中央候补委员会，1946年1月出狱。

究成立军政委员会，以加强对东江、珠江人民抗日武装的领导，和加强东纵司令部建设及干部训练等问题。

选自南方局党史资料征集小组编：《南方局党史资料·军事工作》，重庆出版社1990年版

忆珠江纵队

梁 嘉[1] 谢 斌[2]

一

珠江纵队是珠江三角洲人民的子弟兵，是中国共产党领导的华南人民武装中的一个纵队。它于1945年1月15日发表宣言，在中山县五桂山根据地正式成立。司令员是林锵云，政治委员梁嘉，副司令员谢斌，参谋长周伯明，政治部主任刘向东。纵队下辖第一、第二支队和第三独立大队。第一支队活动于中山县，第二支队活动于番禺、顺德两县，独立第三大队活动于南海、三水两县的边境地区。

珠江纵队是在抗日烽火中诞生的，经过长期激烈的战斗洗礼，发展成一支驰骋于华南敌后战场的重要抗日力量。

1938年10月，日寇入侵广东，党［国］民党军队不战而放弃广州，珠江三角洲广大地区相继沦陷，根据中共广东省委的指示精神，东南特委、中区特委积极领导珠江三角洲地方党的组织，利用各种形式建立抗日武装。林锵云同志1939年2月成立了顺德游击队，吴勤同志在省委和廖承志同志指导下，1938年10月在广州郊区组织了抗日义勇队，经党同意，吴勤同志于同年11月接受国民党当局委任为广州市区游击第二支队（简称广游二支队）司令，部队取得了"合法"番号，党先后派一大批干部和党员到广游二支队工作，在直属队和第一大队建立党组织，领导这支部队，中山沦陷后，在中山九区建立了由欧初、谭桂明领导的抗日游击队，这三支近三百人的人民抗日武装队伍，在广州郊区、南（海）、番（禺）、

---

[1]梁嘉，1945年1月任广东人民抗日游击队珠江纵队政治委员。
[2]谢斌，1945年1月任广东人民抗日游击队珠江纵队副司令。

顺（德）、中（山）地区燃起了抗战的烽火，1940年6月，为加强和统一对珠江三角洲地区党的组织和抗日武装的领导，成立中共珠江三角洲中心县委，罗范群任书记，委员林锵云、陈翔南、刘向东、严尚民。9月，广东省委将党中央派来的参加过长征的干部谢立全（"抗大"三分校大队政委）、谢斌（"抗大"三分校大队长）分配到珠江三角洲，任中心县委委员。部队经过整训整编、在同日伪顽斗争中，不断发展壮大，建立了顺德县西海、中山县五桂山抗日游击根据地。1943年2月，成立南番中顺游击区（秘密）指挥部（简称指挥部），统一对游击战争的领导，指挥员林锵云，政治委员罗范群，副指挥谢立全，副指挥兼参谋长谢斌，政治部主任刘向东。8月，刘田夫任政治部主任，刘向东改任副主任。指挥部领导部队广泛深入开展敌后抗日游击战争。这时，活动于南海、山〔三〕水、番禺、中山、顺德、新会等县的游击队已发展到九百余人。11月，成立珠江特委，书记梁嘉，委员陈翔南、谢创，领导南海、番禺、中山、顺德和新会地方党，积极配合部队战斗，1944年10月1日，在内部宣布成立中区纵队，司令员林锵云，政治委员罗范群，副司令员谢立全，参谋长谢斌，政治部主任刘田夫，副主任刘向东。下辖两个支队、七个大队二千七百余人。为执行党中央的战略任务，10月20日，纵队派主力大队挺进粤中。11月，党中央批准在珠江三角洲地区公开成立珠江纵队。

二

珠江三角洲是战略要地，广州及附近几个县，日寇驻有重兵，各县有伪军，各乡土匪、大天二林立，还有国民党的形形色色的部队。面对强大的敌人、在平原水网河汊交通方便的珠江三角洲地区坚持抗日武装斗争，毫无疑义，是困难的，但为什么能够生存、发展、壮大起来呢？

首先，是因为有党的正确领导和强有力的政治工作，这是珠江纵队能够发展的根本保证。部队创建初期，主要是由两部分组成，一部分是以基本群众为主体组织起来的，由党直接领导的抗日游击队，如林锵云同志1939年2月组建的顺德游击队，及中山和后来各地组织起来的游击队。另一部分是通过团结友军，改造而成的。不论哪一部分，要成为有觉悟的、全心全意为人民服务的、具有坚强战斗力的抗日武装，必须加强党对他们的领导和建立坚强的政治工作。第二支队的发展史，就是一个例子。顺德游击队是由党员和农民群众组成，政治素质是好的，但缺乏坚强的领导核心。为此，中区特委派干部去工作，加强政治工作，使连队有较强的战斗力，成为一个主力中队，后来发展成顺德大队。吴勤同志领导的广游二支队，原来成份复杂，纪律不好。应吴勤同志的请求，1939年1月至5月，省委和东南特委先后派一大批干部去工作，在该部直属队建立党支部，然后对直属队进行整训。在整训中清除一些不良分子，又动员一批基本群众参加广游二支队，并建立政治工作，把《三大纪律八项注意》作为部队政治思想教育的主要内容，使直属队政治觉悟不断提高，在群众中有良好的声望。1940年9月，中心县委决定进一步加强党的领导和政治思想工作，把广游二支队改造成为党绝对领导下的抗日武装。同样，后来也把杨忠大队改造成为党领导的抗日游击队。为把游击队建成八路军、新四军式的人民军队，在纵队、支队设立政治部（处），在纵队、支队设政治委员，大队设政治教导员，中队设政治指导员，中队建立党支部（党小组），由于有党的领导和政治工作，使珠江纵队广大指战员成为具有高度政治觉悟的革命战士，他们敌我分明，懂得为谁打仗，在困难时不动摇，在敌人万人大扫荡时，英勇杀敌，宁死不屈；每到一地，爱护群众利益，因而得到人民的拥护和支持；他们有严格的纪律，听从指挥，党指到那里就打到那里；共产党员冲锋在前，退却在后，干部身先士卒，做战士的榜样，因此，部队在强大的敌人面前，打不垮，越战越强。

其次，紧紧地同人民群众站在一起，依靠群众，坚决保卫群众的利益，是珠江纵队力量的源泉。抗日游击队为什么能够像孙悟空那样钻进日寇统治的心脏地区，把敌人闹得翻天覆地？就是因为有人民大众这个铜墙铁壁，珠江纵队的发展史，可以说是一部群众运动史，在武装斗争准备时期，党员在各地成立抗日"别动队"、兄弟会、姊妹班、读书会、识字班等，宣传群众，组织群众。中山县"抗先"队队员有三千多人，战时妇协会会员有一千多人。吴勤同志组织的"抗日俊杰同志社",会员有数千人,遍布南、番、顺。这是广泛开展游击战争的群众基础。在开展武装斗争后,地方党和部队都把群众工作作为一项重要任务,使群众工作和武装斗争紧密结合,共同发展。到1945年5月,已建立两个县一级和九个区一级民主政权,根据地人口约有四十万,游击区人口约一百万,各根据地制定了各项具体政策,开展减租减息运动,使人民生活得到初步改善,普遍建立起农会、青抗会、妇女会,把群众组织起来,全区有三千多民兵配合部队作战和支前。在艰苦困难的条件下,根据地人民积极捐款、送抗日公粮、交爱国税,支持部队给养。1944年底,仅中山贮公粮就有八万斤。人民群众还参加侦察敌情,传送情报,掩护交通员,参军支前,治疗伤病员等活动,使游击战争具有深厚的群众基础,游击队有了可靠的后方。1945年3月18日,中山五区群众组织三十辆自行车,送三个中队战士去夜袭古鹤和前山两地敌人。1944年12月,禺南七星岗战斗,参战民兵和群众二千多人,人民群众不但在战争顺利时期积极支援部队,在最困难时期也与部队共命运,用生命掩护、帮助游击队,使部队得以生存,坚持斗争,在游击队的献身抗日救国精神感召下,许多港澳同胞回乡参军,捐款支援。各阶层人士也用各种方式支持游击队。

再次,珠江抗日游击队根据敌强我弱、平原河网交通方便、敌人调动迅速的特点,在战斗中形成了一套灵活多样的游击战术,成为战胜敌人、保存自己的重要手段。

在游击队初创时期,我力量弱小。在未公开前,为荫蔽力量,有的用民众自卫武装的面目出现,如更夫队、自卫队、乡警队等。有的挂国民党军队的番号,利用"合法形式"进行活动,又保持自己的独立性。把公开斗争和荫蔽斗争灵活结合,是珠江地区武装斗争特点之一。

部队在作战中,巧妙运用麻雀战、伏击战、夜战、海上游击战、爆破战,不断袭扰、伏击、袭击敌人,粉碎日伪顽大规模扫荡。而夜袭敌人是主要作战形式。如1942年2月14日,谢立全率广游二支队一部,夜间出击禺南韦涌伪军,出其不意,仅五分钟战斗,就全歼敌一个连。1944年,中山人民抗日义勇大队和逸仙大队，从元旦到18日，连续夜袭南萌、唐家、石歧、南屏、翠微等地敌人据点，运用夜袭战术，从打敌之孤立据点，到打敌统治重镇。打了许多漂亮的战斗。1944年4月8日，在谢立全、严尚民、郑少康指挥下，禺南大队利用清明节，智擒汉奸"十老虎"中的"八老虎"等三十余人。游击战术使日伪军和汉奸恶霸闻风丧胆。

根据"打得赢就打，打不赢就走"及"集中消灭敌人，分散发动群众"的游击战原则，正确处理集中与分散的关系，是珠江游击队作战又一个特点。当形势对我不利时，就避敌之锋芒，跳出敌人包围圈，分散活动，发动群众。如1942年日伪军三千余人，围攻我广游二支队西海根据地。中心县委决定主力从西海转移，开辟新区，保存力量。在顺德留下一支精干的武装小分队，坚持斗争。当斗争需要时，又适时集中力量歼敌。如1944年6月指挥部组织番禺、顺德和南海三支部队七八百人，连续夜袭番禺新造、市桥、乌州，共歼敌六七百人，给日伪军以沉重打击。

由于抗日游击队巧妙运用游击战术，多次粉碎日伪顽联合的从千人到万人的大扫荡和"清剿"。著名战斗有1941年9月粉碎伪军近三千人进攻的西海大捷。是役击溃敌两个团，击毙敌前线指挥部代理总指挥祁宝林以下二百余人，俘敌一百一十余人，缴获一大批武器弹药。这是游击队第一个以少胜多的漂亮战斗。在中山五桂山根据地，日伪顽先后发动有1943年10月的万人进攻，1944年1月31日的二千五百人的"十路围攻"，4月的七千余人的"大扫荡"，7月的一千余人的"四路围攻"，均被我粉碎。在禺南有1940年11月粉碎日伪军一千余人进攻的沙湾反"扫荡"战斗，1944年12月粉碎敌二千余人进攻的七星岗战斗。在长期战斗中，涌现出许多英雄，如著名的禺南"植地庄战斗八勇士"，顺德的"旧寨塔五勇士"，中山的"塘墩十二勇士"等等。

最后，巧妙灵活执行党的抗日民族统一战线政策，是我们战胜敌人的重要法宝。日伪在有的地方统治力量较强，有的地方统治力量较弱。有的是日伪统治区，有的是国民党统治区，有的是大天二、土匪占据的地方。因政治态度和利益不同，日伪顽经常勾结在一起，同时又有矛盾，有的各自为政。面对这种复杂的政治情况，要求我们在斗争中，根据他们在不同时期对待抗日的不同态度，区别对待，团结进步势力，争取中间势力，孤立顽固势力。

在同友军合作中，通过支援、帮助和整顿，争取一部分队伍参加我军，壮大力量，是统战的重要工作。1939年，广游二支队的党组织，在禺南同反共的史文坚斗争过程中，与刘登大队建立起合作关系，派党员去工作，后整编为广游二支队第一大队，成为党领导下的一支抗日游击队。在番禺榄核的自卫大队长杨忠，在我党的影响下和我党派去同志帮助下，决心抗日，后整编为广游二支队一个大队。杨忠始终跟着党干革命，在转战粤北途中牺牲。对有的地方实力派和友军，争取他们同我们合作抗日。顺德的地方实力派曾岳，反对日伪。1942年，为反对国民党在珠江三角洲地区掀起的第二次反共高潮，中心县委决定联合曾岳，曾岳大队多次配合广游二支队的战斗。曾岳因同我合作抗日，11月被国民党暗杀。又如，我军同新会县国民党赵其休部也建立了密切关系。

对有影响的人士和国民党的上层人物，我们也积极去做工作。如对孙中山先生的姐姐孙妙茜、原配卢太夫人，中山义勇大队在生活上、经济上予以关心照顾。她们都同情游击队，卢太夫人还配合我们在澳门中立区开展统战工作。我们还与国民党"挺三"司令袁带、副司令屈仁则保持统战关系。

由于珠江抗日游击队英勇奋战，在人民中有崇高的威望，加上我们重视做好统一战线工作，得到各阶层、各界爱国人士、港澳同胞和华侨的拥护和支持，最大限度孤立了敌人。所以，游击队能在错综复杂的环境中，战胜困难，生存发展。

三

日寇为挽救其失败，压迫国民党投降，于1944年春开始，向平汉、湘桂及粤汉铁路沿线的国民党军队发动进攻。国民党继在中原大溃退后，在湘桂粤又丧师失地，日军6月占长沙，8月占衡阳，11月桂林、柳州和南宁相继陷落，1945年1月27日占领韶关，两广大片国土沦陷。据此形势，党中央指示广东要加紧发展群众性的抗日游击战争，组织部队向粤中、北江和西江挺进，向粤桂边和粤桂湘边发展，迎接王震部队南下，建立以五岭为中心的湘粤桂根据地，进行持久的斗争，发展抗日战争的大好形势。根据党中央的指示和中共广东省临委、广东省军政委员会的决定，珠江纵队奉命先后挺进粤中、西江、粤北和转移东江。

挺进粤中。以第一支队为主的挺进粤中大队，1944年10月20日由林锵云、罗范群、谢立全、谢斌、刘田夫率领，同高明县人民抗日游击队第三大队会合，建立了以皂幕山为依托的抗日根据地。为适应新的形势，经党中央批准，于1945年1月20日成立广东人民抗日解放军，司令员梁鸿钧，政委罗范群，参谋长谢立全，政治部主任刘田夫。

挺进西江。以第二支队大部和独立第三大队一部组成的挺进西江大队，1945年5月10日，由纵队政委梁嘉、副司令员谢斌和政治部主任刘向东率领，从三水县黄洞出发，19日到达广宁县罗汶，同四会大队会合。珠江纵队对外用"西江人民抗日义勇队"发表宣言，进行活动。9月，创建了以广宁为中心的广（宁）怀（集）、广（宁）四（会）、广（宁）清（远）、广（宁）高（要）边游击区。后经中共广东区党委决定成立西江特委，梁嘉任书记，谢斌任副书记，委员刘向东、王炎光、周明。1946年3月，为执行党中央关于广东部队北撤山东的命令，西江特委清远会议决定一批领导干部继续留在西江坚持斗争，保护群众。

挺进粤北。1945年8月23日，郑少康，梅易辰（李群）按中共广东区党委的命令，率第二支队和独立第三大队四百八十余人，准备与活动在西江的珠江纵队司令部会合后一同挺进粤北，迎接王震部南下，开辟五岭根据地。部队渡过北江后，沿途遭国民党反动派武装截击。8月29日，王震部奉中央命令北返，郑部因通信联络困难，没接到停止北上的命令，继续向粤北挺进，敌紧追，前堵后截。11月，郑少康、梅易辰率部打败敌人多次"围剿"后，分别从瑶山突围，到达江西省大庾县，与东江纵队第五支队会师，郑部完成挺进粤北战略任务后，编入东江纵队粤北指挥部，继续战斗。

转移东江。1945年4月，日伪军对第二支队扫荡后，接着对中山第一支队进行大扫荡，5月9日，日伪军五千余人，分六路围攻王挂山根据地。5月23日至25日，国民党顽军三千余人，进攻九区大队，大队长梁伯雄、副政委郑文等二十四人牺牲，五十多人被捕。第一支队在反扫荡中，给敌人以严重打击后，根据上级指示，分五批从崖口乘海上游击队木船渡海转移到东江，第一支队在罗浮山休整后，一部编入东江纵队江北指挥部，另一部编入东江纵队，执行挺进粤北的战略任务。

珠江纵队各路部队，根据党中央和中共广东区党委关于用极大速度向粤北发展，建立以五岭为中心的湘粤赣根据地的指示，坚决执行命令，远离根据地，在人地生疏的山区，与当地人民结合，战胜敌人重重围追，克服各种艰难险阻，完成了党交给的任务。

1945年8月15日日本投降，中国人民取得了抗日战争的伟大胜利。珠江纵队和珠江三角洲人民，为抗日战争的胜利作出了自己的贡献。据不完全统计，珠江纵队对敌作战数百次，歼敌三千三百余人，缴获长短枪二千余支，轻重机枪七十余挺，以及一大批军用物资。为了争取抗日胜利，为了人民的解放事业，广大指战员英勇战斗，不怕牺牲，许多干部战士为了这一胜利，献出了自己宝贵的生命。其中中队以上干部有：吴勤、杨日韶、黄鞍、黄平、卫国尧、梁绮聊、梁伯雄、邝明等二十余人，他们是人民的好儿女，党的优秀党员，他们永远活在我们的心中！

抗战胜利后，国民党为抢夺胜利果实，悍然发动内战，进攻坚持抗战的军民和抗日根据地。留在广东的珠江纵队干部战士，在极其艰难困苦的条件下，坚持斗争，为恢复和发展粤中、西江、珠江三角洲及开辟粤桂湘边广大地区的武装斗争，为配合南下大军解放广东，又作出了贡献。

选自南方局党史资料征集小组编：《南方局党史资料·军事工作》，重庆出版社1990年版

坚持华南战场抗战的一面旗帜
——回忆东江纵队的战斗历程

曾　生[①]

广东人民抗日游击队东江纵队，是1943年12月2日宣布成立的。回忆东江纵队的战斗历程，东江人民艰苦抗战的情景，一幕幕呈现在我的眼前。

1938年10月12日，日本侵略军在大亚湾登陆。国民党守军不战而逃。21日，日军侵占广州。东江下游和广州地区沦为敌占区。广大群众对腐败无能的国民党政府和军队丧失信心。领导华南人民抗战的重任，责无旁贷地落在中国共产党人的肩上。

广东东江，是我党在第一、二次国内革命战争时期开展武装斗争的重要地区，东江人民具有光荣的革命传统。抗战爆发后，这里的人民响应中国共产党的号召，积极开展抗日救亡运动，组织抗日自卫队、壮丁常备队等民众抗日武装，进行抗日武装斗争的准备。当日本侵略者的铁蹄踏进东江土地时，惠阳、东莞、宝安、增城等地的人民，在中国共产党领导下，纷纷拿起武器，奋起抗击敌人。

日军在大亚湾登陆的第二天，八路军驻香港办事处主任、中共广东省委委员廖承志同志，即根据党中央关于要在东江敌后开辟抗日游击区的指示，召集中共香港市委书记吴有恒同志和我（当时任中共香港海员工作委员会书记）研究回东江开展敌后抗日游击战争的问题。我们两人都争着要回东江组织抗日武装，开展敌后抗日游击战争。我对吴有恒同志说："回

[①]曾生，1943年12月任广东人民抗日游击队东江纵队司令员。

东江打游击我比你合适。你是外地人,语言不通,人生地疏;我是惠阳人,语言通,了解情况。"我还说:1935年我在中山大学读书时,以中山大学师生员工抗日救国会负责人的身份,组织广州学生举行抗日示威游行,被国民党当局赶出了校门。为寻找中国共产党的组织,来香港做海员工作。现在家乡沦陷,我有责任回乡组织群众,救国救民。廖承志同意我的要求,1938年10月24日,我和谢鹤筹、周伯明同志带领一批党员和积极分子回到我的家乡惠阳县坪山,组建中共惠(阳)宝(安)工作委员会,组织人民抗日武装。10月底,成立惠宝工委,由我任工委书记,属中共广东东南特委领导。12月2日,在叶挺将军的家乡惠阳淡水周田村,成立惠宝人民抗日游击总队[我任总队长,周伯明任政治委员,郑晋(郑天保)任副总队长兼总参谋长],在惠宝沿海地区开展抗日游击战争。在此之前,中共东莞中心县委和增城、宝安的党组织,也在东莞、增城、宝安等地先后建立了我党掌握的人民抗日武装,多次和敌人作战。1939年初,东(莞)、宝(安)地区的人民抗日武装,整编为东宝惠边人民抗日游击大队,王作尧任大队长,何与成任政训员,黄高阳任党总支书记。他们在广九铁路中段和宝(安)太(平)公路沿线开展敌后游击战争。两支队伍共二百余人。

在党的领导和东江广大人民群众的支持下,我们这两支人民抗日武装积极打击敌人,先后收复了淡水镇、葵涌、沙鱼涌和宝安县城南头等失地。在淡水镇建立了东江地区第一个抗日民主政权;从敌人手里收复了广东第一座县城。特别是收复葵涌、沙鱼涌,恢复了内地与香港和南洋重要的交通线。我们保护商旅安全,得到广大群众、海外华侨和港澳同胞的拥护和支持。广大华侨和港澳同胞不仅从精神上,财力物力上支持我们,而且把儿女送回来,参加我们的游击队。惠宝人民抗日游击总队的经济来源,全部靠港澳同胞和海外侨胞的支援。1939年初,海外华侨经宋庆龄同志转给我们游击队的捐款一次就达二十万元。华侨子弟和港澳爱国青年先后参加我们游击队的达一千人以上,对我们部队的建立和发展起了很大的作用。我们保护归侨、侨眷的利益,始终同海外华侨和港澳同胞保持密切的联系，通过他们在国际上宣传我党我军抗日的主张和战绩，争取国际友人对我抗战的同情和支援。

党中央对我们这支初建的人民抗日武装非常重视和关怀。从延安等地抽调梁鸿钧、李松（李振亚）、卢伟良等红军骨干，加强我们部队的领导。他们以八路军、新四军为榜样建设部队，使部队继承和发扬我军的光荣传统，建设成一支坚强的革命队伍。

我们在建军初期，根据党中央和省委指示的精神，经过一系列的斗争和统战工作，取得了国民革命军第四战区的统一番号。惠宝人民抗日游击总队改为"第四战区游击纵队指挥所第三挺进纵队新编大队"（简称新编大队）；东宝惠边人民抗日游击大队改为"第四战区游击纵队指挥所第四挺进纵队直辖第二大队"（简称第二大队）。部队虽然接受了统一番号，但仍保持原来的党组织和独立的编制，在作战行动、军政训练、干部任免和经济上均独立自主，不受国民党的限制，拒绝其拉拢腐蚀，坚决依靠人民群众，坚持独立自主的敌后游击战争。部队在斗争中迅速发展，到1939年底，我们两支部队发展到近七百人，在惠阳县的坪山和宝安县的龙华乌石岩建立了抗日游击基地，初步打开了东江敌后抗日游击战争的局面。

1940年初，第一次反共高潮的逆流到了广东。广东国民党顽军纠集一八六师和地方武装三千余人，向我们两支人民抗日武装围攻，企图一举消灭我们，两部突围后，向海丰、陆丰和惠东转移时，又遭到国民党顽军的围追堵截，损失严重，最后两部仅剩下一百余人。正当我们部队处于生死存亡的危急关头，党中央5月8日发来指示，指出目前全国尚是拖的局面，国民党还不会整个投降和分裂，曾、王两部应回到东宝惠地区，在日军和国民党军之间，大胆坚持抗日，也不怕打磨擦仗。这个指示如黑夜的明灯，给我们指明了前进的方向。我们遵照党中央的指示，返回东宝惠地区，投入新的战斗。

1940年8月，中共广东省委遵照党中央加强对曾、王部队领导的指示，派省委常委、东江特委书记林平（尹林平）担任我们两支部队的领导。9月，他在宝安县的上下坪村召开了部队干部会议。根据党中央

"五·八"指示精神，总结部队东移海陆丰的经验教训，确定了坚持在惠、东、宝敌后开展独立自主的游击战争，建立抗日根据地的方针。并决定将东江地区的人民抗日武装，合编为广东人民抗日游击队第三大队、第五大队。我和王作尧同志分别担任大队长，林平兼任两大队的政委，梁鸿钧负责军事指挥。第三、第五大队分别进入东莞县的大岭山区和宝安县的阳台山区，建立抗日根据地。这次会议，贯彻了党中央指示的精神，确定了方针，增强了团结，提高了斗志，为部队的发展打下坚实的思想基础，是东江纵队发展史上的一个重要转折点。

部队进入大岭山区和阳台山区之后，执行上下坪会议的决定，在党的领导和广大群众的支持下，积极打击敌人，清匪锄奸，打退敌、伪、顽的多次进攻。1940年11月，第三大队在黄潭打退日军二百人的进攻，伤敌数十名，这是我部返回敌后的第一仗，影响很大。1941年6月，在民兵的配合下，又将进犯大岭山区的日军长濑大队和伪军六百余人，围困在百花洞山地梅林后面、太公岭西南、髻岭东南一带达两昼夜，击毙日军大队长长濑以下五十余人，取得百花洞战斗的胜利。广州日军首脑哀鸣："这是进占华南以来最丢脸的一仗。"第五大队在宝安县也粉碎了敌人先后出动一千余人的"扫荡"，伤日军大佐指挥官以下七十余人，取得反"扫荡"的胜利。在与日、伪斗争的同时，还打退了国民党顽军多次进犯。我们在和日、伪、顽的激烈斗争中发动群众，组织民兵，建立乡村抗日民主政权。到1941年秋，部队发展到一千五百余人，武装民兵千余人，建立了大岭山区和阳台山区两个游击根据地。

1941年12月8日，日军偷袭珍珠港，发动太平洋战争，同时进攻香港。我们第三和第五大队立即派出部队挺进香港、九龙地区，开展港、九敌后抗日游击战争。在港、九敌后，组织了民兵，建立了抗日游击基地，成立了港九大队。为开展海上游击战争，我们先后建立了海上中队和护航大队。在陆地和海上积极打击敌人，袭击敌人的交通运输，有力地支持了东江地区的抗日游击战争。

日军占领香港之后，广东人民抗日游击队遵照党中央的指示，在廖承志的领导下，不怕艰险，深入港、九市区，抢救被困留在香港的重要文化界人士和民主人士。我军从日军的严密封锁下，先后抢救出何香凝、柳亚子、邹韬奋、茅盾、胡绳、戈宝权、张友渔、千家驹、于伶、丁聪等七八百人，并护送他们安全到达大后方。他们中的许多人在宝安县白石龙逗留期间，对我军的政治工作和战士的文化学习帮助很大。他们给战士上文化课，给干部讲哲学、政治经济学和国内外形势。胡绳、戈宝权、黎澍等同志还直接参加了我军的政治工作。邹韬奋对我们的报纸特别关心，建议把我军办的《新百姓报》和《团结报》合并，改为《东江民报》，以集中力量把报纸办得更好，当我们接受了他的建议时，他欣然挥笔书写了《东江民报》的报头。茅盾也为《东江民报》的副刊题名为"民声"。邹韬奋临别时还送给我一张写有"为民先锋"的条幅，表示他对我们的鼓励和期望。被抢救出来的还有国民党第七战区司令余汉谋的夫人和陈汝棠等国民官员和眷属，以及美、英、荷、比、印等国的国际友人近百人，连同港九同胞和侨商、侨眷不下万余人，在国内外产生了很好的影响。对扩大和加强抗日民族统一战线和国际反法西斯统一战线，起到了积极作用，得到党中央的表扬。

1942年春，根据中共南方工作委员会的指示，成立广东人民抗日游击总队，总队长梁鸿钧，政委林平。部队整编为一个主力大队和四个地方大队，以加强东江敌后的抗日游击战争，为坚持艰苦斗争和准备反攻创造条件。

自国民党顽固派发动第二次反共高潮之后，广东的顽军勾结日伪大规模地向我解放区猖狂进犯，妄图消灭我军。由于日、伪、顽的进攻，加上1942年严重灾荒，我解放区军民处境十分困难。我们贯彻执行中共中央南方局书记周恩来同志关于国民党对我是"势在必打，志在消灭"，不能对其存在幻想，要依靠群众，加强团结，针锋相对开展斗争的指示，经过一年的艰苦奋斗，终于战胜了困难，取得了反顽斗争的胜利。从1943年春起，我们主动袭击敌人，拔除了广九铁路和宝（安）、莞（城）、太（平）反共救国军敌人的一批据点；护航大队夜袭大亚湾马鞭岛，全歼伪梅军反共救国军第一总队第四纵队；独立第二中队在东江北岸的罗浮山区开辟抗日游击区，向增城、从化、番禺方向发展，活动到广州郊区；我主力大队首次爆破攻坚，炸毁福永炮楼，全歼固守的伪警中队，缴机枪六挺；争取了伪军一个营和两个连分别起义、投诚。

我们惠东宝抗日游击根据地，处于广州到九龙的广九铁路南段的两侧，地位十分重要。特别是1943年冬，日军在太平洋战场陷入困境，急需以广州和香港为基地，支持太平洋战争。为此，发起打通广九铁路战役。国民党顽军闻风而逃。11月中旬，日伪出动七八千人，号称"万人扫荡"，在空军配合下，对我东莞大岭山根据地实行"铁壁合围"。下旬又对我宝安根据地实行"多路围攻"。我军在人民群众的大力配合下，经过一个多月的顽强战斗，粉碎了敌人大规模的扫荡，收复了大片失地，扩大和巩固了根据地。我惠东宝根据地的建立和巩固，卡住了广九铁路这条敌人交通运输的大动脉，使之始终无法通车，破坏了日军的战略部署，支持了南洋各地人民和盟军的对日作战。敌人惊呼"广州和香港之间地区是治安之癌"。统计一年作战，共歼日、伪、顽军千余人，我部队发展到四千余人，打开了东江地区抗日游击战的新局面。

1943年12月2日，为了适应形势的发展和斗争的需要，党中央指示将广东人民抗日游击总队的番号，改为广东人民抗日游击队东江纵队（简称东江纵队），下辖七个大队。我任司令员，林平任政委，王作尧任副司令员，杨康华任政治部主任。公开发表成立宣言和领导人就职通电，宣布我军是中国共产党领导的部队。

东江纵队成立后，号召全军乘胜前进，广泛开展游击战争，扩大游击区，壮大我军力量，迎接反攻到来。全军展开杀敌、扩军竞赛。仅广九铁路以西的部队，就歼敌二十多个连，迫使伪军一个营和一个暂编团投诚；港九大队不断袭击敌人的岗哨、巡逻队和海上敌船，炸毁了日军启德机场的油库、飞机和九龙第四号火车铁桥，在市区大量散发传单，使日军陷于惶惶不安的困境；护航大队和大亚湾独立中队在海上袭击敌船，俘获日军武装运输船，缴获大批重要物资，并向稔平半岛出击，打垮伪海军陆战队一个大队。为扩大游击区，纵队派出一支部队挺进增城、博罗、从化、番禺边区及广州外围，袭击广州郊区罗岗等敌人据点，解放了广州近郊龙眼洞，消灭伪军一个连。游击队活动到广州的白云山下，威胁广州。1944年6月22日，八路军参谋长叶剑英在延安发表讲话时指出："敌第五十七师团在广九沿线，由我游击队抗击70%。"我军已成为东江地区抗击日军的主要力量。在抗战七周年的时候，党中央和中央军委给东江纵队和琼崖纵队全体指战员的电报中指出："你们在华南沦陷区组织和发展了敌后抗战的人民军队和民主政权，至今已成为广东人民解放的旗帜，使我党在华南的政治影响和作用日益提高，并成为敌后三大战场之一。"党中央指示传来，给我们全体指战员极大的鼓舞和鞭策。

根据党中央的指示，我们先后抽调了一批干部，派到珠江纵队、琼崖纵队、韩江纵队和粤中、南路人民抗日游击队工作，并帮助纵队建立无线电台。

在解放区不断扩大和部队迅速发展的情况下，我们大力加强根据地的建设。在根据地普遍建立抗日民主政权，开展减租减息运动，建立健全农民抗日救国会、妇女抗日救国会、青年抗日救国会、儿童团等民众抗日团体和民兵组织，领导生产建设，实行战时文化教育。到1944年8月，根据地和游击区人口达一百二十万以上。

由于部队和根据地的发展壮大，对敌斗争的不断胜利和国际声誉的日益提高，引起了盟军的重视。1944年7月，《美亚杂志》发表题为《东江纵队与盟国在太平洋的战略》一文，指出：东江纵队是"纪律良好，经验丰富，获得地方居民及国外爱国团体支持的一支很强的军队"。10月，美军派欧戴义来东江找我们，要求与我们合作，共同建立情报站，侦察敌情，收集情报资料，为盟国空军对日作战及将来配合我反攻时在华南登陆作战做准备。我们经请示党中央同意，并按照党中央的指示和盟军合作，共同设立情报站和电台，向盟军提供有关日军的情报。由于我们情报工作人员的努力，收集到许多重要情报资料，经请示党中央同意，提供给盟军，得到美国第十四航空队队长陈纳德将军和在华美军司令部的赞誉。他们认为"质与量都非常优越","对美军战略部队在中国的组织成功,有着决定性的贡献"。

1944年7月下旬,党中央给中共广东省临委和军政委员会发出关于广泛开展敌后游击战争的指示。8月,中共广东临委和军政委员会在大鹏半岛的土洋村召开联席会议。会议根据党中央的指示精神,作出部队向东、向西、向北发展,全面开展广东抗日游击战争的决定。东江纵队立即组成北上抗日先遣队,向粤北挺进,一度解放清远县城。1945年初,日军为防备盟军在沿海登陆,增派了一个师团,据守大鹏湾、大亚湾、红海湾一带,同时派两个半师团打通粤汉路南线。我纵队又派出两个支队挺进东江北岸,开辟以罗浮山为中心的抗日根据地。同时派出两个支队挺进北江,组建第六、第七支队挺进惠东、海丰、陆丰地区。同年8月,集中主力一千余人,挺进粤赣湘边区,迎接王震、王首道率领的八路军南下支队,开辟五岭根据地。为适应新的发展形势,全军先后成立九个支队、六个独立大队,并成立江南(东江以南)、江北(东江以北)、粤北和东进(海丰、陆丰、惠阳、紫金、五华)四个指挥部,分别对各区域的部队实施作战指挥。我们的活动地区推进到广州市郊、粤赣湘边和韩江地区。

1945年8月中旬,日本帝国主义宣布无条件投降。朱德总司令命令华南日军派代表到东莞地区,由我代表华南游击队受降。在美帝国主义和蒋介石的阻挠下,各地日、伪军拒绝向我军缴械。我解放区军民执行朱德总司令的命令,坚决向一切拒绝投降的敌人开展进攻。至9月底,经过激烈战斗和政治攻势,解放了东江两岸、沿海地区和粤北等地的城镇六十余处,缴获一批武器和物资,收复大片国土。

在八年抗战中,我们这支远离党中央、远离八路军、新四军主力,孤悬敌后,处于敌伪和国民党顽固派夹击的人民抗日武装,在党中央和广东党组织的领导下,从无到有,从小到大,逐步发展成为一支拥有一万一千余人的队伍,组织民兵一万二千余人,转战东江两岸、港九敌后、粤北山区和韩江地区的三十九个县市;在大鹏湾、大亚湾海域英勇打击敌人,控制着数百里的海岸线和通往香港的交通要道,威胁着敌占大城市广州和香港。我们在东江和北江解放区，先后建立了东宝行政督导处、路东行政委员会、惠东行政督导处、博罗县人民政府、海丰县民主政府以及北江东岸抗日动员委员会等抗日民主政权。根据地和游击区的总面积约六万平方里，人口四百五十万以上。对日、伪军作战一千四百余次，毙伤日、伪军六千余人，俘虏、投诚三千五百余人，反击顽军作战三百余次，共缴获各种武器六千五百余件。八年中，我们大量歼灭了敌人的有生力量，牵制了敌人大量兵力，破坏敌人的交通运输和通讯联络，严重威胁着日军的南海防线，积极配合了全国抗日战场和盟军的反攻作战。东江纵队成为中外共知的一支坚强的抗日武装，成为华南抗日战场的一支主要力量，为抗日战争的胜利作出了一定的贡献。

日本投降后，国民党为抢夺抗战胜利果实，其广州行营主任张发奎竟污蔑我军为"土匪"，调集四个正规军及地方武装共七万余人围攻我军，妄图在国共谈判达成协议之前，将我一举消灭。我们坚决执行党中央对我们提出的"分散坚持"的方针，紧密依靠人民群众，和国民党进行了长达一年的艰苦斗争，终于粉碎了国民党反动派妄图消灭我军的阴谋。

正当我们反击国民党军队进攻的同时，在重庆谈判中，我方代表挫败了国民党拒不承认华南中共武装部队的企图，于1946年4月，迫使国民党当局签署了华南中共武装力量北撤的协定。3月底，重庆三人小组派出中共代表廖承志、北平军调部第八执行小组中共代表方方、华南中共武装人员代表林平同志和我在广州和国民党广州行营进行北撤具体问题的谈判。国民党当局蛮不讲理，有意拖延时间，继续疯狂地向我进攻，企图在达成具体协议之前消灭我部。经过五十天针锋相对的激烈斗争，于5月21日，终于迫使其达成具体协议。

1946年6月底，根据国共谈判达成的协定，我队主力北撤山东解放区，以后扩大为中国人民解放军两广纵队，编入第三野战军的战斗序列。在第三野战军的指挥下，我们参加了华东战场的莱芜、睢杞、济南、淮海等重要战役。主力北撤时留下的部分部队继续在原地坚持武装斗争，发展成为粤赣湘边纵队。

1949年9月，两广纵队随第四野战军南下，和粤赣湘边纵队汇［会］合，担负解放广州战役一翼的任务，并为解放广东全境作出了贡献。

东江纵队的历史表明：它是伟大的中国人民军队的一支光荣部队。光荣应归于党、归于人民、归于为国捐躯的革命先驱。

选自南方局党史资料征集小组编：《南方局党史资料·军事工作》，重庆出版社1990年版

琼崖敌后抗日游击战争（节录）

冯白驹[①]

抗战爆发后，我们从回乡的侨胞中看到党的"八一宣言"，了解了党对抗日的政治主张。特委为了海南的团结抗日，便向国民党海南当局写了一封信，提出谈判改编我们的部队，共同抗战，如果同意，请在报上答复我们。这个要求，得到他们同意，并在报上答复了我们，要求我们派出代表谈判。经过特委讨论，决定派李黎民同志为代表，到海口与陈章师部的代表林序东进行谈判。但在谈判中，他们否定我们提出的政治上、组织上独立自主的原则，企图通过谈判吃掉我们的武装部队。结果谈判未获结果。

1937年9月，我不幸被捕，11月被释放。被释放时，国民党海南当局提出，要我们派代表和他们继续谈判，改编部队，共同抗战。我回特委后，经特委讨论决定，派我为代表和他们谈判。从1938年起，我就负起这个任务，到府城和他们谈判。在谈判期间，我曾一度到广州八路军办事处，请示谈判改编部队问题。上级指示我们，谈判改编队伍的根本问题，是要达到我们在政治上、组织上的独立自主，这个目的如果达不到，根本没有谈判的可能。我在与国民党代表谈判中，始终坚持这个原则和要求。经过近一年的谈判，结果达成协议。内容大致是：一，合作的目的，旨在共同抗日；二，我们部队改编后，在政治上、组织上独立自主；三，改编后名称是广东省第十四统率区民众抗日自卫团独立队（后简称海南人民抗日自卫团独立队）；四，成立一大队编制，下辖三个中队，以冯白驹为独

[①]冯白驹，全民族抗战时期任广东民众抗日自卫团第十四区独立队队长、琼崖抗日独立总队队长兼政委、琼崖抗日独立纵队司令员兼政委、中共琼崖特别区委员会书记。

立队队长；五，独立队及下辖三个中队副职，由国民党选派，并经我们同意；六，独立队队部设政训处或室，编制不超过十人，人员由共产党选派，设正副主任各一人，当时主任是黎民，副主任是黄振亚；七，供给按一个营的编制发给。协议是由我和杨永仁（或吕承文）签名的。

当时，国民党派来的独立队队副是刘振汉；参谋一人姓吴；一中队派来的队副是符荣鼎（我地下党员），二中队、三中队没有派。我们的一中队长是黄大犹；二中队长是张兴，副中队长王天辅；三中队长吴克之，副中队长朱克平。独立队队部还有副官和书记，副官是谢李森，书记是谁，记不起了[①]。独立队共有三百多人。

1938年12月5日，在琼山县云龙市（距县城约五十华里）成立独立队。当天，各地群众约有几万人来观礼并送了不少礼物慰劳我们。老百姓个个喜形于色，快乐异常。这天，海南守备司令部司令王毅也来参加并讲了话。特委也有同志去参观，但没有公开露面。成立独立队，是海南人民革命斗争的转折点。独立队成立后，就驻在云龙市和附近的村庄。当时的主要任务是加紧军政训练，在训练时间分配上，是三七开，三分军事，七分政治。部队驻在云龙练了二个月零五天，日军入侵海南，队伍即转入了新的斗争。

1939年2月10日，日军入侵海南。国民党海南当局，由于事起突然，毫无抵抗，慌忙逃跑，一直向五指山地区退却。当天，我们与海口王毅联系不上，为了阻击日军前进，我们派一中队到南渡江渡口（潭口）阻击日军，发生了战斗，给日军一定的杀伤。由于日军力量大，且有飞机配合，为避免过大伤亡，便主动撤回云龙。当晚，我们即撤离云龙转到农村，进行游击战争。我们在潭口一仗，震动不小，海南人民群众和社会舆论都说："要打日本鬼，只能靠共产党、独立队，国民党是靠不住了。"

[①]经查证，独立队队副还有马白山，张兴是政训室主任，二中队队长是黄天辅，三中队队长是张缵薪，后是吴克之。三个中队的队副均为国民党委派，一中队队副符荣鼎，二中队副陈卓，三中队队副吴定中。朱克平不是三中队队副，是小队长。副官主任谢李森，副官陈育清，书记（司书）陈吉邱。

日寇入侵海南后，继续向全岛推进，在很短时间内，海南各县城（除白沙县城外）、交通要道、重镇、沿海港口等均被其占领；在农村，区乡则成立维持会、伪军组织。日寇一进占海南，还疯狂掠夺资源，建筑东方水电站，开挖石碌铁矿，把海南作为它南侵的跳板。驻在海南的日军也比较多，经常驻军有二三万（一般估计）；进攻南洋群岛时，往来的军队也要经过海南，有时多达十多万人，到处都是日军。驻守海南的日寇利用其优势兵力，对我们进行严重的摧残。因此，我们处境非常困难，也受了一定的损失。

日寇入侵后，国民党在海南没有正规部队，最高机关是守备司令部，司令是王毅，直辖两个团，即守备一、二团。还有专员公署，专员是吴道南（日军入侵后，国民党从广州派来的，很反动），他还同时兼任保安司令。当时在海南的保安队有六、七两个团。此外，还有各县的壮丁常备队，每县有一二个大队。区乡一级仅有区乡公所名义，原来的区乡公所武装，都变成了伪军。当时，海南的国民党当局也是同日伪暗中勾结，日军进攻我们时，国民党的武装力量或明或暗地配合日军行动，夹攻我们；国民党顽固派向我们进攻时，日伪军也采取同样的行动。

我方当时的情况是，除独立队外，各县还有一些短枪，均是工作人员所掌握，还有我们掌握的不脱离生产的群众武装组织。当时我们党的组织，全琼性的有特别委员会；县级组织除少数民族地区的白沙、乐东、保亭三县外，其他各县均有县委组织；区有区委；乡有总支；村或联村有支部。

日寇入侵海南当天，我们在潭口渡口阻击日军一仗，虽未取得大的战果，但在政治上影响却很大，得到了广大人民的拥护和支持。因而，当我们撤离云龙到农村活动的过程中，不愿做亡国奴的广大人民，特别是青年学生，在自己家乡自动组织起武装队伍打击日寇，由于得不到领导，便派代表来我们独立队联系，要求把他们编为独立队领导下的队伍，进行抗日救国。但当时我们党内，特别是特委领导机关内因受王明投降主义路线的影响，提出"一切为着统一战线，一切服从统一战线"的口号，认为收编那些武装力量会妨碍统一战线，破坏统一战线，所以拒不收编那些抗日武装力量。

独立队撤到农村不久，即在琼山县罗板铺打了一次埋伏战，消灭日敌约十人，缴了一挺轻机枪和十多枝步枪。这一仗不仅长了自己的志气，灭了敌人的威风，更重要的是提高了独立队的威望。在这个形势下，我到王毅那里，要求把独立队扩编为独立总队。他同意了，并拨给我们步枪一百多枝和几千发子弹，以及其他供给。由于独立队积极打击日寇和地下党的艰苦工作，独立队组织不断扩大。1939年，独立队曾化装进入文昌县城，突袭日寇岗哨，缴获轻机枪一挺；还化装进入琼山县永兴市日军据点，进行奇袭，取得胜利，缴获了一批武器。王毅将这一仗的战果报告了蒋介石，得到蒋介石的复电嘉奖。1939年，独立队初步创建了琼山、文昌二县交界地区和琼山的树德、咸来、道崇、云龙、三江、钟瑞，以及文昌的新桥、大昌、潭牛、南阳、大坡、重兴等地一带的游击根据地。并组织了根据地内各种群众组织，如农协、妇救、青抗和不脱产的群众武装组织。这些武装组织的武器，是一般部队内较差的枪枝和矛、盾等。县一级则组织武装基干队，有几十人或百多人，全配步枪。独立总队则设立了随营军政训练班。

大约在1939年冬，林李明同志到中央去了，特委暂由我代理书记。我们特委讨论，认为琼山、文昌二县交界区的根据地，是平原和丘陵地区，且偏于琼崖东北角，随时有被日敌攻破的危险。为了坚持长期抗战，必须创建接近五指山大山的中心根据地。为此，便决定将领导机关（特委和独立队总队部）移到澄迈县美合山地。

我们到美合山地后，不仅建立了根据地，而且不断扩大地域，建立了外围各区乡的革命政权和党群组织，还创办了一所综合性的琼崖公学，训练干部，深入新区进行宣传，组织群众开展抗日斗争。

1940年上半年，周恩来副主席派人给我们送来一部电台，从而使我们建立了和中央与省委领导的联系。这是海南人民革命斗争中的一件大事。大约在1940年夏季，林李明同庄田从延安回到美合，向特委传达了中央对海南革命斗争的指示。他们说在统一战线方面，海南可以搞红一点也不要紧，因海南处在孤岛，搞红一点也不会影响全国；又说毛主席指示，特委书记应由冯（指我）来负责，因为他在海南搞了那么久，和群众有联系。经特委讨论，同意由我任书记，林李明任副书记，庄田任独立总队副总队长。

自1939年底或1940年初，国民党派吴道南和李春浓（守备副司令兼保七团团长）来海南后，内战逆流与时俱增，各地不断发生逮捕我工作人员，破坏交通等事件。韦义光（地方开明绅士，任国民党琼山县第十二区区长，也是我秘密党员）和符克（华侨回乡服务团团长）为避免内战，以第三者身份到国民党守备司令部去做工作，也被他们逮捕杀害。国民党与我们之间小的武装冲突，也时有发生。在国民党军向美合根据地进攻之前，保安七团副团长林荟村通知我们，借口要到美合同我们商谈避免内战问题，实际是来了解美合的情况。我们除做好备战外，为了趁机向他们做点政治工作和摸摸他们的底，即指定在美合外围村庄由我和林李明二人出面同他们商谈。会谈后，特委开会研究认为，国民党向美合根据地的进攻，不但不可避免，而且为时不远了。于是，我们布置了保卫美合根据地的军事斗争。除向机关和群众作动员工作外，集中二支力量于一翼，准备诱敌深入，歼灭其一支。但在顽军向美合根据地发动大举进攻那天的凌晨，顽军一个加强连由二个内奸带路，突然袭击了独立队总队部，由于双方兵力悬殊，顽军占领了腹地，使我指挥机关和各方力量失掉联系，整个军事部署被打乱。经过近一天战斗，顽军占领了美合根据地。我们退到山上后，立即同各部队取得联络，并召开了特委会议。大家认为，从力量对比看，我们若立即反攻，夺回美合根据地，困难较大；若在山上坚持，也不可能，主要是没有粮食。于是主张撤离美合，并决定：一，特委、总部领导机关和警卫营回到琼文交界区根据地；二，由琼崖公学军训班、政群训练班，及在昌江、感恩活动的一部分部队，重新组织第三支队，由张开泰任支队长，到感恩、崖县交界区活动，开辟新区工作；如该地不能活动，可继续向万宁、乐会移动，与在该地活动的大队结合，充实三支队；

三，二支力量仍回澄迈、临高、儋县地区活动，并指定活动在澄迈的李定南部队和澄迈县委，如顽军撤退，即相机恢复美合根据地；四，大型电台无法带走，暂时埋藏起来，全部电台人员连同手摇发报机随总部转移。

这次顽军进攻美合，我们在武装力量上虽没受到重大损失，但却失去了一年来艰苦创建的根据地，特别是在政治上造成了很大影响，这是个惨痛的教训。顽军进占美合后，觉得这里不是他们久留之地，过了一段时间便撤走了，于是由澄迈县委恢复了该地区的工作。

1940年旧历年关时，我们领导机关和特务大队、电台等向琼山、文昌交界地区转移，经半个多月的行军，于旧历元月十五日（新历2月22日）前，到达琼文根据地。我们又召开特委会议，总结了美合保卫战失利的经验教训，主要是在战斗部署上，存在麻痹思想，没有警惕顽军从背后秘密潜进袭击指挥机关。

回到琼文根据地不久，顽军又向琼文根据地进攻。在罗逢坡战斗中，被我围击、歼灭一个整连，灭了他们的气焰，鼓舞了我们的斗志。但顽军不接受教训，仍不断向我们这个地区进攻。一次由其守备副司令李春浓带队向我们进攻，又被我包围，给其严重杀伤，顽军狼狈逃跑，李春浓也被击毙。自1941年至1942年上半年的一年半时间里，国民党军频繁向我进攻，每次虽都被我们打败，但我们也付出了不小代价。当时，我们总队部驻在树德乡一个村庄。有一天早上，突报顽军来袭。当时跟总队在一起的只有一个警卫连。接到急报，我令连长派第一排武装保卫电台迅速进山隐蔽；连长带二排向顽军来路阻击；三排随我相机行动。但是一排和电台一出村就遭到顽军袭击，一排顶不住，背手摇机的同志牺牲，手摇机亦被敌夺走，总部副官陈玉清和一排的一些同志也牺牲了。连长带领二排赶去增援，也被顽军击退。我和三排得知战况不利，从另方退走。这次突遭顽军袭击，失去电台，使我们同中央失去联系，这对海南革命斗争是个大损失。

在这个时期，我们在应付国民党顽军进攻的同时，还要对日作战，并不断取得胜利。如在文昌到海口沿途的竹岅桥截击日敌，速战速决，消灭了三车的日军，缴获了一批轻重机枪和步枪。又在文昌的道马埋伏，打击深入我区扫荡的日寇，歼灭日军一个连队的力量。在琼山的罗牛桥截击日军，歼灭一车敌军，缴获了轻机枪和步枪。同时在琼山的灵山、大致坡，文昌的昌洒、锦山等日寇据点，在澄、临、儋、乐、万等地区，开展对敌攻击，都取得了胜利。在儋县的那次大战斗中，更取得了歼敌几十人和缴获大批武器的重大胜利。

1942年上半年，日寇集中优势兵力向琼文根据地进行"蚕食"。他们的做法是：集中优势兵力，由点到线、到面，向根地据推进，施行抢、杀、烧"三光"政策，把我们的地区变成无人区。我们在反"蚕食"斗争中，开始时，除动员、组织群众进行"坚壁清野"外，还组织和集中一定武装力量寻机歼敌，粉碎日寇的"蚕食"阴谋。经过一段时间的斗争，我们认为将主要力量放在根据地内，难以粉碎日敌的"蚕食"。因此，决定留下一部分武装在根据地内与群众结合进行游击战和各种斗争，而将主力转向外线打击日寇，发展新区工作。于是，我们将主力移向澄迈地区。

1943年，主力移向澄迈地区后，日敌又在该区向我展开进攻。由于地理条件对我有利，我们的力量容易转移、隐蔽，日敌进攻我们时，不仅不能消灭我们，反遭我们伏击，给其以一定的杀伤。同时，我们在该地区还打退了国民党保安六团的进攻。因日寇和国民党顽军恃其优势兵力不断与我们争夺这个地区，我们要在这里作较大发展也不容易。因此，我们也不得不考虑进一步发展的方向问题。当时，我主张：为有利于坚持持久抗战，发展海南岛全面抗日斗争，我们应向琼西南地区（白沙、儋县、昌江、感恩、崖县等县）发展；特委常委中多数同志主张向琼东南（乐会、万宁、琼东、陵水等县）地区发展。特委内部为此发生辩论，结果五名常委中二人赞成我的意见，三人主张向琼东南发展，少数服从多数，最后决定向琼东南地区发展，我申明保留意见。

由于要向琼东南地区发展，便必须保住和开展安定地区工作（指安定县内洞山到母瑞山一带的地区）。否则，各方不能取得联系，也不能伸向琼东南。为此，决定以原在安定活动的前进大队为基础，再调配一些力量，成立第五支队，由陈石任支队长，林李明同志到该支队指导活动，打好安定工作的基础。五支队建立后，受到日敌进攻，遭受了一定损失，工作无法展开。结果，向琼东南发展只好作罢，转而向琼西南地区发展。为此，我们领导机关和主力便向白沙县一带活动，开展新区工作。同时，打垮和驱逐了原活动在该地区的国民党守备二团，缴获了一批武器，壮大了我们的力量，创立和扩大了新的革命根据地。

1943年，我们住在澄迈地区时，海南少数民族黎族曾派二名代表来我们驻地，要求我们派部队解救他们。此事原委是：由于国民党海南当局对日采取不抵抗主义，其党政机关和大部分武装力量都逃到少数民族地区。他们对老百姓进行残酷剥削、压迫，无端逮捕、屠杀黎苗族人民，激起了少数民族对国民党统治的强烈仇恨。1943年8月，黎族领袖王国兴发动和领导三县的黎苗族人民举行武装暴动，反对国民党的统治，杀了一批逃到该区的国民党县级党政机关人员，并向国民党军队发动了攻击。斗争坚持了几个月，被国民党当局镇压下去。当时我们对此还不知道，黎苗族人民不甘忍受国民党的抢掠、屠杀，派代表到澄迈地区寻找我们，要求我们派武装打击国民党军，解救他们。我接见了他们，听取了他们的汇报和要求。经过研究，由于我们对情况的掌握尚不够切实，还须做一定准备，一时不能派出大量武装。所以，我当向他们讲清了理由，并答应派一些干部和武工队随他们一起回去，进行宣传组织工作，准备力量，为今后派去武装部队创造条件。武工队去后，做了不少工作，为以后我们部队深入白沙县打击国民党顽军和开创五指山根据地奠定了基础。

为了向琼西南发展和配合白沙人民向国民党当局斗争，1945年7月，重新组织了挺进支队，由总部参谋长李振亚任支队长，符荣鼎任政委，深入白沙地区打击日寇和国民党顽军。白沙全县除日敌二个据点外，均被我们控制。我们的领导机关亦驻进白沙县城牙叉。

日寇投降前夜，海南人民的抗日斗争已打开向全岛全面发展的局面。除日敌据点统治较强的附近地区和一些国民党统治较强的地区外，到处都有我们的抗日活动，抗日根据地空前发展，各县（除保亭、乐东二县外）

均有我们的县级党组织和人民政权组织，琼崖临时民主政府也已诞生，政府主席由我负责。区、乡既有党的组织，也有政权组织。我们完全控制的地区，人口约一百多万，占海南人口的一半，部队已发展到五个支队，还有挺进支队、独立团，共约一万多人，总队部已改为纵队司令部。在统一战线方面，各级民主政府中都有开明地方绅士或党外人士参加。

由于我们失去了电台，日敌投降的消息，我们是从缴获的文件中得知的。日本投降后，党中央的方针、政策，我们也不知道。我们得到日寇投降的消息，当然雀跃异常，不胜欢乐。经特委研究后，命令各支队在自己活动的地区迅速迫使各小据点的日军投降，收缴其武器；同时集中较多力量，向日敌大据点实施包围，迫其投降。我们的行动被日军拒绝，如对其实行武力攻打，又感力量不够。因此只收缴了儋县县城日敌的武器和一些小据点的武器。

选自南方局党史资料征集小组编：《南方局党史资料·军事工作》，重庆出版社1990年版

我从延安返海南时中央领导同志和我谈话的要点

庄　田[①]

1940年春，我在延安抗大三分校当教育长。一天，中央组织部打电话通知我到组织部谈话。谈话的内容是：中央决定派我回海南参加领导琼崖的抗日斗争。组织部谈话后，陈云、刘少奇、李富春等同志又找我谈话。几位领导同志首先讲为什么要派我回海南的两点理由：一是我是海南人，懂海南话，熟悉海南情况；二是我到过莫斯科步兵学校学习，受过严格的军事训练，又有指挥打仗的经验。接着，各位领导同志还对海南的工作作了指示，概括起来，主要有三点：一是嘱咐我到海南后，要坚持抗日民族统一战线；二是要在海南建立起各级革命政权，开展减租减息，建立革命根据地，坚持长期抗日；三是要坚持依靠群众，放手发动群众，独立自主扩大军队，开展武装斗争。谈话结束时，几位中央领导同志还告诉我，中央还准备派电台机要人员和军械人员跟我一起回去。并说，现在正在物色对象，待决定后再告诉你。我觉得任务很重，一个人回去不如多几个人回去好，便建议要何英同志跟我一起回去。由于中央领导同志不同意多派人，结果何没回海南。我又建议和在延安开会的林李明同志一起回去。张文彬同志受中央委托告诉我，林李明同志已进马列主义学院学习，中央不同意他回去了，由我回海南传达中央的指示。但在我的反复要求下，中央才同意让林李明同志跟我一起回海南。

不久，中央组织部将派到海南工作的几位同志的名单告诉我。这些同志是：覃威（长征时当过营长）、刘成义（电台台长）、王昌义（军械师），

[①]庄田，1940年由中共中央派往海南参加琼崖的抗日斗争，任琼崖抗日独立总队副总队长、中共琼崖特委委员。

还有机要人员曾飞。

为了让海南用新的密码与中央联系，党中央叫总政治部机要部门派人帮助我熟记新的密电码，并交待我到海南后，就用这个新密码与党中央保持联系。我只用了三天时间就把密码背熟了。

周恩来同志当时没有找我们谈话，因为他要到重庆，而且与我们同行。到了重庆，周恩来同志先派人检查我熟记密码的情况，然后通知我和林李明同志到他住处谈话，他给我们作了如下七点指示：

一、琼崖是一个具有重要战略意义的地方，那里有长期坚持革命斗争的光荣传统，创造了许多可歌可泣的英雄事迹，但是，琼崖远离党中央，交通不便，外援困难，斗争十分艰苦，要取得斗争的胜利，还要作出艰苦的努力，付出很大的代价，你们要有这个思想准备。

二、冯白驹同志是海南人民的一面旗帜，中央的意见还是要他当特委书记，兼琼崖抗日游击队的政治委员，对琼崖的革命斗争实行一元化领导。你们回去要把中央这个意见转告给琼崖特委，你们当冯白驹的助手，支持他们工作，在琼崖特委的集体领导下，共同把革命工作做好。

三、必须根据毛泽东同志的指示，在民族统一战线旗帜下，发展进步力量，争取中间势力，孤立顽固派势力。对国民党顽固派所执行的反共政策和破坏团结抗战的行为，要进行坚决的斗争，做到有理、有利、有节。

四、要坚持统一战线中的独立自主的原则，尽可能迅速地并有步骤、有计划地将一切能控制的区域控制在我党手中，独立自主地扩大军队，建立政权，开展减租减息。

五、开办各种学校，培养干部，提高干部的马列主义水平和军事指挥能力。

六、要把八路军的政治工作传统带到琼崖革命军队中去，大力加强部队的政治思想工作，提高干部、战士的政治觉悟。

七、要逐步把五指山根据地建立起来，这是由于战争的长期性和残酷性决定的，没有根据地，琼崖革命斗争就难以长期坚持下去。

1940年9月初，我们胜利到达美合根据地，由林李明向特委传达了中央指示，我补充。传达以后，学习了一天，研究如何贯彻执行中央指示，接着改组特委和领导机关，由冯白驹任特委书记兼总队长和政委，林李明任副书记，我担任副总队长。并成立总队司令部，李振亚任参谋长。

选自南方局党史资料征集小组编：《南方局党史资料·军事工作》，重庆出版社1990年版

七、建设坚强的战斗堡垒

——中共中央南方局的党建工作

习近平总书记指出,"党的力量来自组织。党的全面领导、党的全部工作要靠党的坚强组织体系去实现","中国共产党之所以能够历经艰难困苦而不断发展壮大,很重要的一个原因就是我们党始终重视思想建党、理论强党,使全党始终保持统一的思想、坚定的意志、协调的行动、强大的战斗力"。全民族抗战时期,当时的重庆作为国民政府所在地,一方面是"前方吃紧,后方紧吃",纸醉金迷、物欲横流的生活方式侵蚀官场,社会环境犹如"大染缸";另一方面是国民党加强特务统治,白色恐怖、黑云压城,中共党组织和党员随时面临生与死的考验。叶剑英诗句"虎穴坚持神圣业",可说是对当年南方局所处险恶政治环境的真实写照。南方局要在此环境下站稳脚跟,领导党组织坚守党的政治本色,完成党中央赋予的使命,唯有不断加强党的建设,使党员成为隐蔽的、坚强得力的、与群众有联系的、善于影响和推动群众的干部,使党的工作在群众中扎根,才能有力应对时局的变化。因此,从一定意义上讲,做好党的建设工作对于南方局是生死攸关的工作。

为适应新的斗争形势,南方局坚决贯彻落实党中央关于巩固党的决定精神,停止一般性的党组织和党员发展工作,把整理紧缩严密和巩固党的组织工作作为中心任务。1939年5月,南方局发出《关于秘密工作的决定》,要求各地党组织从半公开的形式转到秘密形式,建立完全的秘密机关,并实行与此相适应的工作方法。6月29日,南方局又发出《关于组织问题的紧急通知》,指示各地党组织必须立即坚决转变组织形式和工作方法,下决心迅速调开已暴露的干部并作出党组织应从半公开转到基本上是地下党,遵守秘密工作规定和进行秘密工作教育,各级干部尽可能职业化等十条规定。这些措施,及时有效地避免了党组织在国民党顽固派不断掀起的反共高潮中遭受严重破坏。

为进一步转变党组织的组织形式和工作方式,党中央又陆续作出《关于秘密党员加入国民党问题的指示》《关于大后方党的干部教育的指示》《关于隐蔽和撤退国民党统治区党的力量的指示》等重要指示,特别是1940年5月毛泽东在《放手发展抗日力量,抵抗反共顽固派的进攻》的指示中，第一次完整地提出了现在的工作方针是"荫蔽精干，长期埋伏，积蓄力量，以待时机"（简称"十六字方针"）。这是中共中央对基本工作方针的一次最全面的表述，成为南方局的工作指南。

为贯彻"十六字方针"，周恩来组织南方局召开多次会议，检查总结巩固整顿党组织工作取得的成绩和存在的问题，研究部署所属各地党组织的工作，要求各级党组织从组织领导形式到工作方式方法实行完全的转变，各地方党组织与公开机关脱离关系，真正走向地下，创造性地提出了"三勤""三化"（勤学勤业勤交友、职业化社会化合法化）作为贯彻"十六字方针"的具体举措。

为把西南的党建设成为更加坚强更能战斗的党，周恩来发表了《建设坚强的战斗的西南党组织》《加强西南党组织的建设》等重要讲话，强调要在思想上组织上巩固党、使西南党成为真正的彻底的地下党，成为群众的党，同时还在《新华日报》开辟的《团结》《青年生活》等专栏里，经常针对"三勤""三化"中存在的实际问题进行宣传教育。

执行"三勤""三化"政策过程中，南方局在城市和农村建立"据点"，是一个成功的创造。"据点"以友谊和共同的政治见解为基础，由同一单位或地区相互信任的三五人组成。它既非党的组织，也不是定形的群众组织；既没有名称，没有固定组织形式，也没有成文章程、纲领和定期会议制度，但又遵守秘密工作原则。采取这种表面上无形，而实际上有组织联系的活动，既便于党组织同进步青年保持经常联系，又使国民党特务看不见，抓不着，难以破坏。这在白色恐怖严重的革命低潮时期，起着巧妙掩护党的组织活动和隐蔽聚集力量的重要作用，成了党组织联系群众的无形桥梁。根据"三勤""三化"政策隐蔽下来的广大党员，深入到各个方面默默无闻地做了大量的工作，做出了显著的成绩。

在转变组织形式和工作方式的同时，南方局还高度重视思想建设。南方局经常把各省省委、特委的领导人召集到重庆红岩村进行集中培训，组织他们学习党的路线方针政策、马列和毛泽东著作，学习党的历史，研究党的历史经验。特别是在开展整风运动中，周恩来、董必武等南方局领导人以身作则，率先垂范，带头参加学习，带头联系自己的思想实际，开展批评与自我批评，其中周恩来还在45岁生日当天写下《我的修养要则》。同时，他还严格要求每一位党员，严格组织生活，确保思想正确、组织纯洁、作风端正，使南方局所辖各级党组织的整顿取得了显著的成效。

在国民党统治区特殊而严酷的政治环境中，尽管国民党顽固派大肆实行政治上迫害、组织上摧残、经济上扼制，但是以周恩来为首的南方局通过加强党的建设，形成了强有力的领导集体，具备高度的战斗力、组织力、号召力和凝聚力，国民党统治区各级党组织越挫越奋，越战越强，成为傲然屹立团结引领广大群众坚持抗战到底的坚强战斗堡垒。

(一)历史文献

中共中央书记处关于党员被逼加入国民党问题的决定
（节录）

（一九三九年五月四日）

（一）国民党最近在其统治的地区内强迫各机关公务人员，各学校教育职员学生及军队中各级军官加入国民党与三青团。

（二）为了民族统一战线与党的利益，在国民党的统治地区，中央决定如下办法：

甲、凡本党秘密党员被逼加入的，除特别情形者外，一律加入并报告上级党部批准；如上级党部不批准某党员加入时，则某党员即不应加入。

乙、凡某一党员之加入不利于当地组织之存在与工作者，则不应加入，如不能立足者则应调动其工作。

丙、已加入的党员，凡担任普通职务者，一律编入支部，以短小精干，三人至五人为原则，绝对遵守秘密条件，直接受县委一级常委领导。凡有五人以上加入的地方，则应编成一个以上的支部，其间不发生横的联系。

丁、加入的党员凡负有重要职务者，不编入秘密支部，只同省委一级常委以上发生关系。

戊、凡因 定任务派到国民党二青团中去的党员，必须经地委以上常委的审查与批准，必须政治坚定，同时又不致引起对方怀疑者。

己、凡加入国民党的党员应经常受到上级党部的领导帮助、教育与监督，使之能够坚决执行党的决定与指示，但这些决定与指示，必须在当时具体情况下是可能实现的。

庚、凡加入国民党的党员，一般的应采取埋头苦干，积蓄力量，推动其进步的方针。应善于应用国民党进步分子与顽固分子间的矛盾，拥护进步分子，加强他们在政治上与组织上的力量，推动他们起来为恢复真正三民主义而斗争。

……

（三）在国民党无力统治的地区，则共产党员是否加入国民党以及如何加入，均依当地情况具体决定。

……

中央书记处

选自南方局党史资料征集小组编：《南方局党史资料·党的建设》，重庆出版社1990年版

南方局关于秘密工作的决定[①]

（一九三九年五月十八日）

（甲）关于领导机关之文件处理：

（一）一切干部名单、组织统计、会议记录、失去时间性的地方报告、账单立克［刻］烧毁。

（二）一切必须保存之秘密文件，必须以秘密方式保存，一切人名、地名、校名、厂名等必须改变，党员名册必须密码译好分开保存。

（三）省委及一切会议禁止记录，只记决定要点，而且限于应下达者。

（四）对上级报告绝对不许写人名、地名（人名地名应另约定密码），数目字必须加伪装（方法个别通知）。

（五）严禁日记本、记事簿制度，过去一切日记本立即焚毁。

（六）上级所发党内秘密文件，在阅毕后立即焚烧，焚毁时须有该委员会二人在场之证明，不得将秘密文件给指定阅读者以外的人阅读。

（七）转移关系不应要同志亲带介绍信至办事处等公开机关接洽，应由电报（有电台处）及密信（用普通家属关系伪装）通知，万不得已时须亲带介绍信者，信的内容必须完全公开口吻。

（八）各领导机关及负责人对上对下均应规定代名，不得用真姓名及党内通用的名字。

（乙）关于领导同志及党员所必须遵守事项：

（九）不得经邮局写任何有关党的事情的信件。

（十）不得在报纸刊物上暴露群众团体、部队、机关……中我党的活

[①] 此稿原有两种，内容基本相同，但有多处在措辞上稍有差异。此件系其中一份的全文。

动及作用，任何党的内部情形，不得在任何报纸（党报、非党报上同一样）发表。

（十一）不得在公共场所及非党员前谈论任何有关党的事，不得携带党的文件出入公共场所。

（十二）在环境恶劣的地方，公开党报及书籍均不应存留阅读；党报及党的书籍，应注意环境，必要时，阅毕应即毁销。

（十三）一切同志均应有党内的名字，在党内任何地方均不得用真姓名。

（十四）非经党的组织之决定，任何同志不得以党的面目活动，不得暴露自己为党员。

（十五）一切担任秘密工作的同志，不得出入公共机关（办事处、党报、已公开同志的家），除专门指定的交通外。

（十六）一切担任秘密工作之同志，必须准备妥当口供、姓名、职业、住地及有地位之保证人，不得随意供称八路军新四军办事处或新华日报工作，只要有可能，必须否认为党员。

（十七）非工作上之必要不得发生横的关系。

（十八）各办事处、通讯处工作同志及公开作统战工作同志与在各机关工作党员来往，只限于必要和许可条件下，不得随便来往致妨碍各人活动。

此决定只限于用电报通知。各省委、各通讯处，你们下达时只能用口述，不得用以书面传达。

选自《中共中央南方局历史文献选编》上，重庆出版社2017年版

南方局关于组织问题的紧急通知

（一九三九年六月二十九日）[①]

鉴于日寇对我抗战营垒的分化政策，汪精卫卖国贼及其仍然混在抗战队伍中的信徒的反共阴谋，以及防止我们活动的通令及其放任顽固分子对我们的放肆进攻等等，使得我们各地组织遭受摧残破坏者有之，我们的抗战活动受着无理的禁止压迫者有之，我们的党员群众遇到各种排斥、追逐、非法逮捕、拘禁与暗杀者有之，这种不幸事件和倒行逆施的政策，在下层更加成为严重现象，有许多地方且愈演愈烈。为了巩固我们的组织，保证我们的经常活动，避免日寇汉奸及顽固分子的反共阴谋的打击，以利抗战建国伟大事业的顺利进行起见，南方局认为必须立即坚决改变我们的组织形式和工作方法，因此决定：

（一）现在各地方党的组织应从半公开的形式，转到基本上是地下党（秘密）的形式及与此相适应的工作方法。

（二）各地公开做统一战线工作的同志在可能条件下仍须继续其原来的活动，但应时时提防阴谋家的暗害，他们应与秘密的组织分开，原则上不参加秘密组织的日常工作和会议，只与相当领导机关的负责同志发生个别联系。

（三）各地方的组织，尤其在恶劣环境下工作的组织，不许举行全体党员大会，各级委员会的扩大会议，同级组织的联席会议等，而实施较集中的领导方法。缩小机关的工作人员，将多余的工作人员调去下层工作。各级委员会原来人数太多的，不宜经常集中一地，可轮流出去帮助和加强

[①] 年代是编者根据内容判定的。

对下层的领导。

（四）已经暴露和被人追逐的干部和党员，必须迅速从原来工作的地方调开，纵使工作一时会受到损失，亦当痛下决心。

（五）建立完全秘密的接头、会议、交通、通讯等机关，严禁无直接工作关系的同志进出这些机关，训练秘密的交通，加强对他们的工作的领导，提高其责任心，应视这一工作是极负责的党的工作。

（六）在最近时期中组织工作的重心，应放在巩固和改造党的组织上面，凡在党员数量上相当巨大的地方，应以考查、整理、巩固组织及以新的工作方法的精神教育党员为其主要工作，宁可少发展党员。

（七）一切组织和每个党员应绝对遵守最近南方局所发的秘密工作通知，并责成各级组织部经常监督与考查秘密工作的情况，凡违反与破坏秘密工作条例的组织与党员，必须受到处罚，直至把整个组织解散（重新改组）和开除党员出党。

（八）加强秘密工作的教育，在党校、训练班及对新党员训练中应增加秘密工作一课，在秘密领导机关中的干部的审查与干部的提拔，也须注意到他们对遵守秘密原则的习惯和艺术，以定取舍。

（九）各级干部尽可能职业化，至少应在社会上获得一合法地位，以掩护自己的工作。

（十）同志被捕后不许轻易承认自己是党员，应以抗战分子和一般公民的资格来替自己辩护，利用家属和社会关系来营救，不要指望由组织上去担保释放。在万不得已须承认自己为党员时，亦只能承认自己一人，绝对不能泄露任何党的秘密和党的组织情况，绝对不能供出其他同志，有一于此，即为叛徒行为，应受最严格处分——开除党籍。

南方局　六月廿九日

选自南方局党史资料征集小组编：《南方局党史资料·党的建设》，重庆出版社1990年版

中共中央政治局关于巩固党的决定①

（一九三九年八月二十五日）

中国共产党自抗战以来，特别自一九三八年三月十五日中央关于大量发展党的正确决定以来，已经获得了很大的发展，吸收了大批的优秀分子入党，建立了全国的群众性的布尔什维克的党的基础。但正因为在短时期内党得着了猛烈的发展，所以党的组织很不巩固，在征收新党员的工作中是有严重的错误与缺点存在的。某些地方党部为追求新党员的数目字，便进行所谓发展党的突击运动，集体加入与不经过个别的详细审查的征收党员。因此许多普通抗日分子或党的暂时同路人，也加入了党。异己分子、投机分子，以及奸细，也乘机混入了党。使党的组织之无产阶级先锋队的作用和党的组织之巩固程度大大受到损害。使党的组织与群众抗日团体之区别，在某些地方模糊起来。使民族敌人与阶级敌人，有了一些机会来进行破坏我党的阴谋。这些办法都是错误的。这些现象都是党的严重弱点。同时，在目前政治形势下，对日投降与国内分裂的危险是存在与发展着，严重的困难的任务是放在党的面前。因此在思想上、政治上、组织上巩固党，成为我们今天极端严重的任务，成为完成党的政治任务的决定因素。为此，中央政治局特有以下的决定：

（一）估计到党的组织的现状与目前环境，党的发展一般的应当停止，而以整理、紧缩、严密和巩固党的组织工作为今后一定时期的中心任务。只有在某些个别地方与某些个别部门根据环境与上级指示有必要时才许可进行一些发展工作，但仍须注意发展党的已有经验，进行个别的慎重的经

---

①这个决定是王稼祥起草的，原载1939年10月20日出版的《共产党人》创刊号。

过审查的征收新党员，纠正追求数目字与采用突击方式的错误，只求精不求多。尤其在我后方地区更应注意，一切已有相当数量党员的地方一律停止发展，进行巩固工作。

（二）为着巩固党，必须详细审查党员成份，清刷混入党内的异己分子（地主、富农、商人），投机分子，以及敌探奸细。但是这种审查，不应当成为普遍的清党运动，而应当是个别的详细的慎重的审查与洗刷。这种审查工作，必须自上而下地进行。应由各局各区党委各省委首先审查各级干部，保证党的各级党的领导机关掌握在经过考验与忠实可靠的干部手中。对于那些实际上是同情者，但已经加入党的分子，则劝告他们停止党的组织关系，变成党外同情者。再则党的一切工作，必须深入下层党员群众。支部工作必须加强，支部在群众中的工作必须发展。各级党的组织机构必须加以整理，以求得在巩固党的工作中收到最大的效果。

（三）巩固党的中心一环，就是加强党内马克思列宁主义的教育，阶级教育与党的教育，使党员认识马列主义与三民主义、民族统一战线与阶级斗争、民族立场与阶级立场的正确关系。纠正各种"左"倾或右倾的不正确观点。各级党部必须根据具体环境与党员政治文化程度，采取各种方式来进行有系统有计划的教育工作。

（四）为着巩固党，必须加强对党的各级干部的教育工作。中央特别指出：团结新老干部，提拔和教育新干部，建立新老干部间和协［谐］的相互学习相互尊重的关系，对于巩固党有一等重要的意义。老干部必须以身作则去教育新干部，去领导与巩固新干部。新干部必须虚心地向老干部学习，重视实际经验，接近工农群众，锻炼自己的组织性与纪律性。任何新老干部间的相互对立、轻视或歧视，都是有害的，应该加以纠正。对于使干部实行马列主义的理论学习，必须有专门的计划和经常的进行，以切实提高干部的政治水准与工作能力。

（五）为着巩固党，必须加强党的保卫工作和反对奸细的斗争，党内的锄奸教育与党的警惕性必须大大提高，使保卫党的任务与反奸细的斗争成为全党的工作。同时各级党部必须指定专门人员负责保卫工作，并在可能的条件下成立专门部门训练保卫工作的干部。在审查党员特别是审查干部的经常工作中，去发现和洗刷混入党内的敌探、奸细、托派分子、叛徒和堕落分子。对于反奸细斗争的麻木不仁的忽视态度和宽大为怀的姑息观念，以及可能发生的张皇失措现象，都是极端有害的，应该迅速地加以纠正。

（六）为着巩固党，必须加紧党的秘密工作，使秘密工作与公开工作有正确的联系。一方面党的公开机关与秘密组织，必须严格地划分和清楚的分离，公开党员和秘密党员必须明白的分工，而不应由公开党员兼任党的秘密工作；他方面秘密党员必须有很好的群众联系与合法地位，党的秘密工作的纪律与各种规则必须严格地遵守，任何自由行动与疏忽懈怠都是有害的，应该与之进行坚决的斗争。

（七）为着巩固党，必须提高党的纪律和加强党的团结。必须在党内开展正确的思想斗争，保证党内思想上的一致，提高党的铁的纪律，保证党的行动上一致。只有尽一切的努力来巩固党的组织，严密党的队伍，把党团结得像一个人一样，才能使党有所准备来克服目前的困难，反对国内投降分裂的危险，团结全中国人民，引导抗战到最后的彻底的胜利。

选自中共中央文献研究室、中央档案馆编：《建党以来重要文献选编（一九二一——一九四九）》第十六册，中央文献出版社2011年版

国民党的防共办法与我们的对策（节录）

（一九三九年）①

在抗战中，由于我国内部阶级矛盾之依然存在，就反映到资产阶级与无产阶级对抗战的认识、目标、方法、限度等的不同，形成在抗战中对立的两条路线。

资产阶级从它的阶段立场出发虽然不得不抗战，但它的目标，不是为真正求得全民族的彻底解放，而仅止于保持旧有的统治地位，它抗战的程度，也只限于恢复卢沟桥事变以前的状态度而不是收复一切失地。因此，它害怕广大的人民起来，害怕无产阶级力量的增长，害怕共产党的发展与壮大。因此，它不敢真正动员民众，组织民众，主要的依靠"自力更生"来驱逐日寇出中国，而幻想以外力来压迫日本帝国主义"知难而退"。

中国无产阶级是要在抗战中求得全民族的彻底解放，争取资产阶级民主革命的彻底完成，因此须要团结全民族的力量，发动广大的人民起来，主要的依靠"自力更生"再争取外援，一直打到鸭绿江边，收复一切失地。

这两条路线的斗争，便集中的表现为国共两党的磨擦。

国民党在抗战中为要利用无产阶级及广大劳苦群众的力量，不得不联共抗日；但又怕民众，害怕无产阶级力量的增长，因此又不得不采取防止限止［制］的办法，这便是国民党防共的来源。它防共的总方针是：在联共抗日的原则之〈下〉，实行防共、限共，以至溶共的政策。但为了抗战与统一，联共是主要的，其他是从属的。在此总方针下，更采取下列一般的防共政策：

---

① 原文无年代，此年代是档案整理者判定的。

1.加强与健全本身力量,所谓"以组织对组织"。

2.加紧思想进攻,以三民主义溶化共产主义。所谓"以宣传对宣传"(今后将更利用"精神总动员"为工具)。

3.限止共产党(以整理民众团体办法及战事图书杂志更移审查办法为主要工具)。

4.孤立共产党。打击与争取中立者。

5.破坏共产党(利用特务暗杀、绑劫、造谣、公开的秘密的)。

6.不承认边区,包围边区破坏边区,以达到取消边区的目的。

7.限制八路军新四军的活动地区、饷械给养、人员补充,以达到取消八路军新四军的目的。

8.不承认国共合作及共产党的合法地位,坚持一党专政。

针对着国民党的防共办法,我们的对策的一般原则是:

1.坚持抗战,坚持持久战,反对和平妥协。

2.用一切力量巩固和扩大抗日民族统一战线。

3.进行思想上的反攻,争取舆论。

4.坚持我党政治上、组织上的独立,巩固和扩大党。

5.巩固和扩大八路军、新四军。

6.巩固边区,巩固和扩大并建立新的敌后抗日根据地。

7.争取群众,争取友军。

8.爱护与争取同盟者及同情者。

9.争取民权主义、民主主义的实现,反对一民主义[①]。

但国民党的防共政策,根据地区环境的不同,其实施的情形也不一样;因此我们应就国民党在各种不同地区的防共办法,更具体的规定我们的对策,以下分述之。

……

选自《中共中央南方局历史文献选编》上,重庆出版社2017年版

---

① 原文如此。

中共中央书记处关于秘密党员加入国民党问题的指示

（一九四〇年五月五日）

各局、各省委：

国民党通令军政教育机关公务员一律入党，否则不许任职，中央对此问题有下列决定：

（甲）我们非在理论上政治上进行反对强迫入党的宣传，但凡服务于国民党军政教育机关之秘密共产党员遇强迫全体公务员入党时，应即加入国民党，必要时可不必事先征求党组织的同意，以免露出破绽，但事后必须呈报党组织追认。

（乙）已经相当暴露之党员如被国民党勒令其入党以便事后迫其自首反共，则应拒绝加入，宁可牺牲职业，而逃亡别处工作。

（丙）凡被迫或由我决定加入国民党或三青团之党员，必须经常给以深刻的阶级教育，使之明了马列主义与三民主义之异同，同时给以工作方法之教育，使之能长期埋伏，谨慎策略地进行与群众联系之工作。国民党原定四月一日前完成公务员入党手续，各地对此问题有何经验教训，望电告。

中央书记处

选自南方局党史资料征集小组编：《南方局党史资料·党的建设》，重庆出版社1990年版

中共中央书记处对上海党秘密工作的指示

（一九四〇年十月一日）

沪委：

一、在目前国际国内条件下，上海环境必日趋恶劣，日本势必占领租界。省委必须认识现在上海党的组织，还不是真正日本统治区的地下党，主要的是依靠租界为掩护的。

二、目前这种依靠租界的心理，必须彻底打破，一切工作布置，要以日本占领租界的环境为前提。党在思想上、政治上、组织上，要准备在敌人更残酷的统治下，更大的进攻下，使党还能继续存在下去。

三、为此必须坚持中央对敌占区工作的隐蔽政策与精干政策，把党的组织更加严密巩固、更加隐蔽埋伏起来，不为一时小利所诱惑，暴露自己力量，把长期埋伏（准备埋伏五年以上），蓄积力量，以待时机的方针贯彻到底。

四、最近的罢工，是否为日寇汉奸所主动的？党在罢工中所采的立场和方针是什么？请速电告。

目前在上海工人运动中，要严防汉奸利用工人的各种阴谋，即：

甲、利用工人对资本家工部局的不满作为日本反对英法帝国主义的工具。

乙、利用工人的罢工，制造夺取租界的口实。

丙、利用群众的斗争，使我党组织暴露，作为将来压迫的准备。因此，我们必须坚持自己的立场：不为狭隘的行会利益破坏了整个民族阶级的利益。不图小的便宜，暴露了党的组织。不为汉奸利用，不作日本工具。

五、以上的方针，在刘同志来延时，中央已有详细指示，为了引起你们加紧一切准备工作，应付将来严重的进攻，特再一次提起你们注意。最近刘晓同志关于上海罢工与对学协纲领的意见，我们完全同意。

中央书记处

选自《中共中央南方局历史文献选编》上，重庆出版社2017年版

中共中央宣传部关于大后方党的干部教育的指示

（一九四〇年十月二十五日）

大后方党组织之着重提出干部教育，是在六中全会以后，特别是在一九三九年延安大规模进行在职干部教育以后。然而直到现在没有普遍的进行，除开个别地区外，还少经常的、系统的进行。其所以如此，大致有四个原因：一、秘密党的环境，不容易进行；二、部分干部对于学习在提高党的质量上的重要性的认识不够，另一方面一部分干部文化水平有困难；三、若干地方书籍和材料缺乏；四、许多地方党组织的领导机关，还没有能充分注意研究和解决这些原因所提出来的许多实际问题。

中央书记处今年一月三日《关于干部学习的指示》及三月二十日《关于在职干部教育的指示》所提到的干部教育方针和学习原则，以及今年八月《中宣部关于加强干部策略教育的指示》，对于大后方党的教育仍是适用的，仍需继续执行。

但为要使大后方党的干部教育，能够有组织、有计划的普及，除开干部的主观认识与积极性外，中心的问题就是：如何克服秘密环境所给予干部教育的困难，并用何种方式与方法去进行教育，才与秘密的环境适合的问题。事实也是这样：有些地方因为环境困难，而停止了干部教育或很少进行这种教育；另外一些地方则常常采用同秘密工作条件不适合或不甚适合的方法去进行教育。

为着适当的解决这个问题，特提出如下的意见：

一、在秘密党的环境中，为着便利于采用不同的教育方式，干部的教育可以在性质上分为三类。即：甲、党的建设和党的策略的（包括实际工作的）教育；乙、一般政治的和理论的教育；丙、文化教育（包括文字及自然社会的常识）。

二、关于党的建设、党的策略及党的工作等，党内秘密性的教育，只能经过党的秘密组织的系统来进行。但秘密训练班的方式及一切超过工作上必要关系的方式，一般的不宜采用，因为这种方式有害于党组织上的隐蔽政策。大致上适宜的方式可有下列几种：

甲、有相当文化水平的干部，必需［须］以个人阅读与研究为主要方式，每天或每周划出一定时间放在学习上；并由他去帮助与自己有直接工作关系的其他文化水平较低的干部学习。

乙、由上级负责干部分别的（按自己管理的系统）教育下级某一负责干部（不是训练班的方式，而是教育其主要负责人，或文化水平较高的某负责人），然后经过他去教育其他的同级负责干部。在上、下级干部因工作关系接头时，上级负责干部同样可利用机会给下级干部进行一定问题的教育。

丙、区委委员中应当吸收可靠的优秀的当地知识分子党员参加，以便进行区委自我教育；如确实找不到适当的知识分子参加，那么，只好由上级负责干部一次一次的教育区委书记，然后经过他去传授给其他委员。

丁、在不妨碍秘密工作规律的条件下（如不带材料，不作笔记以及采用社会化的方式等）使党的小组会起学习小组的作用，或于每月间划出一定次数的党的小组会，作为学习讨论会，或于每次小组讨论会议抽出一定时间交换学习意见。

三、关于一般政治的或理论的教育，应该尽量利用公开的、合法的（多半是非成文的）、现成的条件（如公开的图书馆，公开合法的书籍及报纸杂志等）与方式（如不定型的学术座谈会与演讲会等，注意定型的方式在今天环境中不易保存）。但这些条件与方式的利用，不可超过可能的限度，最要是比可能利用的限度还利用得更少些，以便利用得更久些，同时要利用许多可能使这些条件和方式成为更合法，或几乎完全合法的。例如：不仅利用公开的进步的书籍刊物，而且还可利用国民党的书籍刊物；

又如座谈会或讲演会中不仅有进步的内容，而且有国民党的内容；不仅有进步的分子参加，而且有国民党员参加等等。应当着重指出，研究国民党所允许出版的东西，以认识大后方的各种具体情况，以认识国民党的一切措施，对于在大后方工作的同志，更其是必要的。过去在这方面的忽视必须纠正。

在这方面经过党内秘密组织系统的方式，一般的只当作辅助的方式，只有在真正没有可能利用上述条件和方式的情况下，才采用经过党内秘密组织系统的方式。

四、关于认字教育及自然常识、社会常识的教育，主要地应用公开合法的方式，如识字班、农校、补习班、民众图书馆等等，动员和责成党内文化水平低的干部积极参加进去学习。在没有这类教育组织的地方，应该经过统一战线的活动把它建立起来。

五、各省委宣传部，应当根据中央历次指示的方针、上述的方式及各地方的具体情况（主观的和客观的）给他们指出一个大体的教育计划；所谓大体的计划，就是让他们在坚持执行上级计划时有机动的余地。

六、关于教育材料的处理，可采用如下的方式：

甲、关于秘密进行的课程，须制订研究大纲，对参考材料则宜选精采用（或利用现成的读本，或编成简要的本子）。在极端困难的条件下，甚至只有比较详细的研究提纲，不用参考材料。

乙、关于能利用公开合法方式进行的课程，则一般只发给研究提纲，并指定必要的参考材料就可以了。

七、秘密党的干部教育，由于客观的困难条件，特别表现出长期性、曲折性和复杂性。因此，无论干部本身和领导机关都需要有更多的灵活性、忍耐性和坚持精神，不如此则不会有成绩。希望大后方的全体干部及领导机关深刻的［地］注意到这一点，尤其各级宣传部必须认真的［地］建立这方面的工作。

八、此指示所指出的教育方式，加以必要修改和补充，亦可适用于一般党员的教育。

九、一切大后方的干部教育材料,以不妨碍党的隐蔽政策和不妨碍党的工作为原则。

选自中央档案馆编:《中共中央文件选集》第十二册(一九三九——一九四〇),中共中央党校出版社1991年版

中共中央书记处
关于大后方党员加入某党（国民党）问题的指示

（一九四一年一月八日）

在大后方，某党强化"防共反共"政策及活动以来，利用其行政力量，有计划的征调各种公务人员，乡镇保甲长及小学教师等，在特务人员主持的各种训练班受训，填表方式，强迫表现"反共"态度，并强迫他们加入某党或其小组织。在许多工厂、学校及农村中也开始强迫受训及征收党员。某党此种政策，一方面在扩展自己力量，以加强其统治，另一方面则在于经过各种特务方法以暴露与打击共产党员，并达到其消弱孤立与消灭我们组织的目的。

大后方凡有一定社会职业及合法地位的我党党员，在某党上述政策下，便不能不遇到被迫受训填表及加入某党以至小组织的问题。这个问题是否能够适当解决，不仅关系我们党员的社会职业及合法地位，而且也直接影响到党的组织的巩固与生存。因此这个问题成为目前大后方党急需解决的一个严重问题。

我们估计到大后方的党是处于某党统治之下的秘密党，故党员获得一定的社会职业及合法地位，成为党的生存与发展的必要条件，如拒绝某党的受训填表及入党而想保证党员的社会职业和合法地位是不可能的。过去经验已经证明：大后方党对此问题如采取消极的被动的及回避的态度，则不但不能解决问题，而且使党员社会职业与合法地位及党的组织不断的［地］遭受削弱与损失。如果采取积极主动的态度，则其效果与此相反，现在中央对此问题的指示如下：

一、为了不致暴露政治面目，保持大后方党员的社会职业与合法地位，以便党进行长期埋伏隐蔽的革命工作，我党党员不应独特的拒绝与拖延某党所强迫执行的受训，填表及入党，而应和一般社会人士一样的[地]去受训填表，以至按具体情形，个别的或具体的，被动的或主动的加入某党去。各地党应预先把这个方针告诉所有党员（首先是最有可能被迫受训的党员），以便他们及时的[地]、适当的[地]、主动的[地]处理这个问题。

二、大体上加入某党的党员可分为两个部分：一是某党可能信任并分配他们以一定负责工作的党员。另一部份则是某党内普通的"挂名"党员，后者则是大多数，前者一般的说来是少数。

三、在某党负责一定工作的我党党员，他们应该采取长期埋伏与隐蔽的方针。为此目的，必须使他们完全与同类同级的一般某党干部看齐，与他们采取同样的生活态度工作作风，及表面上对我党的态度，以便巩固与提高自己的地位，并在此种条件下，在某党内部外部进行可能与必要的各种活动，利用各种间接的、侧面的、曲折的方式，以达到掩护党的某些工作之目的。

被置于普通"挂名"党员地位的我党党员，他们的生活态度，工作作风，及表面上对我党态度，应与某党内一般挂名党员看齐，以便有利于自己所担负的工作。但在各种可能范围内，还应主动的[地]以某党党员面目出现，去进行取得或巩固自己社会职业及合法地位的活动，并且为了加强与各阶层群众的联系，应利用各种有利条件，进行各种与某党法令不违背的各种公开合法的社会活动。

四、加入某党的我党党员，应该用各种方法了解其内部的情况，以便找到各种关系及办法在其内部进行工作。他们应该依照他们各人在其中所占的不同地位去进行工作，例如或者扩大顽固派内部的矛盾以瓦解其内部，或者利用各种事情使顽固派陷于孤立，或者拉拢中间分子反对最坏的某一顽固分子，或者组织进步分子，或者自己组织小团体，同另外一小团体对抗等等，不论任何方法，凡可以使某党顽固派瓦解孤立，中间派抬头，进步派生长者，均应灵活使用之。

五、加入某党的共产党，应以某党党员的资格，尽量设法取得他们领导下各种民众团体（如工会、农会、教育会、妇女会、青年团体、文化团体等）、各种战时组织与战时动员（寒衣运动、军民合作站、节约运动、伤兵招待所等等）内活动的机会与地位，进行适如其身份的公开合法的活动。这种活动的方式，应是普通一般的，不是特别突出的，应从长期工作打算，不要求痛快于一时。

六、加入某党的我党党员，在某党强迫他们进行特务工作时，一般的不应采取公开拒绝的态度，因为如此即可能引起某党怀疑以至［致］破坏自己的地位，而应采取某党内历来盛行的"阳奉阴违"的两面派政策，"等因奉此"的官僚主义态度，打假报告，敷衍塞责，造伪情报等办法以应付之。原则上以不引起某党怀疑，又不损害革命力量为最有利。

七、当顽固分子注意并采取各种方法试探加入某党的我党党员的政治面目时，他们可以用各种不同情共产主义的假面目以迷惑顽固分子，减少其注意力，而巩固自己的地位。甚至为了取得某党上级的信任，我党党员亦可以顽固分子的面目出现，对阶级敌人的欺骗应付，正是对于革命的忠实的表现。

八、加入某党的我党党员，一般的避免加入小组织，但当顽固分子自动要求我们同志加入，或用威胁利诱办法强迫加入时，党应给以这些党员以临时加入小组织的权利，但在他们加入小组织前后，必须立即向党报告，由党考虑与决定他们加入以后的办法。党应视其本人条件及对党有利程度，或留小组织内工作或调动工作地区以脱离小组织关系。但在小组织内工作的方式，应一律采取特务工作的方式。

九、凡加入某党的我党党员，均须事先或事后向党报告，党在事先事后均应加强对于他们的党的教育，以坚定他们的党的立场，同时应放胆的［地］让他们去学会在其内部进行各种活动的方法。不要事事干涉，或提出过高的要求，使他们不能长久立足。只有能在各种复杂困难腐败的环境中，始终不失党的立场，始终能为党的利益积极奋斗者，才是真正坚强的党员。以害怕与回避这种环境来保持"党的纯洁"或"党的立场"者，都同暖室之花一样，是经不起风吹雨打的。

十、在某党内担负一定负责工作的我党党员，只同上级党部指定的个别同志发生个别联系，均不参加党内工作，及党的组织，此种关系在党内一般同志中，应保持绝对秘密。至于一般的"挂名"党员，除一切必要的应付外，仍可担负党内的一定工作，但亦不编入普通支部为有利。

十一、对过去因受训填表加入某党而害怕受到党的责备与处罚，害怕同党见面的同志，应以此指示向之解释，并鼓励他们积极起来继续为党工作，但对真心转向某党的分子，则应该警惕与戒备。

十二、必须学会利用某党的形式来进行党的革命工作的方法，使某党消弱、孤立、消灭我党的强化政策（强迫受训、填表，及强迫入党等）变为我党进行公开活动的工具。某些损失（如某些不坚定分子的动摇与转向）将是不可避免的，但所得到的将是我党在大后方的巩固与发展。

十三、对某党的青年团体及学生集中军训亦适用上述指示。

中央书记处

选自《中共中央南方局历史文献选编》上，重庆出版社2017年版

南方局会议记录节录（钱瑛同志谈党的组织工作）

（一九四一年五月二十一日）

周、董、孔、邓、石、钱、梓木、徐冰、晓梅等参加

……

二、打破形式主义，改变组织形式

1. 建立支部

（1）特务监视更严厉的地方不建立支部，这些就是国防部门、军事学校、军政干部训练班、中央直属的行政机关、特殊的经济部门（如盐务管理局）、邮电的高等职员及各行政机关的主管着高级的公务员，只能采取个别联系。……

（2）支部人数只能三～五人，群众多的地方五个人，机关人数少的三个人，不要支〈部〉干部只要一个书记，至多一个候补支书，不开支部会。

（3）人数多的地方建立平行支部，这一方面是分少人数；另一方面可将红与不红的分开组织，在一个机关内可采取组织支部与个别联系。

……

3. 领导方式

（1）缩小领导机关，不〈同〉①形式的［地］建立各种委员会和各部。如没有适当的干部时，区县也不一定要凑成三个或五个的委员会。

（2）取消巡视制度，经过交通指示，一般的不采取会议形式，只接头并减少时间。

---

① 此处从行文和上下文的意思，似为漏字"同"。——编者

（3）在领导机关所在地，不做公开活动，如贴标语，散传单等。但范围要缩小。

……

三、社会化和职业化问题

1.过去不能职业化的原因

（1）受了长期内战和比较长期的救亡生活的习惯而脱离了社会关系，忘掉了社会的风俗习惯。

（2）过去只想当革命职业家的意识传统，不仅不找职业，而且鄙视职业，领导同志不注意党员的职业。

（3）长期的〔地〕依靠党生活，不需要自己找职业。

（4）不善于保护自己职业和保护干部职业。利用坏了。

（5）虽愿意找职业有职业，但因为红了，找到了职业很多人认识，更暴露而不敢去找。

……

找职业主要依靠家庭与自己的社会关系去找职业，而不依赖于党。

3.怎样保护有职业的干部

（1）使每个党员了解其职业部门的情况，建立很好的人事关系。

（2）不要标奇立异，以免特殊化；但也不要同流合污，只合而不流，做个好人。

（3）同职业部门不要集中许多党员，特别是干部。

（4）领导职业部门的人要适合他的身份，领导人不时常调换，接头的时间不定。

（5）上层的个别联系，一般的建立支部。

4.不随便利用职业部门做通讯、会议机关。

选自《中共中央南方局历史文献选编》上，重庆出版社2017年版

南方局会议记录节录（孔原同志谈组织工作）

（一九四一年五月二十二日）

1.支部一般的讲在任何地方应建立支部，不能说支部就是公式主义。公式主义而是不依具体情况去机械的［地］要组织支部。但在目前，支部仍旧是党的组织基础，只是在特殊的地方才不组织支部。

2.领导方式的公式主义表现在：

（1）领导机关一定要凑满数目。

（2）分工部门呆板。

（3）上下联系跑街主义。

（4）集体领导。

（5）工作方式满意于开会，不采取个别接头。

（6）领导机关所在地设在交通方便〈的〉政治中心，群众运动发展的地方。

这些都要纠正，要进一步来执行。

（二）干部问题

1.党内无论如何是要有一部份［分］有组织经验、理论知识与侦察斗争艺术的干部，但目前党内这些干部是很少的。

2.党的传统性也是需要的。

所以应坚决的［地］更勇敢的［地］执行中央指示，但应该留少数的有些工作经验的干部，以保持其传统。

选自《中共中央南方局历史文献选编》上，重庆出版社2017年版

中共中央书记处关于隐蔽和撤退国民党统治区党的力量的指示

（一九四一年五月二十六日）

（甲）中央很久以前即再三通知你们：因国民党决定逮捕所有被其特务已经发觉及正在发觉的共产党员，国民党统治区的各地方党必须立即决心调动我们已经暴露的干部和党员，把他们送往新四军区域、延安，或其他能够立足的安全地区去，即为此暂时牺牲若干地方工作，亦必须决心做，以便保存干部。同时中央要求国民党统治地方的党部坚决采取长期埋伏、蓄积力量等待时机的工作方针，认真地决心地将党的力量有计划的［地］隐蔽和撤退，把党和群众工作的中心放在利用所可利用的社会习惯、政府法令与合法组织（如保甲联保等）的方面，去进行与群众联系的长期埋伏工作。

（乙）根据最近桂林转来郭潜关于江西及湘鄂赣破获情形的报告以及刘子久等来此谈话情形看，好些地方的党部并未认真彻底地执行中央这一指示，以致干部和工作均仍处在暴露或半暴露的状况，而对调动已暴露干部问题的指示尤其执行得不迅速和没有决心，这种情形有使南方、东南及华中各地党遭受到极大破获的危险。

（丙）中央要求南方局、东南局、中原局再一次严重的讨论这一问题，并采取必要的具体办法，迅速通知所属各地方党部，并严格督促他们坚决、敏捷并镇静地执行中央对这一问题的历次指示。

中央书记处

选自中共中央文献研究室、中央档案馆编：《建党以来重要文献选编（一九二一——一九四九）》第十八册，中央文献出版社2011年版

中共中央宣传部关于国民党统治区域内党的支部教育的指示

（一九四一年五月二十九日）

鉴于国民党区域内党的组织的环境日益恶劣，党组织的内部还不够巩固，及在组织上贯彻精干隐蔽的必要，必须把党员教育提到支部工作的头等重要地位上来。

又鉴于党的外部环境内部状况及过去党员教育的经验，目前国民党统治区域内党的支部教育工作应采取以下的方针和办法：

（一）指导所有的支部，具体的研究当地环境的各种情况，党的各种政策及党的政策运用到具体环境中的经验；此外，在文化低的党员中加强识字及提高文化水平的教育，在文化水平较高的党员中，提倡研究中国历史及中国状况，在学生支部中应该努力学习科学，在企业支部中应该努力学习技术。

（二）支部教育的方式有党内秘密进行与党外公开进行的两种，党的策略教育和组织教育，采用前一种方式，由上而下的、口头为主地经过党组织的干部及积极分子去进行。学习文化，研究历史社会等，则一般的应利用后一种方式进行，但一般的说支部教育的最大部分时间应该放在公开进行的方面，以符合党组织的隐蔽政策。

（三）关于党的组织教育及策略教育的教材，可分为临时的与固定的两方面：前者为党的决议、指示及工作总结的随时传达（但不应把秘密文件传至支部），后者可编定包括党的基本政策和组织原则的党员课本。

（四）在文化水平低的支部，特别是农村支部中，注意培养当地知识分子党员,尤其是小学教师的党员,作为支部的教育干部,注意提高和保护他们,务使他们在不妨碍公开职业的条件下长期的〔地〕担任支部教育工作。

选自中央档案馆编:《中共中央文件选集》第十三册(一九四一——一九四二),中共中央党校出版社1991年版

南方局会议记录节录（周恩来谈整风工作）

（一九四一年十月六日）

（三）学习问题——周。

（甲）中央决定成立高级学习组，西南要成立学习组，要解决的是范围人数，材料问题。

1.范围：各省委、办事处、报馆，共约30人。

2.组织：组长、副组长、学习秘书、分组。

3.材料要中央规定：思想方法论、党史、时间第一期半年。

（乙）根据中央决定联带到整个办事处的提高学习，加强党性，锻炼身体。提出工作、学习加强、身体锻炼建立有秩序的生活，以工作八小时睡觉八小时学习休息八小时为原则。规定一个党日（星期四），一切约会不做半天下午生产2～3时。晚上开小组会2～3时（一星期一次），一月一次支大会一次活动分子会。星期一下午报告会3～4时，星期日休息，晚上做工作，星期六晚上娱乐。

一周工作36时，学习12时（讨论会3小时、6小时读书、每天一时、3小时选科一人一科）教书时间作为工作时间。

分甲班选科一般继续研究党史，丙班上课每天二小时。

体育运动分早6—6：30，晚5—5：30两组，分柔软激烈两种，每周三小时，晚会星期六晚3—4小时每天娱乐半小时。

（丙）时间依中央半年为一期，三个月检查一次。准备：下星期开始，先报告一次，由宣传部拟定整个计划，组部将活动份子会名单列出。

（丁）报馆的按此原则自己讨论订出计划。

……

（一）高级班：

①根据党龄工作责任政治水平为标准向中央提议，

周、董、邓、吴、孔、涤新、徐冰、家康、之光、晓梅、梓木、子正、龙潜、高棠、刘光、林蒙、杜国林、小鹏、超俊、瑾玎、梓年、汪[汉]夫、于刚、西民。

②组长：周、副组长：董、学习秘书：徐

③报告名单由组织部负责。

④地方的由孔提讨论。

⑤曾家岩再调剂。

（二）休养员根据全体养，参加半工作半学习的决定，病员不参加学习。

（三）分配时间，分类、分组等计划由宣部负责，教员，估计工作能力去找，时事讨论会也由宣布[部]负责。

（四）党的会议、体育、娱乐、生产由组部及支部计划。

（五）工作由行政部门定。

（六）报馆由报馆拟意见下次讨论。

（七）南局会议星期五上午。

（八）南局委员不参加救亡室会议，对各部门的领导不一定参加会议，各种委员会由组部调整，采取人少不多，兼在外活动的少担任家里事情。

（九）组织记录组主要由宣传部担任。

下次星期五上午续开

选自《中共中央南方局历史文献选编》上，重庆出版社2017年版

建设坚强的战斗的西南党组织①

（一九四二年一月）

周恩来

目前的政治形势要求我们沉机观变，把西南的党建设成为更加坚强更能战斗的党，以实现中央给我们规定的长期埋伏、积蓄力量、等待时机的方针。

建设坚强的战斗的党组织的条件是：

一、要使五千党员成为隐蔽的、坚强得力的、与群众有联系并善于影响和推动群众的干部。

二、要在主要的群众集聚的单位（工厂、学校、农村、大机关等）建立起巩固的一个乃至数个平行的支部。要在主要的工作部门和机关（如行政机关、团体、公司、交通经济部门等）保有我党的组织或个人的联系。

三、要使党的领导机关有独立领导的能力和自信。不要怕犯错误，要能认识和改正错误。要善于估计情况，运用策略，创造各种各样的工作方法，使党的方针能在每一项实际工作（组织的改编、干部和党员的审查、反奸细的斗争、秘密工作的教育等）中体现出来。

四、要在思想上组织上巩固党，使西南党成为真正的彻底的地下党，成为群众的党。

五、要熟悉各主要方面的情况，特别是其历史、政策、人物和活动，首先要知道国民党中央和地方当局的、特别是各特务机关的经常情况和紧

---

① 1941年12月至1942年1月间，中共中央南方局在重庆召开会议，总结两年来的工作。周恩来在会议最后发了言，这是发言中关于西南党组织的任务部分。

急措施。

六、要做到凡有群众的地方一定要进去工作。这种工作是以社会的方式进行的。首先要解决的便是进入国民党、三青团、工人团体、学校中的合法组织、农村中的合作社以及一切重要行政机关中去工作，去实现党的抗战、民主、进步的方针。

七、要善于使上层工作和下层工作相配合，公开工作和秘密工作相配合，公开宣传和秘密宣传相配合，党外的联系和党内的联系相配合。但配合不是暴露。

这七点都做到了，我们西南党组织就是一个坚强的战斗的党组织，时机一到，立即可以起来战斗。

选自《周恩来选集》上卷，人民出版社 1980 年版

加强西南党组织的建设[①]

（一九四二年一月）

周恩来

一、关于彻底地审查干部：

县以下未审查的应进行审查，已经审查的还要继续。

1.要研究每个干部的社会关系、政治倾向、工作能力、历史经过。

2.要联系到研究社会、研究历史的情况，从个人身上研究出地方的发展情形及政治环境。

3.要由研究干部到了解党的力量及党与群众的联系。

4.要由研究干部到了解领导机关的工作推行的程度。

5.要从研究干部中懂得爱护、教育、培养、选择、引进、使用干部及纠正他的错误倾向，帮助他进步。

6.从研究干部中懂得怎样联系群众及发展此种联系。

7.从研究干部中发现人才，发现专门的、能够造就的人材［才］，并培养他们。"干部决定一切"在半殖民地的中国的意义是更大的。不仅要有党内人材，而且要有党外的干部。

8.从研究干部中教育自己，学习领导工作的艺术。

9.研究干部必须彻底，务使这次研究得到确切而又适当的结论。

---

① 1941年12月至1942年1月间，中共中央南方局在重庆召开会议，总结两年来的工作。周恩来在会议最后发言。发言的第三部分题为《建设坚强的战斗的西南党组织》，已收入《周恩来选集》上卷。这里发表的是发言的第四部分，原题为《今后几个主要的具体工作》。皖南事变后，国内政治局势异常险恶，南方各省党组织受到严重破坏，所以发言提出了审查干部等问题。

10.被审查的干部必须向党公开一切，即使是他过去的罪恶也应如此。这应受到奖励，因为这样可以防止不公开的危险，还可以相互督促。

11.审查干部的材料必须是可靠的。如还未得到确切证据和反证的，只能阙疑，一般并应告诉本人。

12.研究干部必须使该干部得到一定的适当的工作岗位，让他发展——这是最后要达到的目的。

二、支部工作：

1.支部组织最多五人，分两组。五人以上的编为平行支部，一般以三人为好。

2.一般不要设支部干事会。三人的设一支书，五人的设一支书、一副支书。支书管二人，副支书管一人，副的要秘密一些。

3.支部工作一般地应有缴党费的习惯。承认党章，参加组织，为党工作，缴纳党费是党员的基本条件。目前的工作有四点：①巩固党员的社会地位。②要了解和调查自己的周围情况，多做调查研究工作。③努力学习（理论、技术、工作能力）。④广交友，密切与群众的联系。交友时，顽固、中间、进步的都可交。对顽固的敷衍，对中间的多注意，对进步的可少联系。这些同时也是支部需要讨论的工作，在这些工作中把党的力量积蓄起来。个别的党员同样也应以这些作为工作任务。

三、组织的改变：

1.平行组织应该彻底地进行，按地方情形来建立支部，甚至可以有高级的平行，但绝不能打通，万一必要时只能由最高负责人知道。

2.后备的准备。各级组织必须准备后备领导干部，不参加支部，专做研究工作。

3.个别联系要改善，要学习层层的联系。

4.隔断的组织，作单独解决。

5.转地不转党。在有了长期职业能站稳以后，再考虑是否移交组织或另建组织。

6.撤退的干部，应使他有一着落。

7.有些地方党的解散或停止一段时期的联系，在必要时是许可的。

四、党的发展：

1.过去清洗的工作应告一段落，当然个别清洗仍应继续。

2.个别发展是许可的，但不许大批地发展，不许不慎重、急于发展、定期发展。党员太多的单位不要再发展，如有好的要设法调开一些，不要挤在一起。

3.成分的调剂。要找个别产业工人中的积极分子，进步的有领导能力的知识分子，进步的能奋斗的妇女干部，农村中能起领导作用的分子。

4.吸收党员的基本条件，在大后方要：①有政治觉悟和阶级认识。②有群众联系和活动能力。③有坚强意志和学习精神。④有加入必要的。

5.对新党员的训练：①注意个人谈话。②解释党章。③党内奋斗生活的介绍。④对候补期应该重视。如候补期满还不能入党的，不必勉强加入或延长候补期，即停止党籍。

五、宣传工作、学习工作、调查研究工作：

1.主要的是个人研究，读公开的书报，甚至读反面的书。要扩大学习范围。除西南工委要研究党史外，其他的应学习一般的政治问题。用马克思主义理论分析问题，向中间派报纸写文章，讨论政治问题，讨论反动书籍，县以上组织都应该采取这些方法。

2.宣传方面，除向中间报纸投稿外，还要采取间接的宣传方法，就是站在中间派立场来宣传民主自由思想，甚至可在反动报纸上"偷运私货"，做调查研究工作。

六、公开工作与秘密工作的联系：（上面已说过）

七、加入国民党、三青团问题：

遇必要时，一般不拒绝参加。对三青团有群众的地方更要加入。加入国民党主要是为了巩固职业，是不做群众工作的。加入三青团，是要做一些群众工作的。我们只要不暴露，就要加入、做工作。凡其他有群众的地方，都要加入、做工作，站在中间分子的立场工作。合法工作要成为地方党的工作尺度之一。

八、要继续巩固领导机关：

1.西南工委过去少数领导人暂时分开是应该的，某些同志暂时离开同地方的联系也是对的。要坚决纠正跑街作风。要埋头研究，疏于来往，把握着大的问题沉机观变。并应有作为准备的机关。

2.各省委、特委领导人数一般为二至三人。有时如找不到宁愿少，不要超过。有时三人中留一人作候补的，不做联系工作，只做研究学习的工作。各省委、特委同工委的联系不要多，半年一次也不算长。要养成各省委、特委的独立工作精神。这半年中的一次联系要抓住一二个中心问题，详细研究，作出具体指示。特委与中心县委，多也不能过三人，要有后备人，联系也不要多。总之，县委以上机关要使国民党特务无法知道我们。纵使支部中混入奸细，也不致影响到上级领导机关。这是巩固组织的重要条件，同时，希望县以上负责人能长期工作下去，不要常常变动。"红"了撤退是不得已的，要想出新办法。要有长期埋伏的决心，但万一暴露时，必须坚决地撤退。

九、关于反奸细的斗争：

这工作同深入社会是互相影响的。过去因为没有深入社会，所以让奸细易于进来。这工作还要继续做下去，主要地是审查干部、清洗坏党员、加强保守秘密等。必须教育党员不能照样运用过去的经验，这是不适用的。要提高阶级警觉性，要有丰富的经验与理论的政治认识。所以要进行反奸细的教育，并教育自己。组织部要编一种关于国民党特务的材料。对奸细、叛徒、自首分子的态度要有分别，对不自觉地写过悔过书的，还是要争取。对自首后向党报告的，可保留其党籍，鼓励他，察看他。对叛徒，要看情形决定态度，特殊的办法一定要经特委以上才能决定，但也不讨论。反奸细的斗争是一个长期的艰苦的经常的工作。

附带说明的：东南党组织也在实行转变，接受教训。西南将来也有可能发生武装斗争。我们一般的党组织不参加。只是个别的人（要经省委以上决定）在可能时去参加，但绝对不用党的名义。也只能在特殊的例外的个别情况下才能进行。如进行得不好，就要遭受大的损失，如闽西。

选自《党的文献》1988年第2期

中共中央书记处关于取消秘密党的省委特委组织的指示

(一九四二年七月)

一、在国民党及日本帝国主义积极破坏我们秘密党的情况下，过去秘密党采取的政治上退却的政策是正确的，但在组织机构上尚未彻底转变。现在根据浙江、江西、广东三个省委破坏的教训，秘密党内必须取消省委特委的组织，只保留县委，如某些县委也不能保留者，则只保留支部。根据陕西、河南的经验，他们的特委早已取消，省委则移在边区，当地的县委或支部，虽无省委、特委的直接领导，但仍能保存组织，并能独立工作。

二、告诉县委及支部须长期的独立工作。支部及每个党员的任务是勤学勤业交朋友。

三、你们如何执行此指示，如何撤退干部？请告。

中央书记处

选自《中共中央南方局历史文献选编》上，重庆出版社2017年版

我的修养要则[1]

(一九四三年三月十八日)

周恩来

一、加紧学习，抓住中心，宁精勿杂，宁专勿多。

二、努力工作，要有计划，有重点，有条理。

三、习作合一，要注意时间、空间和条件，使之配合适当，要注意检讨和整理，要有发现和创造。

四、要与自己的他人的一切不正确的思想意识作原则上坚决的斗争。

五、适当的[地]发扬自己的长处，具体的[地]纠正自己的短处。

六、永远不与群众隔离，向群众学习，并帮助他们。过集体生活，注意调研，遵守纪律。

七、健全自己身体，保持合理的规律生活，这是自我修养的物质基础。

选自《周恩来选集》上卷，人民出版社1980年版

---

[1] 本文是在重庆红岩整风学习时写的。

中共中央关于继续开展整风运动的指示（第三号）
（关于克服自由主义）

（一九四三年三月）

（一）自由主义是目前党内斗争中的主要的不良倾向，在整风中必须克服此种倾向，才能达到彻底整风之目的。

（二）我党在内战后期曾经犯过过火斗争的错误，这种过火斗争是主观主义与宗派主义的，曾经给了我党以大的损失。但自抗日统一战线成立以来，党内又生长了一种自由主义倾向。此种倾向发生的原因，第一是因为我党接收了约七十万新党员，而这些新党员不论来自那一阶层，都未受过马列主义的锻炼，他们带来了浓厚的资产阶级与小资产阶级的自由思想，其中尤以许多知识分子党员表现得最为严重。在这些知识分子中，有些人在入党初期，仅仅怀抱一个民族主义目的（抗日），没有共产主义目的，或对共产主义仅仅采取同情态度，因此，他们不愿与工农兵群众相结合，不愿服从无产阶级纪律。另有许多人虽有模糊的共产主义目的，但对马列主义思想与无产阶级纪律则认识不深刻。这是党内自由主义的第一个来源。第二，我党原有的数万老党员，虽然经过长期实际斗争锻炼，但其中有许多人对于马列主义思想与无产阶级纪律的认识依然很差，因而发生自以为是（主观主义）、闹独立性等毛病。这是党内自由主义的第二个来源。第三，日寇与国民党乘着我党抗日统一战线成立与大量发展党员的机会，派遣了大批内奸分子混入我党，他们以党员面目在党内活动，利用我党新老两部分党员中不坚定不纯粹的分子，挑拨离间，败坏纪律，极大地散播自由主义空气，这是党内自由主义的第三个来源。除了这些客观原因之外，党内教育工作的缺乏与放松，则是自由主义发展的主观原因。只在我们认识了这些客观与主观的原因之后，我们才能有效地想出办法，克服自由主义倾向。

（三）我们的任务，在于加强马列主义思想与无产阶级纪律的教育，使新老两部分党员中（首先是干部中）那些不坚定不纯粹的分子，受到逐渐深入与逐渐严格的锻炼，使新老两部分党员中那些比较坚定比较纯粹的分子受到进一步的锻炼，这就是整风的第一个目的。同时，有步骤地清除内奸分子，这就是整风的第二个目的。在整风中，必须注意团结一切比较坚定比较纯粹的同志，向着那些不坚定不纯粹的同志的错误思想作斗争，并号召每一个同志以正确思想作标准对于自己的错误思想作斗争，对于任何错误思想采取自由主义态度是不应该的。再则，还必须团结一切新老党员（包括有错误思想的同志）向内奸作斗争，对于任何内奸分子采取自由主义态度，是尤其不应该的。此次整风的第一个区别，第一个斗争，是无产阶级思想与非无产阶级思想之间的区别与斗争，是以无产阶级思想作标准，而对之表示一条心的人们与对之表示半条心（仅仅同情共产主义）的人们之间的区别与斗争，是以自己今日的觉悟与今日的一条心对于自己昨日的不觉悟与昨日的半条心之间的区别与斗争（自我批评）。此次整风的第二个区别，第二个斗争，则是革命与反革命之间的区别与斗争，是以革命作标准而对之表示一条心的人们（包括一切同志包括名为共产党员而实是同情分子的人们）与对之表示两条心的人们（内奸）之间的区别与斗争。我们的目的是纠正错误思想与肃清内奸分子，对这两者都应反对自由主义态度。

（四）现在党内斗争中的主要偏向是自由主义，不是过火斗争，故应强调反对前者，不应强调反对后者，否则就不能克服自由主义。但在深入整风中，过火斗争偏向仍有可能发生，故领导机关仍须注意在发生了过火斗争偏向的具体单位中抑制那里的过火行为。例如在纠正错误思想问题上，不采取惩前毖后治病救人的方针，而采取惩办主义的方针；在锄奸问题上，不合实际的乱提乱审乱锄，都是应该制止的。但纠正可能发生的过火偏向，不应事先普遍提出号召，而只在发生了此种偏向的具体单位去加以纠正。因为假若过早地提出防止过火的斗争，则势必不能展开纠正错误思想与肃清内奸的斗争，而有被具有错误思想的同志利用此种号召借以保护其错误思想的危险，也有被内奸分子利用此种号召借以掩藏其内奸面目的危险。

（五）关于反对自由主义偏向，在党内提出普遍号召的时机，亦不宜过早。因为假若过早地提出此种号召，则错误思想的暴露与内奸面目的暴露都将受影响。普遍地提出反对自由主义偏向的适当时机，是在整风已经达到适当的阶段（即第一号指示所说之，第二阶段）。先让自由主义偏向尽量暴露，然后按照其特点加以切合实际情形的克服，乃是最能教育同志的领导方法。

（六）整风是一个伟大的党内思想斗争，实行此种斗争的武器就是自我批评。有自由主义偏向的人则不愿拿起这个武器，尤其是许多上级与高级干部害怕自我批评，这种现象必须在此次整风中着重地纠正过来。自我批评是马列主义政党的不可缺少的武器，是马列主义方法论中最革命的最有生气的组成部分，是马列主义政党进行两条战线斗争的最适用的方法，而在目前则是反对错误思想建立正确作风的最好方法。各中央局，各中央分局，各区党委，尤其是这些领导机关的主要负责同志，必须善于掌握这个武器，不是主观主义地而是实事求是地分析当地干部中工作中确实存在的最严重的偏向，并针对这种偏向展开自我批评，决不可讳疾忌医，让这种偏向继续存在。严重的抗日战争要求我们十分认真地整饬我们的党与我们的工作，我们必须拿起自我批评武器，在继续开展整风运动中达到这个目的。

选自《中共中央南方局历史文献选编》上，重庆出版社2017年版

怎样做一个好的领导者[1]

(一九四三年四月二十二日)

周恩来

一、领导者的定义

一般干部都有做领导工作可能,而且多半已经做了领导工作。所以讲领导工作,是包含了上中下各级领导干部说的。

两岩[2]的工作人员,是以工作为区别,而非以领导者与被领导者来区别,更非以干部与非干部来区别。今天两岩、报馆有些同志虽未直接做领导工作,但实际上仍是领导干部。

二、领导者的立场

党的立场就是领导干部的立场,但这样说太简单了,分开来具体说说,有下列几点:

(一)要有确定的马列主义的世界观和革命的人生观。

(二)要有坚持原则精神。

(三)要相信群众力量。

(四)要有学习精神。

(五)要有坚韧的奋斗精神。

(六)要有高度的纪律性。

---

[1] 这是为在中共中央南方局向干部作报告而写的提纲,原题为《领导与检查报告大纲》。
[2] 即红岩、曾家岩。

三、领导者与领导机关

（一）集体领导与按级领导——领导的一元化，集中化与民主生活（讨论与分工）。

（二）个人负责制与个人领导——大后方环境更需要这一方式，但在集体领导下也并不取消这一方式。

（三）直接干涉与直接解决——这不是经常的办法，而是在特殊情况下的办法或是为了示范。

四、什么是正确领导？

我现在按照斯大林说过的三点来加以说明：

（一）必须正确地决定问题。首先，要估计环境及其变动，并找出此地此时的特点。次之，要依此与党的总任务联系起来，确定一时期的任务和方针。再次，要依此方针，规定当前适当的口号和策略。又次，然后据此定出合乎实际的计划和指示。这一切，必须经过最实际的调查研究，并使这些实际材料与党的原理原则联系起来。

（二）必须组织正确决定之执行。首先，要经过组织计划和指示的执行之讨论。次之，要慎选人材［才］，负责计划之执行。再次，要组织斗争，来实现党的计划。又次，还要躬行实践，以为倡导。这样，就能从实践中证明党的路线和策略之是否正确和是否需要补充。

（三）必须组织对于执行这种决定的情形之审查。这种审查的方法：（1）不根据允诺，而看工作结果；（2）不根据室内纸上计划，而看实地情形是否做了或是否敷衍；（3）不看形式，而看内容和实际是否正确地执行或被曲解了；（4）不仅由上而下，还要由下而上地审查；（5）要有系统的经常的审查；（6）要有领导者自己参加。

这一切，正如斯大林所说，必须与群众取得联系，必须把领导者与群众两方面的经验综合起来。只有这样，领导才是正确的。

五、领导者的任务

毛泽东同志说用人行政是领导者的任务，这是真理。分开来看，我以为：

（一）要求领导干部抓紧思想政治的领导。这就是要不断提高自己的思想水平，加强自己的政治锻炼。我们要求同志注意这样几件事：（1）注意大事；（2）提高政治警觉性；（3）提高理论水平；（4）加紧党内外思想斗争；（5）积极宣传党的政策和成绩。

（二）要求领导干部抓紧组织领导。有了政治路线，组织工作就决定一切。我们要求同志注意这样几件事：（1）要使组织领导提到政治领导的水平，这就是说，一切工作要提到原则的高度，要与政治任务联系起来；（2）要使一切组织和实际工作保证党的政治任务和工作计划的实现；（3）要注意日常党的领导，使党的组织接近于下层，工作更具体化；（4）要动员组织和群众，为克服工作中一切困难而斗争；（5）反对一切实际工作中的机会主义（如马虎主义，空谈家，妄自尊大者，官僚主义，形式主义，文牍主义，事务主义等）以及蜕化或腐化思想等等。

（三）慎重地挑选干部和分配工作。这也是组织工作之一，不过可以单独来说。挑选干部的标准，政治标准与工作能力，二者是缺一不可的，而政治上可以信任是先决问题。斯大林曾指出用人不依原则的危害于党。他指出这种人到什么地方，都是"随员"一大批，专用所谓"自家人"。毛泽东同志在整风报告中，也批评这种人的不老实，而过去"钦差大臣满天飞"就犯有这种毛病。有了政治信任，用得其当（适时适地适合条件）也很重要。

（四）审查工作。审查工作人员和工作计划之执行情形。审查的任务如斯大林所说，第一是认识人材的品质，第二是查明执行机关的优劣点，第三是查明工作计划或指示本身的优劣点。有人以为这样审查容易暴露自己弱点，有损领导威信，或动摇自己信心。这是不对的。领导威信不是从掩饰错误中而是从改正错误中提高起来的；不是从自吹自擂中而是从埋头苦干中培养起来的。工作信心，改正错误后只会增强，不会减弱。只有那种要虚荣爱面子的人才会怕揭发错误呢！

（五）面向群众。不仅要教育群众，还要向群众学习。因为领导者本身知识还不完全，经验还不够，领导地位并不能使你得到知识和经验，所以面向群众，汲取群众经验，十分必要。我们要求同志们：（1）与群众接近和联系，在某种程度上要与他们打成一片；（2）倾听群众意见；（3）向群众学习；（4）教育群众，不做群众的尾巴。

六、领导群众，结交朋友

（一）领导党的方式和领导群众的方式是不同的，领导群众的方式和态度要使他们不感觉我们是在领导。

（二）领导群众的基本方法是说服，决不是命令；只有在多数已经同意而少数尚不同意的情形下，必要时可用多数的意见强制少数执行。

（三）领导群众和结交朋友，领导者自己要起模范作用。

（四）领导者在必要时应忘记他所受的侮辱。

（五）领导者切勿轻视自己的作用和影响，要戒慎恐惧地工作。

七、领导艺术

列宁、斯大林论领导艺术，不可跑得太前，也不可落在运动后面，而应抓住中心一环，推向前进。

毛泽东同志论领导艺术，要照顾全局，照顾多数，以及和同盟者一道干。

八、工作方法

（一）在斗争中审查理论原理和原则。

（二）从实际工作中规定和审查政策。

（三）要用革命的精神改造工作。

（四）发扬民主，开展批评和自我批评。

（五）主要用说服的方法，不用行政的方法，只有在情况紧急时，才用命令的方式。

九、工作作风

（一）列宁的工作作风是：俄国人的革命胆略；美国人的求实精神。

（二）毛泽东同志的工作作风是：中华民族的谦逊实际；中国农民的朴素勤勉；知识分子的好学深思；革命军人的机动沉着；布尔什维克的坚韧顽强。

（三）反对一切实际工作中的机会主义，在目前，特别应反对马虎主义，空谈主义，自大主义，形式主义，事务主义，以及破坏党和军队传统的现象。

选自《周恩来选集》上卷，人民出版社 1980 年版

（二）口述回忆

南方局组织部的工作情况

荣高棠[①]

据我了解南方局组织部开始是博古负责，1940年博古回延安后，孔原同志接任，1943年孔原同志回延安，又交给了张明（即刘少文），一直到我离开南方局时都是张明同志负责，1945年冬钱瑛同志从延安到重庆任重庆局组织部长。

钱大姐从西南工委撤回南方局后，还是在组织部工作，1943年夏她回延安去了。

南方局组织部的负责人，先后就是博古、孔原、张明。重庆局时是钱瑛同志。

1941年6月以前在组织部工作过的同志，我记得的有黄文杰、廖似光、张月霞。我到南方局的时候，组织部除孔原同志外，还有两人：一个是石磊（即曹瑛）同志，一个是龙潜同志。石磊同志是1940年11月到红岩的，1941年10月离开重庆回延安。石磊同志走后，组织部办事人员就我和龙潜两个，顶头上司是孔原同志，他管我们两个秘书，我们的职务叫秘书，但都不这么叫，当时如果有人叫荣秘书、龙秘书，就要把人笑死。后来，于江震上来了，也是秘书。湖南的高文华同志，湖北的蔡书彬同志，四川的廖志高同志也上了山，在组织部住过，他们是协助工作，等候去延安，不是组织部的工作人员。在组织部工作的同志，还有何清、管平、李惠文（陈远绍爱人）。南方局组织部人员的前后变化情况就是这样。

[①] 荣高棠，1941年起在南方局组织部等部门工作。

南方局组织部的工作有三个部分：贯彻执行党的决定，完成党的政治斗争任务；发展组织，巩固组织；干部的管理调配。组织部的工作，总括起来讲主要就是这三个部分。另外，还管党费、交通等等。

（一）发展、巩固党的组织方面。我党在国民党统治区域内的组织发展工作，在1938—1939年间有一个大发展阶段，国民党顽固派发动第一次反共高潮以后就停止了发展，与强调巩固组织是同时的。1938年党组织的大发展时期，党在群众中的威望很高，党发展很快，对发展地下党条件太宽，文件规定有两个只要：一是只要"抗战积极"，二是只要"历史清楚"，就可以入党。虽然大发展是必要的，但以后对地方党的质量很有影响。另一方面，当时群众运动搞得轰轰烈烈，有些党员在政治上暴露了。

1939年5月中共中央发出了《关于在国民党统治区保存党员干部的指示》，8月又作出《关于巩固党的决定》，其后还发出了许多相应的指示，自这之后，党停止了组织发展，强调巩固组织，巩固组织实际上成了保护组织，在保护党组织方面，我们在南方局周恩来同志的直接领导下，主要采取了这么几个措施：

一是调动、疏散干部。一切地方党的组织和党员转入地下。地下党组织的负责人长期在一个地方，容易被敌特发现，而且有的同志在大发展阶段已经暴露，把他们调到新的地区去，利于隐蔽党员，保护组织。1940年3月成都"抢米事件"发生后，一些同志就转移去了延安，于江震同志就从川东的南充调到了川康特委，后来川康特委同志全部调离成都。1941年初，我从川东特委调成都，6月我回重庆后，王致中来了，随后莫止也调到了川康。我在成都期间，到成都市委是三个人，魏泽同、清华（两同志从湖北调来），再一个叫徐鸣（川东来的）。当时还有陈于彤夫妇，陈于彤夫妇是从贵州疏散来的。江震先调到川康，后来孙敬文同志也由川康调到了川东，孙敬文同志大概在上川东。由四川调云南的是郑伯兑、侯方岳。他们都是1941年先后去云南的。湖北的蔡书彬、曾淳、何彬同志调四川。曾淳同志到川东特委。蔡书彬同志先到重庆，后到红岩。湖南的高文华、周礼也调离了湖南。还有南委广东调四川的。干部的组织调动安排整个由南方局管，由恩来同志直接抓。具体工作是组织部负责，包括贵州及其他南方一些省区，那时贵州党被破坏得很厉害，钱大姐审查贵州党时，搞不清楚，里面有好人，有坏人，一时弄不清楚，只好暂时停止下来，秦天真、邓止戈、陈于彤同志都是那个时候的，那时与敌特的斗争很尖锐呀！皖南事变后，我们送了不少干部回延安，还将一些干部分散至各地隐蔽起来。川东、川西及西南各省之间，南方局所属各省之间以及与延安之间的干部互相调动，疏散隐蔽，把整个党的组织转入地下，这是当时全党组织工作中很重要的一环。

二是改变组织的联系方式，建立平行支部，大支部化小支部以至改为单线联系。有的地方一段时期连组织都撤销了，党员转地不转党的关系。大的轰轰烈烈的运动停止了，公开的工作方式转变为地下秘密活动，组织形式亦必须改变。由于国民党反动派反共活动的加紧，大支部的组织形式最容易遭到破坏，而且一旦破坏就将造成大损失。因此，组织部根据党中央南方局的指示，要求各地党组织将支部化小，每个支部七八个人、十来个人，有些单位还建立两个以上的平行支部，支部与支部间互不发生横的联系，支部书记也只知道他所在支部的几个党员，一旦有人被捕，几个人就同时撤退。随着形势的进一步恶化，有的地方支部也取消了，小组活动也停止了，改成了党员与组织间的单线联系，党员有什么情况由自己向指定的联系人讲，有的虽然还有支部，也停止了支部活动，只由支部书记同本支部的党员个别联系。南方局与地下党怎样联系呢？概括起来讲有三种情况：一是地下党负责同志回到红岩汇报和接受指示，这种情况比较多，各省的同志都有来的，他们回来多半是先由我们组织部出来接待。二是在可能的情况下，我们也派人下到有的地方去了解情况，传达指示。三是利用交通传递，如湖北的王直就是交通，他经常跑来跑去。

三是允许共产党员集体加入国民党、三青团。那个时候，蒋介石知道共产党员是不加入国民党、三青团这么一些组织的，于是就提出了一种办法，在政府、军队、警宪、一些工厂、学校中搞集体加入国民党、三青团，你不加入就说你是共产党，在这种逼迫的情况下，实在不行就加入之，我们的党员在组织上加入了国民党组织，实际上仍然为我们党工作，这样做的目的就是为了保护组织，保存战斗力，为了最后消灭敌人。在国民党统治的区域里，不采取这些办法就无法保存自己。当然，也有很多单位并没有实行集体加入，因此，也并不是在国民党统治区工作的都得加入国民党。

那个时候整个西南地区党的组织遭受了很大的破坏，四川地下党在大发展时有几千人，在国民党的法西斯特务统治下，也有的组织受到破坏，被捕了一些同志，多数我们转移走了，有的送去延安，有的送到了中原解放区。湖南、湖北、江西、贵州以及南委有的组织都先后遭到了破坏，影响很大。这不是说被抓走的人很多，抓去的并不多，多数还是疏散走了的，但在疏散之中，许多失掉了关系，造成了不小的影响。

尽管如此，由于我们在南方局的领导下，认真贯彻执行了党中央的"荫蔽精干，长期埋伏，积蓄力量，以待时机"的方针，及时地从组织上采取了以上一些具体措施，还是在国民党统治区域里，保存了我们的党组织，保护了一大批党的骨干力量。

"荫蔽精干"这个方针，十六个字，看起来很简单，贯彻执行起来就很不容易！这不仅要把整个组织转入地下，而且斗争的方式方法也要转变，这就不是说一两句话就可以办到的，要做很多艰苦细致的工作。当然，我们同志是绝对服从组织，听从党的调配和指挥的。但是，从组织形式到斗争的方式方法整个的转变，转变为地下的秘密斗争，这使我们的干部和党员一时难于适应，很不习惯，因此，在指示他们作这种转变时，就必须耐心细致地给他们讲清楚当时的整个形势，在发展中为什么要提出巩固党的组织，国民党为什么要破坏我们，他们采取了哪些办法来破坏我们，为了革命的利益我们应该怎么做，等等。总之，要把党中央和南方局的方针以及怎样贯彻执行这一方针给同志讲清楚，并不是三言两语就行了的。何彬同志是湖北很老的干部之一，一个很好的同志，他的牺牲，我们组织有责任应该坚决把他调开，贯彻党的"荫蔽精干"方针，现在我们说起来很轻松，而在当时实行起来就不那么简单。这是从公开走向秘密的大转变，要做很好的说服工作，教育工作，而且南方局管的范围很宽，这就更为艰巨了。但是，我们在周恩来同志的领导下，努力做了，事实证明，我们采取的一些做法是对的。

南方局管辖的地区有云、贵、川、湖南、湖北、南委，南委下有广东、广西、福建、浙江、香港、澳门。

（二）向地方党传达贯彻党的方针、政策和任务。南方各省区的地下党是南方局领导的，具体联系是组织部。中央和南方局指示的工作任务及方针、政策都是由恩来同志直接和各省书记谈，组织部负责联系。

从1939年起，党的组织就停止了发展，进入了巩固组织的时期，斗争的方针及方式方法也由公开斗争转变成隐蔽斗争，并逐渐明确提出了和执行了"三勤"（即勤学、勤业、勤交友）、"三化"（即社会化、职业化、合法化）、"三有"（即有理、有利、有节）。团结进步势力，争取中间势力，孤立顽固势力。后来又提出了并且强调大家都要搞调查研究。组织部在同地下党同志谈话或分配干部时，都强调每个同志得有公开的职业和社会身份，在自己的职业范围内要勤学、勤业、勤交友，不搞轰轰烈烈的活动，但必须搞调查研究，至少要对自己所在单位或部门进行调查了解。比如：该单位或部门有何政治背景，人员组成情况，有哪些党派团体，领导成员的政治面目及其政治态度，等等。都得进行调查并写成材料报告南方局，通过这种调查研究，一方面可以向党中央和南方局提供许多情况，作为制定方针、政策和策略的依据；另一方面又使党员学会了作调查研究，学会了分析问题，比较扎实地掌握所在单位或部门的全面情况，对他们开展工作很有帮助。比如：哪些人可以交朋友，哪些人只能一般的［地］交换意见，哪些人可以深交，又有哪些人必须提防以至设法和他斗争，都可以在调查研究之中看出来，这些都是在1943年国民党发动第三次反共高潮前所采取的一些作法。

第三次反共高潮以后，情况变了，我们的斗争方式也就随着有了变化。这时的形势是：一方面我们击退了国民党顽固派发动的第三次反共高潮；另一方面日本帝国主义侵华军队先后攻下了郑州、洛阳、长沙、衡阳、桂林，一直打到了贵州的独山，蒋介石的陪都重庆处于日军的严重威胁之下，蒋介石国民党想和和不成，想降又降不了，加上由于蒋介石政府的反动政策，四大家族发国难财，物价暴涨，人民生活日益困难，国统区民众无法再忍耐下去，起来要求停止内战，要求民主自由，改善民生。就在这种情况下，国民党被逼得非和我们谈判不成。于是从1944年起国共两党又开始了断断续续的谈判。

国共关系有所缓和，大后方的群众运动就开始抬头了，我们党的活动也相应开始变化，所以王若飞同志1944年从延安到重庆以后，大后方的群众运动就逐步发展起来了。南方局的工作无论是前一段还是后一段，都是在周恩来同志的领导之下，都是正确的执行了党中央和毛泽东同志制定的方针的。大后方的群众运动又为什么是从高到低，而又从低到高呢？这是由当时的历史背景决定的，不是哪一段工作好，哪一段工作坏的问题，要懂得这个问题，必须了解当时的历史条件、政治形势。1944年以后，解放区和武装斗争发展很快，形势对国民党很不利，国民党找我们谈判了。还有参政会上的斗争，国民党很被动，我们党在国统区的工作有了新的发展，戏剧、文化工作以及其他好些方面的工作都活跃了起来，不仅群众运动起来了。党的组织工作和整个地下党的工作也活跃了。这时，党中央决定在有条件的地方准备武装斗争。1945年我们派了刘兆丰、李升震同志等到黔（江）彭（水）、酉（阳）秀（山）地区去，还派了朱家璧等人到云南郑伯克、侯方岳他们那里去。南方局给他们的任务是：联系群众，建立武装，准备打游击。结果酉、秀、黔、彭地区没有搞起来，云南的边纵发展起来了。1944年下半年起，南方局还派了好多干部去支援中原解放区，到李先念同志那里去。南方局地下党的任务由贯彻"三勤"、"三化"、"荫蔽精干"方针到群众运动掀起，直至准备建立武装，都是根据整个政治形势的发展变化而相应地提出的，不能说谁在这儿行，谁在这儿不行。南方局的整个工作，无论是党的组织工作，还是其他工作，都是配合解放区的武装斗争的。

（三）干部的管理工作。这部分工作包括调配干部、联系干部、审查干部、教育干部和疏散干部五个方面。

一是调配干部。南方局直属各部、委、组及各地省、特委的主要负责人都是南方局决定，我只知道一些情况。如川康的郑伯克调云南，江震调川东，我调川康，都由南方局决定，有的是恩来同志直接谈话，分配任务，有的是孔原同志谈话，交待任务。我到川康去就是孔原同志给我谈的，他给我介绍了那儿的组织情况，为什么要到那儿去，去干什么，怎么工作，其他各地的负责干部互相调动，都是这样。这是南方局组织工作方面很大的一项，一般干部的调配就是组织部的主管同志负责。

二是联系干部。在南方局工作的许多同志都负有联系干部的责任，恩来、董老、老许和青委及其他各个部门都直接联系了一些人，我们组织部的几个秘书也直接联系了一些。根据我们联系的人，大体上有五类：

一类是从外边调来的。有的在外边地方工作的同志暴露了，就把他调到四川或重庆来，但仍然留在地方，也就是说，这个人无论是湖南还是湖北的，他在原来的地方被敌特发觉了，就调他到重庆或成都，或者是附近的什么地方，给他找个社会职业隐蔽起来。这种人不便于编入地方党的组织，就由南方局组织部的人直接联系，其他各部门也都联系一些。

二类是做上层统战工作的，或者在国民党上层中工作，并且地位较高的同志。这些同志在特殊的岗位上，有的在上层中地位还很高不便编入地方支部。不能编入地方支部的原因有二：一怕这些人编入地方支部会暴露地方组织；二怕地方组织保不了他们的险，万一支部出了事把他拉进去，所造成的损失比普通党员大得多。所以，对这种同志只能个别联系，由南方局和南方局所属各个部门直接联系。组织部的钱大姐、龙潜、江震都各自联系了一些同志。他们到底联系了哪些同志，我也不清楚。我自己联系的也有一些，如地质研究所的一个同志，他负责做李四光的工作，争取李四光，他就同我直接联系，他还在北京。军队方面的是董老、叶参座、王梓木、薛子正同志他们直接联系。文化、艺术方面徐冰、张颖同志他们直接联系。青年组、妇女组也联系了不少，其他各部门都联系了一批，还有一些是恩来同志、董老、若飞同志直接联系。如张瑞芳就是恩来同志直接联系，董老联系梁柯平。这种直接联系的同志，在当时的形势下，不是个别情况、十个八个的，而是很多的。

　　三类是在紧急疏散中失掉了关系找到南方局来的一些人。在当时的政治形势下，地方党紧急疏散、撤退是常常发生的，有的同志因联系人走得仓促来不及交代因而就失掉了联系，以后又老找不到组织关系，他们就跑到重庆来找党，不论是四川的还是外省的都有跑来的，他们到了重庆后，有的直接跑上山来，有的到民生路《新华日报》营业部联系，凡是这类直接到党的公开机关来找组织关系的人多半都交给组织部负责审查和联系。我们分别问明（或让他们写材料）他们原在什么地方，什么组织里，干什么工作。由谁跟他联系，为什么会失掉联系，等等。在他们一一说清楚之后。我们初步核对，认为基本上可以相信，又不能全信，就暂把他当成党员联系。这类失掉关系来找关系的人很多，到底有多少谁也记不清楚了。对这类人，我的处理办法是，你说清了情况之后，我们就与你联系着，同时进行认真审查，设法找他们原所在组织或联系人的证明，待他们原组织或领导人的证明来了，就恢复他们的组织关系。章文晋、李汇川同志就是掉了关系后找到我，有了证明恢复的。若找不到证明，也不能说明他们有叛党变节，我们还是继续与他们联系，这些人他们自己把自己当作党员，但是这是没有党的关系的党员，如果长时间里找不到证明人（那时断了关系后要找证明人是很困难的），我们就把他们的关系转送到延安或转到中原解放区去审查，或等他们原来的领导干部来帮助弄清，如南委的就等方方同志他们证明，湖北的就找钱大姐、曾淳他们查；湖南的找高文华；川东、川西的找川东、川西的领导人证明。始终找不到人证明的，我们也还是联系他，就是不恢复他的正式关系。我们联系的这类人，总的说来就是两种情况：一是失掉了关系，经过审查找到证明，恢复党员关系的；二是找不到证明，又没发现其他严重问题，不能恢复正式关系，但仍然保持联系的。

　　四类是有问题的人。有的党员被捕了，放出来后，他又来找到我们。我们一时审查不清楚也同他进行个别联系。

五类是进步群众。他们不是党员，但是进步群众，他们想到延安去，到解放区去，跑到红岩和《新华日报》来找我们，这些人热情很高，他们讲自己做了好多好多工作，就是要找共产党，对这种人怎么办呢？他们中的大多数的确是很积极的，在民主活动中干劲很足，也太暴露了。我们同他们联系，但不能解决组织关系，他们的组织关系还是由地方党解决。后来，他们中有的人选到延安和解放区去了。

联系干部这项工作，大概就是联系这么五类人，这部分工作，孔原同志讲了，是组织工作，实际上不光是我们组织部门管，南方局各个部门都管，上至恩来同志，下至每个同志手里都有一批联系的人。

三是审查干部。干部的普遍审查工作，在整风时，根据中央的方针一起搞了。另外，掉了关系的、被捕出来的、或进步群众，我们都联系，但都要进行审查，时时刻刻想办法了解，进行调查研究，把情况弄清楚。我们派出去准备迎接胜利，迎接解放的干部，都是一一经过审查以后才放下去的。1945年延安派出了一大批干部，我们这儿也派了许多干部，都是为了迎接解放战争，迎接全国性的胜利。日本一投降，国民党就在美帝的支持下，积极准备大规模内战，眼看内战迫在眉睫，中央决定派军队和干部到东北去，从延安抽调大批干部出关，同时指示南方局派人到下边去开展群众工作，准备打游击，准备军事解放。南方局根据这一指示派了一些人到各地去，这些人下去之前都是经过组织审查的，组织部审查干部的日常工作，就是打电报到延安和中原解放区去，找从大后方去的干部们调查了解，有的等着设法找原来的地方领导人联系，当时审查干部很难，交通也不便，不像现在这样可以到全国各地去跑，那时根本不行，只能靠打电报或等着找人。南方局组织部的人手也少，只有我们二三个秘书，咱们那时就是一个组织部长，几个秘书、干事，要审查那么多人，还有其他许多工作，也没有人出去到处跑。

四是教育干部工作。干部的教育工作是多方面的，有时事政策教育、组织纪律教育、革命气节教育、秘密工作教育等。一切工作任务，组织形式，斗争方法都决定于当时的政治形势，因此不论公开工作，还是秘密工作都必须了解当时的整个政治形势，不了解整个敌我友的情况，摸不清环境气候就会在工作中出差错。所以，时事政治的学习就成为了我们教育工作中的头一件事情。政策教育，隐蔽精干的教育，对敌斗争的教育，在当时的大后方工作，这方面的教育是重要的。1942至1944年这段时间主要是学习整风文件，南方局还经常组织一些专门的报告，那时的学习比现在还多，学习很多的东西。在国统区里工作，在蒋介石的心脏斗争，气节教育这个问题不可缺少，南方局在这方面是做了不少工作的。我们虽然被捕的人不是很多的，但是也有必要对各方面的同志进行气节教育，不论是地下党还是公开的办事机构都必要，因为随时都有被敌特袭击的可能。进行气节教育就是使大家从思想上准备万一在突然袭击中被捕后怎样同敌人进行顽强斗争，保护党的组织，保护党的机密。南方局的领导同志给大家讲过许多过去的英勇事迹。再一点就是进行秘密工作的教育，无论是对个别联系的同志还是地下党组织，都经常强调遵守秘密工作的纪律，我们在公开机关工作的人更是时刻强调，还订了秘密工作制度，规定了什么外出通行时该怎么样，遇敌人跟踪时又怎样甩掉尾巴，等等，很多秘密工作的斗争方式。

五是输送干部。是向解放区输送，主要是向延安输送。那时，我们输送的干部有以下几个方面的：在国民党统治区里不能再立足的同志；我们一些干部的家属；一些有专门技术的党和非党的同志。当时延安很需要有技术的人去建设边区。我们就设法动员了一些人去。

选自中共中央党史研究室科研管理部、中共重庆市委党史研究室编：《见证红岩——回忆南方局》上，重庆出版社2004年版

南方局整风学习的主要情况

童小鹏

1942年2月，毛泽东的《整顿党的作风》《反对党八股》先后发表，周恩来看到后十分重视，立即在南方局会议上讨论整风学习办法。决定成立学习委员会，由周恩来、董必武亲自负责，南方局委员和各部门负责人，办事处、新华日报的负责人参加，宋平为秘书。各单位按工作性质和政治文化程度分高级、中级、初级三组分别学习。由于许多整风文件国民党不让在《新华日报》发表，地方党不容易收到，周恩来曾电告中央办公厅通知新华社，每天专门定时向国民党地区广播，除播发战争和建设新闻外，并播发整风学习材料，可公开发表的，用明码播出，不公开发表的，用比较简单的"党密"播出。这样，南方局就可设专台抄收，使密台专门收发机密电报，不互相影响。新华日报和地方党只要一部收音机就可直接收到新华社新闻和学习文件，使整风学习同时在各地开展。1942年5月毛泽东《在延安文艺座谈会上的讲话》发表以后，南方局又专门布置了在文艺战线工作的党员和进步分子学习，并联系工作实际和思想实际，端正文艺思想，促进文艺工作。

遵照中央规定，要学习毛泽东整顿三风的报告、中央关于增强党性的决定、中央关于调查研究、反对自由主义等22个文件。先粗读、再精读并联系工作实际和思想实际，开展批评和自我批评。南方局根据在国民党统治区斗争尖锐又复杂的环境，特别强调要贯彻中央"惩前毖后，治病救人"，"既要弄清思想，又要团结同志"的方针，采取"团结—批评—团结"和和风细雨的办法。

学习始终是有领导按计划进行的。学习的各个阶段都有动员和总结，由周恩来、董必武亲自主持。他们除亲自参加高级组学习外，还分别参加其他学习组会议，及时指导。他们还多次在大会和小会上向同志们讲党的路线斗争史，党在过去斗争中的经验教训。周恩来在大会上系统地论述了陈独秀的投降主义和李立三、王明的"左"倾教条主义（王明在武汉时期又是右倾错误）对革命的危害，都是脱离中国革命实际的主观主义的结果。他并把自己摆进去，现身说法，承担责任，使大家深受教育。

　　为了帮助地方党进行整风学习，曾调一些负责同志来红岩参加学习，或在招待所内单独学习，取得经验后即回到地方去领导学习。

　　1942年3月14日，毛泽东致电周恩来，指示党报应增强党性与反映群众呼声。南方局立即对《新华日报》的整风改版工作进行了讨论和布置。4月26日，《新华日报》在重要版面上发表了中共中央宣传部3月16日发出的《改造党报的通知》，并根据通知的精神，进行了一次广泛征求读者对改版意见的活动，收到大量读者的批评和建议，对改进报纸起了很好的作用。通过整风改进了工作，加强了同读者的联系，更提高了整风学习的自觉性。在广泛征求读者意见的基础上，又在内部开展了批评与自我批评，总结了经验，指出了错误和缺点。当时有少数同志主张超阶级的"人性论"，通过批评，改正了错误的认识。经过准备，于1942年9月18日正式改版，用更多版面反映党外人士和群众的意见。为了帮助地下党员和进步分子开展整风学习，在周恩来倡导下，创办了《团结》专刊，并写了发刊词《团结的旨趣》，他引用了列宁的话："我们不怕说出自己的弱点，而且学会克服弱点。"《团结》刊头的两个字，是毛泽东亲笔题的，这是怎么来的呢？说起来，事有凑巧。早在1938年8月，周恩来、王明、博古、徐特立回延安开六中全会，我随行，带了一本日本棉纸到延安请中央负责同志题字，备必要时使用。我先请毛泽东主席题字，他即题了"团结"两字，后又请朱德总司令题，大概这种纸好写，他便题了"坚持抗战"、"打倒日本帝国主义"等多张。我一直保存下来带到重庆，也没想怎么使用，恰恰送电报给周恩来看时，他正在写《团结的旨趣》，知道要出《团结》

专刊，我忽然想到还保存有毛泽东的题字，我马上拿来给他看，他很高兴地同意即以毛泽东题字连他写的稿子送报馆，报馆即用木刻刊上。大家看到毛泽东的题字后都很高兴。殊不知这是意外的收获。以后许多同志都根据整风的精神在《团结》上发表文章。我也写了一篇短文，题目是《谈党性与个性》。阐述自己的观点：每个共产党员都有自己的个性，但是首先要强调的是党性，个性应该服从于党性。

在整风学习中联系到统战工作时，周恩来于1943年3月间在南方局干部学习会上专门做了题为《关于1924至1926年党对国民党关系》的长篇报告，报告详细叙述了第一次国内革命战争时期，陈独秀右倾机会主义在政治上军事上党务上向蒋介石所作的大让步，客观上帮助了蒋介石，助成了蒋介石政治地位的提高，这是招致大革命失败的严重教训。在一些会议上，又特别指出"左"倾教条主义和宗派主义对发展抗日统一战线的危害性，批评了有些同志只愿意同进步分子交往，不愿到中间分子中去进行工作，特别怕同对我们有不同意见或反对过我们的人们打交道。指出这就是宗派主义的表现。同志们听了甚受教育，一并联系自己在统战工作中的一些问题进行批评自我批评，提高了认识，改进了工作。

为了配合整风学习，我们三楼的"鸡鸭行"支部，自己编了一出描写"主观主义"的小戏，是写一个教条主义者只会背战斗条令，敌人来了不会指挥队伍，一个经验主义者把山地战的经验用到平原，结果两个都失败了的故事。剧情虽然很简单，但把主观主义者搬上舞台，给大家以深刻印象。

周恩来在整风学习中，不论在言论上或行动上，总是根据整风精神严格要求自己，言行一致，身体力行。1943年3月18日他写的《我的修养要则》七条，1943年4月22日向干部报告的《怎样做一个好的领导者》，都是他的经验总结，也是他早就实行了的。不仅当时起了很好的示范作用，至今仍有现实意义。

整风学习，到1943年春基本结束，接着是审查干部。由于南方局管理的干部，都经受了两次反共高潮的考验，政治思想和工作表现，平常都有所了解，经过整风学习就更清楚了。对干部审查是由南方局组织部统一布置，各单位负责人和支部共同进行，不搞运动，不搞神秘化。审查结论同本人见面并可提意见。各单位负责人的审查，由南方局领导同志分工负责。审查结论经领导批准后一律用电报报告中央组织部备案。这对于抵制康生一伙把在国民党统治区的党员当作坏人来"抢救"起了很好的作用。周恩来回到延安后为许多同志写证明，也阻止了康生等人的"扩大化"。

事实证明：南方局领导的整风运动和审干是正确的，成绩是很大的。周恩来回到延安后在欢迎会上的演说中说道："我们党领导的整风运动，收获了从来没有的思想改造的成绩。"董必武1944年在《群众》杂志发表的《谈党在不断学习中进步》一文中说，将近三年的整风运动，"它改造了党内的非马列主义的小资产阶级思想，也改进了工作。因而使党更加团结，巩固和发展。这是我党的思想革命。这种成绩是不能以数字计算的"。他们的话，是对全党整风运动的评价，也是对南方局整风运动的评价。

我们参加过红岩整风学习的同志，都深感思想改造的重要和牢记所受的教益。周恩来、董必武等老一辈无产阶级革命家对我们的教导，永远是鼓舞我们前进的精神力量。

南方局十分重视干部学习

南方局对干部的学习，一直是很重视的。在整风学习运动以前，就进行了《联共党史》的学习、党的政策学习、时事学习和中国历史的学习。有时候还请专家来作报告。

1941年5月毛泽东的《改造我们的学习》发表以后，周恩来就很重视，在南方局的会议上进行讨论，并领导南方局、八路军办事处、新华日报社的工作人员进行学习。不久，中央又发布了《关于增强党性的决定》《关于调查研究的决定》，都及时进行了学习。周恩来、董必武、邓颖超等领导同志，都分别参加所属的支部、小组活动，和党员一起进行讨论，并联系重庆的工作实际和自己的思想实际，进行自我批判和相互批评。在学习的基础上，制定了加强组织纪律，遵守保密制度，反对自由主义，和根据工作分工范围开展调查研究等办法。

1941年9月,党中央作出高级干部学习的决定,开始学习"两条路线"文件。11月,南方局成立高级学习组,开始学习中共党史。

选自中共中央党史研究室科研管理部、中共重庆市委党史研究室编:《见证红岩——回忆南方局》上,重庆出版社2004年版

恩来同志和我们一起学习讨论

罗 清[①]

1941年年底，办事处参加理论学习班的同志已经学完了《联共（布）党史简明教程》十二章，接着就要学习这部书的最后部分——"结束语"了。一天晚上，我们都围坐在图书室里，等待着学习开始。忽然，图书室的门开了，周恩来手里抱着一本《联共（布）党史简明教程》走了进来。当我们知道他是来参加学习讨论会的，心里高兴极了。

周恩来在我们中间坐定之后，首先讲话了。他说："今天联共党史学习班要学'结束语'了，我特地来参加你们的学习讨论。我想可以改变个办法来学。苏联共产党长期革命活动的六条历史经验总结，内容很丰富，每一条可以由一个人先讲讲体会，然后大家展开讨论，这样学好不好？"

听了周恩来提出的学习方法，大家又高兴又胆怯，不约而同地嘀嘀咕咕起来。我则更是忐忑不安，因为当我调到办事处时，同志们快要学完这本书了；我是不久前经过考试合格，才编到这个理论学习班来的。自己过去没有系统地、认真地学过这本书，很怕叫我谈体会。周恩来环顾四周，看看大家并没有提出不同的意见，便说："大家没有意见，就开始吧！"

他点了刘昂同志讲第一条，陈舜瑶同志讲第二条。这两位同志都曾在延安马列学院学习过，她们理论联系实际地讲了很多很好的体会。她们讲完以后，周恩来又立刻深入地给我们讲了无产阶级政党和工人阶级领导是联共（布）党取得胜利的基本保证，也是中国共产党在毛主席领导下取得今天抗日战争这样大好形势的基本经验。接着，他说："下面该讲第三条

[①] 罗清，南方局外事组成员，周恩来英文秘书。

了，这一条是讲'没有工人阶级的统一，就不能实现无产阶级革命的胜利'。"周恩来望着我说："这一条，你来讲。"

当时，我紧张得很，心怦怦直跳，要我这个尚未脱离"学生味"的人来讲工人运动的体会，真够难的了。离开了学校，我虽然做过几年党的地下工作，也曾接触过一些工人党员，可是对他们的思想和斗争了解得很肤浅，对我党历史上职工运动情况也不了解，自己从来没有从整个工人阶级统一步调这个原则高度，来考虑争取革命全胜的问题，更没有什么工人运动的实际经验好讲。我犹豫起来，讷讷地说："恩来，我讲不好……"

话没说完，就听到恩来同志亲切的声音："不要紧张。讲不好，大家可以讨论、补充嘛！"

当我抬头看见周恩来投来期待和鼓励的目光时，我终于硬着头皮讲了起来，除了重复原著的意思以外，我讲不出联系中国革命的实际内容，讲到后来真有点词不达意了，自己也很不满意。心想，这一下该挨批评了吧。可是，恩来并没有批评我，他耐心地讲了布尔什维克党是怎样和其他小资产阶级的党派又团结、又斗争，达到工人阶级的统一的，这对联共（布）党的胜利有着重要的意义。他还联系中国劳工运动和党内"左"右倾机会主义路线斗争的经验，给我们上了中共党史和职工运动史的重要的一课。这些，对我来说，是从来没有听说过的。就这样，我们围坐在周恩来身边，凝神聆听着他的教诲，一直学习到深夜。山城的冬夜，寒风凛冽，红岩村里，却热气腾腾，温暖如春。

选自中共中央党史研究室科研管理部、中共重庆市委党史研究室编：《见证红岩——回忆南方局》上，重庆出版社2004年版

红岩整风是和风细雨、心情舒畅的思想教育运动

何启君[①]

1942年,延安开始了整风,南方局紧跟着开展这一具有历史意义的运动。

红岩整风,始终是很稳妥而深刻的思想教育运动。全部过程由周恩来亲自领导。他亲自作动员报告,精密部署,使运动逐步深入,健康发展。

我们分为若干小组,先学习中央发下的整风文件,"初读"、"精读",务求"了解精神实质",避免在字句上兜圈子。同时还有小组讨论,不懂的,可以大胆提问。在此基础上,联系实际,开展自我批评与批评。每个同志都做整风笔记,并检查自己身上的主观主义(教条主义)、宗派主义、党八股的"装腔作势"、"夸夸其谈"。

我记得,一次会上有许多人发言,刘光同志讲了些什么,恩来同志当时说道:"刘光同志的发言,有些'言之无物'。"刘光立即辩解道:"我才讲了五分钟,能讲出多少?"恩来同志笑了笑,说:"五分钟要有五分钟的内容。讲长讲短,都不能空话连篇。"我们在场的人,都受到了教育。

后来,我们联系自己参加革命以来的工作实际和思想实际,对照文件精神,进行自省,在小组会上作系统的自我批评。同时,互相之间开展批评。还在会外个别交心、谈心。大家都很自觉,认真,严肃,最后写了个人整风总结。

红岩整风是真正的和风细雨,真正的搞通思想,提高自己,并无任何压力、强力。其结果,也是真正增强了党性,割掉了"尾巴",心情舒畅。而康生当年在延安搞什么"抢救运动",抢救失足者的"坦白运动",则与

[①] 何启君,1941年起在南方局做青年工作。

此相反，伤害了大批同志。

为了配合整风，周恩来给我们做过为时达两月之久的党史报告。所谓两个月，倒不是天天讲，是每隔两天，就讲上半天。

恩来同志亲自讲党史，这是太难得、太难得的大事。我如今想来，总觉无限幸运。我数十年来曾两次到延安学习与工作，解放后又多年在北京工作，听过不少回中央领导同志的演讲，却不曾听过系统而详细的党史报告。只是在红岩的幸福时日里，听过我们亲爱的恩来同志作过最珍贵的党史报告。我们聚精会神地听，紧张而快速地记。我找到一个纸张极好的厚笔记本子，把他老人家的叙述和评论，绝大部分记录了下来。这个本子，可算得稀世之宝。可惜的是，1944年我返延安时，按规定不能携带，以免国民党特务在途中无事生非，我只好把它郑重地交托阿方（卓芬）同志保存。后来，她也离去重庆，把这一珍本又交托给钱瑛大姐。大姐又怎么办的呢？她死了，没法问她了！

事隔几十余年，周恩来同志的党史报告，我已无法保持原先的记忆了。

记得他讲过建党的过程。讲过陈独秀犯右倾机会主义，致使大革命失败，党遭到很大损伤。他说陈独秀"搞家长制"；"他不能算作无产阶级革命家，可以算作资产阶级革命家"。他热情地高度评价过党的伟大烈士们：李大钊、邓中夏、蔡和森、瞿秋白、彭湃、恽代英、赵世炎、陈延年、陈乔年等人，讲过他们的光辉史绩与历史贡献。他讲述时，很动感情，要我们学习这些烈士，以之为楷模。我们深受感动。他还讲到长征，讲到遵义会议，高度赞扬了毛泽东同志和朱德同志。他说朱德同志"有海一般胸怀"。他说，党在初期幼稚，是幼年的党，没有经验，犯过错误，后来，经过反"左"、反右，党壮大了，越来越成熟。

恩来同志讲党史，忠于史实，讲起来如数家珍，有权威性，有教育价值。我的一生，最难忘怀的党史教育，就是这一次。

选自中共中央党史研究室科研管理部、中共重庆市委党史研究室编：《见证红岩——回忆南方局》上，重庆出版社2004年版

董老和南方局的整风运动

许涤新

南方局的机关整风,在时间上,是同延安中央机关一致的。在南方局的整风运动中,董老和邓颖超同志,协助周恩来同志做了细致而深入的政治思想工作,不仅弄清楚了有关同志的政治历史,指出了有关同志的优点与缺点,而且大大地提高了同志们的政治觉悟和革命积极性。1943年7月间,周恩来同志返回延安后,南方局对干部的政治思想工作,就由董老担负起来了。

董老对于党内的思想斗争和政治教育工作是极其重视的。在1943年和1944年间,南方局和新华日报社有几个干部,以哥德在《浮士德》中的那句名言——"理论是灰色的,而生活之树则常青"作为论据,发表了一些错误言论。这种错误言论的背景,是第三国际解散后,国民党反动派的反共活动和特务统治更加疯狂起来。他们践踏人权,草菅人命,真是"万千逻卒猎街衢,偶语宁辞杀不辜?"这种情况,使有些同志的情绪在悲观中急躁起来了。他们认为谈理论没有用,应该行动起来。他们不仅形而上学地突出了生活贬低了理论,而且离开了党的组织原则,背离了党中央当时规定的"荫蔽精干、长期埋伏、积蓄力量、以待时机"的正确方针,不恰当地借用鲁迅的"世上如果还有真要活下去的人们,就先该敢说,敢笑,敢哭,敢怒,敢骂,敢打,在这可诅咒的地方击退了可诅咒的时代"这几句话,要求每一个进步分子,甚至每一个处在秘密状态中的党员,都要行动起来,都要无所顾忌地敢说、敢骂、敢笑。其中有一个人,甚至说什么:要做到敢骂、敢笑,那就不仅要有充分的人性,而且还需要有一些兽性。有了兽性，不但敢骂、敢笑，而且敢叫、敢吼。他们不但在内部散布这种错误言论，而且在党报副刊和党刊《群众》上，发表了一些反马克思主义的文章，并把一些敢于同这种错误言论争论的人，都称之为教条主义。

　　一场激烈的争论，在董老和南方局的领导下展开了。董老经常出席这种争论的会议，冷静、细致地听取各种不同的意见。记得是1944年秋，董老代表南方局在干部大会上作了一次历时近四个钟头的总结发言，严厉地批判了那种错误言论，指出那种错误言论的基本点是离开了无产阶级立场的形而上学和唯心主义。董老告诉大家，理论同生活（实践）是不能脱节的。理论如果脱离实践（生活）就会变成失去生命力的教条；而离开理论的实践（生活），也一定会迷失方向，会走到"盲人骑瞎马，夜半临深池"的险境。列宁不是明白地说过吗："没有革命的理论，就不会有革命的运动。"我们怎能片面地把理论说成是灰色的东西呢？把理论和实践割裂开来，用实践，用生活，去否定理论，这不是形而上学是什么呢？董老还指出，国民党是代表大地主、大资产阶级的，国民党特务是为大地主、大资产阶级的反动统治服务的，我们坚决反对国民党的法西斯统治，反对反动派的践踏人权，草菅人命，必须通过阶级斗争去打倒它。但是，在国民党反动统治下，在"皖南事变"后，白色恐怖如此严重，国民党特务正在千方百计地寻找我们的地下组织，寻找我们的秘密党员，寻找拥护中国共产党的进步分子，怎能让我们的同志和朋友随随便便地暴露自己的政治面目呢？敢说、敢骂、敢叫、敢吼，固然痛快，但是在目前的具体情况下，这种痛快将会带来什么后果呢？难道可以把地下组织的安全作为这种痛快的牺牲品吗？当然，我们也不提倡大家一天到晚哭丧着脸。董老的深刻分析，大大地提高了同志们的认识，认识那种错误言论的谬误，认识那种谬误的严重性。可惜的是，他的这一篇总结发言，没有保存下来。

选自中共中央党史研究室科研管理部、中共重庆市委党史研究室编：《见证红岩——回忆南方局》上，重庆出版社2004年版

我参加了第一期训练班

刘隆华[①]

1938年冬季，我在城区区委工作。一天，杨述同志通知我去南方局办的训练班学习。当天下午我向刘作先交代了工作后便离开区委，到机房街八路军驻重庆办事处对面的一间房子内报了到。徐邦贤同志也来报到了，她是我的好朋友，我们便居住在一块。报到的前一天，我们遵守保密纪律，都说要外出工作，一个月后才能回来，并都不说出自己要去的地方。罗明、艾英和我都是在重庆城区委工作的，他二人也先后来训练班报了到，一个下午来报到的学员有18位，其中有3个女同志、15个男同志，年龄平均在20岁以内，绝大部分是重庆周围地区来的，基本都是些刚脱产的年轻党员干部。廖似光同志任党支部书记，她是管我们全体学员日常生活的领导人。报到后第二天便开学上课，首先由廖似光宣布学习时间为40天。学习、生活都在一间屋子内。这间屋子大概有二十几平方，白天也得开电灯才能看书写字，黑麻麻的，仅仅有一个小窗口，靠屋的四边安放着十来个床，有单人也有双人的，男同志靠进门处，女同志靠屋里边，我和徐邦贤同睡一床。屋子的正中，两张木桌子并排安，上课时大家围桌而坐，看书作笔记时人不够坐挤不下时，我们便在床上用被子垫高起来当课椅记笔记。桌子与床间隔有一尺多宽，这个"通道"便是我们游乐的场地。每天晚饭后约有一个多钟头是自由活动时间，仍然是在这"斗室"里说说笑话，大家非常快活。本来室外有个天井，应该是活动地方，由于楼上是住的一只高级"野鸡"，大亨、宪、特人员混杂进去，我们便不能留

[①] 刘隆华，1938年9月任中共重庆市委下属城区区委组织委员，同年参加南方局举办的第一期党员培训班。

停天井，以防被盯梢照相。在这学习的时间里，我因工作外出过一次，全部时间都是封闭学习。

担任讲课的同志和课程是：董必武同志讲党的建设，罗世文讲马列主义，凯丰讲抗日民族统一战线，吴敏讲群众路线、群众运动，邓颖超讲妇女工作。每项课程时间不一，党的建设课最长。董老讲课内容很丰富，完全是为我们加强党的观念，教育我们怎样做一个共产党员，怎样做一个建设党的干部。因他在武汉时期，既有与国民党公开斗争的经验，又有地下斗争的经验，同时，他还以如何发展党员、建立支部、领导群众不屈不挠斗争的大量事例，教育我们如何建党，成为先锋队伍，铁的队伍。董老讲课生动，和蔼可亲，好似对孩子们摆"龙门阵"。见他讲得高兴时，旁边坐的同志连忙把花生米送到他手里，把橘子放在他面前。我们听得"入神"了，也就忘记了作笔记，把笔记本搁下来，专心致志地听他讲怎样锻炼出"威武不能屈、贫贱不能移"的无私无畏精神。在讨论董老的讲课时，有同志说："敌人对我开一枪，我坚信能够宁死不屈，如果长期折磨，怎样才能保持革命者的坚贞不屈呢？"大家认为，董老是老一辈无产阶级革命家，他对国民党的高官厚禄弃如敝履，潜入工人、农民最基层的劳苦群众中，领导他们求解放，在群魔和刀丛险境中斗争，使我们这些青年党员从董老身上感到，从董老讲课中听到、学到了一个真正共产党员的硬本领，得到了讨论这一问题的答案。这项课程，前后持续了十多天。罗世文同志讲马列主义，他主要讲的列宁主义理论基础的来源，以及斯大林对中国革命的论述。罗讲起课来，好似演讲，口若悬河，滔滔不绝，逻辑性强，基本论点使我们很易记清。这一课，我们学了一周左右。凯丰讲抗日民族统一战线，除讲理论外，着重讲的是统战政策，对"一切通过统一战线"的错误论点，没有强调，只讲了如何不妨碍统战工作的展开，如何去强化统一战线，去争取更多的中间人士站在统一战线中来。吴敏同志讲群众工作，他当时是《新华日报》的编辑，他讲起课来，条理性好。我们听课的反映，他群众工作经验不够丰富，因此不生动。但他把群众路线与政治路线的关系是讲得深刻的。邓颖超同志来讲过一次妇女工作，她把妇女工作作为群众工作和党的基层党建工作不可缺少的部分，讲得很透彻。她又把当时南方局妇委在和以宋美龄为主的国民党妇女界的统一战线中又斗争又联合的策略、方法讲得十分清楚，男女学员都受到教益。在学习期中，还到八路军驻重庆办事处、新华日报馆内听过周恩来、吴玉章等同志的报告。

我们每堂课程学完后，都要认真阅读经典著作，写读书笔记，讨论会之前必须写好发言提纲，都是争先恐后积极发言，既要谈自己的观点，还要评论别人的发言。罗明、魏东明、钱寿昌等是小组的积极分子，他们的发言常常是我们争论的对象。艾英讲话很诙谐，打的比喻常常引起哄堂大笑，争论不休。得不到一致看法的问题，有时找支书廖似光评议，还不行，便找教员上课时解答，总之，我们18个人是谁也不轻易"服"别人的。

我们18个学员都是"职业革命者"，都没有固定经济来源。生活费是办事处一月发一次，我们跨了两个月份，因而发了两次，此外，还发过两次津贴，每次每人伍角。这笔收入除缴党费外成为个人"私有财产"了。大家都赞成"共产"。礼拜六晚上，我们便托警卫班的同志为我们买些吃的东西回来，多半是艾英或是徐邦贤作晚会的主持人，每个人都得表演一番"王三巧"、"王昭君"等折子戏。艾英同志边唱边表演，大家捧腹大笑，都扭着他反复演唱，大家非常快活。廖似光担心我们太大声了，有时悄悄来到我们门口，敲门警告："小声点，小声点！"这才恢复平静。

40天的"斗室"训练，到腊月二十五宣布结束。川东特委书记廖志高同志来逐个谈话，分配工作，谁也不知谁分配到哪里去了，严格遵守秘密纪律。后来才知道这一期学员大部分到川东新设立的几个中心县委去充当骨干，都离开原来的工作岗位了。

选自中共中央党史研究室科研管理部、中共重庆市委党史研究室编：《见证红岩——回忆南方局》上，重庆出版社2004年版

后 记

中共中央南方局的工作是抗日战争时期全党工作的重要组成部分，是中国共产党发挥全民族抗战中流砥柱作用的生动实践。在中国人民抗日战争暨世界反法西斯战争胜利80周年之际，中共重庆市委党史研究室与重庆新华出版集团重庆出版社共同策划、编写出版这本《中共中央南方局与伟大的抗日战争》，旨在综合反映南方局在党中央直接领导下为抗日战争作出巨大贡献的光辉历史，为全面反映和理解中共中央南方局与伟大的抗日战争、理解中国共产党是全民族抗日战争中流砥柱提供学术价值和社会价值。

本书编写得到中央相关部门和专家的关心和支持。中央宣传部对编写工作高度重视，相关处室多次听取重庆方面汇报，作出具体部署。中央党史和文献研究院对外合作交流局原局长、研究员杨明伟同志担任本书顾问，为本书的策划和编写提供专业指导和权威意见。

为更好开展研究和编写工作，中共重庆市委党史研究室和重庆新华出版集团重庆出版社相关领导组成编委会，主任由市委党史研究室主任姚红同志和原重庆出版集团党委书记、董事长、总编辑陈兴芜同志担任，副主任有唐春林、周廷勇、别必亮、刘向东、刘华。编委会先后召开三次会议进行详细讨论和部署，为本书的策划和编写提供了坚强领导。本书由姚红同志审定书稿，具体编辑工作由市委党史研究室副主任唐春林同志负责，简奕同志执行，周廷勇、刘华同志参加了书稿的讨论。综述和各部分导读执笔人分别是黎余（综述）、简奕（第一、二部分）、王举（第三部分）、文俊（第四、七部分）、黄亚丽（第五、六部分）；编辑人员有简奕、黎余、文俊、黄亚丽、王举。市委党史研究室和重庆出版社有关同志也为本书编辑出版提供了帮助。

　　本书策划、编写的过程中，红岩革命历史文化中心书记徐光煦、重庆市三峡博物馆原副馆长张荣祥、重庆市档案馆原副馆长唐润明等领导和专家，对本书的编辑提出了许多宝贵意见。在此，一并表示感谢！

　　由于时间紧张，加之编者学识水平有限，本书不周、不妥之处，敬请批评指正，以利我们进步提高。